王景荃 主编

杨超杰 王璐 副主编

河南佛教造像史

中州古籍出版社
·郑州·

图书在版编目（CIP）数据

河南佛教造像史 / 王景荃主编；杨超杰，王璐副主编 . -- 郑州：中州古籍出版社，2024.8. -- ISBN 978-7-5738-1463-0

Ⅰ．K879.34

中国国家版本馆 CIP 数据核字第 2024HC2313 号

HENAN FOJIAO ZAOXIANG SHI
河南佛教造像史

责任编辑　高雪薇
责任校对　杨天荣
美术编辑　王　歌

出 版 社	中州古籍出版社（地址：郑州市郑东新区祥盛街 27 号 6 层　邮编：450016　电话：0371-65788693）
发行单位	河南省新华书店发行集团有限公司
承印单位	河南瑞之光印刷股份有限公司
开　　本	787 mm×1092 mm　1/16
印　　张	41.5
字　　数	650 千字
版　　次	2024 年 8 月第 1 版
印　　次	2024 年 8 月第 1 次印刷
定　　价	398.00 元

本书如有印装质量问题，请联系出版社调换。

《河南佛教造像史》编委会

主　任：王九位　马萧林

副主任：张得水

委　员：（按姓氏笔画排序）

　　　　史自强　石晓霆　刘　康　武　玮

　　　　林晓平　单晓明　信木祥　郭灿江

　　　　徐　雷　葛聚朋　翟红志

河南省"四个一批"人才资助项目

目 录

◎ 第一章　绪论………1

　第一节　佛教的传入及佛教造像的兴起 / 3
　第二节　北魏迁都洛阳及洛阳佛教的兴盛 / 6
　第三节　河南佛教石窟造像的分布及现状 / 9
　第四节　河南单体造像的分布及产生背景 / 24
　第五节　河南佛教造像的研究状况 / 30
　　一、对龙门石窟的研究 / 30
　　二、对巩义石窟寺的研究 / 42
　　三、对中小型石窟的研究 / 45
　　四、对单体造像的研究 / 54
　　五、对金铜造像的研究 / 60

◎ 第二章　北朝石窟造像………63

　第一节　龙门石窟北朝主要洞窟 / 65
　　一、古阳洞 / 66

二、宾阳洞／85

三、莲花洞／89

四、火烧洞／92

五、皇甫公窟／93

六、慈香洞／97

七、弥勒洞／98

八、弥勒洞北一洞／99

九、弥勒洞北二洞／100

十、普泰洞／101

十一、魏字洞／102

十二、弥勒龛／104

十三、六狮洞／105

十四、来思九洞／106

十五、龙骧将军洞／107

十六、地花洞／108

十七、药方洞／109

十八、路洞／111

第二节　洛阳周边的北朝石窟／113

一、巩义石窟寺／114

二、义马鸿庆寺石窟／135

三、偃师水泉石窟／144

四、新安西沃石窟／149

五、伊川吕寨石窟／155

六、嵩县铺沟石窟／158

七、孟津谢庄石窟／161

八、万佛山石窟／162

九、宜阳虎头寺石窟／169

十、渑池石佛寺摩崖造像 / 172

　　十一、伊川鸦岭石窟 / 174

　　十二、新密香峪寺石窟 / 179

　　十三、登封少林石窟 / 182

　　十四、荥阳王宗店石窟 / 185

第三节　豫北地区北朝石窟及摩崖造像 / 187

　　一、博爱青天河摩崖线刻观音经像 / 189

　　二、鹤壁五岩寺石窟 / 194

　　三、安阳灵泉寺大留圣窟 / 210

　　四、安阳小南海石窟 / 214

　　五、林州千佛洞石窟 / 225

◎ 第三章　北朝时期的单体造像 ………… 231

第一节　北魏晚期单体造像 / 236

　　一、牛伯阳造像 / 243

　　二、皇甫德造像 / 245

　　三、张难扬造像 / 246

　　四、阎勃之造像 / 248

　　五、王毛郎造像 / 250

　　六、孔惠超造像 / 252

　　七、造像刊经碑 / 256

　　八、三尊佛立像 / 257

　　九、交脚弥勒造像 / 259

　　十、西明寺造像 / 262

　　十一、吴晏子造像 / 265

　　十二、田迈造像 / 268

十三、东新庄造像 / 273

十四、楼根村造像 / 275

十五、杨文憘造像 / 277

十六、新乡三尊佛立像 / 279

十七、扈豚造像碑 / 281

十八、翟兴祖造像碑 / 283

十九、刘根造像碑 / 286

二十、道晗造像碑 / 290

二十一、骆道明造像 / 295

二十二、扈文显造像 / 298

二十三、赵安香造像 / 301

二十四、阿弥陀佛三尊造像 / 304

二十五、田延和造像 / 306

二十六、禅定佛造像 / 308

二十七、释迦多宝造像 / 309

二十八、释迦造像 / 311

二十九、博爱三尊佛立像 / 313

三十、赵见憘造像 / 316

三十一、司徒永孙造像 / 318

第二节　东魏时期的单体造像 / 320

一、嵩阳寺造像碑 / 321

二、僧成造像 / 326

三、李氏合邑造像碑 / 328

四、道俗九十人造像碑 / 328

五、张永洛造像碑 / 333

六、北周村造像碑 / 333

七、小訾殿造像碑 / 337

第三节　北齐、北周时期的单体造像／340

　　一、刘子瑞造像碑／342

　　二、宋显伯造像碑／343

　　三、赵庆祖造像碑／345

　　四、刘碑寺造像碑／347

　　五、寺沟造像碑／351

　　六、鲁思明造像碑／353

　　七、刘绍安造像碑／356

　　八、高海亮造像碑／358

　　九、北周千佛碑／360

　　十、少林寺董丑造像／362

　　十一、刘绍安造菩萨像／364

　　十二、比丘宝进造像／366

　　十三、平等寺韩永义造像碑／366

　　十四、张伏惠造像碑／370

　　十五、刘陆虎造像／372

　　十六、平等寺崔永仙造像碑／374

　　十七、平等寺僧道略造像碑／377

　　十八、平等寺冯翊王高润造像碑／379

　　十九、佛时寺四面造像碑／381

　　二十、兴隆寺四面造像碑／388

　　二十一、宋始兴造像碑／392

　　二十二、周荣祖造像碑／395

　　二十三、常岳造像碑／397

　　二十四、丁朗俊造像碑／400

　　二十五、陈光四面造像碑／402

　　二十六、灵山寺四面造像碑／404

二十七、新安北齐四面造像碑 / 407

二十八、嵩阳书院北齐造像碑 / 409

二十九、嵩阳书院四面造像碑 / 411

三十、嘉禾屯造像碑 / 413

三十一、浚县四面造像碑 / 415

三十二、洛阳北齐四面造像碑 / 418

三十三、开封北齐四面造像碑 / 422

三十四、荥阳北齐残造像 / 426

◎ 第四章 隋唐及宋代以后的石窟及摩崖造像 ………… 429

第一节 隋代石窟及摩崖造像 / 432

一、安阳灵泉寺大住圣窟 / 433

二、博爱石佛滩摩崖造像 / 441

三、沁阳悬谷山窄涧谷石窟 / 444

第二节 豫西地区唐代石窟造像 / 448

一、宾阳南洞 / 449

二、宾阳北洞 / 452

三、潜溪寺 / 453

四、敬善寺 / 454

五、摩崖三佛龛 / 456

六、新罗像龛 / 458

七、双窑 / 459

八、万佛洞 / 460

九、清明寺 / 466

十、惠暕（简）洞 / 467

十一、老龙洞 / 469

十二、赵客师洞 / 471

十三、破窑 / 473

十四、唐字洞 / 474

十五、奉先寺卢舍那大佛龛 / 475

十六、奉南洞 / 481

十七、北市丝行像龛 / 482

十八、北市香行像龛 / 483

十九、北市丝帛行净土堂 / 484

二十、八作司洞 / 485

二十一、龙华寺洞 / 486

二十二、极南洞 / 487

二十三、擂鼓台南洞 / 489

二十四、擂鼓台中洞 / 491

二十五、擂鼓台北洞 / 492

二十六、二莲花洞南洞 / 494

二十七、二莲花洞北洞 / 495

二十八、看经寺 / 496

二十九、高平郡王洞 / 498

三十、千手千眼观音像龛 / 499

三十一、巩义石窟寺造像 / 501

三十二、陕州温塘摩崖造像 / 504

第三节　豫北地区唐代石窟及摩崖造像 / 506

一、浚县大伾山摩崖大佛 / 507

二、浚县浮丘山千佛洞石窟 / 510

三、卫辉香泉寺石窟 / 516

四、方城佛沟摩崖造像 / 517

第四节　宋代以后的石窟造像 / 525

　　一、灵宝洞沟梁石窟 / 525

　　二、林州双龙寺摩崖造像 / 526

　　三、鹤壁张公堰石窟 / 527

　　四、淇县青岩石窟 / 528

◎ 第五章　隋唐及宋代以后的单体造像………… 531

第一节　隋代单体造像 / 534

　　一、道俗五百人造像柱 / 535

　　二、荀国丑造像 / 537

　　三、邟法敬四面造像碑 / 539

　　四、朝阳寺四面千佛造像碑 / 547

第二节　唐代单体造像 / 553

　　一、龙门石窟如来坐像 / 554

　　二、吉孝冲造像碑 / 556

　　三、阳隐造阿弥陀佛像 / 558

　　四、阿弥陀佛像 / 560

　　五、奉先寺如来坐像 / 561

　　六、半跏思惟菩萨造像A / 563

　　七、半跏思惟菩萨造像B / 563

　　八、力士像 / 566

　　九、卢昭顺造像龛 / 566

　　十、赵楚造像龛 / 569

　　十一、如来立像 / 571

　　十二、释迦立像 / 573

　　十三、汉白玉弥勒佛坐像 / 575

十四、北岗弥勒佛坐像 / 577

十五、刘愔造阿弥陀佛像 / 577

十六、大海寺弥勒倚坐像 / 580

十七、马乾贞造弥勒菩萨立像 / 580

十八、玄政造天王菩萨立像 / 583

十九、高国珍造观音菩萨立像 / 585

二十、苏清造花严菩萨立像 / 585

二十一、僧誓造光相菩萨立像 / 588

二十二、李行邕造辩积菩萨立像 / 588

二十三、狮子吼菩萨造像 / 591

二十四、金髻菩萨造像 / 593

二十五、十一面观音立像 / 593

二十六、大海寺菩萨立像 / 596

二十七、大海寺菩萨立像A(残) / 598

二十八、大海寺菩萨立像B(残) / 598

二十九、大海寺菩萨立像C(残) / 598

三十、大海寺菩萨立像D(残) / 602

三十一、大海寺菩萨立像E(残) / 602

第三节　宋以后的单体造像 / 606

一、郭崇造释迦立像 / 607

二、十殿阎君造像 / 609

三、开元寺力士像 / 611

四、开元寺天王像 / 612

五、罗汉造像 / 613

六、泗州大圣造像 / 614

七、贾绍清造罗汉像 / 615

八、千佛堂造像碑 / 617

参考文献……… 621

　　历史文献／621

　　专著及图录／621

　　研究论文及调查简报／624

后记……… 633

插图目录

图 1　龙门石窟西山全景／65

图 2　龙门石窟古阳洞／67

图 3　龙门石窟古阳洞正壁／68

图 4　龙门石窟古阳洞南壁上层第 1 龛／70

图 5　龙门石窟古阳洞南壁上层第 4 龛／71

图 6　龙门石窟古阳洞北壁上层第 1 龛／72

图 7　龙门石窟古阳洞北壁上层第 2 龛／73

图 8　龙门石窟古阳洞南壁上层第 3 龛／74

图 9　龙门石窟古阳洞南壁上层第 2 龛／74

图 10　龙门石窟古阳洞北壁上层第 3 龛／75

图 11　龙门石窟古阳洞北壁上层第 4 龛／77

图 12　龙门石窟古阳洞长乐王丘穆陵亮夫人尉迟造弥勒像龛／78

图 13　龙门石窟古阳洞解伯达造弥勒像龛／79

图 14　龙门石窟古阳洞比丘惠感造弥勒像龛／80

图 15　龙门石窟古阳洞邑主高树三十二人造像龛／81

图 16　龙门石窟古阳洞北海王元详母子造弥勒像龛／81

图 17　龙门石窟古阳洞北壁下层第 1 龛／83

图18　龙门石窟古阳洞邑师惠感造像龛 / 84

图19　龙门石窟宾阳三洞平面图 / 86

图20　龙门石窟宾阳中洞正壁造像 / 87

图21　龙门石窟宾阳中洞帝后礼佛图 / 88

图22　龙门石窟莲花洞莲花藻井 / 89

图23　龙门石窟莲花洞供养天人 / 90

图24　龙门石窟莲花洞宋景妃龛 / 91

图25　龙门石窟火烧洞外景 / 93

图26　龙门石窟皇甫公窟外景 / 94

图27　龙门石窟皇甫公窟门楣 / 94

图28　龙门石窟皇甫公窟北壁尖拱形大龛 / 95

图29　龙门石窟皇甫公窟皇甫公夫妇礼佛图 / 96

图30　龙门石窟慈香洞正壁 / 97

图31　龙门石窟弥勒洞正壁 / 98

图32　龙门石窟弥勒洞北一洞正壁 / 99

图33　龙门石窟弥勒洞北二洞正壁 / 100

图34　龙门石窟普泰洞正壁 / 101

图35　龙门石窟魏字洞正壁 / 103

图36　龙门石窟弥勒龛 / 104

图37　龙门石窟六狮洞正壁 / 105

图38　龙门石窟来思九洞全景 / 106

图39　龙门石窟龙骧将军洞窟门 / 107

图40　龙门石窟地花洞正壁 / 108

图41　龙门石窟药方洞正壁 / 110

图42　龙门石窟路洞正壁大龛 / 111

图43　洛阳地区北朝石窟及文化遗迹分布图 / 114

图44　巩义石窟寺洞窟分布图 / 115

图 45　巩义石窟寺总平面图 / 115

图 46　巩义石窟寺第 1 窟帝后礼佛图 / 124

图 47　巩义石窟寺神王像一组 / 125

图 48　巩义石窟寺扛托神王 / 126

图 49　巩义石窟寺伎乐人像 / 126

图 50　巩义石窟寺异兽一组 / 127

图 51　巩义石窟寺第 1 窟中心柱正面造像 / 129

图 52　巩义石窟寺第 1 窟菩萨像 / 130

图 53　巩义石窟寺第 1 窟窟顶平棋 / 131

图 54　巩义石窟寺第 4 窟窟外力士像 / 131

图 55　巩义石窟寺第 1 窟维摩诘像 / 133

图 56　巩义石窟寺西魏小龛 / 134

图 57　巩义石窟寺优填王像 / 134

图 58　巩义石窟寺唐代小龛 / 135

图 59　义马鸿庆寺石窟外景 / 136

图 60　义马鸿庆寺石窟总平面图 / 136

图 61　义马鸿庆寺石窟定光佛授记 / 139

图 62　义马鸿庆寺石窟降魔变图局部 / 139

图 63　义马鸿庆寺石窟第 1 窟北壁太子游四门图 / 140

图 64　义马鸿庆寺石窟第 1 窟北壁白马吻别图 / 140

图 65　义马鸿庆寺石窟第 2 窟龛楣特写 / 142

图 66　义马鸿庆寺石窟第 3 窟主尊 / 142

图 67　偃师水泉石窟外景 / 145

图 68　偃师水泉石窟后壁主尊 / 145

图 69　偃师水泉石窟甬道北壁造像龛 / 147

图 70　偃师水泉石窟永熙三年造像龛 / 147

图 71　偃师水泉石窟南壁小龛 / 148

图72　新安西沃石窟搬迁前远景／150

图73　新安西沃石窟搬迁后外景／150

图74　新安西沃石窟摩崖立佛龛／152

图75　新安西沃石窟摩崖塔／153

图76　新安西沃石窟第1窟正壁／154

图77　伊川吕寨石窟远景／155

图78　伊川吕寨石窟第3龛左壁阿育王施土像／157

图79　嵩县铺沟石窟外景／158

图80　嵩县铺沟石窟3号窟右壁／160

图81　孟津谢庄石窟迁后外景／161

图82　万佛山石窟上寺院／162

图83　万佛山石窟上寺院1号窟正壁／163

图84　万佛山石窟上寺院1号窟左壁／163

图85　万佛山石窟上寺院1号窟右壁／165

图86　万佛山石窟上寺院2号窟正壁／165

图87　万佛山石窟上寺院2号窟左壁／166

图88　万佛山石窟上寺院2号窟右壁／166

图89　万佛山石窟上寺院3号窟正壁／166

图90　万佛山石窟上寺院5号窟立佛像／166

图91　万佛山石窟下寺院1号窟／168

图92　万佛山石窟下寺院2号窟正壁／168

图93　宜阳虎头寺石窟外景／170

图94　宜阳虎头寺石窟正壁造像／170

图95　宜阳虎头寺石窟摩崖千佛龛／171

图96　渑池石佛寺摩崖全景／173

图97　渑池石佛寺摩崖立佛像／173

图98　伊川鸦岭石窟外景／175

图 99　伊川鸦岭石窟南窟正壁／175
图 100　伊川鸦岭石窟北窟正壁／177
图 101　伊川鸦岭石窟北窟右壁／178
图 102　新密香峪寺石窟外景／179
图 103　新密香峪寺石窟正壁造像／180
图 104　新密香峪寺石窟造像题记／181
图 105　登封少林石窟外景／182
图 106　登封少林石窟 3 号洞窟主尊／183
图 107　登封少林石窟 6 号龛正壁造像／184
图 108　荥阳王宗店石窟外景／185
图 109　荥阳王宗店石窟正壁造像／186
图 110　博爱青天河摩崖线刻观音经像远景／190
图 111　博爱青天河摩崖线刻观音经像拓片／192
图 112　鹤壁五岩寺石窟远景／195
图 113　鹤壁五岩寺石窟王龙仁造像窟／197
图 114　鹤壁五岩寺石窟邑子四十人等造像龛／198
图 115　鹤壁五岩寺石窟孟哲宾造像龛／199
图 116　鹤壁五岩寺石窟释迦多宝造像龛／201
图 117　鹤壁五岩寺石窟比丘昙昭等造像龛／202
图 118　鹤壁五岩寺石窟一佛二弟子造像龛／203
图 119　鹤壁五岩寺石窟第四区全景／204
图 120　鹤壁五岩寺石窟观世音像龛／205
图 121　鹤壁五岩寺石窟十三尊像龛／207
图 122　鹤壁五岩寺石窟弥勒造像窟／208
图 123　鹤壁五岩寺石窟武定二年造像龛／209
图 124　安阳灵泉寺大留圣窟正壁卢舍那佛／211
图 125　安阳灵泉寺大留圣窟右壁阿弥陀佛／212

图 126　安阳灵泉寺大留圣窟左壁弥勒佛 / 213

图 127　安阳小南海石窟全景 / 215

图 128　安阳小南海三窟中窟正壁造像 / 216

图 129　安阳小南海三窟中窟东壁造像 / 218

图 130　安阳小南海三窟中窟西壁造像 / 219

图 131　安阳小南海中窟外壁刻经拓片 / 220

图 132　安阳小南海东窟外景 / 222

图 133　安阳小南海东窟正壁造像 / 222

图 134　安阳小南海西窟外景 / 223

图 135　安阳小南海西窟正壁造像 / 224

图 136　林州千佛洞石窟正壁造像 / 226

图 137　林州千佛洞石窟外东侧偈言刻石 / 228

图 138　尚齐八十人等造像 / 238

图 139　牛伯阳造像 / 244

图 140　皇甫德造像 / 245

图 141　张难扬造像 / 247

图 142　阎勋之造像 / 249

图 143　王毛郎造像 / 251

图 144　孔惠超造像 / 253

图 145　造像刊经碑 / 256

图 146　三尊佛立像 / 258

图 147　交脚弥勒造像 / 260

图 148　西明寺造像 / 263

图 149　吴晏子造像 / 266

图 150　吴晏子造像背面拓片 / 267

图 151　田迈造像 / 269

图 152　田迈造像背面拓片 / 271

图153　东新庄造像 / 274

图154　楼根村造像 / 276

图155　杨文憘造像 / 278

图156　新乡三尊佛立像 / 280

图157　扈豚造像碑 / 282

图158　翟兴祖造像碑 / 284

图159　刘根造像碑拓片 / 287

图160　道晗造像碑 / 291

图161　道晗造像碑背面 / 293

图162　骆道明造像 / 296

图163　骆道明造像背面拓片 / 297

图164　扈文显造像正面 / 299

图165　扈文显造像背面拓片 / 300

图166　赵安香造像 / 302

图167　赵安香造像背面拓片 / 303

图168　阿弥陀佛三尊造像线描图 / 305

图169　田延和造像 / 307

图170　禅定佛造像 / 308

图171　释迦多宝造像 / 310

图172　释迦造像 / 312

图173　博爱三尊佛立像 / 314

图174　赵见憘造像 / 317

图175　司徒永孙造像 / 319

图176　嵩阳寺造像碑正面 / 322

图177　嵩阳寺造像碑背面 / 324

图178　僧成造像 / 327

图179　李氏合邑造像碑拓片 / 329

图180　道俗九十人造像碑 / 330
图181　道俗九十人造像碑背面拓片 / 332
图182　张永洛造像碑 / 334
图183　北周村造像碑 / 335
图184　小訾殿造像碑 / 338
图185　刘子瑞造像碑 / 342
图186　宋显伯造像碑 / 344
图187　赵庆祖造像碑 / 346
图188　刘碑寺造像碑 / 348
图189　寺沟造像碑 / 352
图190　鲁思明造像碑 / 354
图191　刘绍安造像碑 / 357
图192　高海亮造像碑 / 359
图193　北周千佛碑 / 361
图194　少林寺董丑造像 / 363
图195　刘绍安造菩萨像 / 365
图196　比丘宝进造像 / 367
图197　平等寺韩永义造像碑 / 368
图198　张伏惠造像碑 / 371
图199　刘陆虎造像 / 373
图200　平等寺崔永仙造像碑 / 375
图201　平等寺僧道略造像碑 / 378
图202　平等寺冯翊王高润造像碑 / 380
图203　佛时寺四面造像碑正面 / 383
图204　佛时寺四面造像碑背面 / 384
图205　佛时寺四面造像碑左面 / 386
图206　佛时寺四面造像碑右面 / 387

图207　兴隆寺四面造像碑正面 / 389

图208　兴隆寺四面造像碑左面 / 391

图209　宋始兴造像碑 / 393

图210　周荣祖造像碑 / 396

图211　常岳造像碑 / 398

图212　丁朗俊造像碑 / 401

图213　陈光四面造像碑 / 403

图214　灵山寺四面造像碑 / 405

图215　新安北齐四面造像碑 / 408

图216　嵩阳书院北齐造像碑 / 410

图217　嵩阳书院四面造像碑 / 412

图218　嘉禾屯造像碑 / 414

图219　浚县四面造像碑 / 416

图220　洛阳北齐四面造像碑正面 / 419

图221　洛阳北齐四面造像碑左面 / 421

图222　开封北齐四面造像碑正面 / 423

图223　开封北齐四面造像碑右面 / 424

图224　荥阳北齐残造像 / 427

图225　灵泉寺大住圣窟外景 / 434

图226　灵泉寺大住圣窟藻井线图 / 434

图227　灵泉寺大住圣窟正壁 / 436

图228　灵泉寺大住圣窟东壁 / 437

图229　灵泉寺大住圣窟西壁 / 438

图230　灵泉寺大住圣窟南壁世尊去世传法圣师像 / 439

图231　博爱石佛滩摩崖造像全景 / 441

图232　博爱石佛滩阿弥陀佛造像龛及弥勒造像龛 / 442

图233　沁阳悬谷山窄涧谷石窟千佛洞正壁 / 445

图 234　宾阳南洞正壁 / 449

图 235　宾阳北洞正壁 / 452

图 236　潜溪寺正壁 / 453

图 237　敬善寺外景 / 455

图 238　摩崖三佛龛 / 457

图 239　新罗像龛 / 458

图 240　双窑北洞 / 459

图 241　双窑南洞 / 460

图 242　万佛洞外景 / 461

图 243　比丘尼真智造观音像龛 / 462

图 244　万佛洞正壁 / 463

图 245　万佛洞窟顶藻井 / 465

图 246　清明寺外景 / 466

图 247　惠暕（简）洞 / 468

图 248　老龙洞内景 / 469

图 249　老龙洞北壁大龛 / 470

图 250　赵客师洞 / 471

图 251　赵客师洞前壁小龛 / 472

图 252　破窑内景 / 473

图 253　唐字洞外景 / 474

图 254　奉先寺外景 / 475

图 255　奉先寺卢舍那大佛 / 477

图 256　奉先寺遗址出土菩萨像 / 480

图 257　奉南洞正壁 / 481

图 258　北市丝行像龛 / 482

图 259　北市香行像龛正壁造像 / 483

图 260　北市丝帛行净土堂 / 484

图 261　八作司洞正壁／485

图 262　龙华寺洞正壁／487

图 263　极南洞正壁／488

图 264　擂鼓台南洞主尊／490

图 265　擂鼓台中洞外景／492

图 266　擂鼓台北洞正壁／493

图 267　二莲花洞南洞正壁／494

图 268　二莲花洞北洞外景／496

图 269　看经寺外景／497

图 270　高平郡王洞正壁／498

图 271　千手千眼观音像龛／500

图 272　巩义石窟寺 119 龛／502

图 273　巩义石窟寺千佛龛／504

图 274　陕州温塘摩崖造像第 1 龛／505

图 275　浚县大伾山摩崖大佛／508

图 276　浚县大伾山摩崖大佛正面、侧视图／509

图 277　浚县浮丘山千佛洞石窟外立面示意图／510

图 278　浚县浮丘山千佛洞石窟第 1 窟立面展开图／511

图 279　浚县浮丘山千佛洞第 1 窟正壁／512

图 280　浚县浮丘山千佛洞石窟第 2 窟立面展开图／514

图 281　浚县浮丘山千佛洞第 2 窟正壁／515

图 282　卫辉香泉寺石窟／517

图 283　方城佛沟摩崖造像全景／518

图 284　方城佛沟摩崖造像东壁／518

图 285　方城佛沟摩崖造像南石南壁／519

图 286　方城佛沟摩崖造像南石西壁／520

图 287　方城佛沟摩崖造像南石北壁／521

图288 方城佛沟摩崖造像北石南壁 / 522

图289 方城佛沟摩崖造像北石西壁 / 523

图290 道俗五百人造像柱 / 536

图291 荀国丑造像 / 538

图292 邢法敬四面造像碑正面 / 541

图293 邢法敬四面造像碑背面 / 543

图294 邢法敬四面造像碑左侧面 / 544

图295 邢法敬四面造像碑右侧面 / 546

图296 朝阳寺四面千佛造像碑正面 / 548

图297 朝阳寺四面千佛造像碑背面 / 549

图298 朝阳寺四面千佛造像碑左侧面 / 550

图299 朝阳寺四面千佛造像碑右侧面 / 551

图300 龙门石窟如来坐像 / 555

图301 吉孝冲造像碑 / 557

图302 阳隐造阿弥陀佛像 / 559

图303 阿弥陀佛像 / 560

图304 奉先寺如来坐像 / 562

图305 半跏思惟菩萨造像A / 564

图306 半跏思惟菩萨造像B / 565

图307 力士像 / 567

图308 卢昭顺造像龛 / 568

图309 赵楚造像龛 / 570

图310 如来立像 / 572

图311 释迦立像 / 574

图312 汉白玉弥勒佛坐像 / 576

图313 北岗弥勒佛坐像 / 578

图314 刘愔造阿弥陀佛像 / 579

图 315　大海寺弥勒倚坐像 / 581

图 316　马乾贞造弥勒菩萨立像 / 582

图 317　玄政造天王菩萨立像 / 584

图 318　高国珍造观音菩萨立像 / 586

图 319　苏清造花严菩萨立像 / 587

图 320　僧嗒造光相菩萨立像 / 589

图 321　李行邕造辩积菩萨立像 / 590

图 322　狮子吼菩萨造像 / 592

图 323　金髻菩萨造像 / 594

图 324　十一面观音立像 / 595

图 325　大海寺菩萨立像 / 597

图 326　大海寺菩萨立像 A（残）/ 599

图 327　大海寺菩萨立像 B（残）/ 600

图 328　大海寺菩萨立像 C（残）/ 601

图 329　大海寺菩萨立像 D（残）/ 603

图 330　大海寺菩萨立像 E（残）/ 604

图 331　郭崇造释迦立像头部 / 608

图 332　十殿阎君造像 / 610

图 333　开元寺力士像 / 611

图 334　开元寺天王像 / 612

图 335　罗汉造像 / 613

图 336　泗州大圣造像 / 614

图 337　贾绍清造罗汉像 / 616

图 338　千佛堂造像碑 / 618

第一章

绪论

　　河南地处中原，不仅是历代政治、经济、文化中心，也是佛教传入中国后最早兴盛之地。东汉明帝于永平十一年（68）为古印度高僧竺法兰、摄摩腾修建的洛阳白马寺，即是中国第一座由官方修建的佛教寺院。此后佛教便在中原地区流传广布，辐辏八方。由于佛教是"以像设教"，雕佛造像和寺院绘画便成为最受欢迎的宣传佛教教义的艺术手段，并与中国传统文化艺术相融合，成为中华民族文化遗存的重要组成部分。河南佛教造像遗存十分丰富，石窟造像、单体造像、金铜造像遍布全省，璀璨斑斓，异彩纷呈。特别是北魏孝文帝太和十八年（494）迁都洛阳后，原以平城为中心的雕佛造像之风南移，从此以洛阳为中心的中原地区便开始了大规模的雕佛造像。除官方开凿的著名的龙门石窟、巩义石窟寺等大、中型石窟外，另有义马鸿庆寺、偃师水泉、新安西沃、鹤壁五岩寺、安阳小南海等40余处小型石窟分布在豫西、豫北的山区。与此同时，那些可以单独供养、移运便利的石刻造像，也在民间广泛流行。它们多是寺院或家庭佛堂供奉的偶像或祈祷还愿的纪念物，形式有别于石窟造像，但其雕刻内容和艺术风格与同期的石窟造像相比更具地方性和世俗性，成为石窟造像以外重要的宣传佛教教义的艺术载体，其辉煌的艺术成就可与石窟艺术相媲美。随着宗教某些功能的逐渐消失，这些珍贵的艺术品便成为人们研究古代社会史和宗教史以及艺术史的具体真实的资料，其审美价值和历史作用正日益被人们所理解和欣赏。

第一节　佛教的传入及佛教造像的兴起

佛教于公元前6世纪诞生在今天的印度与尼泊尔地区。迦毗罗卫国王子乔达摩·悉达多看破生老病死，悟得人生真谛，在古印度创立佛教，被世人尊称为"释迦牟尼"，后世更尊其为"佛陀"。佛教在古印度产生之后，随着自身发展的进程，不断向古印度本土以外的周边邻国传播扩散。北传佛教经由中亚，翻越葱岭进入现在的新疆地区。并以这里为中转站，沿丝绸之路向东挺进，扩展到辽阔的中原地区。文献记载和考古资料证明，大约在两汉之际，中原地区对来自异域的佛教已有所了解。此后，随着频频东来的僧侣们锲而不舍的努力，加之中国封建统治者意识到这种异国宗教可以用于"敷导民俗"从而大力提倡和扶植，使佛教在这片有着悠久文化传统的异国他乡，扎下了根。传入中国的佛教，在其蔓延、传播的过程中，不断与中国传统思想和文化进行抗争与融合，逐渐成为具有中国特色的佛教。

佛教传入中国的最早时间，据记载是西汉末，鱼豢的《魏略·西戎传》记载：汉哀帝元寿元年（前2），博士弟子景庐受大月氏王使伊存口授《浮屠经》，当为佛教传入汉地之始。佛教始传的另一说法是在东汉明帝永平七年（64），明帝刘庄夜梦金人，醒后询问大臣，大臣傅毅奏道金人应是西方神佛。刘庄于是派遣大臣蔡愔、秦景、王遵等十八人同往西域寻求佛像和佛经，蔡、秦等人西行至大月氏国（今阿富汗境内至中亚一带）遇到了印度摄摩腾和竺法兰，他们邀请二位高僧同来中国，二僧欣然同意。于是一行人以白马驮载佛经、佛像于永平十年（67）返回国都洛阳。这就是中国佛教史上第一次"西天取经"，史称"永平求法"。汉明帝将二位高僧安排在负责外交礼宾事务的官署鸿卢寺，第二年又敕令于洛阳城西雍门外三里远的御道之北修建一座僧院，为纪念白马驮经之功，将僧院命名为"白马寺"。这是中国第一座由官方修办的寺院，二位高僧在这里翻译了第一部汉译佛经《四十二章经》。洛阳白马寺由此被中国佛教信徒尊奉为"祖庭"。在摄摩腾和竺法兰之后，陆续又有多位西方学问渊博的高僧来到洛阳，使佛教在河南得到了较大发展。桓帝时安息国的安世高至洛阳，开始了大规模译经，不久，月氏人支谶、支曜等也相继来到洛阳译经，在公元68年以后的150多年时间里，有192部合计395卷佛经在这里译出，白马寺成为当之无愧的中国第一译经道场。随着佛经翻译事业的发展，东汉晚期，洛阳开始出现僧团和寺院。1924年，在洛阳出土了几块镌刻有佉卢文字的弧形石条，铭文中明确提到了僧团和寺院，年代在灵帝、献帝之际。佉卢文是以犍陀罗为中心的贵霜帝国的官方文字，犍陀罗又是当时佛教圣地，有专家认为这些弧形石条是洛阳贵霜人佛教寺院的一个浴堂的附属设施——井栏上的构件。说明东汉后期，京都洛阳已经有佛教僧团和寺院存在。"至晋永嘉，唯有寺四十二所。"[1]可见洛阳在中国佛教史上也是十分重要的城市。

佛教造像艺术传入中原当在汉明帝时期，永平十年（67），天竺高僧摄摩腾和竺法兰用白马驮载佛经、佛像来到洛阳，这是关于佛教及佛教造像艺术传入中原地区的最早记载。佛教造像传入中原后，经过中国的艺术家和民间工匠的吸收、融合和再创造，形成了更具中国特点的佛教艺术，从而更容易在中国社会流传和发展。佛像主要是作为佛教徒供奉和礼拜的对象，因此佛像艺术的发展和流行，基本上是伴随着中国佛教的兴衰而兴衰，两者之间的密切关系显而易见。

汉魏之际，佛教造像虽已出现在中原腹地，可在史料中，关于佛像的记载却罕见。在出土的佛教文物中，有四川乐山崖墓的佛雕像、彭山崖墓的陶制佛像，据考证这些都是汉代的作品。但是这时的佛教文物遗留下来的数量极少。而作为当时政治、经济、文化中心的洛阳虽是全国的佛经翻译中心，却未见到

---

[1]〔北魏〕杨衒之撰，周振甫释译：《洛阳伽蓝记校释今译》，学苑出版社，2001年，第5页。

雕佛造像的踪迹，说明雕佛造像在中原地区尚未形成风气。

两晋南北朝是中国社会大动荡的时期，中国佛教艺术在这一时期得到飞跃式发展，来自古印度的佛教思想在中国迅速发展，与中国传统文化有了更深入的交流。这种交流不仅对中国思想史的发展有重大意义，而且对中国美术和雕塑艺术的发展也起到了极大的促进作用。在绘画方面，顾恺之、陆探微和张僧繇等画家，一方面继承了中国传统的汉画技艺和风格，另一方面又受到了来自古印度、西域的佛教绘画表现手法的影响，在绘画理论和表现手段方面，取得了划时代的成就。这一时期的绘画、雕塑等艺术作品中出现的人物形象，大多面目清瘦、褒衣博带、神采飘逸，这基本上是南朝士大夫生活理想和审美情趣的真实写照。由此而形成的"秀骨清相"风格，成了具有明显时代特征的南朝画风的代表。同时，佛教造像艺术也有了极大的发展，以东晋戴逵为代表的佛像雕塑家的出现，标志着中国佛教艺术发展到了一个新的水平。这一时期出现的各种佛像，包括塑像和画像，已经不再是单纯地模仿西方传来的佛像图样，而是融合了中国的民族风格，开始走上了独立的发展道路。遗憾的是这一时期佛教寺院的各种塑像以及画像，现在大多已荡然无存，我们只能从传世或出土的一些金铜佛像以及当时开凿的一些石窟寺中，来了解和研究当时佛教造像的一些情况。

第二节　北魏迁都洛阳及洛阳佛教的兴盛

西晋末年的"八王之乱"导致了西晋灭亡，晋室南迁，广大的中原地区落入内迁的各少数民族的抢夺之中。在东晋与南朝四政权互相更替的一百多年间，北方地区深重的民族斗争与分裂割据、兼并攻占片刻未息，经过长期的民族斗争，产生了空前的民族大融合，百余年间的兼并厮杀也为后来的北魏再度统一中原、建立统一的多民族国家创造了条件。

北魏是鲜卑拓跋部建立的政权，鲜卑是中国古代北方的一个少数民族，初在大兴安岭一带游猎。秦汉以后北方民族南迁，东晋后期中原出现了五胡十六国纷争的局面。这时鲜卑族的拓跋部南迁到内蒙古草原。公元386年，拓跋珪于盛乐（今内蒙古和林格尔西北）称代王，后改国号魏，建都平城（今山西大同东北）。史称北魏。经过数十年的战争厮杀，北魏终于统一了北方。这个通过军事征服而建立起来的政权，是否能够继续维持下去并得到巩固，是北魏统治集团必须解决的问题。统治集团内部有中央集权不完整和旧部落显贵之间的矛盾，有推进改革和守旧的矛盾，这些矛盾处理不慎都会演化成流血斗争，危及北魏的统治。孝文帝拓跋宏即位后，为缓和社会矛盾，挽救政治危机，从公元483年起，在政治、经济、风俗习惯等方面，实行了一系列的改革。先后颁行俸禄制和均田制，建立邻、里、党三长制，缓和了社会矛盾。太和十七年（493），孝文帝以征伐南朝的名义从平城出发，到洛阳后发出迁都之诏并开始着手准备。太和十八年（494）十月，正式从平城迁到洛阳，太和十九年（495）完成了政务机构的迁移工作。北魏将都城从平城迁到洛阳，是中国历史上的一次重大事件。

北魏孝文帝是个大有作为的皇帝，北魏迁都洛阳后，他坚持改革，整顿吏治，严惩贪官污吏，恢复经济，发展生产。提倡学汉文、说汉话、穿汉服，促进了北方民族的大融合。被破坏了的洛阳，得到了恢复和发展，洛阳佛教也在此时得到了空前的发展。

洛阳地处黄河中游南岸，古人以为居天下之中，是中国历史上八大古都之一。东汉时期，洛阳成为"丝绸之路"的一个新起点，诞生于恒河流域的佛教文化，随着"丝绸之路"的开通经西域东来。在东汉至西晋二百多年的时间里，洛阳一直是中国佛教文化的中心。汉末，西域人安世高、支娄迦忏、竺佛朔、支曜、安玄等人，在这里先后译出了《阿含经》《般若经》《般舟三昧经》等许多单品经典。中国第一位西行求法的高僧朱士行，从洛阳出发，于魏元帝景元元年（260）到达于阗，求取"正品梵书胡本九十章，六十余万言"。西晋时，门阀士族、达官显贵多有信佛之辈，洛阳佛寺达42所。"八王之乱"，洛阳残破，晋室南渡，五胡逐鹿中原，后赵石勒、前秦苻坚、后秦姚兴利用佛教进行统治，肇启佛教政治之用，使佛教迈入国家正教之门。北魏迁都洛阳后，洛阳不仅是当时的政治、经济、文化中心，也是全国的佛教中心。由于北魏帝室狂热地信佛，佛教发展达到空前繁荣的阶段。以洛阳为中心的北方地区掀起了兴建佛寺、佛塔，开窟造像的高潮。截至魏都迁邺时，洛阳有佛寺1367所。杨衒之在《洛阳伽蓝记》中说："迨皇魏受图，光宅嵩洛，笃信弥繁，法教愈盛。王侯贵臣，弃象马如脱屣；庶士豪家，舍资财若遗迹。于是招提栉比，宝塔骈罗，争写天上之姿，竞摹山中之影。金刹与灵台比高，宫殿共阿房等壮。岂直木衣绨绣、土被朱紫而已哉！"[1]史籍载冯熙一人于州郡造寺竟达七十二所[2]，天下佛寺之多由此可见。南朝高僧不断北来。"时佛法经像盛于洛阳，异国沙门，咸

---

[1]〔北魏〕杨衒之撰，周振甫释译：《洛阳伽蓝记校释今译》，学苑出版社，2001年，第5页。
[2] 汤用彤：《汉魏两晋南北朝佛教史》，昆仑出版社，2006年，第1819页。

来辐辏，负锡持经，适兹乐土。"[1] 宣武帝立永明寺，建房一千余间，居"百国沙门三千余人"[2]。京都洛阳当时已成为我国佛教的中心，被外国僧侣誉为"佛国"。由于皇室崇奉佛教，原在平城（今山西大同）盛行的开窟造像之风也随之传到洛阳，以洛阳为中心的豫西地区开始了大规模的开窟造像活动，除最早在洛阳龙门西山开凿龙门石窟外，还在洛阳周围大规模营造石窟寺，目前保存下来的北魏时期开凿的石窟有9处。主要有巩义石窟寺、义马鸿庆寺石窟、偃师水泉石窟、新安西沃石窟、吉利万佛山石窟等中小型石窟群。这些石窟反映了北魏统治者继承、发展了平城时期诸帝崇佛传统，使这一时期的佛教信仰和寺塔建筑呈现一派兴旺景象。

---

[1]〔北魏〕杨衒之撰，周振甫释译：《洛阳伽蓝记校释今译》，学苑出版社，2001年，第141页。

[2] 温玉成：《中国石窟与文化艺术》，上海人民美术出版社，1993年，第141页。

第三节　河南佛教石窟造像的分布及现状

　　河南佛教石窟造像遗存十分丰富，除官方开凿著名的龙门石窟、巩义石窟寺等大、中型石窟外，另有义马鸿庆寺、安阳小南海等40余处小型石窟分布在豫西、豫北的山区。其时代始自北魏，终于明朝。豫西地区的石窟大多开凿于北魏时期，主要有龙门石窟、巩义石窟寺、义马鸿庆寺石窟、偃师水泉石窟、新安西沃石窟、吉利万佛山石窟等；豫北地区的石窟多开凿于东魏至宋代，如开凿于东魏的鹤壁五岩寺石窟，北齐的安阳小南海石窟、林州千佛洞石窟、浚县摩崖大佛，隋代的安阳灵泉寺大住圣窟、博爱石佛滩摩崖造像，唐代的浚县浮丘山千佛洞石窟，宋代的淇县的青岩石窟等。不难看出，这些石窟的分布都是以洛阳、安阳这两座文化底蕴丰厚的古都为中心向周围辐射，有其明显的时代特性和深厚的文化背景。

　　河南开凿最早的石窟是洛阳龙门石窟，龙门石窟位于洛阳市南12公里，开凿在伊河两岸的山岩上。由于河两岸之间狭窄如门阙，这里自古以来被称为"伊阙"，是守护洛阳的"八关"之一。北魏郦道元《水经注》"伊水"曰："又东北过伊阙中。……东岩西岭。并镌石开轩，高甍架峰。"描绘了伊河两岸开凿石窟，鳞次栉比的景象。杨衒之《洛阳伽蓝记》卷五也记载"京南阙口有石窟寺灵岩寺"，《魏书·肃宗纪》也有"伊阙石窟寺"的记载。龙门石窟现存窟龛2345个，分布在伊水两岸的西山和东山，南北约1公里的石灰岩山体上。西山现存窟龛2043个，东山现存窟龛302个，其中大型窟龛30余个，大小造像近

11万尊,造像题记2800余条[1]。北朝时期的主要洞窟有古阳洞、宾阳中洞、皇甫公窟、慈香洞、莲花洞、弥勒洞、弥勒洞北一洞、弥勒洞北二洞、普泰洞、魏字洞、药方洞、弥勒龛、六狮洞、来思九洞、火烧洞、龙骧将军洞、地花洞、路洞、汴州洞、天统洞等。这些北朝洞窟全部集中在龙门西山,多为正壁及左右侧壁开设佛龛的佛殿窟,而见于敦煌的中心柱窟(塔庙窟)和僧房窟(禅定窟)在龙门则不存在。龙门石窟不是僧人右绕中心柱或者在小室内进行禅定和观象等修行的场所,而是从皇帝到平民各个阶层的供养者按自己的意愿开凿佛龛、进行供养的地方。[2]

关于龙门石窟的开凿时间,《魏书·释老志》载,景明元年(500)宣武帝元恪下令在伊阙山开凿石窟,即宾阳三洞,原名灵岩寺,是见诸正史记载的大型皇家洞窟。其中中洞、南洞是宣武帝为其父母做功德而建,北洞是宦官刘腾为宣武帝而建。"从景明元年至正光四年六月以前,用功八十万二千三百六十六。"工程耗时二十四年之久,原本计划开凿的三所洞窟,因北魏政治动荡等原因,只完成了宾阳中洞,南北两洞直到唐代才续凿完成。说明皇家开窟造像是从宾阳中洞开始的。然而,根据古阳洞内现存最早的太和九年(485)造像题记可知,龙门石窟最早开凿于北魏迁都之前,古阳洞则是龙门开窟造像之始。

巩义石窟寺是仅次于龙门石窟的北魏皇家石窟,位于郑州和洛阳之间的邙山东端大力山南麓,面临洛水,山北就是黄河,西距洛阳故城44公里,西北5公里便是著名的东汉洛阳八关之一的"小平津"渡口,是汉唐以来通向黄河北岸的要津,自然也是拱卫洛阳的军事重镇。巩义石窟寺开凿在东西长约75米的崖面上,其规模虽不能与龙门石窟相比,但其石窟形制和雕刻内容却独具特

---

[1] 龙门石窟研究所、中央美术学院美术史系编:《龙门石窟窟龛编号图册》,人民美术出版社,1994年,第1-3页。

[2] [日]石松日奈子著,[日]筱原典生译:《北魏佛教造像史研究》,文物出版社,2012年,第131页。

色。现存北魏开凿的洞窟5座。其中深5米左右的大型窟4座，即第1至第4窟；深3米左右的中型窟1座，即第5窟。现存4个大窟中，除第2窟只凿出窟室规模，未按原计划完成外，其余各窟均雕刻精美。5个窟分为两种类型：第1至第4窟为方形、平顶，中央设中心柱窟，规模较大，这种窟中设有中心方柱的做法一直延续到响堂山石窟；第5窟为中型佛殿窟，平面为方形，平顶，延续了云冈三壁三龛式，但在前壁左右各雕一立佛。第1至第4窟可分为两组双窟，均为云冈第三期窟形的延续。就其形制来说，巩义石窟寺更为规整。第1窟规模最大，雕刻精美，为巩义石窟寺代表性洞窟。其门外两侧各雕一立佛龛，中心方柱四面各开一方形帷帐龛，除东面龛内雕一弥勒二弟子二菩萨外，其余龛内均雕一坐佛二弟子二菩萨。窟内四壁，规划统一，上部边缘为莲花化生童子与庐帐间隔布列，下边一列垂帐纹，共同组成上边一层装饰带。第二层遍刻排列整齐的千佛龛。其下的第三层除南壁外，各凿并列的四大龛，内雕一坐佛，或释迦多宝，或文殊维摩及胁侍等。最下一层刻护法神兽、伎乐、神王等。平棋自中心柱外，雕出回字形方格三排，内周全部刻飞天，中间一周刻莲花化生童子和莲花图案，间隔布列；最外一周刻莲花多种。2号窟位于1号窟东邻，由于岩石裂隙较多，中心柱造出初形后即被废弃，窟的门壁已崩塌，窟内除东壁有东魏时期的一个大龛外，其余10龛均系唐代所造。3、4号窟的造像布局与第1窟相同，均为千佛、三世佛、释迦、多宝、涅槃像等，中心柱四壁下层和窟内四壁壁脚雕出神王、异兽和伎乐。尤为重要的是在第1、3、4窟前壁窟门两侧均雕高浮雕大型帝后礼佛图，为国内现存最完整最精美的礼佛图。由此可知，巩义石窟寺应是一处北魏皇室开凿的皇家石窟。

位于义马市东南8公里，东距北魏洛阳城约60公里的鸿庆寺石窟，是洛阳以西的重要石窟。现存北朝开凿的洞窟6座，大小造像275身，分布在东西30多米的崖面上。其中内深5米左右的大型洞窟2座，即第1窟和第3窟；3米以上的中型洞窟1座，即第2窟；其余3座均为3米以下的小型洞窟。除第1窟为中心柱窟，第6窟为禅窟外，其余4窟均为佛殿窟。第1窟平面布局、窟顶平棋与巩义石窟寺基本相似，但东、西、后壁和中心柱上部皆雕刻大幅佛传故事。这种布局仅见于龙门石窟路洞南壁内侧上层小龛内，该龛后壁浮雕降魔变与第1窟后壁浮雕内容基本一致。中心柱四面原来各开一大龛，今仅北面尖拱龛保存较好，内雕一坐佛二弟子二菩萨。佛的方台座下左右各刻一跪鹿，可知此佛为鹿野苑说法之释迦牟尼。中心柱正壁主龛下部雕刻博山炉和二蹲狮，与龙门六狮洞、路洞和汴州洞相同，窟内正壁及左右侧壁下层各开4个大龛，正壁大龛内皆雕一佛二菩萨，左右壁大龛内的雕像风化严重，有的只存石胎，多数龛内雕三尊式造像，个别龛内雕一佛二弟子二菩萨五尊式造像。环绕三壁大龛的上方壁面浅浮雕降魔图、太子游四门图和白马吻别图，雕刻精美，尤其是降魔图，是中国石窟中最大最完整的浮雕降魔图，十分难得。第1窟东壁佛传浮雕中城楼檐下的叉手与路洞南北壁上层龛檐下叉手相似，由此可知，第1窟的开凿时间接近路洞，即公元528年河阴之变前后。[1]第2、4两窟皆为三壁三龛式方形佛殿窟，形制与巩义石窟寺第5窟相似，但两窟窟顶皆雕作盝顶形；第2窟正壁双龙双柱尖拱形大龛内雕一坐佛二弟子二菩萨，左右附设小龛内各雕一弟子像。左右壁大龛内造五尊式像。第4窟正壁为五尊式，左壁已残，右壁作三尊式。正壁上端雕饰宝盖；盝顶中心作大莲花，四坡中间雕宝珠，宝珠两侧刻相对的飞天，飞天下边刻鱼鳞纹、三角流苏纹及帐纹等，凡此诸端，都是较晚出现的形象，值得注意的是第2窟西壁主龛主尊衣纹与龙门常见的正光孝昌年间的衣纹不同，也和巩义诸窟中的衣纹有异，而与龙门路洞南北壁内主像衣纹相似，可知两窟的开凿时间接近于第1窟。第3窟为方形横券顶窟，也作三壁三龛布置。正壁及左壁为五尊式，右壁为三尊式。右壁北侧上方浮雕的太子树下思惟图与龙门莲花洞南壁大龛内浮雕相似。正壁主尊与龙门皇甫公石窟（527）相似；西壁主尊为交脚弥勒，与龙门莲花洞内沙门昙佘龛（528）相同，龛楣为天幕式，横梁以上间隔使用莲瓣纹与莲花化生童子，与西沃石窟1号窟

---

[1] 宿白：《洛阳地区北朝石窟的初步考察》，载龙门文物保管所：《中国石窟：龙门石窟》第一卷，文物出版社、株式会社平凡社，1991年，第225-239页。

（528）相同，由此可知，第3窟的开凿时间应在孝明帝武泰元年（528）前后。[1]

鸿庆寺石窟在总体上规划严整，无论是单窟还是窟群，它的总体布置都很规则，互相连接，紧凑严密。除三窟主像群间的空白处有后雕的27个小佛龛外，各个窟内均规整不乱，更无半成品或"败笔"之迹，可以想见它为一次性施工。推测在施工之前即有一个总体规划，各窟室的雕凿内容也似作了构思与设计。它虽属于一个小规模的开窟造像，耗资不多，但整体风貌所呈现的特点，足以表明营造者绝非一般的平民百姓，应系官方或权贵们主持营造。这一点从第1窟礼佛图供养人多着贵族常服可以得到证明。从作品的雕刻技法看，系平直刀法与漫圆刀法的结合，表现出匠师们丰富的经历和娴熟的功力。不论是人物形象还是雕刻技法都与巩义石窟寺十分相似，如出一人之手。可以说，巩义石窟寺和义马鸿庆寺石窟是继龙门宾阳洞之后，在洛都东、西出现的两颗佛教艺术明珠，在河南石窟艺术中占据着重要地位。

位于偃师寇店镇水泉村的水泉石窟，北距北魏洛阳故城约20公里，西距龙门石窟23公里。是一座深达9.5米的大型敞口纵长方形殿堂窟。窟顶无雕饰，地面不平整，系就天然溶洞修凿，与龙门古阳洞、莲花洞类似，是洛阳地区较早流行的一种大型窟式。窟内正壁雕造二佛并立，像高5米有余，额肩宽平，衣纹多平行线条，裙褶细密，近似于龙门宾阳中洞南北壁立佛。据窟外摩崖碑记中有"比丘昙覆……归山自静，于京南大谷之左面私力崇营……皇帝陛下、皇太后敬造石佛……"可知，此二佛为昙覆所造。立佛两侧和南北壁多布小龛，时间略晚于立佛，铭刻有永安、普泰和西魏大统等纪年。窟内甬道北壁上部密布北魏小龛17个，下部刻千佛。其中方形龛6个，圆楣龛2个，尖拱龛8个，盝顶龛1个。龛内多雕一佛二菩萨和一弥勒二菩萨。雕刻时间较早，龛面雕饰繁缛，可与龙门古阳洞中宣武时期造像龛相比较。其中一龛有"石窟主昙覆敬念造"和熙平二年（517）的纪年，可知昙覆建窟和雕二立佛的时间，亦当在孝明之初，碑中所云"皇帝陛下、皇太后"，即孝明帝和胡太后。比丘昙覆，文

---

[1] 温玉成：《中国石窟与文化艺术》，上海人民美术出版社，1993年，第207页。

献失载，据碑文可知其俗姓赵，祖籍南阳，似与北魏某王有较特殊的关系。洞窟门外北壁有摩崖小龛5个，最上面是一个盝顶龛，龛顶左右上角雕飞天。龛内分三部分，中间以柱相隔。中央雕造交脚弥勒，左右各一身胁侍菩萨。其下并列3个尖拱小龛，龛内各雕结跏趺坐禅定佛一尊。有的龛楣两端饰鸟翅，构图巧妙，为他处石窟所罕见。以上四龛虽无题记，但从造像形式看，均为北魏宣武、孝明之时作。下一龛为圆拱龛，内雕一佛二菩萨，龛下有唐玄宗先天二年（713）郭僧子造像记，这是水泉石窟中唯一的一个唐代小龛。

位于孟津区柴河乡北部的吉利万佛山石窟，北倚太行，南望黄河，左枕黄岭，右邻湛河。东南距北魏洛阳故城约40公里。石窟分上寺院和下寺院两部分，上寺院编号5个，下寺院编号2个。其中上寺院1、2、3号窟坐北向南，平面呈马蹄形，穹隆顶，窟内三壁设坛，造像三铺，洞口两边有二力士。4号窟为一圆拱形小龛，内雕坐佛一尊，未完工。5号窟较大，龛形大部已残，存龛楣、窟顶少部及龛下部，窟顶为莲花藻井，正壁造一佛二菩萨立像。右侧刻坐佛18身。龛外上方刻千佛像，存上下二层，现存结跏趺坐佛8尊。下寺院1号窟为中心柱窟，大部残，仅存地面及中心柱下部。中心柱正壁中间开龛，造一佛二弟子二菩萨像，龛下方造一香炉二比丘二狮子。龛外两侧方形浅龛内各刻一螺髻佛像手持长茎莲花侧身向佛立于覆莲台上。2号窟窟门上方题"神游洞"，窟平面近似圆形，穹隆顶，三壁设环形佛坛，坛上各造一佛二弟子二菩萨像一铺，坛基正壁刻一香炉二比丘二狮子，左右壁刻供养人像，多有漫漶。前壁窟门上方刻维摩文殊说法，两侧刻供养人像，形式与坛上供养人像大致相同。关于万佛山石窟的开凿年代，宿白先生根据上寺院3号窟（孟县莲花洞）正壁左右上雕刻的维摩文殊说法图的位置和服装认为："维摩文殊布置于正壁主像两侧，在龙门见于慈香洞。小龛中如此布置维摩文殊的，以古阳洞北壁上层魏灵藏造释迦龛为最早，该龛年代约当太和末景明初期。又孟县莲花洞（今吉利万佛山石窟第3号窟）维摩胡装、文殊上部设伞盖和众多天人降临的景象亦多见于龙门孝明前期及其以前所雕造的窟壁和龛侧中。"[1]

位于新安县北40公里黄河南岸垂直峭壁间的西沃石窟，其地东南距北魏洛阳故城约90公里，开凿于北魏孝昌元年至普泰元年（525—531）。是豫西地区一座十分重要的小型石窟，也是黄河中下游岸边的唯一一处北魏石窟。现存方形殿堂窟2座以及窟前崖壁上的摩崖塔4座，在塔与石窟之间还有若干小佛龛。1号窟是西沃石窟的主要洞窟，平面为长方形，窟内三面环绕低宝坛，宝坛上雕刻造像。正壁雕一佛二弟子二菩萨，左右侧壁雕一立佛二菩萨。窟内甬道转角处有孝昌元年至建义元年（525—528）邑主王进达合邑200人发愿造窟记。铭记中的"比丘惠生"有可能就是胡太后派往西域取经的"崇立寺比丘惠生"。据《大正藏》卷51《北魏僧惠生使西域记》载惠生取经的往返时间是公元518—521年。2号窟位于1号窟之西，为一敞口横长方形小窟，正壁设坛，雕一坐佛二弟子四菩萨。其上雕帷帐龛面与龙门路洞相似。窟内有邑老韩法胜、杨众兴等人于普泰元年（531）造窟题记。

位于宜阳县城东南9公里的虎头寺石窟，其地东北距北魏洛阳故城40公里。傍虎头山崖开凿，北眺洛河。现存北魏晚期小型穹窿顶殿堂窟1座，摩崖造像龛3个。窟内造像大都残毁，但正壁作一佛二弟子二菩萨的布局，尚依稀可辨。洞窟南侧有千佛龛，中心刻一弥勒二弟子二菩萨，周围刻千佛。从千佛龛对面尚存2个刻有"正光元年"（520）纪年的残龛推断，虎头寺石窟当开凿于北魏晚期。

位于嵩县东北18公里铺沟村南的铺沟石窟，也是北魏晚期的一座小型石窟，其地东北距北魏洛阳故城约90公里，前临伊水。现存6窟，最大的一窟为高、宽、深均约3米的中型殿堂窟，方形穹窿顶，窟内造像多已残毁，仅存东壁交脚弥勒1尊；其余5窟形制略小，窟平面皆方形，穹窿顶雕莲花，周绕飞天，正壁皆为一佛二弟子二菩萨，左右壁刻千佛、弥勒、维摩文殊或涅槃故事

---

[1] 宿白：《洛阳地区北朝石窟的初步考察》，载龙门文物保管所：《中国石窟：龙门石窟》第一卷，文物出版社、株式会社平凡社，1991年，第234页。

等。本尊火焰纹背光上阴线刻飞天与伎乐人，从本尊修长的身躯和稠密的衣褶看，与龙门正光孝昌间窟龛近似。

位于淇县西北18公里前嘴东武公祠西的前嘴石窟，也称武公祠石窟。是一座高、宽、深不足2米的北魏晚期的小型殿堂窟，窟顶为盝顶状，中心雕八瓣莲花，四隅刻飞天9身，交角处刻大鹏金翅鸟。正壁造像为一佛二弟子二菩萨，洞口外侧各雕一力士。窟内其余壁面遍刻千佛。

位于鹤壁市西北8公里的五岩寺石窟是河南东魏石窟的代表作。石窟依山势自东北向西南分布在长达200米的崖壁间，开凿窟龛41个，造像154身，分为5个区域。据现存的12则造像题记（其中有纪年者10则）可知，五岩寺石窟最早开凿于东魏孝静帝兴和四年（542），迄止于武定七年（549）。由于这些窟龛的形制和造像风格大体相似，应系同一时期营造。从这些窟龛的规模来看，应是寺僧、信众等为广布功德、祈福禳灾而开凿的"民间石窟"。然而，在石窟的总体布局、窟龛形制、造像体态、服饰装束、雕刻技法等方面，还保留着北魏晚期石窟造像的艺术特征。特别是5个区均有造像题记，明确记录了开凿窟龛的具体时间，为我们研究东魏时期的石窟造像提供了标准依据。

位于安阳西南30公里的灵泉寺大留圣窟，是东魏时期开凿的一处小型石窟。灵泉寺是南北朝、隋、唐时期北方的著名佛寺，素有"河朔第一古刹"之称。原名宝山寺，由高僧道凭于北齐年间开创，后因该寺高僧灵裕升任"国统"，于隋文帝开皇十一年（591）改名灵泉寺。在寺院东西两座山峰崖壁上，雕刻大量的浮雕石塔和窟龛造像，尤其重要的是雕刻于东魏和隋代的两处石窟，即位于灵泉寺东岚峰山的大留圣窟和寺西宝山上的大住圣窟。合称为"灵泉寺石窟"，是安阳周围最重要的石窟之一。大留圣窟，为灵裕之师道凭于东魏武定四年（546）开凿，又称"道凭石堂"。坐东面西，是一处平面方形，平顶素壁的三壁佛坛窟。三壁下部雕出低坛，坛上置3尊圆雕的佛像，造像题材正壁为卢舍那佛、左壁为弥勒佛、右壁为阿弥陀佛，皆结跏趺坐。这种三尊像组合，是安阳地区包括小南海石窟、大住圣窟在内的特有组合。在三尊像的胸前刻有佛教所特有的象征佛法不灭，法轮常转的"卍"字。在左右壁佛坛的前面，雕出北朝以来石窟中盛行的神王像8身，根据其造型特征能辨识者有象神王、山神王、河神王、珠神王、树神王、火神王、风神王等。值得注意的是三尊佛像的造型，具有从北魏向隋唐造像过渡的特点。脸部较丰满，躯干四肢健壮，衣纹简洁、洗练。袈裟贴体，雕刻较浅，具有明显的北齐特征。根据像与佛坛的风格来看，此三尊像可能是北齐时补造。

位于安阳西南25公里处的小南海石窟，又称云门寺石窟，是河南重要的北齐石窟，石窟开凿于善应镇西鳌盖山南麓长约500米的山崖上，洹水从窟前流过，青山秀水，环境优美，素有"小南海"之称。现存东、中、西3个石窟，近年由于修路，将东窟整体移于中窟之旁利于保护。云门寺是北齐文宣帝天保三年（552）命僧稠禅师建立的。僧稠禅师俗姓孙，河北巨鹿人，早年勤学经史，征为太学博士，中年潜习道机，入嵩山少林寺拜北天竺高僧跋陀为师，继任少林寺主，后转住他处。北齐天保二年（551），为文宣帝高洋受菩萨戒，次年敕建云门寺，以僧稠任寺主及石窟大寺主（即响堂山石窟），从业弟子近千人。石窟开凿于北齐天保元年至天保六年（550—555），三窟形制基本相同，均为三壁佛坛窟，覆斗式顶，平面略呈方形。圆拱形窟门，门楣雕饰龙和凤鸟，除东窟窟门残损较甚，雕刻不清外，余皆保存完好。窟内造像基本相似，三壁均雕一佛二菩萨，正壁主尊为卢舍那，左右壁主尊分别为阿弥陀佛、弥勒佛。尤以中窟雕刻内容最为丰富，是小南海石窟的代表。窟外壁刻有《方法师镂石班经记》曰："大齐天保元年，灵山寺僧方法师、故云阳公子林等，率诸邑人，刊此岩窟，仿像真容。至六年中，国师大德稠禅师重莹修成，相好斯备。方欲刊记金石，光流末季，但运感将移，暨乾明元年岁次庚辰，于云门寺奄迁化。众等仰惟先师，依准观法，遂镂石班经，传之不朽。"以及《华严经偈赞》和《大涅槃经·圣行品》，准确记载了石窟开凿的起始时间和凿窟原因。值得注意的是，在两侧壁上还浅浮雕阿弥陀净土的九品往生图和弥勒为众说法图。这处阿弥陀净土是现知纪年较早的一组浮雕，在南响堂1、2窟后室前壁上方和中心柱正壁上方也有此种题材，但这里明确地写出了"九品往生"的榜题，且有明确纪年，更是难能可贵。在正壁佛座下右侧浮雕手持长柄香炉的供养比丘，榜题为"比丘僧稠供养",证实了此窟是以灵山寺僧方法师和故云阳公子林为首的邑社众人等为僧稠所造。

紧邻安阳的林州,在北朝时也受到了邺下佛教的影响,佛事兴盛,高僧云集。据《续高僧传·僧达传》载,僧达是北齐高僧,北齐文宣帝曾"为达于林虑山黄花邻下立洪谷寺"。此后又有慧光的弟子昙迁隐于林虑山中。还有大缘禅师常住洪谷寺并卒于寺中。洪谷寺,位于林州市西南15公里林虑山黄花岭下,寺东1公里便是北齐时开凿的千佛洞石窟。石窟开凿于北山半腰,坐北朝南。为方形佛殿窟。正壁造像为一坐佛二弟子二菩萨。主尊头上壁间刻二飞天,外侧刻千佛。西壁北部刻大小佛像、菩萨像22身,南部嵌砌《金刚经》刻石4方;东壁北部刻大小佛像、菩萨像38身,南部嵌砌《妙法莲花经》刻石2方,这些刻经均为唐代补砌。洞窟外左侧刻摩崖题诗一首:"天上天下无如佛,十方世界亦无此。世间所有我尽见,一切无有如佛者。大齐武平五年八月建。"由此可知,该石窟应开凿于北齐武平五年(574)之前。窟之附近有摩崖塔两座,其中一座为大缘禅师灰身塔。塔之形状与灵泉寺东西两山上的摩崖塔相似,明显系受其影响所致。

除开凿石窟以外,摩崖造像也是豫北地区的主要造像形式,在北齐时期的摩崖造像中,最值得一提的当数浚县摩崖弥勒大佛。大佛位于浚县大伾山东坡,依山雕造,高约27米。它背倚大伾山,面临黄河故道,雄伟肃穆,令人赞叹。据有关专家考证,该弥勒大佛的雕造年代为北齐或稍前,它与太原西山北齐倚坐大弥勒佛(已毁)相似,最终确定了倚坐式弥勒佛的模式,影响隋唐以后的弥勒造像达八百年之久。由此可说,浚县大弥勒佛,是中国现存最早且最大的一尊弥勒佛造像,堪称中国八大弥勒佛之首,十分珍贵。[1]而陈悦新先生在对浚县大佛的形制和佛衣以及与浚县大佛相似的造像进行考察后,对浚县大佛的年

---

[1] 温玉成:《浚县大弥勒佛及相关问题研究》,载浚县文物旅游局编,班朝忠主编:《大伾文化》一,文物出版社,2004年,第78-97页。

代推测为武则天（684—704）至玄宗开元时期（713—741）。[1]

　　隋的统一，唐的繁荣，使国力雄厚，文化昌盛。佛教在此时也进入了在中国鼎盛的时期。这一时期中国佛教的特点有三：一是寺院林立，二是僧尼众多，三是宗派涌现。这些兴盛现象，大大影响着国家的政治生活和人们的思想行为。同时也标志着佛教传入我国后，依附于传统的儒、道等思想的过程已告结束，从此佛教进入独立地作用于我国封建社会的阶段。隋王朝的建立，结束了南北分裂的局面，佛教也得到了统一。隋文帝大肆营造佛像，翻译佛典，并设立译经院，在全国诸州建舍利塔，极力宣传建塔的灵感。由于隋代短祚，没有开凿大型石窟，中原地区仅有一些小型石窟如安阳灵泉寺大住圣窟以及一些摩崖造像等。

　　位于安阳灵泉寺西宝山的大住圣窟，是由隋初高僧灵裕在开皇九年（589）主持开凿。开皇十一年（591）隋文帝封灵裕为"国统"，是北齐和隋初名声显赫的高僧。石窟坐北面南，平面为方形，为三壁三龛式窟。顶作覆斗状，中心刻莲花，环以六身飞天。三壁各开一圆拱形大龛，正壁雕一坐佛一弟子一菩萨，主尊榜题为"卢舍那佛"；左壁亦为一坐佛一弟子一菩萨，主尊榜题为弥勒佛；右壁为一坐佛二菩萨，主尊榜题为阿弥陀佛。仍沿袭了东魏北齐卢舍那、弥勒、阿弥陀佛三尊像的特殊组合。另在佛龛的左右上下各开7个小佛龛，并镌刻佛名。根据题名和窟前开窟题记，可知这些小坐佛分别是七佛和三十五佛。在正壁底部基座前面，刻出八神王。这种神王雕刻最早见于龙门石窟，巩义石窟寺将神王、伎乐、怪兽融在一起，须弥山石窟北周造像中有神王、伎乐、供养人，突出伎乐。唐代后这种神王像就罕见了，而代之以伎乐。所以隋代大住圣窟的神王像是神王系列雕刻的尾声，是晚期神王像的代表。另外，在窟室前壁东侧刻出"世尊去世传法圣师"像，共24位，称为"传法二十四圣师"。每一位圣师旁有题名及简单传记，从迦叶开始至最后一位狮子比丘，均为线刻。中国佛教，特别是禅宗，很讲究传法的谱系，昙曜译《付法藏因缘传》最早记载这

---

[1] 陈悦新：《5～8世纪汉地佛像着衣法式》，社会科学文献出版社，2014年，第185-194页。

种传承共二十三祖,后在龙门看经寺刻二十九祖,擂鼓台中洞刻二十五祖(唐代),因此,大住圣窟内的传法圣师像是研究中国佛教传承非常重要的资料。另在窟之内外壁还选刻了多部佛经,主要有《胜鬘经》《法华经·分别功德品》《摩诃摩耶经》《大集经·月藏分·法灭尽品》《二十五佛名经》《三十五佛名经》《五十三佛名经》等。[1] 不难看出,此窟的开凿受到了当时安阳三阶教创始人信行的影响,三阶教主要思想是讲灭法,《大集经·月藏分》的主旨为《法灭尽品》,它也是三阶教信奉的主要经典之一。三阶教造像讲"七阶佛名",包括三十五佛名、五十三佛名、卢舍那、阿弥陀、弥勒佛等,此窟与三阶教所讲系列一样。因此,大住圣窟又是研究三阶教的宝贵资料。尤为值得注意的是,在尖楣圆拱形窟门两侧高浮雕刻出两个雕刻精美的护法神王像,高近2米,戴头盔,披甲胄,手持武器(剑、三股叉),分别脚踏卧鹿或卧牛,是国内现存此类护法神王中最为精美的作品。东侧榜题"那罗延神王",西侧榜题"迦毗罗神王"。关于"那罗延神王",佛经中有种种解释,大概就是印度神话中的"毗纽神",原是婆罗门教三大主神之一,因其端正猛健,佛教以为"天力士",将其纳为佛的护法神。但踏牛的那罗延,不见经典。"迦毗罗神王"即鸠摩罗天,在云冈第8号窟有雕刻,但此二神王的形象抛弃了那种三面、多臂、怪异的令人怖畏的造型,完全采用了齐隋间武将的基本原形,是为其后民间"门神"之端倪。[2]

另外一处具有代表性的隋代造像,是位于博爱县城西北9公里太行山南麓的石佛滩摩崖造像,由于从山西流经河南的丹水从崖前流过,加之山崖陡峭,无法近前,除自然风化剥蚀外,没有被人为破坏。摩崖造像开凿于隋大业十一至十二年(615—616),唐开元年间曾有少量续凿。造像自北向南分布在长约60米,高约20米的崖面上,共凿出59个佛龛、78身造像和10方造像题记。多为尖楣圆拱形龛和圆拱形龛,龛内造像主要有一佛二菩萨、一佛二弟子二菩

---

[1] 河南省古代建筑保护研究所:《宝山灵泉寺》,河南人民出版社,1991年,第296-299页。

[2] 温玉成:《中国石窟与文化艺术》,上海人民美术出版社,1993年,第332-333页。

萨、观世音菩萨、七佛、千佛等题材，是河南现存的唯一一处隋代摩崖造像。

值得注意的是，从石佛滩沿丹水上溯至豫晋交界处的博爱青天河上游大峡谷，20世纪80年代发现一处最为重要的摩崖造像，即北魏永平二年（509）的博爱青天河摩崖线刻观音经像，雕刻于离地面80米高的悬崖峭壁上，保存完好。在高1.2米、宽1.5米的崖面上，中间线刻观世音像，像之左刻"妙法莲华经普门品第廿四"序首以及修丹道的情况，右侧为修筑丹道官军首领的题名。是中国目前发现的最早的有确切纪年的刻经造像。也是河南除石窟造像之外的唯一一处永平年间的摩崖造像。丹道因丹河而名，为古时官道，在丹河峡谷内长约30公里，是当时晋豫交通要冲。古丹道北通山西上党，东接华北平原，南经孟津渡口进入伊洛平原，是北魏时洛阳通往平城（今山西大同）的重要道路之一。从造像记中可看出，此摩崖观音经像是北魏永平年间修筑丹道的官军愿"斯道坚固永无亏损，使行士驰途坦然无碍"而刻，是研究修筑丹道的宝贵资料。[1]

进入唐朝，统治者更加竭力地扶持佛教，尽管李唐皇室尊道教始祖李耳为家祖，但对佛教仍很看重。唐太宗曾自称"皇帝菩萨戒弟子"，并鼓励大臣们出家当和尚。武则天在夺取帝位的斗争中，充分利用了佛教，规定佛教在道教之上，自称帝号为"金轮圣神皇帝"，并"助脂粉钱两万贯"营建奉先寺卢舍那大佛。以唐宪宗为代表的中唐诸帝，迎佛骨入大内供养，礼佛活动从未间断，且一浪高过一浪。大唐皇权将佛教推向了极盛时期。石窟造像在唐代迎来了新的高潮，龙门奉先寺卢舍那大佛龛的完成，标志着石窟造像艺术在此时达到了巅峰。而在河南现存的唐代小型石窟和摩崖造像中，浚县浮丘山千佛洞、沁阳悬谷山窄涧谷石窟、方城佛沟摩崖造像应是其代表。千佛洞石窟位于浚县浮丘山上，共有石窟2个，南北排列，两窟内雕龛935个，造像1027尊，题记13则，另有外壁面摩崖造像76龛，题记20则。1号窟平面方形圆角，穹窿顶，与

---

[1] 王景荃:《博爱青天河北魏摩崖观音经像研究——兼与李福顺教授商榷》，载河南博物院:《河南博物院建院80周年论文集》，大象出版社，2007年，第195-202页。

龙门一期潜溪寺相同，造像为三壁三铺式，皆为一佛二弟子二菩萨。这种以三佛为主体的三壁三铺乃沿袭北魏以来三壁三龛式，五尊式组合也是北朝的旧制。洞内壁面遍布后凿的小龛，小龛题记中有永隆二年（681）、开耀二年（682）纪年，可证此窟开凿于唐高宗前期。2号窟平面略呈马蹄形，与龙门二期的八作司洞相同，正壁造像为一佛二弟子二菩萨二力士，以佛像为中心，周壁列像的做法也与前者一致，应为高宗后期至武则天前期所作。另有武则天后期至开元时期的小龛布满壁面。

位于沁阳市西北30公里紫陵镇西北玄谷山崖上的窄涧谷石窟，现存3窟6龛，开凿于东西长100余米的崖壁上，故又称玄谷山摩崖造像。第1窟未雕龛像，内壁呈天然状态，应是河内龙兴寺僧肃然的禅室。第2窟是大历七年（772）乡人利用北魏旧窟为肃文所造，洞内遍刻千佛，像旁刻有佛名，为北魏所作。洞外西侧有后晋天福三年（938）线刻天王像及《金刚经》刻经。第3窟为清代开凿，内雕隐真和尚圆雕像。造像6龛均为唐代所凿，其中第1龛为唐咸通二年（861）郭崧等邑人造药师佛，第2、3龛内雕以倚坐弥勒为主尊的一佛二菩萨像；第4、5两龛为并列的方形龛，内雕一佛二弟子二菩萨二力士。第六龛为唐建中元年（780）造阿弥陀佛龛。据大历七年摩崖刻《窄涧谷肃文禅房记》《僧肃然造像记》和咸通二年《药师像赞并序》可知，此地北魏时名"太平寺千佛岩"，有未完成的千佛洞窟1座。唐代河内龙兴寺僧肃然、肃文等人为避安史之乱来到此地，与弟子无凝、元通等人率邑人雕造龛像。[1]

位于三门峡市陕州区温塘村南的温塘摩崖造像，始凿于（武）周长安二年（702），止于大历九年（774）。共有4个大龛和若干个小龛，其中有3个龛内雕观音菩萨立像，一龛内雕一佛二菩萨，为唐果州相如县令王希昶等造。位于河南西南部的方城县东南小史店镇以南8公里的方城佛沟摩崖造像，是河南除龙门石窟外仅存的一处密宗摩崖造像，造像雕刻在桐柏山余脉两块突兀的巨型山石周围，共雕佛龛32个，造像138身，有的龛内雕一佛二弟子，有的雕一佛

---

[1] 温玉成：《中国石窟与文化艺术》，上海人民美术出版社，1993年，第221页。

二弟子二菩萨，有的龛内刻十六罗汉。其中最有代表性的两龛，一龛内雕十二臂观音坐像并二弟子；一龛内雕毗卢佛并文殊、普贤二菩萨及二弟子。依造像形制分析，佛沟摩崖造像应属晚唐至宋代所造。在河南唐代石窟造像中，密宗造像较为少见，方城佛沟摩崖造像是研究河南密宗造像的不可多得的重要实物资料。

随着大唐国势的逐渐衰退，佛教造像也随之盛极而衰。特别是经过唐武宗会昌灭法劫难，佛教造像艺术开始走向低谷。北宋时期，笼罩于儒家哲学思想下的宋代理学渗入整个上层社会的思想意识中，拜佛供神已不为人们所倚重，以致开凿石窟，雕佛造像之风失去了发展的凭借，并且由于城市商业的繁荣，促使社会意识更倾向于现实，佛教教义必须结合于世俗的现实生活才能存在。在这种情况下，佛的形象也从无形中走向世俗化和人间现实化，由此宋代佛教造像多是更接近于人的罗汉和观音。河南是北宋时期的政治、经济、文化中心区域，虽然开窟造像之风已不为世人所重，但还有少量的小型石窟遗存民间，然而，其规模与前期相比却小得多了，造像题材也较简单。

除上述所列诸窟外，河南重要的小型石窟还有伊川鸦岭石窟、孟津谢庄石窟、新密香峪寺石窟、卫辉香泉寺石窟、灵宝洞沟梁石窟以及登封少林石窟等分布在豫西、豫北的山区。这些石窟和摩崖造像多因自然和人为破坏，损坏严重，造像残缺不全，艺术欣赏性不高，但他们同样反映着佛教石窟造像在河南的发展和演变，是河南石窟造像的重要组成部分。

第四节　河南单体造像的分布及产生背景

　　河南佛教单体造像是在石窟造像影响下开始盛行的，与石窟造像一样，多分布在位于以太行山南麓为中心的豫北地区，包括辉县、淇县、浚县、焦作、沁阳、新乡、修武等地；以洛阳为中心的豫西地区，包括偃师、洛阳、新安等地；以登封为中心的嵩岳地区，包括登封、巩义、荥阳、郑州、新郑、禹州、襄城等地。豫北、豫西以及嵩岳地区丰富的天然石灰岩材质，不仅便于开凿石窟，同时也为那些无力开窟造像而又崇仰佛教的信众提供便利条件。当孝文帝迁都洛阳，在都城附近开凿龙门石窟和巩义石窟寺之际，河南北部地区率先开始雕造单体造像。例如河南现存雕刻年代最早的几件单体造像"皇甫德造像""张难扬造像""阎勖之造像"等，均雕刻于北魏宣武帝景明年间（500—503），并且均出自黄河以北的辉县市。从而说明在河南的佛教造像中，石窟造像最早开始于黄河南岸的洛阳龙门，而单体造像则从黄河以北的辉县市最先发端。

　　黄河以北的豫北地区，是河南早期佛教石刻造像的诞生地和集中地，而最早雕造单体造像的辉县市，位于河南省北部太行山南麓，北靠林州市，东邻卫辉市，东南与新乡市接壤，南与获嘉、修武毗邻，西与山西陵川、壶关交界。这里是北魏迁都洛阳时的必经之路，也是当时迁洛南渡黄河前驻跸栖憩的地方，同时也是宣武帝之母高氏殉难之地。高氏为宣武帝元恪之母，当时冯昭仪受宠于高祖孝文帝，据《魏书》卷十三"孝文昭皇后高氏传"载："密有母养世宗之意，后自代入洛阳，暴薨于汲郡之共县，或云昭仪遣人贼后也。"[1]共县即今

---

[1]〔南北朝〕魏收：《魏书》卷13《孝文昭皇后高氏传》，中华书局，1985年，第335页。

之辉县市,汉置,魏晋因之,隋开皇六年(586)改共县为共城县,明洪武元年(1368)始称辉县。宣武帝元恪继位后,便开始在龙门进行大规模的开窟造像活动,即命大长秋卿白整,仿平城武周山灵岩寺石窟,于洛河以南伊阙山为高祖孝文帝和文昭皇太后造石窟两所,即今之龙门宾阳中、南二洞。"去地一百尺,南北一百四十尺"[1],从此开始在都城洛阳龙门大力营造石窟为先帝造像,从龙门石窟古阳洞景明年间的造像可以看出,当时掀起了为皇帝和皇后造像的高潮。在皇室凿窟造像的影响下,作为当时皇帝生母殉难地的共县(今辉县市),也跟随着皇室,开始了雕佛造像的活动,不仅为皇帝祈祷,也为在此地遇难的皇后祈福,以慰高氏在天之灵。虽然共县地处太行山区,石材丰富,便于开窟造像,但民间财力有限,凿窟造像难成其就,便以这种单体造像的形式为皇帝造像,祈愿天下太平。如"景明元年牛伯阳及诸邑子为皇帝造像一区""景明二年皇甫德为皇帝陛下造像一区""景明四年阎勋之率阎村邑子七十二人等为皇帝已身造石像一区""景明四年下张村合邑八十人为皇帝造石像一躯"等,均是为皇帝造像。因此,可以说景明年间的单体造像多集中在辉县与孝文昭皇后高氏之死不无关系。于是从辉县开始的单体造像之风很快辐射豫北大地,河南现存和流失海外的大部分北魏造像,均出自豫北地区。(见表1、表2)

表1 豫北地区北魏造像一览表

序号	名称	时代	尺寸(厘米)	形式	原存地	现存地
1	皇甫德造像	北魏景明二年(501)	残高73、宽68、厚22	背屏式	辉县市	辉县市博物馆
2	张难扬造像	北魏景明四年(503)	高140、宽90、厚33	背屏式	辉县市	河南博物院
3	阎勋之造像	北魏景明四年(503)	高182、宽91、厚20	背屏式	辉县市	河南博物院
4	王毛郎造像	北魏熙平二年(517)	高219、宽118、厚26	背屏式	辉县市	河南博物院

---

[1]〔南北朝〕魏收:《魏书》卷114《释老志》,中华书局,1985年,第3043页。

序号	名称	时代	尺寸（厘米）	形式	原存地	现存地
5	孔惠超造像	北魏熙平二年（517）	高206、宽97、厚29	背屏式	修武县	开封博物馆
6	西明寺造像	北魏熙平至正光年间（516—525）	高480、宽165、厚50	背屏式	新乡市	新乡市小宋佛村西明寺
7	东新庄造像	北魏正始至正光年间（504—525）	高218、宽106、厚16	背屏式	修武县东新庄	修武县东新庄
8	楼根村造像	北魏熙平至永熙年间（516—534）	高203、宽98、厚18	背屏式	辉县市楼根村	辉县市楼根村
9	吴晏子造像	北魏神龟元年（518）	高159、宽63、厚24	背屏式	淇县石佛寺	淇县石佛寺
10	田迈造像	北魏神龟、正光年间（518—525）	高331、宽111—128、厚18.5—34	背屏式	淇县石佛寺	淇县石佛寺
11	阿弥陀佛三尊造像	北魏正光至孝昌年间（520—527）	残高121、宽90、厚23	背屏式	沁阳市南柱村	河南博物院
12	田延和造像	北魏正光五年至永熙三年（524—534）	高96、宽44、厚10	背屏式	淇县城关出土	河南博物院
13	博爱三尊佛立像	北魏永熙年间（532—534）	高263、宽112、厚15—40	背屏式	博爱县白马沟观音寺	博爱县博物馆

表2　流失海外的豫北地区石刻三尊像一览表[1]

名称	时代	尺寸（厘米）	形式	出土地	现存地
牛伯阳造像	北魏景明元年（500）	高164.8	背屏式	豫北	日本大阪市立美术馆
尚齐八十人等造像	北魏正始二年（505）	高188	背屏式	原存卫辉	美国圣路易斯美术馆

[1]据松原三郎《中国佛教雕刻史论》列出。

名称	时代	尺寸（厘米）	形式	出土地	现存地
三尊佛立像	北魏永平至熙平年间（508—518）	高190	背屏式	豫北顿丘	美国纽约大都会艺术博物馆
三尊佛立像	北魏熙平至正光年间（516—525）	高236.3	背屏式	原存新乡	日本大原美术馆
杨文憘造像	北魏正光元年（520）	高200	背屏式	豫北	瑞士瑞特保格美术馆
尚氏一族造像	北魏正光三年（522）	高226	背屏式	豫北	美国辛辛那提美术馆
王显宗造像	北魏神龟年间（518—520）	高163	背屏式	豫北	日本大阪市立美术馆
赵见憘造像	北魏永熙二年（533）	高170	背屏式	豫北	美国圣弗兰西斯科亚洲美术馆
石造三尊像	北魏永熙三年（534）	残高95.1	背屏式	豫北	美国华盛顿菲利尔美术馆藏
石雕三尊像	北魏永熙年间（532—534）	残高91.5	背屏式	豫北	美国华盛顿菲利尔美术馆藏
石雕三尊像	北魏永熙年间（532—534）	残高117.5	背屏式	豫北	美国华盛顿菲利尔美术馆藏
司徒永孙造像	北魏永熙年间（532—534）	高125.5	背屏式	原存新乡	日本东京国立博物馆

洛阳地处黄河南岸，是中国历史上八大古都之一。北魏迁都洛阳后，洛阳不仅是当时的政治、经济、文化中心，也是全国的佛教中心。由于北魏帝室狂热地信佛，佛教发展达到空前繁荣的阶段。以洛阳为中心的豫西地区掀起了兴建佛寺、佛塔，开窟造像的高潮，不仅开凿了著名的龙门石窟，还在其周围开凿有巩义石窟寺等中小型石窟群。在开窟造像的影响下，民间的单体造像也随之兴盛起来。然而，豫西地区北魏时期的单体造像不像豫北地区盛行的背屏式造像那么气势雄伟，多为体量较小的背屏式造像和造像碑。如偃师出土的"交脚弥勒造像"、洛阳出土的熙平二年（517）"造像刊经碑"、偃师出土的正光

四年（523）"翟兴祖造像碑"等。

东魏迁都邺城后，佛教中心也由洛阳移至邺城周围，紧邻齐都的河南北部地区也开始了大规模的开窟造像，直至北齐而不衰。如东魏时开凿的鹤壁五岩寺石窟、安阳灵泉寺大留圣窟等。然而，民间单体造像受连年战争的影响，逐渐衰退，北魏时盛行的背屏式造像在此时不再出现，取而代之的是螭首扁体造像碑和庑殿式四面柱体造像碑。虽然数量不多，但不乏精品，如东魏武定元年（543）"道俗九十人造像碑"、北齐"周荣祖造像碑"、浚县北齐武平三年（572）"佛时寺四面造像碑"等。尤其是北齐时在豫北地区出现的庑殿式四面柱体造像碑，碑体高大，且四面雕龛造像，完全仿照北魏以来石窟中的中心塔柱的形式，此种形式的造像碑在豫北地区一直延续到隋代。

东魏时代在嵩岳地区出现的螭首扁体造像碑，是早期造像碑的代表，现存登封嵩阳书院的东魏天平二年（535）的"嵩阳寺造像碑"被称为"释氏造碑之始"。这种中国传统的碑体造型，成为此后造像碑的定式。特别是北齐时期，造像碑不仅雕龛造像，还注重装饰，螭首造像碑成为石刻造像的主要形式，不仅数量较多，且碑体高大，气势雄伟，出现了一大批造像碑精品，如刘碑寺造像碑、平等寺造像碑、寺沟造像碑、赵庆祖造像碑、宋始兴造像碑、高海亮造像碑、张伏惠造像碑、刘绍安造像碑等，均是这一时期嵩岳地区单体造像的代表作品。

统一后的隋朝，文化开始走向繁荣。佛教在此时也进入了昌盛时期。隋文帝大肆营造佛像，翻译佛典，并设立译经院，在全国诸州建舍利塔，极力宣传建塔的灵感。由于隋代短祚，没有开凿大型石窟，中原地区仅有一些小型石窟如安阳灵泉寺大住圣窟以及一些摩崖造像。在石刻造像家族中有几件代表作品存世，如河南博物院藏开皇二年（582）"荀国丑造像"、开皇三年（583）"邢法敬四面造像碑"以及"朝阳寺四面千佛造像碑"等。

进入唐朝，统治者更加竭力地扶持佛教，大唐皇权将佛教推向了极盛时期。不仅雕造出以龙门奉先寺卢舍那大佛为代表的石窟造像，同时也涌现出一大批雕刻精美的单体造像，如龙门石窟出土的如来坐像、如来立像、半跏菩萨像、力士像以及 1976 年荥阳大海寺遗址出土的一批中晚唐时期的诸菩萨像等。这些造像代表了河南唐代石刻造像的最高水平。

宋代以降，三教合流，佛教造像艺术继中晚唐之后进一步趋向于世俗化，并与世俗生活相结合。由此出现了宋代佛教造像多是接近于人的罗汉像和观音像。尤其在佛部尊像中体现着最高果位的罗汉像的大量出现，给宋代佛教雕刻增添了很高的声誉。宋代的罗汉像多以十六、十八以至五百为组群，其中不仅长幼年龄有别，人物面貌、姿态、形神也迥然各异，体现了宋代造像艺术世俗化、人性化的特点。这些令人感到生动、亲切的罗汉像，深刻显示了宋代雕塑艺术超越前人的卓异成就，使宋代佛教造像在继北朝、隋唐之后又一次闪烁出光彩。

元、明、清三代，由于社会思想意识的转变，人们的宗教信仰发生了很大变化。由于元朝统治者崇信喇嘛教，在西南地区和北方地区喇嘛教得到了空前的发展，而中原地区的汉传佛教在这一时期渐趋衰落。除寺院塑像外，石刻造像愈来愈少，此时出现了一些民间供奉的小型佛像，质地各异，有铜、铁、瓷、玉、象牙等，题材多为佛、菩萨，尤以观音和罗汉像居多。但这些小型造像的地方性特点不够明显，很难判断其属地特性，因此，这类造像不作为本书的研究对象。

第五节　河南佛教造像的研究状况

相关河南佛教造像的著录与研究，肇始于南北朝时期，此后历代不衰。从宋代开始一直到明清，主要为石刻录目与录文。20世纪以来，国内外研究人员开始对造像进行研究。中华人民共和国成立后，全国各重要石窟寺都设置了相关的保护和研究机构，采取了相应的措施来加强石窟寺的保护和研究。对河南地区佛教造像的研究主要集中在龙门石窟、巩义石窟寺以及分布于豫西豫北的诸多小型石窟和历代单体石刻造像以及摩崖造像等。研究者运用金石学、图像学、类型学、考古学以及文献整理等方法，对其进行多角度，全方位的研究，成果丰硕，对今天我们加强石窟和单体造像的保护和利用，传承和弘扬中华民族的优秀文化发挥着重要作用。

一、对龙门石窟的研究

早期石窟造像研究着重于各石窟的碑刻资料的收集、整理与考证。自公元6世纪始，约止于清光绪年间，对龙门石窟的记载主要见于郦道元的《水经注》、杨衒之的《洛阳伽蓝记》、魏收的《魏书·释老志》、欧阳修的《集古录》、赵明诚的《金石录》、王昶的《金石萃编》等。或作概括的记述，或对碑刻从金石学的角度加以著录。近现代以来，对龙门石窟的研究一部分散见于新修的各类地方志之中，另一部分则是对石窟资料的专类收集整理。

基于龙门石窟展现了中国北魏晚期至唐代期间，最具规模和最为优秀的造型艺术，代表了中国石刻艺术的最高峰。对其进行多方位、多角度的充分研究成为石窟研究中的显学。在河南石窟造像艺术的研究中，无论基础研究或是专题研究，其意义尤显重要。

在基础研究方面，中外学术界对龙门石窟的关注，大致包括两个阶段。第一阶段为南北朝至明清时期，主要见著于史籍文献资料的记载和金石学的著录；第二阶段为近代以来中外学者开展的大量田野调查与石窟寺考古探索。

最早记载龙门铭刻和石窟的史籍是北魏郦道元的《水经注》，随之为东魏杨衒之的《洛阳伽蓝记》、北齐魏收的《魏书·释老志》、唐代的《元和郡县图志》以及白居易等人的诗集中均大量收录了龙门石窟的相关资料。金石学在宋代得到长足发展。欧阳修的《集古录》和赵明诚的《金石录》，开始从金石学角度研究龙门石窟的碑刻题记，此系龙门碑刻最早的著录。司马光的《资治通鉴》卷149《梁纪》引述了《魏书》关于伊阙三龛的记载。志磐的《佛祖统纪》卷39记载了大卢舍那像龛及万佛洞的年代，卷44还记载了大中祥符九年（1016）宋真宗命栖演修整龙门山石佛像17339尊。这是龙门石窟最早修整佛像的记录。元至元六年（1269），萨天锡著《龙门记》（《河南府志》卷84）详细记述了龙门石窟被破坏的情况。明清时，龙门石窟碑刻题记的著录与考证大量增多。其中以于奕正《天下金石志》、顾炎武《金石文字记》、黄叔敬《中州金石考》、钱大昕《潜研堂金石跋尾》、孙星衍与邢澍合著《寰宇访碑录》、赵之谦《补寰宇访碑录》等最为著名。其中王昶《金石萃编》的录文，收录龙门碑刻数量最多。金石学的兴盛，激起了社会对书法艺术的关注，康有为《广艺舟双辑》对龙门的魏碑体书法艺术和《龙门廿品》给予极高的评价。

从20世纪开始，国内外专家学者开始从佛教、人文、历史、考古、艺术、中外文化交流等多学科对龙门石窟进行详细的研究，充分诠释了龙门石窟的博大精深。1907年，法国学者沙畹就对龙门石窟进行了调查，详细记录了龙门各洞窟的情况和碑刻资料。1909—1915年，在巴黎出版了《北支那考古图谱》第二卷，其中有关龙门石窟的119幅图版是最早的一批图像资料，他还对龙门的开凿历史做了考证，这是20世纪初期对龙门石窟研究的最重要的学术著作。20世纪20年代，瑞典学者喜龙仁对龙门石窟进行了调查，并把调查成果于1925

年编著在《5—14世纪中国雕塑》[1]一书中，将龙门石窟的造像艺术特点与西方雕刻进行了对比研究。

1920年至1923年，日本宗教学家常盘大定两次对洛阳地区宗教文化遗迹进行考察，之后加上对中国其他地区宗教遗迹调查成果编成《支那佛教史迹踏查记》[2]一书，对龙门石窟及巩县石窟（今巩义石窟寺）的窟龛形制、造像特点等记录的都比较详细。日本建筑史学家关野贞，在1906年和1918年先后两次来到龙门石窟进行调查，并在20世纪20年代和常盘大定再次对龙门石窟及巩县石窟进行了调查，和常盘大定一起编著了《支那文化史迹》[3]一书，提供了许多龙门石窟和巩县石窟的早期照片。20世纪30年代，日本学者伊东忠太在《中国建筑史》一书的佛寺专题中[4]，涉及龙门石窟、巩县石窟以及其他地区的代表石窟，主要研究中国佛教建筑的建筑特点及其发展脉络，并附上当时所拍下的珍贵照片。1936年，长广敏雄和水野清一两位日本学者对龙门石窟进行了调查，共著《龙门石窟的研究》[5]一书，对龙门石窟的窟龛进行了详细的拍照记录和研究。

总的来说，这些国外学者对于河南地区石窟寺的研究，多是单纯从美术史、建筑史的角度来研究的，他们只能通过照片和测量数据来记录当时的样子，少有考古学的方法。1949年之后外国学者尤其是日本学者，对石窟寺的调查研究加入了考古学的方法，注重了石窟寺的窟龛和造像内容的研究。

国内学者对河南地区石窟寺的调查研究相较于国外起步较晚，由于认知不足和战乱等原因，中国学者的调查研究大多都在中华人民共和国成立之后。在

---

[1] ［瑞典］喜龙仁著，栾晓敏、邱丽媛译：《5—14世纪中国雕塑》（第16辑），载赵谷伟主编：《西洋镜》，广东人民出版社，2019年。

[2] ［日］常盘大定：《支那佛教史迹踏查记》，龙吟社，1942年。

[3] ［日］关野贞、常盘大定：《支那文化史迹》，法藏馆，1941年。

[4] ［日］伊东忠太著，廖伊庄译：《中国建筑史》，中国画报出版社，2018年。

[5] ［日］水野清一、长广敏雄：《龙门石窟的研究》，东方文化研究所，1943年。

这之前有梁思成、刘敦桢、关百益等学者对龙门石窟、巩义石窟、灵泉寺石窟等进行了调查研究。1936年，中国营造学社梁思成、刘敦桢等对龙门石窟作了编号记录、摄影，并绘制了洞窟平面图，同时对石窟的年代，洞窟构造特点和造像样式作了叙述，梁思成之后在《中国雕塑史》[1]一书中从雕塑和建筑的角度对这些石窟进行了评析，刘敦桢将龙门石窟的调查笔记收集在《刘敦桢全集》第三卷[2]。1917年，关百益与时经训对龙门石窟碑刻评选后，由关百益任督拓，拓手侯连璧、孙泰安、僧贞果、僧光辉等人，将龙门百品石刻首次拓出，于翌年将精拓本刊印为《伊阙魏刻百品》[3]一书。该书宣纸线装，关百益手书序言，木版印成。这是龙门十品发现以来，最大规模的集拓活动。《伊阙魏刻百品》刊行50册引起轰动，并以《洛阳龙门百品》的名字流传下来。该书由关百益组织选拓、装订并传播，充分展示了龙门石窟的文化内涵和历史价值。1935年，关百益又编著了《伊阙石刻图表》[4]，书中保存了龙门石窟在遭受战乱之前的大量照片。除此之外，还有1936年滕固对龙门石窟、宝山石窟等石窟的调查记录，1947年石璋如对敦煌地区石窟、龙门石窟做了调查工作。中华人民共和国成立前对河南地区石窟寺的研究相对来说还是集中在龙门石窟，但是也仅限于对其的调查记录，在宿白先生看来是虽然取得了一些成果，但大多数是出于学者自身的兴趣，对整个石窟寺而言并没有计划，有效的保护也很难做到，更不用说是深入地研究了。

中华人民共和国成立后，国内外学者分别从佛教考古、佛教艺术、科技保护以及文化艺术等诸多方面撰写论著和论文，对龙门石窟进行专题研究。国外研究学者仍然以日本学者为主。塚本善隆所著的《龙门石窟——北魏佛教研

---

[1] 梁思成：《中国雕塑史》，百花文艺出版社，1998年。

[2] 刘敦桢：《刘敦桢全集》第三卷，中国建筑工业出版社，2007年。

[3] 关百益、时经训：《伊阙魏刻百品》，1917年，影印本。

[4] 关百益：《伊阙石刻图表》，河南博物馆，1935年，线装。

究》[1]一书是研究佛教历史与艺术史的经典著作，书中使用了大量的实地照片和表格，以求图文丰富呈现。佐藤智水的《北魏造像铭考》[2]，整理了龙门和巩县石窟的窟龛和造像题记，梳理出题记的范式、所附载体、供养人类型、题记主要内容及其所处的历史环境等。石松日奈子在《北魏佛教造像史研究》[3]一书中，第六章《北魏洛阳时代的佛教造像——龙门石窟和洛阳造像》一文，简述巩县石窟的背景资料，提出巩县石窟中造像和装饰特点与龙门石窟之间的关系，认为巩县石窟的造像与龙门石窟北魏造像关系比较相近，但巩县石窟的造像沉稳的表情与柔软的身躯表现，不同于龙门石窟，两窟在造型上有共通性与相异性。此外还有长广敏雄的《云冈和龙门》[4]、服部克彦的《北魏洛阳的佛教建筑》[5]、吉村怜的《关于龙门北魏窟天人诞生的表现》[6]、中天勇次郎《龙门造像记二十品五十品》[7]等。

20世纪50年代开始，国内学者在对石窟寺保护的同时，注重石窟寺的基础研究，开始对石窟寺的基本记录。对石窟的基本情况如地点、规模、开凿时间、形制、造像内容、碑刻资料等进行了基本著录，大大促进了龙门石窟的保护与研究。贺泳的《洛阳龙门考察报告》[8]中将龙门的造像龛、雕刻艺术、石刻碑碣以及造像被毁情况等作了简述，并依次对潜溪寺、宾阳洞、陈抟字洞、莲花洞、八造像、锣鼓洞、八仙洞、千佛洞、大万五佛洞、郭爱洞、奉先寺、药方洞、

---

[1] [日] 塚本善隆著，林保尧、颜娟英译：《龙门石窟——北魏佛教研究》，觉风佛教艺术文化基金会，2005年。

[2] [日] 佐藤智水：《北魏造像铭考》，载刘俊文：《日本中青年学者论中国史》（六朝隋唐卷），上海古籍出版社，1995年，第57-115页。

[3] [日] 石松日奈子著，[日] 筱原典生译：《北魏佛教造像史研究》，文物出版社，2012年。

[4] [日] 长广敏雄：《云冈和龙门》，东京中央公论美术社，1964年。

[5] [日] 服部克彦：《北魏洛阳的佛教建筑》，《印度与佛学研究》1966年辑入。

[6] [日] 吉村怜：《关于龙门北魏窟天人诞生的表现》，《美术史》1968年辑入。

[7] [日] 中天勇次郎：《龙门造像记二十品五十品》，东京中央公论美术社，1974年。

[8] 贺泳：《洛阳龙门考察报告》，《文物参考资料》1951年第12期，第73-81页。

古阳洞、牛骨洞、香山寺、二莲花洞、看经寺、万佛洞等均作了考察和简略记录。20世纪50年代初,王去非先生调查龙门洞窟遗迹之后,撰有《关于龙门石窟的几种新发现及其有关问题》[1]一文,简述了龙门石窟的几个新发现。其中惠灯洞与灵觉洞都有长篇铭记。据铭文可知,惠灯洞是为安置开元十九年圆寂的比丘尼惠灯而开凿的;灵觉洞铭记及洞窟低矮细长的形制,证明此洞是安葬灵觉的洞窟。从而印证了盛唐之际龙门曾有佛教女尼瘗葬的史实。这为人们认识龙门石窟的宗教内涵增加了崭新的素材。后来张乃翥先生发表《龙门石窟唐代瘗窟的新发现及其文化意义的探讨》[2]一文,就这一课题进行了更为广泛的取证和更深入的研究,作者指出,龙门现存唐代瘗窟39座,作为一种典型的文化现象,它充分反映了中古时期佛教思想在中国世俗意识中占有重大影响的事实。王去非先生还在《龙门杂记》[3]一文中通过对龙门石窟造像的服饰、雕刻手法的研究,使我们知道,佛教造像和其他雕塑艺术一样,从唐玄宗到唐德宗的几十年中,有了较显著的变化。开元天宝以后的造像已不多见,贞元七年观音像的发现给研究当时中原地区的造像提供了难得的资料。双窟唐天尊像是道教造像,尽管非常小,可证明龙门石窟有道教造像混杂在内的事实。唐字洞宋代造像的发现,说明开元天宝以后,大规模的造窟工程虽已停止,而个别的小型雕造,却一直延续至宋代。

  对龙门石窟的全面宣传介绍始于20世纪50年代。1956年,洛阳市文化局组织人员编写了《龙门石刻介绍》一书,对龙门石窟北魏至宋金时期的洞窟和造像进行了详细的统计和介绍,当时公布的造像为97306尊、题记3680品、洞窟1352个、佛龛750个、塔39个。该书还对宾阳中洞、宾阳南洞、敬善寺、

---

[1] 王去非:《关于龙门石窟的几种新发现及其有关问题》,《文物参考资料》1955年第2期,第120-127页。

[2] 张乃翥:《龙门石窟唐代瘗窟的新发现及其文化意义的探讨》,《考古》1991年第2期,第160-169页。

[3] 王去非:《龙门杂记》,《文物参考资料》1956年第4期,第57-58页。

万佛洞等主要洞窟作了简单介绍。这是第一次全面详细地介绍龙门石窟的造像数据，对研究龙门石窟具有重要意义。1958 年，龙门保管所编写了《龙门石窟》[1] 一书，公布了龙门石窟现存窟龛 2137 个（窟 1352 座，龛 785 个）。这些窟龛大部分在伊水西岸，其开凿时代，始于太和年间，盛于北魏晚期，东魏、西魏、北齐、北周、隋凿石开窟之风衰退，唐代贞观以后，龙门又成为佛教活动中心。该书还重点介绍了古阳洞、宾阳洞、莲花洞等重要洞窟，并附有 145 幅具有代表性的石窟碑刻的照片和拓片。1980 年，文物出版社再次出版龙门文物保管所编写的内容与之大致相同的《龙门石窟》，对龙门石窟的宣传和介绍起了积极作用。

对龙门石窟的专题研究，一直是学者重视的课题。所谓"龙门三窟"历来有不少争议，有的认为是孝文帝、文昭皇太后和宣武帝所建的三个洞窟。《魏书·释老志》记载古阳洞、莲花洞和魏字洞是"龙门三窟"，也没有什么可靠依据。刘汝醴先生通过考察，撰写《关于龙门三窟》[2] 一文，认为宾阳三洞是北魏王室所造的三大窟，从现存遗迹看，当时三窟虽同时开建，但由于当时社会动乱，于正光四年六月，当宾阳洞竣工的同时，南北两洞也就停止了。关于宾阳洞，宫大中先生撰写了《北魏汉化新窟——宾阳洞》一文[3]，认为宾阳洞是龙门石窟中继古阳洞之后开凿的第三个窟，也是北魏孝文帝迁都洛阳后的代表性洞窟，其窟内造像所呈现的新的艺术风格，对研究中原造像风格的形成，具有重要的历史和艺术价值。之后，何养明先生在其《洛阳龙门北魏石窟艺术的特点》[4] 一文中，通过大量的资料对龙门石窟作了深入细致的研究，认为北魏先后开凿的云冈石窟和龙门石窟，在艺术表现上呈现两种不同的风格，云冈石窟开凿于公元 452—465 年，这个时期的造像，躯体雄伟，技法简朴，风格粗犷，

---

[1] 龙门保管所：《龙门石窟》，文物出版社，1958 年。

[2] 刘汝醴：《关于龙门三窟》，《文物》1959 年第 12 期，第 17-18 页。

[3] 宫大中：《北魏汉化新窟——宾阳洞》，《河南文博通讯》1978 年第 4 期，第 38-42 页。

[4] 何养明：《洛阳龙门北魏石窟艺术的特点》，《史学月刊》1981 年第 5 期，第 32-34 页。

体现了北魏早期风格。公元494年北魏孝文帝迁都洛阳后开凿的龙门石窟，造像失去了云冈石窟那种粗犷简朴的艺术特点，一变而为清秀、优美的艺术风格。此时期对龙门的专题研究还有金维诺的《宾阳中洞的维摩诘》[1]、杨泓的《试论南北朝前期佛像服饰的主要变化》[2]、丁明夷的《龙门石窟唐代造像的分期与类型》[3]等，诸多国内外专家通过实地考察和专题研究，掀起了龙门石窟研究热潮。

20世纪80年代至20世纪末，在加强龙门石窟保护的同时，对龙门石窟的专题和综合研究工作也进一步展开。在专题研究中，主要是择取龙门石窟中规模相对较大，历史、艺术价值较高的石窟进行研究，研究人员主要来自国内有关从事此项研究的专家学者和文博考古人员，取得了一系列重要的研究成果。李文生在《龙门石窟的新发现及其它》[4]一文中，对1978年后半年，在维修加固龙门石窟宾阳三洞时，在宾阳中洞门拱下面发现的帝释天和大梵天作了详细记述，认为是龙门石窟仅见，从而纠正了过去人们一向认为龙门北魏窟中没有天王造像的说法。同时认为龙门石窟窟门石柱承袭了云冈石窟和敦煌莫高窟的遗风，它们是一脉相承的。吸收了含有古希腊建筑成分的犍陀罗佛教雕塑艺术，创造出新型佛教建筑装饰艺术，如宾阳洞窟门石柱就是东西方文化交流的产物。宾阳南洞发现的驸马都尉刘玄意所造金刚力士像，为进一步弄清李泰为其母造像究竟在哪个洞窟，提供了线索。宫大中在《龙门石窟艺术试探》[5]一文中，认为龙门石窟艺术在我国古代艺术史上占有独特的地位。它是外来佛教艺术和中国传统文化艺术相结合的产物，呈现出中国化、世俗化的趋势。从700余方有纪年的造像来看，可以系统地排列出从北魏孝文帝太和十二年至唐德宗贞元七年，长达300余年的分期编年图表，可帮助其他纪年较少的石窟群分期

---

[1] 金维诺:《宾阳中洞的维摩诘》,《现代佛学》1959年第3期。

[2] 杨泓:《试论南北朝前期佛像服饰的主要变化》,《考古》1963年第6期，第330-337页。

[3] 丁明夷:《龙门石窟唐代造像的分期与类型》,《考古学报》1979年第4期，第519-546页。

[4] 李文生:《龙门石窟的新发现及其它》,《文物》1980年第1期，1-5页。

[5] 宫大中:《龙门石窟艺术试探》,《文物》1980年第1期，第6-18页。

断代。张若愚在《伊阙佛龛之碑和潜溪寺、宾阳洞》[1]一文中,依据伊阙佛龛之碑的记载对潜溪寺的开凿年代进行了考证,龙门潜溪寺开窟造像的年代是否是贞观十五年,问题焦点就在伊阙佛龛之碑中有关的记载。伊阙佛龛之碑位于宾阳中洞和宾阳南洞之间,是唐太宗第四子魏王李泰为其死去的母亲文德皇后长孙氏开窟造像的一篇发愿文。据有关文献记载,此碑刻于唐贞观十五年。将碑中有关石窟开凿情况的一节文字记载与潜溪寺的现状加以印证,伊阙佛龛之碑原来镌刻的是北魏时期开凿宾阳洞的造像题记。现存文字是李泰抹去后重新刻的。再将宾阳三洞的造像情况和伊阙佛龛之碑记载的内容一一对照,更能说明此碑指的就是宾阳洞,而非潜溪寺。从艺术风格看,把宾阳南洞认作是贞观十五年开凿营建比较恰切,而潜溪寺的开凿年代应从贞观年间推迟到奉先寺开凿前后,即唐咸亨、上元年间。温玉成在《龙门十寺考辨》[2]一文中,对"龙门十寺"之名进行了考证,认为十寺是香山寺、奉先寺、宝应寺、乾元寺、天竺寺、菩提寺、广化寺、敬善寺、石窟寺和胜善寺,并将十寺分别予以简介。李玉昆在《龙门杂考》[3]一文中,对龙门石窟的几个问题作了考证,认为大卢舍那像龛当时就叫奉先寺,而开元十年龙华寺合并为奉先寺,指的是大奉先寺寺院。东山万佛沟第一窟,应改为高平郡王窟。洛州乡城老人佛碑的年代应是唐太宗贞观十一年之碑。另外对龙门石窟保存有关唐代行会组织的重要资料、佛教徒在龙门开窟造像留下的题记作了详细考证。宾阳南洞"□大并妻郁久闾造像记"中所提到的"郁久闾",应为姓氏,可见唐朝尚有姓"郁久闾"的。龙门石窟中的清明寺,有比丘尼八正造像记三则,从内容上考证,与西安清明寺出土八正善业泥佛像记中的八正当系一人,说明清明寺很可能在洛阳。宫大中在《龙门东山的几处密宗造像》[4]一文中,认为密宗是经印度不空等僧人传播而形成的

---

[1] 张若愚:《伊阙佛龛之碑和潜溪寺、宾阳洞》,《文物》1980年第1期,第19-24页。

[2] 温玉成:《龙门十寺考辨》,《中州古今》1983年第2期,第30-32页;接第3期,第50-53页。

[3] 李玉昆:《龙门杂考》,《文物》1980年第1期,第25-33页。

[4] 宫大中:《龙门东山的几处密宗造像》,《河南文博通讯》1980年第1期,第45-46页。

宗派，安史之乱时肃宗密遣使者向不空求秘密法，代宗时不空更是被奉若神明。正是在这一历史背景下，密宗造像也应运而兴。龙门石窟的密宗造像，大都集中在东山擂鼓台和万佛沟里。

关于龙门石窟药方的研究，也是龙门石窟研究的内容之一。丁明德在《洛阳龙门药方洞的石刻药方》[1]一文中，对龙门药方洞的石刻药方进行了整理，总计140方，文字完好的65方，部分残缺的42方，残缺过甚的33方，治疗的病名共40个，其中属于灸法的23方，药物治疗的117方。这批药方是我国现存最早的石刻药方，反映了我国古代医学的重大成就。之后，李文生在《龙门石窟药方洞考》[2]一文中，对龙门石窟药方洞刊刻的药方又进行了考证，并就药方洞正壁大像的年代、窟外束腰莲柱及力士年代、左右壁大龛的年代以及药方的刊刻年代等问题提出了自己的看法。

关于对龙门奉先寺的研究，李玉昆在《龙门续考》[3]一文中，对龙门奉先寺的开凿年代、雕凿石窟的机构、工匠、龙门刻经及唐代试经度僧等几方面的问题，作了论述与考证。温玉成在《略谈龙门奉先寺的几个问题》[4]一文中，认为卢舍那佛像的开凿年代应在龙朔二年之前，主持这项国家工程的人是司农寺韦机。唐高宗建"大卢舍那像龛"是为唐太宗追福所立。因龙华寺合并于奉先寺之牒文刊于卢舍那佛座下，世人遂以"卢舍那像龛"为"奉先寺"。奉先寺崖壁间穿插的立佛像是高力士、杨思勖等一百六十人为唐玄宗造的阿弥陀佛四十八事。

在题材研究方面，张乃翥在《龙门石窟维摩变造像及其意义》[5]一文中，将龙门石窟现存129铺维摩变造像，按其类型并参照题记纪年，可分为前后两期

---

[1] 丁明德：《洛阳龙门药方洞的石刻药方》，《河南文博通讯》1979年第2期，第27-33页。

[2] 李文生：《龙门石窟药方洞考》，《中原文物》1981年第3期，第59-61页。

[3] 李玉昆：《龙门续考》，《文物》1983年第6期，第31-33页。

[4] 温玉成：《略谈龙门奉先寺的几个问题》，《中原文物》1984年第2期，第53-57页。

[5] 张乃翥：《龙门石窟维摩变造像及其意义》，《中原文物》1982年第3期，第40-44页。

三个阶段。认为表现在宗教艺术中的维摩形象，是按照现实生活中典型的上层门阀士族阶级人物的标准塑出来的，龙门石窟中以"问疾品"为主题的维摩变大量出现，正是迁都洛阳前后北朝统治集团在民族融合的过程中，朝着汉族方向发展这一历史现象在宗教艺术中的突出反映。李文生在《龙门石窟的音乐史资料》[1]一文中，介绍了龙门石窟中传统的和新输入的乐器、北朝和唐朝的伎乐人形象。这些珍贵的乐舞资料，从多方面直接或间接地反映了当时的音乐和舞蹈情况。之后，李文生又在《我国石窟中的优填王造像——龙门石窟优填王造像之早之多为全国石窟之最》[2]一文中，论述了优填王造像的缘起和在我国的分布及其特征等。指出优填王造像是佛教传入我国最早的造像，其时间为唐永徽六年（655）。

关于龙门石窟的开凿年代，张乃翥在《龙门石窟始平公像龛造像年代管窥》[3]一文中认为，洛阳龙门石窟古阳洞北壁第一层列龛东端的始平公像龛造像年代应是北魏太和十二年（488）。而该龛正是目前所知龙门石窟最先告竣的一铺造像，故这一纪年实际上代表龙门石窟确切的开凿年代。而温玉成在《龙门古阳洞研究》[4]一文中，通过古阳洞内造像题记的辨读和对龛像雕造的完工时间，认为古阳洞最早开凿的时间应在北魏太和十七年（493）。

除以上在综合研究和专题研究方面取得的重要成果外，还有史岩的《龙门石窟考察报告》[5]、宫大中的《龙门石窟艺术》[6]、温玉成的《龙门所见中外交通史

---

[1] 李文生：《龙门石窟的音乐史资料》，《中原文物》1982年第3期，第46-50页。

[2] 李文生：《我国石窟中的优填王造像——龙门石窟优填王造像之早之多为全国石窟之最》，《中原文物》1985年第4期，第102-106页。

[3] 张乃翥：《龙门石窟始平公像龛造像年代管窥》，《中原文物》1983年第3期，第91-93页。

[4] 温玉成：《龙门古阳洞研究》，《中原文物》1985年特刊，第114-147页。

[5] 史岩：《龙门石窟考察报告》，《新美术》1980年第2期，第33-42页。

[6] 宫大中：《龙门石窟艺术》，上海人民出版社，1981年。

料初探》[1]《华严宗三祖法藏身世的新资料——兼述龙门石窟中的外国人造像》[2]《试论武则天与龙门石窟》[3]《洛阳龙门双窑》[4]《龙门石窟造像的新发现》[5]、李玉昆的《从龙门造像铭记看唐代佛教》[6]、阎文儒的《龙门奉先寺三造像碑铭考释》[7]、董玉祥的《龙门石窟北魏型造像风格的形成与发展》[8]、步连生的《龙门北魏窟造像艺术探源》[9]、李文生的《我国石窟艺术的中原风格及其有关问题》[10]、张乃翥的《从龙门造像遗迹看北魏世俗生活面貌》[11]、贾广兴的《龙门石窟中的商业窟》[12]、常青的《龙门石窟"北市彩帛行净土堂"》[13]、王振国的《龙门党屈蜀洞及其相关问题》[14]等一大批研究论文，还出版了《中国石窟·龙门石窟》[15]《龙门流散雕像

---

[1] 温玉成：《龙门所见中外交通史料初探》，《西北史地》1983年第1期，第66-67页。

[2] 温玉成：《华严宗三祖法藏身世的新资料——兼述龙门石窟中的外国人造像》，《法音》1984年第2期，第35-36页。

[3] 温玉成：《试论武则天与龙门石窟》，《敦煌学辑刊》1989年第1期，第119-127页。

[4] 温玉成：《洛阳龙门双窑》，《考古学报》1988年第1期，第101-131页。

[5] 温玉成：《龙门石窟造像的新发现》，《文物》1988年第4期，第21-26页。

[6] 李玉昆：《从龙门造像铭记看唐代佛教》，《世界宗教研究》1985年第3期，第34-39页。

[7] 阎文儒：《龙门奉先寺三造像碑铭考释》，《中原文物》1985年特刊，第154-157页。

[8] 董玉祥：《龙门石窟北魏型造像风格的形成与发展》，《中原文物》1985年特刊，第158-164页。

[9] 步连生：《龙门北魏窟造像艺术探源》，《中原文物》1985年特刊，第164-172页。

[10] 李文生：《我国石窟艺术的中原风格及其有关问题》，《中原文物》1985年特刊，第190-201页。

[11] 张乃翥：《从龙门造像遗迹看北魏世俗生活面貌》，《中州学刊》1993年第1期，第117-122页。

[12] 贾广兴：《龙门石窟中的商业窟》，《中原文物》1989年第2期，第63-65页。

[13] 常青：《龙门石窟"北市彩帛行净土堂"》，《文物》1991年第8期，第66-73页。

[14] 王振国：《龙门党屈蜀洞及其相关问题》，《中原文物》1993年第4期，第35页。

[15] 龙门文物保管所、北京大学考古系：《中国石窟·龙门石窟》第一卷，文物出版社、株式会社平凡社，1991年。

集》[1]《龙门石窟与洛阳历史文化》[2]《中国石窟与文化艺术》[3]《龙门石窟总录》[4]等专著，对宣传研究龙门石窟佛教艺术和历史文化起到积极作用。

2000年以来，随着国家对石窟寺考古的重视，龙门石窟的研究开始偏重石窟寺考古，龙门石窟的研究也从前期的专题研究和综合研究转向石窟寺遗址的考古发掘和考古报告的编写工作。龙门石窟研究院与北京大学等单位联合，先后对奉先寺遗址、擂鼓台三洞以及万佛沟区进行了考古发掘，其中擂鼓台区、万佛沟区考古报告已分别于2018年、2021年出版。目前看经寺区、古阳洞区、奉先寺考古工作正在进行。看经寺及以北区、潜溪寺及以北区、宾阳三洞区、奉先寺、古阳洞等考古报告编写工作已列入国家文物局《中国石窟寺考古中长期计划（2021—2035年）》的重点项目中。

二、对巩义石窟寺的研究

巩义石窟寺（原称巩县石窟），在河南地区石窟寺中属于典型代表，对其的调查研究在20世纪初便开始出现，中华人民共和国成立之后，不论是对其的专题研究还是综合研究都有不少的资料可见。罗卡子著《北朝石窟艺术》[5]一书，对巩县石窟各个洞窟进行了详细的调查，图文并茂，是中华人民共和国成立后我国学者对巩县石窟较早的调查研究资料。

1956年和1958年，荆三林带领团队对巩县石窟进行了两次调查，发现了一套完整的浮雕伎乐图，之后著有《河南巩县石窟寺北魏伎乐浮雕初步调查研

---

[1] 龙门石窟研究所：《龙门流散雕像集》，上海美术出版社，1993年。

[2] 李文生：《龙门石窟与洛阳历史文化》，上海人民美术出版社，1993年。

[3] 温玉成：《中国石窟与文化艺术》，上海人民美术出版社，1993年。

[4] 刘景龙、杨超杰：《龙门石窟总录》，中国大百科全书出版社，1999年。

[5] 罗卡子：《北朝石窟艺术》，上海出版公司，1955年。

究》[1]一文，对巩县石窟的伎乐浮雕进行了研究，分析了其雕刻年代，乐工乐器的考释等，是巩县石窟在艺术工艺及音乐史方面的成果。1994年刘洪淼与傅慧翠一同发表的《浅谈巩县石窟寺的伎乐雕刻》[2]，也是对巩县石窟伎乐浮雕的研究，对其演奏的乐器进行了详细的分类，并且还提出巩县石窟的伎乐浮雕，是中国传统音乐和佛教音乐融合的产物。

对巩县石窟较为全面的综合性研究，是河南省文物研究所在1963年出版的《巩县石窟寺》[3]一书，书中详细记录了巩县石窟的造像和题记，图版数据完整。在1989年，再次出版了《中国石窟•巩县石窟寺》[4]，书中收录了关于巩县石窟的重要研究成果和许多的图片及测量数据，为巩县石窟研究提供丰富的基础数据，研究成果为后人继续深入研究提供了许多的借鉴参考。

傅永魁在《河南巩县石窟寺再次发现造像龛》[5]一文中，对石窟寺在三次修葺中新发现的东魏至唐代的87个造像龛和58处题记进行了详细介绍。并认定这些造像龛至少在明嘉靖以前就被压盖了，这批造像龛的出土，特别是"重建净土寺碑"的发现，为研究巩义石窟寺的沿革提供了宝贵资料。孙宪周在《巩县石窟寺》[6]一文中，详细描述了巩县石窟的洞窟及造像的艺术特点、雕刻技法等，还介绍了自清至民国，石窟寺文物被盗毁情况，及中华人民共和国成立后政府对石窟寺的修整保护。吴茂林在《浅析巩县石窟寺的雕刻艺术》[7]一文中，详细地对巩县石窟的雕刻技艺进行了分析，提出了巩县石窟在雕刻艺术上趋于

---

[1] 荆三林：《河南巩县石窟寺北魏伎乐浮雕初步调查研究》，《音乐研究》1958年第5期，第80-90页。

[2] 刘洪淼、傅慧翠：《浅谈巩县石窟寺的伎乐雕刻》，《中原文物》1994年第1期，第65-70页。

[3] 河南省文物局文物工作队：《巩县石窟寺》，文物出版社，1963年。

[4] 河南省文物研究所：《中国石窟•巩县石窟寺》，文物出版社、株式会社平凡社，1989年。

[5] 傅永魁：《河南巩县石窟寺再次发现造像龛》，《考古与文物》1984年第4期，第13-21页。

[6] 孙宪周：《巩县石窟寺》，《中州今古》1984年第5期，第52-55页。

[7] 吴茂林：《浅析巩县石窟寺的雕刻艺术》，《中原文物》1989年第2期，第71-74页。

成熟，并呈现出中国化、世俗化的倾向，但是在形式上有复古主义的表现。

宿白先生的《洛阳地区北朝石窟的初步考察》一文，对巩县石窟造像的艺术特点和龙门石窟进行了比较，从而来推断巩县石窟各个洞窟的相对年代和开凿次序，提供了对巩县石窟年代划分的依据。

2002年八木春生发表《巩县石窟考》，根据位置对窟内的造像进行叙述，并对造像进行了图像辨识。此外，文中还论述了巩县石窟五个洞窟的营造顺序与年代。在其另一文章《龙门石窟北魏后期洞窟小考——以520—530年期间开凿的石窟为中心》[1]中，提到了宾阳中洞等后期诸窟与巩县石窟的共同点。除此之外，还有北野正男的《巩县石窟》，田边三郎助的《巩县石窟北魏造像与日本飞鸟雕刻》，神道明子的《巩县石窟的诸神王像研究》，石松日奈子的《龙门石窟和巩县石窟的汉服贵族供养人像——"主从形式供养人图像"的成立》[2]等。

田军的《巩县石窟寺双面人像浅析》一文[3]，对巩县石窟的双面人像进行了专题研究，并结合佛教经典和雕刻技法得出巩县石窟的双面人像为鬼子母像，并指出鬼子母像在石窟中结合《法华经》，是为了宣扬大乘佛法。

李光明的《试析巩县石窟北魏造像风格和变化》[4]一文，从面容、衣饰等方面对巩县石窟的北魏造像变化进行了简要阐述，探讨了巩县石窟在继承北魏前期造像风格的基础上，其造像的艺术风格更加的世俗化，生活气息更浓。同时从政治因素、文化融合、社会现实等几个方面，对造像风格发展变化的原因进行了分析和探索。

---

[1] [日]八木春生著，丁淑君译：《龙门石窟北魏后期洞窟小考——以520—530年期间开凿的石窟为中心》，《敦煌研究》2007年第2期，第14-26页。

[2] [日]石松日奈子著，[日]筱原典生译：《龙门石窟和巩县石窟的汉服贵族供养人像——"主从形式供养人图像"的成立》，载中国古迹遗址保护协会石窟专业委员会、龙门石窟研究所：《石窟寺研究》第1辑，文物出版社，2010年，第82-99页。

[3] 田军：《巩县石窟寺双面人像浅析》，《故宫博物院院刊》2006年第5期，第106-112页。

[4] 李光明：《试析巩县石窟北魏造像风格和变化》，《中原文物》2009年第1期，第56-61页。

除此之外，马健中的《巩县石窟北朝造像题记及其书法研究》[1]，将巩县石窟目前遗存的造像题记与汉画像石、砖的艺术特点、佛教题材与石刻文字结合起来，真实再现了北朝河洛地区民间书法的基本风貌和文字演化过程。李小亚的《巩县石窟窟龛形制与装饰艺术研究》[2]、范祎珂的《巩义石窟寺装饰图案及艺术研究》[3]、赵飞的《巩县石窟寺装饰艺术研究》[4]，多是对巩县石窟的装饰图案、纹饰进行分析研究。以上看来，对巩县石窟的研究，无论综合性研究还是专题性的研究相较于豫西北地区其他中小石窟寺都是比较丰富的。

三、对中小型石窟的研究

河南现存中小型石窟40多座，主要分布在豫西和豫北地区，豫南的南阳已有少量遗存。其中豫西地区的中小型石窟有义马鸿庆寺石窟（北魏）、偃师水泉石窟（北魏）、新安西沃石窟（北魏）、伊川吕寨石窟（北魏）、嵩县铺沟石窟（北魏）、孟津谢庄石窟（北魏）、吉利万佛山石窟（北魏）、宜阳虎头寺石窟（北魏）、渑池石佛寺摩崖造像（北齐）、伊川鸦岭石窟（北朝）、新密香峪寺石窟（东魏）、登封少林石窟（北齐）、荥阳王宗店石窟（北齐）、陕州温塘摩崖造像（唐）、灵宝洞沟梁石窟（宋）等。豫北地区的中小型石窟及摩崖造像主要有博爱青天河摩崖线刻观音经像（北魏）、鹤壁五岩寺石窟（东魏）、安阳灵泉寺大留圣窟（东魏）、安阳小南海石窟（北齐）、林州千佛

---

[1] 马健中：《巩县石窟北朝造像题记及其书法研究》（硕士学位论文），河南大学文学院，2012年。

[2] 李小亚：《巩县石窟窟龛形制与装饰艺术研究》（硕士学位论文），河南大学美术学院，2019年。

[3] 范祎珂：《巩义石窟寺装饰图案及艺术研究》（硕士学位论文），中原工学院艺术设计学院，2018年。

[4] 赵飞：《巩县石窟寺装饰艺术研究》（硕士学位论文），北京林业大学艺术设计学院，2015年。

洞石窟（北齐）、安阳灵泉寺大住圣窟（隋）、博爱石佛滩摩崖造像（隋）、沁阳悬谷山窄涧谷石窟（隋—唐）、浚县大伾山摩崖大佛（北齐—唐）、浚县浮丘山千佛洞石窟（唐）、卫辉香泉寺石窟（唐）、林州双龙寺摩崖造像（宋）、鹤壁张公堰石窟（宋）、淇县青岩石窟（宋）以及豫南的方城佛沟摩崖造像（晚唐—宋）等。由于这些中小型石窟多位于偏远的山区，交通多有不便，不被世人所知，故对这些石窟的研究起步较晚，多为中华人民共和国成立后对石窟的田野调查和综合研究。1955年俞剑华、于希宁对渑池鸿庆寺石窟（现义马鸿庆寺石窟）进行了调查研究，之后发表《渑池鸿庆寺石窟》[1]一文，文中将鸿庆寺石窟的各个窟龛的内容进行了详细介绍，其中重点对第4窟造像的雕刻工艺、艺术特点进行了研究，并附上许多珍贵的照片，这是关于鸿庆寺最早的图像和研究资料。

万佛山石窟最早的调查于1956年，但未引起人们重视，1976年宫大中先生对其再次进行了调查，之后著有《龙门石窟的"卫星窟"——万佛山石窟》[2]，认为万佛山石窟是属于龙门石窟直接影响下的"卫星"窟，是龙门石窟这个母窟的子窟，窟形兼具龙门与巩县石窟窟形两种特点，并对石窟进行了详细的介绍。

1984年11月和1986年3月，温玉成先生对偃师水泉石窟进行了两次调查研究，著有《洛阳市偃师县水泉石窟调查》[3]一文，文中着重对水泉石窟的小龛进行了研究，通过龛的形制，造像和题记内容探讨了水泉石窟的开凿年代。1984年，以温玉成为首的考察队对新安县西沃石窟进行了调查研究，著有《河南新安县西沃石窟》[4]一文，详细介绍了西沃石窟的窟龛形制，造像特征，并详细记录了石窟的题记内容。1995年，河南省古代建筑保护研究所对西沃石窟

---

[1] 俞剑华、于希宁：《渑池鸿庆寺石窟》，《文物参考资料》1956年第4期，第46-49页。

[2] 宫大中：《龙门石窟的"卫星窟"——万佛山石窟》，《中原文物》1993年第4期，第24-26页。

[3] 温玉成：《洛阳市偃师县水泉石窟调查》，《文物》1990年第3期，第72-77页。

[4] 温玉成：《河南新安县西沃石窟》，《考古》1986年第2期，第132-134页。

进行了调查，对石窟进行了详细测量，得出了很多精确的数据，并由陈平发表《河南新安西沃石窟勘测报告》[1]一文，为石窟的搬迁保护工作做了基础。

1984年文物普查时，在孟津县谢庄村附近发现一座小型石窟，张士恒在《文物报》上发表《谢庄石窟》[2]一文对其进行了介绍，认为此窟属北魏迁都洛阳初期营造。

1986年，宿白先生考察了洛阳龙门之外的巩县石窟（现称巩义石窟寺）、渑池鸿庆寺石窟（现称义马鸿庆寺石窟）、偃师水泉石窟、新安西沃石窟、吉利万佛山石窟、孟津谢庄石窟、嵩县铺沟石窟、宜阳虎头寺石窟在内的八座石窟。之后著有《洛阳地区北朝石窟的初步考察》一文，文中谈到了以上八处石窟在大中型洞窟上与龙门石窟产生了较大的差别，并且提出了洛阳地区北朝佛教造型艺术受到了南朝造型艺术的深刻影响。

1985年10月，河南省古代建筑保护研究所的陈平对鸿庆寺石窟进行了系统的调查，并发表《鸿庆寺石窟》[3]一文，认为鸿庆寺石窟以其完整的布局、出色的雕刻艺术，代表了北魏晚期中原地区中小型石窟的艺术成就。杨宝顺在《渑池鸿庆寺石窟》[4]一文中，对渑池鸿庆寺石窟进行了介绍，认为鸿庆寺及其石窟是佛教传入中原后建立最早的寺院之一，在范围和规模上虽比龙门石窟小，但其浮雕构图严谨，雕刻精湛，造像生动逼真，内涵丰富，风格独特，堪称北魏石刻艺术的佳作。

1986年，河南省古代建筑保护研究所的李中翔开始致力于鸿庆寺石窟的保护研究工作，并对鸿庆寺石窟进行保护加固工作，后出版《鸿庆寺石窟》[5]一书，汇集了丰富的一手资料，对鸿庆寺石窟的历史、开凿、保护研究等多方面都有

---

[1] 陈平：《河南新安西沃石窟勘测报告》，《文物》1997年第10期，第64-74页。

[2] 张士恒：《谢庄石窟》，《文物报》1986年10月17日第3版。

[3] 陈平：《鸿庆寺石窟》，《中原文物》1987年第4期，第21-28页。

[4] 杨宝顺：《渑池鸿庆寺石窟》，《中州今古》1990年第4期，第46-47页。

[5] 河南古代建筑保护研究所：《鸿庆寺石窟》，中州古籍出版社，2008年。

很多的探讨和论述。1988年，李中翔又对西沃石窟进行了调查，在多年之后发表了《西沃石窟的调查与迁移保护》[1]一文，经过对石窟及其环境的调查、工程勘测和理论计算，对文物有了较全面的认识，掌握了相关工程参数、岩体内部状况等。2015年，李中翔又发表《鸿庆寺石窟调查的新收获》[2]一文，专门整理分析取得的新材料，汇集了关于鸿庆寺石窟的规模、布局、形制、年代等问题的新发现和新认识。

杨超杰在2010年著的《洛阳周围小石窟全录》[3]，通过自身的调查，将洛阳地区周围的鸿庆寺、西沃、水泉、万佛山、石佛寺等15座石窟寺进行了记录，以北魏洛阳城为中心，将其归为城南、城东、城西和城北四个区域，探讨了其分布规律。并且每座石窟的窟龛形制、造像种类、造像组合、纹饰特点等都进行了详细的拍照、绘图和文字说明，并进行了简略的分期，内容十分的详细，是研究洛阳周围地区小型石窟寺最为详细丰富的资料。在之后，杨超杰还发表了《北魏洛阳石窟分布规律试探》[4]《河南渑池石佛寺石窟调查》[5]等文章，再次对洛阳周边小型石窟寺进行了深入的探讨。

对于豫西地区中小型石窟的研究，贺玉萍从社会文化的角度对洛阳周围小石窟进行研究，她在充分考察研究洛阳周围小石窟的基础上撰写出一系列相关论文，丰富了石窟研究的新领域，为全面了解洛阳周围小型石窟的全貌提供了较详细的资料。其中《北魏洛阳石窟文化研究》[6]一书，主要对几个中小型石窟

---

[1] 李中翔：《西沃石窟的调查与迁移保护》，载河南省文物建筑保护研究院：《文物建筑》第2辑，科学出版社，2008年，第126-138页。

[2] 李中翔：《鸿庆寺石窟调查的新收获》，载河南省文物建筑保护研究院：《文物建筑》第8辑，科学出版社，2015年，第108-113页。

[3] 杨超杰：《洛阳周围小石窟全录》，外文出版社，2010年。

[4] 杨超杰、连颖俊：《北魏洛阳石窟分布规律试探》，《文物世界》2010年第4期，第37-39页。

[5] 杨超杰：《河南渑池石佛寺石窟调查》，《中原文物》2010年第5期，第17-21页。

[6] 贺玉萍：《北魏洛阳石窟文化研究》，河南大学出版社，2010年。

的造像进行了细致研究,并延伸至当时社会的妇女地位、民俗文化、佛道相融等问题的探讨。在《水泉石窟造像艺术分析》[1]一文中,探讨了水泉石窟民俗化、世俗化的审美特点,表现出了艺术风格过渡的倾向,其佛龛装饰图案、艺术手法上也体现出了强烈的求变创新的特点,并出现了鬣毛狮、悬裳、盛妆伎乐等新的表现式样。《孟津谢家庄石窟开凿时间及艺术分析》[2]一文,通过谢庄石窟残存题记及史料推断其开凿时间,对分析该石窟的艺术特点,造像艺术特点逐步世俗化,开始大胆创新。除此之外,其还著有《论西沃石窟造像的审美观念》[3]《洛阳偃师水泉石窟摩崖碑记释读》[4]《万佛山摩崖立佛龛奉鱼供养天考释》[5]《万佛山石窟礼佛图的文化价值》[6]《虎头寺义邑造像的文化特征及其他》[7]等文章,对该地区的多座小型石窟寺进行了不同的专题研究。此外,还有李德宝《孟县小型水库及石窟调查》[8]、张修卿《虎头寺石窟考》[9]、李文生和李小虎《嵩县铺沟

---

[1] 贺玉萍:《水泉石窟造像艺术分析》,《洛阳理工学院学报(社会科学版)》2008年第3期,第27-29页。

[2] 贺玉萍:《孟津谢家庄石窟开凿时间及艺术分析》,《中原文物》2008年第6期,第85-87页。

[3] 贺玉萍:《论西沃石窟造像的审美观念》,《河南科技大学学报(社会科学版)》,2009年第1期,第9-12页。

[4] 贺玉萍:《洛阳偃师水泉石窟摩崖碑记释读》,《文物》2009年第11期,第73-74页。

[5] 贺玉萍:《万佛山摩崖立佛龛奉鱼供养天考释》,《中原文物》2008年第3期,第100-102页。

[6] 贺玉萍:《万佛山石窟礼佛图的文化价值》,《河南科技大学学报(社会科学版)》,2010年第4期,第13-15页。

[7] 贺玉萍:《虎头寺义邑造像的文化特征及其他》,《洛阳师范学院学报》2008年第6期,第12-15页。

[8] 李德宝:《孟县小型水库及石窟调查》,《文物参考资料》1957年第1期,第82页。

[9] 张修卿:《虎头寺石窟考》,《河洛春秋》1990年第3期,第36-37页。

石窟——龙门的卫星窟之一》[1]、刘园园《西沃石窟及相关问题研究》[2]等文章。总的来说，研究内容多以单一石窟为对象，对于其系统整体的研究还有待补充。

对豫北地区中小型石窟的研究，始于20世纪50年代。1957年夏，古代建筑修整所调查了河南北部和西部几处石窟和摩崖造像，其中有浚县千佛洞、汤阴县石窟、沁阳悬谷山造像及陕县温塘摩崖造像等，发表《河南省几处石窟简介》[3]一文，简单介绍了这几处石窟的地理位置、建筑结构、雕刻艺术的风格与手法。根据石窟铭记及有关文献记载判断，浚县千佛洞造像约为唐高宗及武后时期开凿；汤阴县石窟应属北朝晚期；沁阳悬谷山造像应为宋以前开凿，明清有续凿；陕县温塘摩崖造像为晚唐时期雕造。

1983—1984年，河南省古代建筑保护研究所对安阳灵泉寺石窟和小南海石窟进行了全面的调查、清理、发掘，杨宝顺整理、发表了《河南安阳灵泉寺石窟及小南海石窟》[4]一文。文章对两处石窟进行了详细的介绍，并将石窟形制造像通过绘图呈现出来，还有许多造像的图片资料以及刻经碑文的拓片等，是比较早的对这两处石窟的研究成果。后于1991年出版《宝山灵泉寺》[5]一书，全面详细地介绍了灵泉寺的历史与现状，为研究文化史、艺术史、建筑史、雕刻史和宗教史提供了丰富的资料。

李裕群在《邺城地区石窟与刻经》[6]一文中，对灵泉寺、小南海及香泉寺石窟的窟龛与刻经问题进行了分析。利用考古类型学的方法对其窟龛进行类型分析，然后分析了洞窟、造型题材与刻经的关系，还对刻经所反映的石窟性质的变化、刻经与末法思想、刻经所反映的邺城三阶教的影响等问题进行了初步的

---

[1] 李文生、李小虎:《嵩县铺沟石窟——龙门的卫星窟之一》，《中国历史文物》2003年第4期，第78-92页。

[2] 刘园园:《西沃石窟及相关问题研究》，《许昌学院学报》2007年第4期，第106-109页。

[3] 杨玉柱、单少康:《河南省几处石窟简介》，《文物》1961年第2期，第31-34页。

[4] 杨宝顺:《河南安阳灵泉寺石窟及小南海石窟》，《文物》1988年第4期，第1-20页。

[5] 河南省古代建筑保护研究所:《宝山灵泉寺》，河南人民出版社，1991年。

[6] 李裕群:《邺城地区石窟与刻经》，《考古学报》1997年第4期，第443-479页。

探索。张鹏林在《邺城地区东魏北齐时期石窟研究》[1]中对邺城地区石窟寺的分型分式和分期问题进行了探讨，主要在窟龛形制、造像特点及装饰纹样方面进行了研究，做了详细的划分。刘东光撰写的《有关安阳两处石窟的几个问题及补充》[2]一文里，讨论了小南海及灵泉寺石窟造像中所反映的北齐时期的佛教信仰情况，造像装饰纹饰的特点变化，石窟寺的窟龛形制特点和石窟刻经碑文等问题。除此之外，还有丁明夷的《北朝佛教史的重要补正——析安阳三处石窟的造像题材》[3]，对石窟寺内的造像进行详细的介绍、研究。李祎的《安阳灵泉寺大住圣窟神王图像研究》[4]，对灵泉寺大住圣窟内的神王图像进行了分析讨论，并进行了对比研究。

1989 年，河南省文物研究所与鹤壁博物馆联合对五岩寺石窟进行了调查，将石窟进行了分区编号，发表了《鹤壁五岩寺石窟》[5]一文，其中在窟内有大量题记纪年，为石窟断代提供了帮助。其中记载最早的开凿时间为东魏孝静帝兴和四年（542），这些窟龛的形制和造像风格大体相似，系同一时代所造。窟龛规模较小，应是寺僧、百姓等为广植功德，祈福禳灾的"民间洞窟"。

1988 年 7 月和 1989 年 5 月，河南省古代建筑保护研究所两次对浚县千佛洞石窟进行调查，并于 1992 年发表《浚县千佛洞石窟调查》[6]一文，将千佛洞两个洞窟内的 935 个造像龛、1027 尊造像、13 则题记以及窟外摩崖造像 76 龛、题记 20 则等作了详细记录。并从洞窟和造像龛形制分类及摩崖造像和题记分析，

---

[1] 张鹏林：《邺城地区东魏北齐时期石窟研究》（硕士学位论文），郑州大学历史学院，2013 年。

[2] 刘东光：《有关安阳两处石窟的几个问题及补充》，《文物》1991 年第 8 期，第 74-78 页。

[3] 丁明夷：《北朝佛教史的重要补正——析安阳三处石窟的造像题材》，《文物》1988 年第 4 期，第 15-20 页。

[4] 李祎：《安阳灵泉寺大住圣窟神王图像研究》（硕士学位论文），湖北美术学院，2008 年。

[5] 杨焕成：《鹤壁五岩寺石窟》，《中原文物》1989 年第 2 期，第 75-81、96 页。

[6] 陈平、杭侃、田凯、刘家任、王东：《浚县千佛洞石窟调查》，《文物》1992 年第 1 期，第 31-39 页。

该窟的唐代造像经历了四个变化阶段。并根据造像题记、结合窟龛形制、造型特点或划分为三期，即唐高宗前期、高宗后期至武则天前期、武则天后期至玄宗开元时期。说明唐代净土宗流布广泛、深入民间；一期、二期的大造像，均有北朝遗风；出现二期流行于三期的骑狮、象的文殊、普贤与初唐以后密宗造像在石窟中流行的史实相符。浚县大伾山东麓的摩崖大佛，堪称中国北方最高的佛，关于该佛像的雕造年代一直为学术界所关注，杭侃发表《中原最高的佛在浚县》[1]一文，认为其是北齐时期的作品。温玉成在《浚县大弥勒佛及相关问题研究》[2]一文中，认为浚县大伾山倚坐大弥勒佛像，造于北齐或稍前，即主体部分完工于公元550—577年间，唐代及明代有局部改造。它与太原西山北齐倚坐大弥勒佛（已毁），最终确定了倚坐式弥勒佛的模式，影响隋唐以后的弥勒佛造像达八百年之久。

20世纪80年代初，张增午对林县洪谷寺千佛洞进行了调查，发表《林县（峼）谷千佛洞造像调查记》[3]一文，对石窟造像进行了详细介绍，并从造像风格观察，认定该窟应开凿于北齐武平年间。后王振国在调查基础上，发表了《关于河南省林州市洪谷寺千佛洞的造像与刻经》[4]一文，认为洞窟造像的雕刻年代应为唐代，并对窟内造像与刻经做了深入研究。

石佛滩摩崖造像位于博爱县许良乡下伏头村丹河东岸，自明清以来，一直被认为是唐开元年间开凿。牛宁、杭侃于20世纪80年代对其进行了实地调查，并在《中国文物报》上发表《博爱石佛滩摩崖造像应为隋代开凿》[5]一文，认为

---

[1] 杭侃：《中原最高的佛在浚县》，《郑州晚报》1990年2月4日第4版。

[2] 温玉成：《浚县大弥勒佛及相关问题研究》，载浚县文物旅游局编，班朝忠主编：《大伾文化》一，文物出版社，2004年，第78-100页。

[3] 张增午：《林县（峼）谷千佛洞造像调查记》，《中原文物》1983年第4期，第19-21页。

[4] 王振国：《关于河南省林州市洪谷寺千佛洞的造像与刻经》，《敦煌研究》2003年第5期，第26-30页。

[5] 牛宁、杭侃：《博爱石佛滩摩崖造像应为隋代开凿》，《中国文物报》1991年10月6日第1版。

石佛滩摩崖造像南侧4个小龛为唐代所凿，其余55龛均为隋大业十一年至十二年开凿而成。这一重要发现，不仅把该摩崖造像的年代向前推进了一百多年，也使我们看到了隋代小型龛像的具体特征，对于研究隋代佛教艺术，是一份难得的资料。在距此处不远的青天河上游崖壁上，近年新发现一处北魏永平二年（509）刻的观音经像，这是一处利用高120厘米、宽150厘米的自然岩石凿成的崖面，线刻观世音像，并在其旁刻《妙法莲花经普门品第廿四》，李福顺在《河南发现北魏摩崖石刻》[1]一文中，首次对外公布了该处摩崖石刻，并对刻经和题记进行了解读。之后，王景荃经过实地调查，发表《博爱青天河北魏摩崖观音经像研究——兼与李福顺教授商榷》[2]一文，对前文解读的不当之处进行了纠正，并对造像记中记载的军人官职与北魏的军队设置、古丹道的修筑情况以及观世音信仰与观世音造像进行了考证，认为此处摩崖观音经像所刻的《妙法莲花经普门品第廿四》是目前中国发现的最早的刻经，对其后摩崖刻经的盛行，具有十分重要的意义。

方城县小史店佛沟摩崖造像是豫西南地区最重要的一处摩崖造像，雕刻在两块巨大的天然巨石上，1979年方城县文管会对古襄州城址进行调查时发现。刘玉生在《河南方城县发现古襄州摩崖造像》[3]一文中，对其进行了简单介绍，并从雕像风格和坐落于襄州治所附近看，可能是北魏时所镌刻，但雕像中有密宗题材，其下限可能到唐代。王景荃在2007年对其进行了实地考察，并发表《方城佛沟摩崖造像调查与研究》[4]一文，文中对佛沟摩崖造像的雕刻内容和造像题材及相关问题进行了详细的解读和研究，并根据造像所处"南襄隘道"上

---

[1] 李福顺：《河南发现北魏摩崖石刻》，《中华文化画报》2002年第5期，第5-9页。

[2] 王景荃：《博爱青天河北魏摩崖观音经像研究——兼与李福顺教授商榷》，载河南博物院：《河南博物院建院80周年论文集》，大象出版社，2007年，第195-202页。

[3] 刘玉生：《河南方城县发现古襄州摩崖造像》，《文物资料丛刊》1981年第5期，144-146页。

[4] 王景荃：《方城佛沟摩崖造像调查与研究》，《中原文物》2009年第1期，第66-72页。

的地理位置判定，方城佛沟摩崖造像当是唐宋时期经此道由中原南下的信众或高僧所造，从造像题材和造像形式及风格看，应属晚唐至宋时期的作品，并非"北魏时代所镌刻"。造像中的十二臂观音像，是河南除龙门石窟外仅见的一处密宗造像，是研究密宗造像和唐代密宗在中原的传播的宝贵资料。

四、对单体造像的研究

河南的单体造像主要分布在豫北地区，如新乡、辉县、淇县、浚县、焦作、滑县、沁阳、博爱等地；以洛阳为中心的豫西地区，如洛阳、偃师、巩义、新安等地；以嵩山为中心的嵩岳地区，如登封、郑州、荥阳、新郑、禹州、襄城、许昌、长葛等地。有关单体造像的记载，最早见于历代金石学著作，但多以文字书法为主体，很少关注造像。由于金石学研究主要依赖于拓片，而高浮雕造像又很难用拓片表现，制约了单体造像研究的深入。1949年以前，对单体造像的研究工作主要由外国学者在做，如日本的大村西崖[1]、常盘大定、关野贞[2]等。在他们的著作中，散见一些河南早期单体造像的图片和文字记录。这些记录为我们展现了许多单体造像的早期保存状态，特别是其中部分造像毁于20世纪上半叶的动荡之中，因此他们的记录是非常难得的珍贵史料。但从学术研究的角度来看，普遍存在着记录不详细，图片不清晰，缺少尺寸、线图、造像发愿文拓片等诸多问题。

在国外研究学者中，日本学者松原三郎在其《中国佛教雕刻史论》[3]一书中，将散失在国外的"河南派"造像尽收其中，并对这些单体造像进行简短的介绍和研究，是目前收录河南早期单体造像最多的著作。石松日奈子在此基础上，

---

[1] [日]大村西崖：《支那美术史雕塑篇》，国书刊行会，1972年。

[2] [日]常盘大定、关野贞：《支那佛教史迹》，佛教史迹研究会，1925-1927年。

[3] [日]松原三郎：《中国佛教雕刻史论》，吉川弘文馆，1995年。

通过对河南北部早期造像的实地调查，撰写《北魏河南石雕三尊像》[1]一文，对部分河南北部具有地域特征的背屏式三尊像即"河南派"造像进行了研究，并认为一些散失在国外的相类似的石雕三尊像，多系河南北部的造像。

中华人民共和国成立后，随着文物考古事业逐步走上正轨，各地开展了大规模的文物普查，一些不为人知的单体造像被发现，并有学者发表专文对其进行介绍和研究。1957年10月，襄县城西汝河西岸的孙庄，挖出3件北齐造像碑，即天保十年（559）、天统四年（568）、天统五年（569）各一件。周到在《河南襄县出土的三块北齐造像碑》[2]一文中，对其形制、造像、题记等分别作了介绍，并对造像记的书法进行了研究。1963年，郑州二中发现一通东魏天平二年（535）造像碑，曹桂岑在《文物》上发文对其进行了介绍[3]，但此像与瑞士瑞特保格博物馆藏东魏天平三年（536）造像[4]构图及残缺情况完全一致，后者雕刻更为精美，可视前者为后者的仿制品。1962年8月，周到、吕品在浚县石佛寺调查时，发现一座北齐武平三年（572）四面造像碑，发表《河南浚县造象碑调查记》[5]一文，对该碑进行了详细介绍，认为该碑和北朝时期石窟寺中的中心塔柱相似，是北朝晚期难得的石刻艺术珍品。1964年7月，在新郑县落冈水库新建溢洪道时，发现4件石造像，孟昭东在《新郑县出土北齐造像碑》[6]一文中，对其进行了介绍，根据造像铭记中的年号，认为此4件造像均为北齐时期雕造。薛文灿在《新郑北齐石造像》[7]一文中，认为这4件石造像为北齐刘绍安夫妻及其子刘马翼、刘子瑞、刘伏宝、刘景明、刘陆虎等刘氏家族造像。1978年，同

---

[1] [日]石松日奈子、刘永增：《北魏河南石雕三尊像》，《中原文物》2000年第4期，第48-60页。

[2] 周到：《河南襄县出土的三块北齐造像碑》，《文物》1963年第10期，第13-15页。

[3] 曹桂岑：《郑州发现东魏造像碑》，《文物》1963年第7期，第51-53页。

[4] 金申：《中国历代纪年佛像图典》，文物出版社，1994年，图148。

[5] 周到、吕品：《河南浚县造象碑调查记》，《文物》1965年第3期，第31-38页。

[6] 孟昭东：《新郑县出土北齐造像碑》，《文物》1965年第9期，第63-64页。

[7] 薛文灿：《新郑北齐石造像》，《中原文物》1986年第2期，第32页。

到发表《刘根造像》[1]一文，对河南省博物馆藏刘根造像进行了详细介绍，并对造像题材和书法艺术进行了研究。1979年，曹桂岑、耿青岩在《淇县石佛寺田迈造像》[2]一文中，对田迈造像进行了介绍，并根据文献记载和造像风格分析，此造像的年代应在北魏孝文帝太和改制以后所造。1993年在修复石佛寺大殿时，又挖出一件北魏神龟元年（518）的石造像（即吴晏子造像），背面线刻内容与田迈造像背面线刻内容基本相同，王小运《淇县出土北魏造像碑》[3]一文对其进行了简单的介绍。该造像的出土，为推定田迈造像的具体雕造年代提供了佐证。1984年11月，李献奇在偃师县南蔡庄乡进行文物普查时，收集到北魏正光四年（523）翟兴祖等人造像碑，并发表《北魏正光四年翟兴祖等人造像碑》[4]一文，对碑中记载的官衔和鲜卑汉化的姓氏进行了考证，认为这些少数民族在洛阳经商或为官，和当地官民组织佛教团体，捐资造像，进行宗教活动，反映了当时各族人民的友好交往。并确定该碑属于《洛阳伽蓝记》中记载的宝明寺的遗物。1985年，李献奇发表《北齐洛阳平等寺造像碑》[5]一文，对立于洛阳汉魏故城东300米平等寺的4通造像碑进行了介绍和研究。该4碑数百年来一直埋于地下，1984年11月清理出土，其中有天统三年、武平二年、武平三年的纪年题记，文章介绍了这4通造像碑的形制和内容，并就造像碑所反映的几个问题作了论述。

1976年3月，郑州荥阳大海寺遗址发现佛教造像窖藏，出土石刻造像40余件，这是河南目前发现的最大的佛像窖藏，引起国内外关注，郑州市博物馆发表《河南荥阳大海寺出土的石刻造像》[6]一文，对造像进行了介绍和初步研究。对造像的宗派、造像与毁佛的关系以及造像的艺术风格进行了分析。

---

[1] 周到：《刘根造像》，《河南文博通讯》1978年第3期，第41-43页。

[2] 曹桂岑、耿青岩：《淇县石佛寺田迈造像》，《河南文博通讯》1979年第4期，第13-15页。

[3] 王小运：《淇县出土北魏造像碑》，《中国文物报》1993年10月17日第1版。

[4] 李献奇：《北魏正光四年翟兴祖等人造像碑》，《中原文物》1985年第2期，第21-26页。

[5] 李献奇：《北齐洛阳平等寺造像碑》，《中原文物》1985年第4期，第89-97页。

[6] 郑州市博物馆：《河南荥阳大海寺出土的石刻造像》，《文物》1980年第3期，第56-66页。

1986年，吕品、耿青岩通过文物普查，发表《淇县现存的石窟和造像碑》[1]一文，对在太行山东麓发现的3处小型石窟和数十件石刻造像进行介绍，在这些石刻造像中，最突出的是四面造像碑。据目前所知，四面造像碑多发现于邺城和西安附近，它是北齐、北周到隋代佛教造像的一种独特形式，在佛教艺术史上虽是昙花一现，但对佛教造像艺术的发展仍产生了一定的影响。1952年在密县城南超化寺旧址发现一通北齐河清三年（564）造像碑，刘建洲在《密县超化寺北齐造像碑》[2]一文中对其进行了详细介绍和研究。新乡市博物馆在《新乡北朝、隋、唐石造像及造像碑》一文中[3]，对新乡市博物馆藏北朝至唐代石刻造像进行了介绍。宫大中在《洛阳魏唐造像碑摭说》[4]一文中，对洛阳古代艺术馆藏北魏至唐代石刻造像进行了介绍。冯吾现在《四件北朝造像碑介绍》[5]一文中，对洛阳古代艺术馆收藏的常岳造像碑、北齐道民大都宫主马寄造像碑、北齐方柱形四面造像碑和北齐赵庆祖造像碑进行了介绍。杨天吉、张增午在《林县出土一尊唐代释迦牟尼造像》[6]一文中，对1978年10月在林县城北姚村乡㞼家河村出土的一尊唐代释迦牟尼像进行介绍和研究，认为这尊白石造像雕刻精美，线条流畅，运用了高浮雕、浅浮雕及透雕的表现方法。须弥座上的乐伎浮雕，表现了唐代乐伎所有的典型特征。充分显示了唐代匠师们在石雕艺术上的卓越才能，是研究唐代音乐、舞蹈、美术的重要实物资料。罗火金、索全星的

---

[1] 吕品、耿青岩：《淇县现存的石窟和造像碑》，《中原文物》1986年第1期，第26-34页。

[2] 刘建洲：《密县超化寺北齐造像碑》，《中原文物》1994年第1期，第109-112页。

[3] 新乡市博物馆：《新乡北朝、隋、唐石造像及造像碑》，《文物资料丛刊》1981年第5期，第124-131页。

[4] 宫大中：《洛阳魏唐造像碑摭说》，《文物》1984年第5期，第44-56页。

[5] 冯吾现：《四件北朝造像碑介绍》，《中原文物》1994年第2期，第17-21、72页。

[6] 杨天吉、张增午：《林县出土一尊唐代释迦牟尼造像》，《中原文物》1988年第3期，第57页。

《焦作圆觉寺旧址出土的北齐石佛像》[1]，郭建设的《焦作市博物馆藏两件北齐造像碑》[2]等文章，对焦作新发现的石造像进行了介绍和研究。

此外，李静杰通过对河南石刻造像的实地调查，先后发表《佛教造像碑尊像雕刻》[3]《佛教造像碑分期与分区》[4]《佛教造像碑》[5]《早期单体石佛区域性分析》[6]等一系列研究文章，开始对河南部分单体造像进行深入研究。

进入21世纪，关于造像碑的研究继续向深入展开。如王景荃的《试论北朝佛教造像碑》[7]、谭淑琴的《河南博物院收藏的四件造像碑》[8]、傅山泉的《河南新乡石刻综述》[9]等。还出现了以河南造像碑为研究对象的学位论文，如刘莉莉的《河洛地区北朝佛教造像碑研究》[10]等。在单体造像基础资料的收集整理与研究方面，王景荃积数年之功，完成了河南全省北魏至唐代石刻造像的资料收集与整理，出版《河南佛教石刻造像》[11]一书，以文图并茂的形式，详细介绍了河南地区北朝至唐代造像132件（通），该书的出版，大大促进了河南佛教造像的研究。同时，王景荃还先后发表了《豫北地区景明年间佛教石刻造像初

---

[1] 罗火金、索全星：《焦作圆觉寺旧址出土的北齐石佛像》，《中原文物》1998年第2期，第82-83页。

[2] 郭建设：《焦作市博物馆藏两件北齐造像碑》，《华夏考古》2006年第3期，第98-102页。

[3] 李静杰：《佛教造像碑尊像雕刻》，《敦煌学辑刊》1996年第2期，第46-55页。

[4] 李静杰：《佛教造像碑分期与分区》，《佛学研究》1997年，第34-51页。

[5] 李静杰：《佛教造像碑》，《敦煌学辑刊》1998年第1辑，第81-86页。

[6] 李静杰、田军：《早期单体石佛区域性分析》，《故宫博物院院刊》1998年第2期，第30-42页。

[7] 王景荃：《试论北朝佛教造像碑》，《中原文物》2000年第6期，第36-45页。

[8] 谭淑琴：《河南博物院收藏的四件造像碑》，《中原文物》2000年第1期，第59-66页。

[9] 傅山泉：《河南新乡石刻综述》，《华夏考古》2009年第3期，第69-76页。

[10] 刘莉莉：《河洛地区北朝佛教造像碑研究》（硕士学位论文），郑州大学历史学院，2004年。

[11] 河南博物院编，王景荃主编：《河南佛教石刻造像》，大象出版社，2009年。

探》[1]《河南佛教石刻造像概说》[2]《淇县石佛寺北魏造像研究》[3]《刘碑寺造像碑研究》[4]《试论河南北魏景明年间石窟石刻造像》[5]《孔惠超造像及其年代考》[6]《邢法敬造像碑研究》[7]《大海寺道晗造像碑及相关问题研究》[8]《北周僧渊造像碑研究》[9]《鄢陵北齐道弼造像碑研究》[10]《贾思兴造弥勒像龛与荥阳大海寺的创建》[11]《王毛郎造像》[12]《嵩阳寺造像碑研究》[13]《论豫北地区北魏石刻造像的地域特征》[14]等一系列研究文章，为河南单体造像研究的深入发展，做出了突出贡献。

---

[1] 王景荃：《豫北地区景明年间佛教石刻造像初探》，《中原文物》2002年第5期，第66-72页。

[2] 王景荃：《河南佛教石刻造像概说》，载河南省博物馆学会：《河南博物馆学论丛》，中州古籍出版社，2003年，第332-344页。

[3] 王景荃：《淇县石佛寺北魏造像研究》，《中原文物》2004年第6期，第66-74页。

[4] 王景荃：《刘碑寺造像碑研究》，《中原文物》2006年第2期，第78-87页。

[5] 王景荃：《试论河南北魏景明年间石窟石刻造像》，载李振刚：《2004年龙门石窟国际学术研讨会文集》，河南人民出版社，2006年，第25-37页。

[6] 王景荃：《孔惠超造像及其年代考》，《中原文物》2007年第6期，第58-65页。

[7] 王景荃：《邢法敬造像碑研究》，《中原文物》2010年第5期，第74-82页。

[8] 王景荃、杨杨：《大海寺道晗造像碑及相关问题研究》，《中原文物》2013年第2期，第71-76页。

[9] 崔松林、王景荃：《北周僧渊造像碑研究》，《中原文物》2014年第5期，第87-91页。

[10] 王景荃、刘勇伟：《鄢陵北齐道弼造像碑研究》，《中原文物》2015年第6期，第87-91页。

[11] 王景荃：《贾思兴造弥勒像龛与荥阳大海寺的创建》，《文物天地》总第285期，第41-46页。

[12] 王景荃：《王毛郎造像》，载河南博物院：《中原藏珍品鉴》卷三，中州古籍出版社，2016年，第137-143页。

[13] 王景荃：《嵩阳寺造像碑研究》，《中原文物》2016年第6期，第88-97页。

[14] 王景荃：《论豫北地区北魏石刻造像的地域特征》，《中原文物》2021年第6期，第106-113页。

五、对金铜造像的研究

所谓金铜造像,一般指铜质鎏金的佛教造像,但实际上未鎏金的铜佛像,也往往被学者和收藏家们列入金铜造像的范围中。从铜质上讲,应包括:青铜、黄铜、红铜和其他合金铜。金铜佛像的尺寸范围很大,文献记载应有巨像、大型像、中型像、小型像,但是由于战乱等原因,大、中型像存世很少,目前我们所能见到和被收藏的主要是小型金铜佛造像。由于金铜造像的体量较小,易于携带,信众们可随时携带供奉,各地均有不同地域特色的金铜造像,那些收藏在博物馆里或私人收藏的金铜佛像,不仅数量多,而且各具特色,自十六国至明清,历代皆备,且多为传世作品,出土的金铜造像相对较少。

关于金铜佛像的出土和研究情况,大多为报道性文章,对其全面研究并没有石刻造像那么深入。如1955年修建西峡县回车水库工程时,出土了数百件唐代鎏金铜佛像,多数遭破坏和散失,收回保存的仅百余件,计有造像、龙柱和狮子等,王儒林在《河南西峡县回车水库发现大批鎏金造像》[1]一文,对其进行了简单介绍。1956年,濮阳县文化馆在该县一个深泥坑里发现铜佛一尊,高约2米,佛背有"大明隆庆四年河北魏县铸"字样[2],该铜佛雄伟高大,铸造细致,且有确切纪年,为研究明代金铜造像提供了重要的实物资料。1970年,郑州西郊自来水厂平整球场时,发现一批窖藏铜造像和一件鎏金铜造像。其中有确切纪年和铭文的7件,无纪年的4件,造像中最大的高43厘米,最小的仅7.5厘米。这批造像比较完好,年代较早,大都有纪年,不仅反映了当时人们的信仰,而且在造型、服饰、铸造工艺、艺术风格等方面都具有明显的时代特征。郑州市博物馆张秀清曾发专文对其进行了详细介绍[3]。1976年冬,在宝丰县前营公社

---

[1] 王儒林:《河南西峡县回车水库发现大批鎏金造像》,《文物参考资料》1956年第4期,第83-84页。

[2] 濮阳县文化馆:《濮阳县发现明代铜佛》,《文物参考资料》1956年第12期,第78页。

[3] 张秀清:《郑州出土一批北朝铜造像》,《中原文物》1985年第1期,第14-18页。

吴庄村出土30余件隋开皇五年铜质佛像，宝丰县文化馆邓城宝在《河南宝丰县文化馆收集到几件隋代铜质造像》[1]一文中对其进行了详细介绍。

除以上出土的金铜佛像外，河南各地文物部门也在废旧公司及社会上征集到一些铜佛像。如：1978年1月，新乡市博物馆从废旧公司购得一件北魏永平三年（510）铜造像，新乡市博物馆杜彤华在《新乡市博物馆购得一件北魏铜佛造像》[2]一文中对其进行了介绍和研究。20世纪80年代，河南省文物商店征集了一批古代铜佛像，其中有纪年的造像11件，多为北魏至隋代所造，刘东亚、李国灿在《近几年来河南征集一批有纪年的铜佛像》[3]一文对其进行了介绍。林县文物管理所征集到一件北齐武平六年（575）陈洪通造释迦牟尼像，张增午在《中国文物报》上进行了介绍[4]。

2000年后，随着博物馆事业的迅速发展，全省各地兴建了一大批现代化的博物馆，那些馆藏的金铜佛像也成为博物馆的重要展品，向公众展出，在满足观众欣赏需求的同时，也反映了佛教在河南的发展过程。由于此类作品数量较大，且不具地方性，故本书不做收录。

---

[1] 邓城宝：《河南宝丰县文化馆收集到几件隋代铜质造像》，《文物》1981年第11期，第92-93页。

[2] 杜彤华：《新乡市博物馆购得一件北魏铜佛造像》，《河南文博通讯》1978年第2期，第61-62页。

[3] 刘东亚、李国灿：《近几年来河南征集一批有纪年的铜佛像》，《中原文物》1986年第1期，第23-25、34、132页。

[4] 张增午：《林县发现一北齐纪年铜造像》，《中国文物报》1992年11月22日第1版。

第二章

北朝石窟造像

　　河南北朝时期的石窟主要分布在以洛阳为中心的豫西地区和以安阳为中心的豫北地区。豫西地区主要有龙门石窟、巩义石窟寺、义马鸿庆寺石窟、偃师水泉石窟、新安西沃石窟、伊川吕寨石窟、嵩县铺沟石窟、孟津谢庄石窟、吉利万佛山石窟、宜阳虎头寺石窟、渑池石佛寺石窟、伊川鸦岭石窟、新密香峪寺石窟、登封少林石窟、荥阳王宗店石窟等。豫北地区主要有鹤壁五岩山石窟、安阳宝山大留圣窟、安阳小南海石窟、林州千佛洞石窟等。

第一节 龙门石窟北朝主要洞窟

龙门石窟的始造年代,大约是北魏太和九年(485),延至北周大象二年(580)。开凿并完成于北朝的较大洞窟中最重要的是古阳洞(时称"石窟寺",为孝文帝立)和宾阳洞(时称"灵岩寺",为孝文帝、文昭皇后及宣武帝立),除此之外的主要洞窟还有莲花洞、火烧洞、皇甫公窟、慈香洞、弥勒洞、弥勒洞北一洞、弥勒洞北二洞、普泰洞、魏字洞、弥勒龛、六狮洞、来思九洞、龙骧将军洞、地花洞、药方洞、路洞等等,加之不可胜计的造像小龛,展现了北魏都洛四十年间开窟造像活动的繁盛(图1)。

图1　龙门石窟西山全景

一、古阳洞

古阳洞位于龙门西山南段中部，窟形略呈长方形，穹窿形顶。窟室最宽处6.9米，进深13.6米，高11.1米（图2）。窟口的原始状况已不清楚，没有窟门，从现存状况看，应为利用自然岩洞开凿而成。据研究，它是由原来不大的一个小窟经二次扩修后形成今天的面貌。是龙门石窟开凿最早、时代延续最长、内容最丰富的一个洞窟，也是北魏皇室贵族发愿造像最为集中的洞窟，洞窟内四壁及窟顶雕刻各式佛龛，多达1500余个，碑刻题记700多品，是中国石窟中保存造像题记最多的一个洞窟。

关于古阳洞的造像，正壁一佛二菩萨大像据研究认为应是孝文帝时所造[1]，其余壁面及窟顶造像，多为支持孝文帝改革和迁都的一批王公贵族、高级官吏和僧侣发愿雕造。其中洞窟正壁雕造的一坐佛二菩萨三尊像（图3）和南北两壁规划整齐的八个大龛是第一次扩修时所造，时间是从太和十七年至景明四年这一时期（493—503）[2]。主尊释迦牟尼居中禅定坐于方形台座上，通高7.82米，头作磨光高肉髻，面相长圆（今面部已毁），体躯较瘦削，身披褒衣博带袈裟，双手叠压呈禅定印。有圆形头光和舟形身光，台座正面作悬裳座。主尊佛像两侧侍立二菩萨，通高3.9米，头戴宝冠，面容清秀，上身袒露，下着长裙，天衣在身前作"X"形交叉，表情庄重文静，姿态优美，是龙门北魏时期的代表作品。在左侧菩萨头部外侧有正始二年（505）邑师慧敢等二十三人造弥勒像龛，其上方有正始三年（506）清信女佛弟子宫内作大监芷法瑞造释迦像龛，下方莲花座外侧有正始二年钩楯令王史平等造弥勒像龛，左胁侍左手所持净瓶下的衣纹上有一个正始三年杨小妃造释迦像龛、正始三年孙大光造释迦文像龛等，打破了菩萨衣纹，说明该菩萨像不晚于是年。右胁侍上方有正始四年（507）安定王元燮造释迦像龛，左肩上有正始二年清信女敦煌（煌）造像龛，另有正始

---

[1] 温玉成：《龙门古阳洞研究》，《中原文物》1985年特刊，第114-147页。
[2] 温玉成：《中国石窟与文化艺术》，上海人民美术出版社，1993年，第279页。

第二章 北朝石窟造像

图2 龙门石窟古阳洞

图 3　龙门石窟古阳洞正壁

四年（507）护军府吏鲁众造像龛等。由此可见，正壁主尊和胁侍像周围多为505年以后的佛龛，不见太和或景明年间的佛龛纪年，多见于正始、永平年间（504—512）开凿的佛龛。因此，正壁三尊像的完工时间在505年之前。

　　在窟之南北两壁大致分上中下三层，上层和中层分别各凿四大佛龛，每层共计八大龛。下层最初也应计划开凿八个大龛，但现仅北壁存有三龛，南壁存有二龛。上层往上直至窟顶布满了中小型龛和千佛。而配合正壁三尊大像的是南北两壁上层八大龛，大龛高2.2米、宽1.7米。形制相同，大小相似，位置对应，排列整齐，龛内均为以禅定印的如来坐像为中心的三尊像。在这八个龛中五个龛有造像记，根据造像记所载，八大龛的完成时间不尽相同。北壁第四龛比丘慧成龛完成于太和二十二年（498），南壁第二龛孙秋生龛完成于景明三年（502），南壁第三龛比丘法生龛完成于景明四年（503）。石松先生在仔细观察上层八大龛的造像样式后认为，此八大龛中的如来、菩萨和飞天的着衣形式逐渐从凉州式演变成中原式。[1] 如来像，从凉州式偏袒右肩和通肩式着衣法，变成通覆双肩的双领下垂式，进而发展成长裙下垂式的悬裳座，菩萨像，从冠带和天衣向上翻飞，带络腋和短裙的凉州式表现，变成冠带弯曲，天衣覆搭双肩、呈"X"形在胸前交叉，重褶长裙的中原式。飞天像，从早期上身半裸，双脚露出裙外的凉州式，变为穿交领大袖衣，长裙裹脚的中原式。这些变化主要集中在上层八大龛及其上方。根据中原化的演变进度可知，上层八大龛是从最具有凉州型的南壁第一龛到最具有中原型的北壁第一龛逐渐变化的。造型方面，越是凉州型的造像就越有张力，随着向中原型造像的转变，其形象逐渐变得清瘦。

首先是南壁上层第1龛（图4），虽无纪年，但龛内主尊如来坐像身躯挺直魁伟，着凉州式偏袒右肩式袈裟，在胸部的僧祇支衣缘处表现联珠纹和褶皱纹。胁侍菩萨像的天衣在肩部扬起，冠带呈"S"形，向后上方翘起。其次是南壁上层第4龛（图5），亦无纪年，主尊如来和飞天是凉州式，胁侍菩萨像的天带是向上翘起的凉州式，然而天衣呈"X"形在身前交叉的中原式，处于从凉州式向中原式过渡状态。其三是北壁上层第1龛（图6），是太和二十二年（498）比丘慧成开凿，如来和飞天为凉州式，胁侍菩萨则是天衣呈"X"形交叉、冠带向左右展开后折向下方的中原式。其四是北壁上层第2龛（图7），即魏灵藏薛法绍等造像龛，该龛无纪年，龛内的如来和背光内侧的飞天仍为凉州式，菩萨则是中原式。龛内浮雕的维摩与文殊辩法的场景是龙门石窟中最早的维摩变。其五是南壁上层第3龛（图8），即孙秋生二百人等造像龛，该龛完成于景明三年（502），龛中的造像与魏灵藏薛法绍造像龛相似，如来和背光内侧的飞天是凉州式，菩萨是中原式。其六是南壁上层第2龛（图9），即比丘法生造像，台座中部有景明四年（503）比丘法生为北海王母子造像的题记，该龛如来像是凉州式，而菩萨和背光外侧的飞天是中原式。其七是北壁上层第3龛（图10），即杨大眼为孝文帝造像龛，杨大眼是孝文帝时期的名将，孝文帝驾崩后，宣武帝

---

[1]［日］石松日奈子、冈田健：《中国南北朝时代的如来像着衣之研究》（上、下），载东京国立文化财研究所：《美术研究》356、357号，1993年。

图4 龙门石窟古阳洞南壁上层第1龛

第二章 北朝石窟造像

图5 龙门石窟古阳洞南壁上层第4龛

图 6 龙门石窟古阳洞北壁上层第 1 龛

图 7　龙门石窟古阳洞北壁上层第 2 龛

图 8　龙门石窟古阳洞南壁上层第 3 龛

图 9　龙门石窟古阳洞南壁上层第 2 龛

图 10　龙门石窟古阳洞北壁上层第 3 龛

第二章　北朝石窟造像

初期（500 前后）出征南伐，可能于此时来到伊阙，为追思先帝而开凿此龛。该龛主尊和背光外侧的飞天是凉州式，但主尊头光内浅浮雕一佛二菩萨像中，如来着双领下垂式袈裟，是龙门古阳洞中中原式如来像的早期范例。其八是北壁上层第 4 龛（图 11），该龛造像中只有光背内侧飞天是凉州式，主尊、菩萨、光背外侧的飞天以及拱楣内的造像都是中原式。在八大龛中主尊为中原式的就有该龛，其形象接近于正壁主尊像。石松日奈子在《北魏佛教造像史研究》一书中认为，主尊除了袈裟通覆双肩的着装方式和系带的表现外，还出现了将衣摆长垂于台座正面表现衣纹流畅的悬裳座，应该晚于比丘法生龛（503）和杨大眼龛。同时比起正壁主尊（505 年之前完成），该像的悬裳座较短，光背内侧有凉州式飞天，因此该像应早于正壁主尊。所以，该龛的开凿年代可以推定为 503—505 年之间。

在八大龛之上的穹窿形顶部，雕满了大小不同的造像龛，且多有造像题记。根据题记可知，早期的造像多集中在这一区域，且呈现从早期的凉州风格向中原风格过渡的趋势。如太和十九年（495）长乐王丘穆陵亮夫人尉迟造弥勒像龛（图 12），是龙门石窟最早有纪年的造像龛，在花绳装饰的圆拱龛龛内雕以交脚弥勒为主尊及二胁侍菩萨三尊像，三尊像及飞天还保留着凉州式风格。与之相同风格的交脚弥勒菩萨龛，还有太和二十二年（498）高楚造弥勒像龛、太和年间（499 年以前）的解伯达造弥勒像龛（图 13）、景明三年（502）比丘惠感造弥勒像龛（图 14）等。此外还有太和二十年（496）张元祖妻一弗造像龛和其东边的景明三年（502）邑主高树三十二人造像龛（图 15），龛内主尊如来坐像及二胁侍菩萨和光背上的飞天均为凉州式风格。而那些着双领下垂式袈裟的如来像和身穿下摆很长的汉式服装的供养人像，则具有明显的中原风格。如太和二十二年（498）北海王元详母子造弥勒像龛（图 16），北海王元详是孝文帝同父异母的弟弟。造像为交脚弥勒菩萨三尊像，台座上浅浮雕供养人像身着汉式服装。该龛与北壁上层比丘慧成龛同年同月完成。在比丘慧成龛上方的景明四年（503）比丘慧乐造弥勒像龛，也是为北海王造的龛，南壁上层八大龛中的比丘法生造像龛也是为北海王而造，且同一天完成，即景明四年十二月一日。他

第二章　北朝石窟造像

图 11　龙门石窟古阳洞北壁上层第 4 龛

图12 龙门石窟古阳洞长乐王丘穆陵亮夫人尉迟造弥勒像龛

图 13　龙门石窟古阳洞解伯达造弥勒像龛

图 14　龙门石窟古阳洞比丘惠感造弥勒像龛

图 15　龙门石窟古阳洞邑主高树三十二人造像龛

图 16　龙门石窟古阳洞北海王元详母子造弥勒像龛

们都是为回报北海王之恩而造,足见当时北海王对古阳洞初期营造给予了大力支持。南壁窟顶还有景明三年(502)尹爱姜等二十一人造弥勒像龛、景明三年广川王祖母太妃侯为亡夫贺兰汗造弥勒像龛、景明四年(503)广川王祖母太妃侯氏因失去丈夫和儿子,祈愿年幼孙子平安而造的广川王祖母太妃侯造弥勒像龛。该龛周围分布着多个小龛,如平干虎造释迦牟尼像龛、王神秀造释迦牟尼像龛等。同时,其下方有景明四年邑师惠□造弥勒像龛。此外,在比丘法生龛上方还有景明元年(500)郑胤兴造像龛、正始元年(504)高思乡(朔)造释迦文像龛等带铭文的小型龛。另在入口处上方顶部有景明二年(501)云阳伯郑长猷造弥勒像龛、景明四年邑主马振拜等三十四人造像龛等;正壁上方顶部有正始元年比丘道仙造像龛、永平二年(509)邑师道晕等造弥勒像龛等。由此可见,从左右壁上方到顶部,除个别龛外,大多都有495年至504年间的造像记,顶部中小型龛与上层八大龛为同时开凿,但在略早于八大龛完成(505)的时候,顶部已经布满了小龛[1]。

  中层八个大龛中的造像内容,除南壁第二龛是二佛并坐及胁侍菩萨外,其余七个龛都是由交脚弥勒菩萨像和二弟子二菩萨组成的五尊像。关于此八大龛的开凿时间,由于没有造像题记,很难断定其具体的雕造时间。但北壁第2龛下缘原有永平四年(511)华州刺史安定王元燮造石窟石像记,其题记部分收藏在日本大阪市立美术馆。近年在北壁第4龛下发现了熙平二年(517)七月二十日泾州刺史齐郡王元祐造像记,与南壁上层里侧开凿的元祐造像龛题记纪年及内容大致相同,说明齐郡王元祐在517年曾开凿了两个弥勒像龛。此外,北壁中层还有509年以后开凿的中小型龛,如第2和第3龛之间的永平二年比丘尼法文法隆造弥勒像龛,其下有永平三年(510)比丘尼法庆造弥勒像龛、永平四年尹伯成妻姜氏造观音像龛等。南壁四大龛之间有延昌三年(514)比丘尼法兴造释迦像龛、熙平二年比丘惠珍造释迦并七佛像龛等。由此可见,此层佛龛开

---

[1] [日]石松日奈子著,[日]筱原典生译:《北魏佛教造像史研究》,文物出版社,2012年,第127-150页。

凿自509年左右下挖地平面开始了建造。这与顶部最晚纪年龛为509年（邑师道晕龛）相符。北壁开凿早于南壁，完成于熙平二年（517）。

下层原计划开凿的八大龛，因种种原因只开凿了5个，即北壁3个、南壁2个。其余壁面布满了中小型龛。北壁3龛仅完成了龛楣雕刻后即告辍工，龛内造像均为唐代续凿。北壁下层第1龛为一铺七尊像（图17），第2龛为千佛龛、第3龛为优填王像；南壁两龛内雕禅定印如来坐像。另外，该层壁面有518年到525年的北魏末期以及东魏、西魏的铭记龛。施主的身份多为比丘、比丘尼以及庶人集团，都是小规模的造像。南壁有神龟二年（519）邑师惠感造像龛（图18）、神龟三年（520）赵阿欢等三十五人造弥勒像龛等。由此可见，下层八大龛在完成了北壁3个、南壁2个，共5个龛的位置确定时就停止了，未于凿的壁面上不断出现小规模的造龛活动。本来应该开凿南壁第3龛的地方有神龟元年（518）杜安迁等二十三人造释迦像龛。因此，下层在518年就停止了于凿八大龛的计划。其后，古阳洞的造像活动在正光年前后暂告停止，后来东魏、西魏、北齐、唐代又营造了若干造像。

图17　龙门石窟古阳洞北壁下层第1龛

图 18　龙门石窟古阳洞邑师惠感造像龛

综上所述，古阳洞原是一个天然溶洞，太和十七年（493）以后，由于迁都洛阳，一批支持孝文帝改革的王公贵族和高级官吏，随即集中于此地发愿造像。首先开凿的是正壁三尊大像和窟顶、两壁上层大龛中的造像，年代当在太和十七年至二十二年之间，而竣工在景明、正始之际，即493—507年的十几年间。其中上层大龛之上和大龛之间的小龛，因工程量小，多在太和年间完成。两壁中层大龛，仅北壁外侧第1龛（元祐造像龛）有熙平二年（517）的纪年，从两壁中层大龛之间或以上的壁面上多分布正始二年及其之前的小龛，两壁中层大龛的开凿时间，上限不晚于宣武帝正始二年（505）及其之前，下限不晚于孝明帝熙平年间（516—518）。两壁下层大龛像全无纪年，一般开凿在熙平、神龟时期（516—520）。北壁外侧两个大龛的龛形完成于北魏，而造像则为唐代续作。[1]古阳洞是龙门石窟最早开凿的一个洞窟，窟内龛像之多，造像题记之

---

[1] 李文生：《龙门石窟北朝主要洞窟总叙》，载龙门文物保管所：《中国石窟·龙门石窟》第一卷，文物出版社、株式会社平凡社，1991年，第265-280页。

多是其他石窟无可比的，著名的龙门二十品有十九品就出于古阳洞。根据造像题记可知，在古阳洞内凿龛造像的功德主来自当时社会各个阶层，温玉成先生在《中国石窟与文化艺术》一书中以功德主身份将其分为宗室、百官、僧尼和邑社四大类。其中，宗室造像有北海王元祥、安定王元燮、齐郡王元祐、广川王略（贺兰汗）妃侯氏、长乐王丘穆陵亮夫人尉迟氏等等；百官造像主要有都绾阙口游击校尉司马解伯达、前南阳太守护军长史云阳伯郑长猷、号啕部令史刘智明、横野将军吴安、河南令魏双市、前武卫将军夏州大中正使持节都督汾州诸军事平北将军汾州刺史赫连儒、平东将军银青光禄大夫石城县开国男池阳县开国伯立仪都督苏万成、荡寇将军殿中将军领钩楯署王史平吴等等；造像僧尼主要有比丘惠感、惠合、慧荣、慧乐、比丘尼法文、法隆等；邑社造像比较多，邑社是当时民间信仰佛教的团体，人数多少不一，少者数人，多者达二百余人，邑社内部有邑主、邑师、维那等职。有的官吏以邑社负责人身份出现，如邑主仇池杨大眼；邑主中散大夫荥阳太守孙道务等等。[1]

二、宾阳洞

宾阳洞位于龙门西山北端，是宾阳南洞、中洞和北洞的统称（图19），是北魏宣武帝为其父母孝文帝和文昭皇太后做功德所营造的洞窟之一。关于这三个洞窟，《魏书·释老志》云："景明初，世宗诏大长秋卿白整准代京灵岩寺石窟，于洛南伊阙山，为高祖、文昭皇太后营石窟二所。初建之始，窟顶去地三百一十尺。至正始二年中，始出斩山二十三丈。至大长秋卿王质，谓斩山太高，费工难就，奏求下移就平，去地一百尺，南北一百四十尺。永平中，中尹刘腾奏为世宗复造石窟一，凡为三所。从景明元年至正光四年六月已前，用工八十万二千三百六十六。"这段史料告诉我们，景明初（500），世宗宣武帝诏大长秋卿白整，按照代京的灵岩寺石窟（平城云冈石窟）在洛南伊阙山为高祖孝

---

[1] 温玉成:《中国石窟与文化艺术》，上海人民美术出版社，1993年，第283-284页。

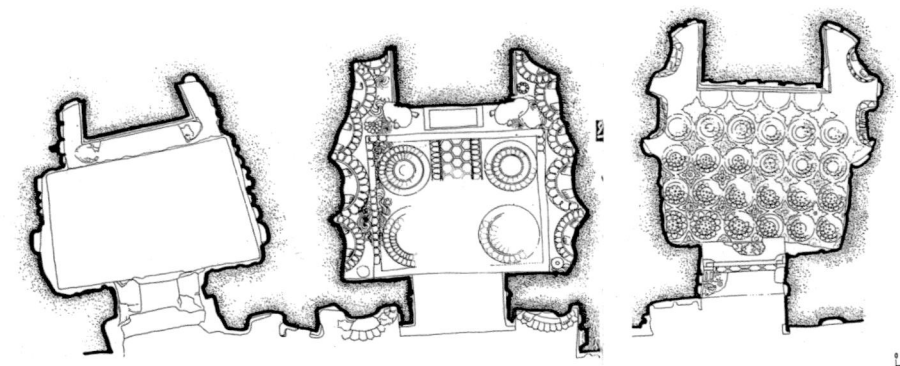

图 19　龙门石窟宾阳三洞平面图[1]

文帝和文昭皇太后（宣武帝父母）营造石窟二所，当初计划的规模是窟顶距地面三百一十尺，由于工程浩大，难成其就，大长秋卿王质建议，将位置调整到更低的地方，并缩小规模为去地一百尺，南北一百四十尺。永平年中（508—512），中尹刘腾为宣武帝追加石窟一所，宾阳洞成为三所并列的洞窟。其中宾阳中洞为孝文帝造，宾阳南洞为文昭皇太后高氏造，北洞为中尹刘腾为宣武帝造。根据窟内造像样式，中洞完成于北魏时期，南洞和北洞则是隋至初唐的作品。

关于南洞和北洞工程中断的原因，与当时的政治纷争有关。有学者认为正光元年为宣武帝追加开凿石窟的刘腾，于正光四年三月去世；四月，北方的柔然开始进攻，北魏内部由此发生对立，后来发展成了六镇之乱。这是宾阳洞工程停工的直接原因，文献中所记正光四年六月应该是工程中止的时间，换言之，是宾阳中洞的完工时间，而不是整个工程完工的时间。

宾阳中洞是继古阳洞之后开凿的大型洞窟，平面呈椭圆形，宽 11.4 米，进深 9.85 米，高 9.5 米。洞顶雕有莲花宝盖，周围雕着飘逸脱俗的伎乐天人和供养天人。地面有莲花纹，其富丽堂皇的景象是龙门众多石窟之冠。正壁造像是五尊式格局（图20），主佛释迦牟尼端坐中央，高 6.45 米，高肉髻，面部修长清秀，面容和蔼慈祥，略带微笑，双肩微削，内着僧祇支，胸腹间束带打结，外着褒衣博带式双领下垂袈裟，结跏趺坐于叠涩束腰方台座上，密集的衣褶呈

---

[1] 龙门文物保管所：《中国石窟·龙门石窟》第一卷，文物出版社、株式会社平凡社，1991 年，第 282-283 页。

图 20　龙门石窟宾阳中洞正壁造像

三重折叠纹向左右分开覆搭于台座前。迦叶、阿难二弟子和文殊、普贤二菩萨侍立左右。迦叶形象老成持重，阿难形象活泼开朗，望之栩栩如生。佛像的衣饰都由北魏早期的袒露右肩和通肩式，变为褒衣博带式，是孝文帝实行汉化政策在石刻艺术上的反映。洞口内壁两侧原本刻有三层大型浮雕，上层左为文殊菩萨及侍从，右为维摩诘居士及侍从；中层左为萨埵那太子舍身饲虎图，右为须大挐太子施舍图；下层是著名的帝后礼佛图（图 21），构图严谨，雕刻精美，是我国古代雕刻艺术的杰作。但于 20 世纪 30 年代被盗走，现分别收藏于美国波士顿博物馆和纽约艺术博物馆。壁脚左右刻神王各 5 身，共为"十神王"，这是我国所刻最早的十神王像。

图 21　龙门石窟宾阳中洞帝后礼佛图[1]

关于宾阳中洞的开凿年代，有学者指出，宾阳三洞就是《魏书·释老志》所记载的为高祖孝文帝、文昭皇太后所开的二窟和为世宗宣武帝所开的一窟。[2] 宾阳中洞和宾阳南洞为并列开凿的洞窟，中间有北魏巨型造像碑一座，两洞大小相近，平面呈马蹄形，三壁设佛坛，窟门内壁下层设十神王像，窟顶有形制相似的宝盖等，说明此二洞是经过统一规划的，应是为孝文帝和文昭皇太后所开的二窟，但宾阳南洞未完成洞内的大型造像。温玉成先生在《龙门北朝小龛的类型、分期与洞窟排年》一文中就《魏书·释老志》的记载和宾阳中洞造像

---

[1] 龙门文物保管所：《中国石窟·龙门石窟》第一卷，文物出版社、株式会社平凡社，1991年，第215页。

[2] 刘汝醴：《关于龙门三窟》，《文物》1959年第12期，第17-18页；张若愚：《伊阙佛龛之碑和潜溪寺、宾阳洞》，《文物》1980年第1期，第19-24页。

风格分析，推断宾阳中洞完工于延昌末至熙平初年（515—517）。宾阳南洞和宾阳北洞则辍工于正光四年（523）六月。

三、莲花洞

莲花洞又名伊阙洞，位于龙门石窟西山，奉先寺以北。是北魏孝明帝正光二年（521）前利用天然溶洞开凿的大型洞窟，因窟顶刻有一朵巨大的莲花而得名（图22）。洞窟平面略呈长方形，穹窿顶略呈椭圆形。洞窟高5.9米，宽6.22

图22　龙门石窟莲花洞莲花藻井

米,深 9.78 米。外壁窟口门楣为二龙矫首尖拱火焰纹,中央刻兽形铺首,门两侧有金刚力士像。窟顶高浮雕大莲花,直径 3.6 米,莲花南北两侧各雕刻供养天人三身,身躯修长,面容清瘦,上身袒露,下着长裙,天衣飘扬,姿态优美,为龙门北魏洞窟中的佳作(图 23)。该洞正壁一佛二弟子均呈立姿,主尊高 5.1 米。削肩平胸,着褒衣博带袈裟,衣纹呈阶梯状。二弟子身着袈裟,跣足立于莲座上。二菩萨分立于南北两侧壁内侧,戴花冠,冠带平展两侧如翅,宝缯下垂至肩,璎珞与帔巾自肩下垂于腹部交叉,姿态优美。除菩萨立像外,在南北两侧壁上密布列龛,有尖拱形、屋形、盝顶形等。其中以位于北壁内侧下方的北魏孝昌三年(527)宋景妃龛为代表(图 24),尖拱形龛楣上刻七佛,其外各刻一化生童子像。拱端外侧各刻一供养菩萨。龛楣上方悬天幕,拱端上角刻维摩文殊辩法像,龛门外两侧各刻一屋形龛,内刻力士像。龛内造像为一佛二弟子二菩萨像,主尊释迦结跏趺坐于佛坛上,高肉髻,面长削肩,着褒衣博带

图 23　龙门石窟莲花洞供养天人

图 24　龙门石窟莲花洞宋景妃龛

式袈裟，下裳垂于佛坛前。二弟子二菩萨跣足而立。佛坛两端各刻一护法狮子，相背蹲卧，姿态与魏字洞佛坛之狮相似。南壁大小佛龛密如蜂房，均为北魏后期具有代表性的龛形和造像。其中下层东起第二龛是其代表，尖拱状龛楣内饰飞天、流云、天花。拱端刻龙首口衔莲花。龛楣上角刻维摩文殊。龛内造像与北壁宋景妃龛相同，龛内左右两侧各浮雕思惟菩萨像。右侧思惟菩萨像前刻礼佛图，前一人身躯修长，戴笼冠，着大袖宽袍，双手捧物作供养状，后三人或持华盖，或持羽葆，或持钺而立。左侧思惟菩萨像前刻礼佛图五人，前一人头戴冠，着褒衣博带式大衣，双手合十。后四人为仪仗行列，手持华盖、幡和羽葆等。

莲花洞内外，除有大量小龛外，还有很多纪年题记，如北魏正光二年（521）、六年，孝昌元年（525）、三年，武泰元年（528），建义元年（528），建明二年（531），普泰二年（532），太昌元年（532），永熙二年（533）、三年；北齐天保八年（557），武平元年（570）、六年以及唐代及后梁的纪年题记等。此外还有石刻佛经三部，其中窟内北壁上方刻《般若波罗蜜多心经》二部，一方系北魏刊刻，一方为（武）周久视元年（700）皇甫元亨书刊。在北壁上方刻《佛顶尊胜陀罗尼经》，（武）周如意元年（692）佛弟子史延福刊刻。明代隆庆年间（1567—1572）河南巡抚赵岩于其上刻"伊阙"二字，毁掉部分经文。

四、火烧洞

火烧洞（图25），位于龙门石窟西山，洞窟平面呈马蹄形，顶为穹窿形。洞窟高10米，宽9.5米，深12米。因岩石剥落崩坍，窟顶及壁面龛像大部崩毁剥落。窟口门额为火焰尖拱形。拱端上角饰流云和天人乘龙形象。门两侧屋形龛内雕力士像，左侧力士因岩壁崩坍，仅存覆莲座，右侧力士存残躯，竖眉怒目，身披帛带交叉于腹前。窟内正壁原有一铺五尊造像，已破坏殆尽。左（北）壁上、中部剥落残毁，仅存下部三个大龛，皆刻五尊式，三面设坛。其中两龛主尊为善跏趺坐的新形式，雕造时间当在北魏末年至北齐间。右（南）壁上保存有一个完好的盝顶七尊式龛，是大统寺大比丘慧荣于正光三年（522）所造。南壁中部存有一残碑的下部，宽1.32米，高度不详。碑座及碑身下部各刻两排供养人，皆有榜题。从造像式样和服饰看，为北魏晚期至东魏间的作品。该壁外侧残存五个较大龛像，残破严重。在正壁南侧，有一龛题记为"囗年七月十，清信女佛弟子王妃胡智造像一躯，愿国疆四海安宁常乐。元善见侍佛，元敬慈侍佛，仲华侍佛"。此题记当是清河王亶胡妃的铭刻。元善见即亶子，是东魏第一位皇帝。此龛当造于532年以前。

图25 龙门石窟火烧洞外景

关于火烧洞的开凿年代，据该洞正壁佛座南侧"大魏正光岁次癸卯四月比丘僧安造释迦像记"可知，火烧洞主尊佛像最晚也在正光癸卯（523）竣工。据《魏书·释老志》记载，可推测宾阳中洞讫工于"正光四年六月已前"，而火烧洞在窟形、正壁五尊像之配置、方形狮子座以及服饰和雕刻手法等方面，正与宾阳中洞相似，因此，火烧洞的开凿年代应与宾阳中洞的开凿年代相同。

五、皇甫公窟

皇甫公窟，位于龙门西山靠近南端之半山腰，是火烧洞以南，北魏开凿的相当大的一个洞窟（图26）。由窟外南侧刊刻的太尉公皇甫公石窟碑记可知，该窟完工于北魏孝昌三年(527)。该窟平面呈方形，平顶，高4.5米，宽7.25米，深6.3米。正壁设佛坛，南北壁各开一大龛。窟口门额作屋形，脊上正中刻一金翅鸟，檐下为尖拱火焰纹（图27）。上刻七佛，拱两端上方各刻一伎乐天人，门外左右各雕一力士像。窟顶刻莲花藻井，周围环绕飞天八身，手持琵琶、横笛、笙、排箫等乐器，

图 26　龙门石窟皇甫公窟外景

图 27　龙门石窟皇甫公窟门楣

皆面向正壁主尊翱翔云间。正壁佛坛两侧各雕一护法狮子。坛上造像一铺七尊。主尊释迦结跏趺坐，左右刻二弟子二菩萨侍立。坛上最外侧各刻一菩萨像，均半跏趺坐，作思维状。在主尊背光两侧，菩提树上方的壁面分别浮雕一组罗汉像，南侧五身，北侧六身，皆为半身像。北壁为一尖拱形大龛（图28），龛楣饰七佛，间刻供养菩萨像，拱端饰反顾龙头，龛楣两侧各刻一供养菩萨像。龛内主尊为释迦多宝二佛并坐像，二弟子侍立于二佛之间，二菩萨侍立于二佛外侧。龛基浮雕礼佛图，前三人为比丘，或俯身向香炉内添香，或托钵前导；第四人为一老妇，头饰华丽，身穿大袖长裙，手持一莲蕾，徐步向前，其身后三位侍女。第八人为一青年男子，头戴笼冠，身穿宽袍大袖的长袍，右手托钵，其身后一男童为其提衣摆。有人认为这一男一女应是孝明皇帝和胡太后。南壁为一盝顶天幕大龛，龛楣中央梯形格并刻五

图28　龙门石窟皇甫公窟北壁尖拱形大龛

佛，其间刻弟子菩萨像。两端菱形格内分别刻莲花童子，拱端上方刻维摩诘变，拱梁下悬帷幕。龛外两侧各刻一供养菩萨。龛内造像一铺五尊，主尊弥勒菩萨结跏趺坐于狮子座上，二弟子二菩萨侍立左右。龛下刻皇甫公夫妇供养礼佛图（图29）。前壁正中为窟门，左右各刻立佛龛一个，内刻一立佛并二胁侍菩萨。门上部两侧刻千佛。

皇甫公窟的形制，对后世影响较大，庑殿式的立面、三壁三龛式造像以及窟门内壁刻二立佛龛的形式，在巩义石窟寺、南北响堂山石窟以及敦煌北朝晚期至隋初的造像中，皆可窥见其遗风。

关于开凿此窟的功德主皇甫度，为胡太后舅父，《北史·外戚传》胡国珍传中载："太后舅皇甫集……封泾阳县公，位仪同三司、雍州刺史、右卫大将军、赠侍中、司空公。""集弟度，字文亮，封安县公，累迁尚书左仆射、领左卫将军。……正光初，元义出之为都督、瀛州刺史。度不愿出，频表固辞，乃除右光禄大夫。孝昌元年为司空、领军将军加侍中。……又摄吏部事，迁司徒兼尚书令，不拜，寻转太尉。孜孜营利，老而弥甚。迁授之际。皆自请乞。灵太后知其无用，以舅氏，难违之。……尔朱荣入洛，西奔兄子华州刺史邕，寻与邕为人所杀。"

图29　龙门石窟皇甫公窟皇甫公夫妇礼佛图

六、慈香洞

慈香洞位于龙门石窟西山中部莲花洞北侧,根据该窟"比丘尼慈香慧政造像记"可知,该窟完成于北魏孝明帝神龟三年(520)。窟平面呈马蹄形,窟顶穹窿形,三壁设坛,高1.7米,宽2米,进深2.2米。顶部刻莲花,周绕六身供养天人。正壁佛坛上造像一铺五尊(图30),主尊释迦牟尼结跏趺坐,着褒衣博带袈裟,衣裾垂压佛坛,施禅定印。二弟子二菩萨侍立左右。佛坛两端各刻一护法狮子。正壁上部刻"维摩诘经变"佛传故事。北壁佛坛上造像一铺五尊,主尊结跏趺坐,二弟子二菩萨分立左右。佛坛两端各施一护法狮子。南壁佛坛上造像一铺五尊,主尊弥勒交脚而坐,上身袒,下着裙,帔帛交于腹部。二弟子二菩萨分立左右。前壁窟门上部刻千佛。

图30　龙门石窟慈香洞正壁

七、弥勒洞

弥勒洞位于龙门石窟西山石牛溪北,因窟内主尊为弥勒故名。北魏孝明帝时期(516—528)造。平面呈马蹄形,前部呈长方形,正壁设佛坛,窟顶呈长方形,无饰。窟高2.51米,宽2.9米、深3米。外壁窟口及门楣崩坍,仅存窟门南侧力士像,已漫漶不清。正壁佛坛上造像一铺五尊(图31),主尊为交脚弥勒坐像,着菩萨装,上身袒,下着裙,帔帛在腹部相交穿一璧。二弟子二菩萨分立左右。南北两壁皆刻一立佛,头残,身躯修长,内着僧祇支,外披袈裟。上部刻供养人像,北壁上部刻男供养人六身,戴笼冠,着袍服,着高头履,手持莲花面向主尊供养;南壁为七身,前一人为一比丘前导,后一人为贵妇人装束,最后五人皆为侍从。一人曳衣,一人擎华盖,一人持羽葆,一人举莲花,一人持莲蕾。

图31 龙门石窟弥勒洞正壁

八、弥勒洞北一洞

弥勒洞北一洞，位于龙门石窟西山石牛溪北弥勒洞北，北魏孝明帝时期（516—528）造。平面呈长方形，高1.55米，宽1.43米，深1.48米。窟门刻尖拱形门楣，饰波状忍冬纹。拱端龙头反顾。门左右各刻一力士。窟顶刻莲花，周围绕以四个供养天人。正壁佛坛上造像一铺五尊（图32），主尊结跏趺坐，着褒衣博带袈裟，衣裙垂压佛坛，褶纹稠密呈羊肠纹。二弟子跣足立于左右，二菩萨像被盗，残存火焰纹头光。正壁上方刻维摩诘变故事。北壁造像一铺三尊，主尊头残，身躯修长，内着僧祇支，外披袈裟，立于覆莲座上。二菩萨分立左右。南壁造像与北壁相同，左菩萨像被盗。

图32 龙门石窟弥勒洞北一洞正壁

九、弥勒洞北二洞

弥勒洞北二洞，位于龙门石窟西山石牛溪北，南临弥勒洞北一洞，北魏孝明帝时期（516—528）造。平面呈长方形，三面设佛坛，窟顶穹窿形。高1.64米，宽1.45米，深1.2米。外壁窟口及门楣崩坍。穹窿形窟顶刻莲花，周围绕以伎乐天人四身，或持箜篌，或拿长鼓，或吹笛，或弹琵琶。正壁佛坛上造像一铺五尊（图33），主尊释迦牟尼结跏趺坐，头残，窄肩，内着僧祇支，外披袈裟，衣裙垂压佛坛，衣纹呈阶梯状。二弟子二菩萨分立左右。正壁上部刻维摩诘经变故事。南北两壁佛坛上造像相同，均为一铺三尊，即一立佛二菩萨像。主尊头部残，内着僧祇支，外着褒衣博带袈裟。北壁左侧菩萨因岩壁崩坍而不存。该窟造像基本与前述弥勒洞北一洞造像相同，且大小相近，应为同期设计开凿的洞窟。

图33 龙门石窟弥勒洞北二洞正壁

十、普泰洞

普泰洞位于龙门石窟西山石牛溪南侧,南临赵客师洞,因洞内有普泰元年纪年题记故名。窟平面呈方形,高 3.15 米,宽 5.14 米,深 4.93 米。正壁设佛坛,南北两壁各刻一大龛。窟顶中央高浮雕三层圆环,两侧粗雕飞天二身。外壁窟门崩坍,残存火焰纹尖拱形门楣,北侧残存未完成的力士像,南侧力士像已剥蚀不清。窟内正壁佛坛上造像一铺五尊(图 34),主尊释迦牟尼高肉髻,窄肩,内着僧祇支,外披褒衣博带袈裟,下裳垂压佛坛,衣褶呈垂直并行线纹。二弟子二菩萨分立左右。南壁中央刻一盝顶拱帷幕大龛,周雕小龛。梯形格中刻十方佛,中刻宝珠,两侧各雕四身供养菩萨跪像,下刻七佛。拱端上方各刻二身飞天,下方为化生童子。菱形格外上方刻维摩诘变故事。龛外下部内侧刻一力士像,已漫漶。龛内造像一铺五尊,主尊结跏趺坐,二弟子二菩萨分立左右。龛门内侧各雕一狮相对而卧,左狮已失。北壁中央亦雕一盝拱帷幕大龛,周围雕刻小龛。大龛形制及龛内造像与南壁相同。

图 34　龙门石窟普泰洞正壁

关于该窟的开凿年代，根据窟内的"普泰元年比丘尼道慧、法盛造观音菩萨记"可知，该窟在北魏节闵帝普泰元年（531）前开窟并建造正壁佛坛诸像，继而造左右壁大龛像。东魏至唐代仍有小龛造像。

十一、魏字洞

魏字洞位于龙门西山中部，邻近河滨路面。其北侧是交脚弥勒像龛，南侧是唐字洞，因洞内有多处北魏正光、孝昌年间（520—527）的造像题记而得名。平面呈长方形，正壁设佛坛，南北两壁各凿一大龛。洞窟高 4.3 米，宽 5.7 米，深 4.35 米。窟门外壁崖石崩坍，窟额不存，仅存窟门左右二力士像的残迹。窟顶中间浮雕莲花，周围刻飞天，间饰忍冬流云纹，雕饰华丽。正壁佛坛上造像一铺五尊（图35），主尊释迦结跏趺坐，高肉髻，面相略长，肩部削窄。着褒衣博带袈裟，衣纹呈垂直并行线，衣裾垂搭佛坛，衣褶呈羊肠状。舟形背光直达窟顶，自内向外饰莲瓣纹、忍冬纹、植物纹、联珠纹、火焰纹等。二弟子二菩萨侍立左右。佛坛前左右各刻一狮，昂首向内作反顾状。北壁和南壁中部雕一盝顶帷幕大龛，周围雕小龛。拱楣两端对称刻三层浮雕，上层是维摩、文殊对坐论法，并有听法弟子；中层刻佛传故事"梵天劝请""二商奉食"；下层刻"游说相""成道像"。这些故事分别刻在菱形、方形、倒梯形格内，并有飞天、流云、莲花化生童子等。大龛内造像一铺五尊，主尊结跏趺坐，服饰同正壁主尊。二弟子二菩萨侍立左右。龛外两侧各雕一力士。北壁大龛外东西两侧有造像小龛 18 个，其中纪年龛 9 个，造像题材多为禅定坐佛及二胁侍菩萨。北壁大龛外两侧有造像小龛 19 个，其中纪年龛 4 个，造像题材是释迦佛、交脚弥勒菩萨及侍立的观音菩萨等。窟门内壁（东壁）有小龛 17 个，其中纪年龛 6 个，造像多为弥勒菩萨[1]。

关于该窟的开凿年代，阎文儒先生在《龙门石窟研究》一书中根据造像风格及与其他洞窟比较研究认为，正壁开凿年代在宣武帝永平（508—511）年间，左右壁

---

[1] 顾颜芳：《关于龙门魏字洞的几点思考》，《中原文物》2002 年第 5 期，第 74-79 页。

图35 龙门石窟魏字洞正壁

大龛在孝明帝熙平、神龟（518—519）间，并根据魏字洞中女性题记占大多数（共11条），提出主持该窟开凿者很可能是城内某一尼寺中的比丘尼的观点。由于该窟造像题记多为北魏正光、孝昌时期，且最早的是正光四年比丘尼法熙造像，位于正壁左菩萨外侧，可知该窟的开凿当在北魏孝明帝正光四年（523）前开窟并造正壁佛坛诸像，继而造两壁大龛像及诸小龛造像。

十二、弥勒龛

弥勒龛位于龙门石窟西山中部,西邻魏字洞,东接破窑。北魏孝文帝太和末期(约493—499)开凿。龛前部崩坍,高2.7米,宽1.65米,残深0.5米。龛内造像一铺三尊,主尊为交脚弥勒菩萨坐于狮子座上,头残,身躯风化剥蚀严重,肩削窄。宝缯外伸如翅,上身袒,下着裙,帔帛在腹前交叉(图36)。二菩萨侍立左右。左菩萨残毁,右菩萨头残,手持净瓶而立。莲瓣形背光上刻禅定坐佛10尊,

图36　龙门石窟弥勒龛

飞天一周及葡萄纹、火焰纹等。背光上部火焰纹外刻伎乐天。手持笙、笛、琵琶、长鼓等。飞天姿势优美,躯体丰腴,下肢短小,上身袒,下着裙,身披帛带,绕体飞舞。其装束及姿态与古阳洞两壁上层列龛的飞天相似[1]。

十三、六狮洞

六狮洞位于龙门西山药方洞与古阳洞之间的峭壁上,约造于北魏孝明帝时期(516—528)。洞窟平面呈方形,高1.95米,宽1.9米,深2.5米。窟顶刻莲花,周围刻飞天六身。外壁崩坍,洞内三壁设有高坛,坛上造像一铺五尊,坛基上各刻有两身狮子,共六身,故名"六狮洞"。正壁主尊结跏趺坐于方座上(图37),头残,窄肩,身披袈裟,衣纹垂直并行,火焰纹背光上雕坐佛十一尊。二弟子二菩萨侍立左右。上方壁面刻维摩诘经变故事,其北维摩居士坐帐内,前侍一女,帐外听

图37 龙门石窟六狮洞正壁

---

[1] 李文生:《龙门石窟北朝主要洞窟总叙》,载龙门文物保管所:《中国石窟·龙门石窟》第一卷,文物出版社、株式会社平凡社,1991年,第265-280页。

法弟子数身；其南文殊菩萨坐帐内，前侍一弟子，帐上方刻一飞天，帐后立一比丘，另有八身戴冠着袍服的贵族听法，二供养菩萨跪其前，其间饰天花。北壁佛坛造像一铺五尊，主尊与胁侍与正壁同。南壁佛坛造像一铺五尊，主尊为交脚弥勒菩萨，左右胁侍与正壁相同。由此可见，该窟三壁造像题材主尊为三世佛。

十四、来思九洞

来九思洞位于龙门西山古阳洞与药方洞之间，因窟南壁刻有"来思九造像铭"，故名。约开凿于北魏孝明帝时期（516—528）。平面呈长方形，正壁设一坛，穹窿顶。高1.37米，宽1.38米，深1.45米。前壁崩坍，窟门不存（图38）。窟顶中央刻莲花，风化剥蚀严重，二身飞天相向飞舞，左持钹，右执笛，姿态优

图38　龙门石窟来思九洞全景

美。佛坛上造像一铺五尊,主尊及二弟子位于正壁,二菩萨位于左右壁,佛坛外侧各刻一狮子,南壁外侧狮子因窟门崩坍而不存。主尊释迦结跏趺坐,着褒衣博带袈裟,裙裾覆搭佛坛,衣褶呈羊肠状,身后有头光和背光。二弟子二菩萨侍立左右,其风格与六狮洞造像相近,当属同一时期开凿。洞内三壁刻有零星唐代小龛,为后人补刻。

十五、龙骧将军洞

龙骧将军洞位于龙门西山路洞北约 15 米处,因窟外下方南侧刻有"邑子龙骧将军",故名。平面呈马蹄形,三面设佛坛,穹窿形顶,高 1.63 米、宽 1.87 米,深 1.9 米。窟门门楣作火焰纹尖拱形,窟门两侧各雕一力士像(图39)。窟外下壁刻供养人九身,身躯修长,头戴笼冠,着褒衣博带服装,皆有榜题,可辨识者有

图 39 龙门石窟龙骧将军洞窟门

"邑子龙骧将军李仲系"。正壁及北壁佛坛上造像一铺五尊,主尊结跏趺坐,二弟子二菩萨侍立左右。南壁佛坛上的一铺五尊像残破严重,冠上右侧宝缯平展如翅,可知此主尊为菩萨装的弥勒像。该窟造像题材及造像风格与六狮洞相近,当为同一时期开凿,即北魏孝明帝时期(516—528)造。

十六、地花洞

地花洞位于龙门西山路洞北侧,因窟内地面刻有一朵精美的莲花,故名。窟平面呈正方形,三壁设佛坛,穹窿形顶。窟高1.52米,宽1.54米,深1.4米。窟口外壁崩坍过半,无可辨识。窟顶前半部崩坍,仅存莲花及二身飞天。窟内地面中央雕莲花,四角有浮雕图案。正壁佛坛上造像一铺五尊(图40),主尊结跏趺坐,宽

图40 龙门石窟地花洞正壁

肩，胸厚，内着僧祇支，身披袈裟，衣裙垂压佛坛。佛坛中央刻一宝珠，两侧各刻一蹲狮。二弟子二菩萨侍立左右。正壁上方刻维摩诘经变故事画。南北两壁佛坛上造像均一铺五尊，造像与正壁相同。从该窟造像风格特征看，与前述来思九洞相似，由此可见，该窟的开凿时间约在北魏孝明帝时期（516—528）。

十七、药方洞

药方洞位于龙门西山古阳洞北侧，因甬道侧壁刻有诸多唐代药方而得名。北魏孝庄帝永安三年（530）以前开凿，经东魏和北齐，到唐初均有雕造。窟平面呈方形，顶微曲。高4米，宽3.67米，深4.4米。窟门外侧各雕一力士像，其上方刻飞天。尖拱形窟楣上方刻一螭首碑，刻唐永隆二年（681）"究竟庄严安乐净土成佛铭记"。窟顶中央刻一朵莲花，两侧各刻二身飞天环绕飞翔。正壁造像一铺五尊（图41），主尊结跏趺坐于方形台座上，身躯粗壮，造型敦实厚重。面形浑圆，颈刻三道蚕纹，挺胸平肩，内着僧祇支，裙带打结下垂，身披袈裟，衣纹多呈弧线或稀疏的羊肠纹，较为写实。座前中央刻香炉，两侧各蹲一狮。二弟子二菩萨侍立左右。从造型和服饰看，已与北魏时常见的风格相差甚远，而与响堂山石窟的北齐造像相似，因此，药方洞的正壁造像，有可能是北齐时期所雕造。[1] 近年来，也有人认为是隋末唐初的作品，此外，正壁现存的10个造像小龛皆为唐代所造。

北壁中央凿一尖拱帷幕大龛，余皆为小龛。大龛尖拱形龛楣线刻飞天，其上部左右刻维摩文殊对坐论法。龛外两侧各雕一力士。龛内主尊为释迦多宝二佛并坐像，二弟子二菩萨侍立左右。坛基上雕香炉及二护法狮子。弟子、菩萨像可能为北齐至隋代作品。大龛外侧上部有北齐天保四年（553）造像龛和四十多个唐代造像龛。

南壁中部也凿一大龛，形制与北壁大龛相同，龛内造像为一佛二弟子二菩萨。除主尊面部和颈部比北壁主尊稍长外，其余皆同于北壁主尊。弟子与菩萨身躯修

---

[1] 李文生：《龙门石窟药方洞考》，《中原文物》1981年第3期，第59-61页。

图 41　龙门石窟药方洞正壁

长，菩萨的帔巾在腹前交叉穿环，是北魏晚期流行的风格。在该壁内侧上角处雕有北魏永安三年（530）李长寿妻陈晕造释迦像龛，此龛为药方洞现存最早的造像龛。因此，南壁龛的雕造年代略早于北壁大龛，应是北魏末期雕造。另在南壁外侧上方有北齐天保四年（553）龙花寺僧造像龛和唐代造像龛30余个。

前壁现存北魏时期的造像龛十余个，其中有纪年的造像龛有两个，位于窟口北侧。一个是北魏普泰二年（532）清信士路僧妙造释迦像龛，另一个是北魏永熙三年（534）清信女孙姬造释迦像龛。另在前壁门额上部有一单层塔形龛，龛内雕二佛并坐像，形制与南响堂山第七窟窟额上的塔形龛相似，亦可能为北齐时期的作品。

十八、路洞

路洞位于龙门西山南部,因临近西山路面而得名。北魏晚期开凿,完成于东魏元象二年(539)之前。平面呈方形,正壁设佛坛,穹隆形顶,高 4.2 米,宽 4.26 米,深 5.27 米。窟楣为尖拱火焰纹,窟门外两侧各有一尊金刚力士,北侧力士因窟口崩坍而不存。窟顶中央刻莲花,四周环刻千佛头像,以千佛头像作窟顶装饰在龙门石窟中仅此一例。正壁为一半圆形的帷幕大龛(图42),龛下佛坛中刻香炉,两侧各刻一护法狮子。龛内雕一佛四弟子二菩萨。主尊结跏趺坐于方形座上,手及头

图42 龙门石窟路洞正壁大龛

部已失，内着僧祇支，外着双领下垂袈裟，裙带打结下垂，裙裾覆搭座前。壁上层共刻7个屋形龛，北壁屋形龛内雕一佛二菩萨，两侧刻供养菩萨数身。南壁南北两屋形龛内刻佛像一尊，两侧刻供养菩萨数身。佛像均作结跏趺坐，高肉髻，面长，窄肩，施禅定印。内着僧祇支，外着褒衣博带袈裟，衣纹呈垂直平行线。菩萨皆身躯修长，帔帛在腹部交叉。南壁内侧刻一降魔变图像，释迦端坐中央，周围刻怖佛的魔众，手持各种武器，张牙舞爪，向释迦威胁、恫吓。从残存画面看，刻画的正是天魔向释迦发动猖狂进攻的瞬间。这种降魔题材在莫高窟壁画和云冈石窟以及义马鸿庆寺石窟中都有所表现，而在龙门石窟中则是唯一的一例。南北两壁下层各刻4个浅龛，龛内造像多为一佛二弟子二菩萨，主尊皆结跏趺坐，内着僧祇支，身披褒衣博带袈裟，下摆衣纹呈羊肠状。皆有火焰纹舟形背光。南北两壁壁脚各刻神王像五身，剥蚀较甚，大多已模糊不清。值得一提的是，在南壁右上角有一组浮雕，一人牵驴和骆驼在前进中，虽已部分风化，但仍可辨识，骆驼为双峰，驼背上的褡裢宽大，驮运商品行走在路上。这种骆驼和驴等交通和运输工具在龙门石窟中出现，是洛阳作为丝绸之路东方起点的有力佐证。

  关于路洞的雕造年代，洞内现存有纪年的造像题记多为一些后期雕造的小龛，如东魏元象二年（539）、武定七年（549），北齐天保元年（550）、天统元年（565）、武平三年（572）等，由此推定，在雕造这些小龛之前，必先有洞窟的开凿，继而造正壁诸像，根据造像题记和正壁造像风格可知，路洞的开凿时间应该在北魏晚期至东魏天平之间。[1]

---

[1] 李文生：《龙门石窟北朝主要洞窟总叙》，载龙门文物保管所：《中国石窟·龙门石窟》第一卷，文物出版社、株式会社平凡社，1991年，第265-280页。

第二节　洛阳周边的北朝石窟

北魏晚期，在北魏孝文帝拓跋宏于太和十七年（493）迁都洛阳后，以洛阳为中心开始了轰轰烈烈的开窟造像活动，除了在城南伊阙山最早开凿的龙门石窟外，还在洛阳城周围开凿很多小型石窟（图43）。它们像众星捧月一般，分布在北魏洛阳故城的周围。[1] 如北魏洛阳故城东面有巩义石窟寺；南面有偃师水泉石窟、伊川吕寨石窟、嵩县铺沟石窟、伊川鸦岭石窟；西面有义马鸿庆寺石窟、宜阳虎头寺石窟；北面有万佛山石窟、孟津谢庄石窟、新安西沃石窟等。另外，在北朝晚期的北齐北周时期，洛阳虽然不再是政治文化中心，雕佛造像之风北移，但在洛阳周围仍有少量石窟开凿，如渑池石佛寺摩崖造像、登封少林石窟、荥阳王宗店石窟等。这些石窟的开凿都晚于龙门石窟，与龙门样式的共性随处可见，但也有很多与龙门不同的元素，反映了作为中央样式给周边地区带来影响的状况。[2] 如距洛阳较近的巩义石窟寺、义马鸿庆寺石窟、偃师水泉石窟受龙门因素的影响比较大，而距洛阳较远的宜阳虎头寺石窟、嵩县铺沟石窟等，则较为朴素并具有深厚的地方性风格。

---

[1] 杨超杰：《洛阳周围小石窟全录》第二卷，外文出版社，2010年，第3页。
[2] 宿白：《洛阳地区北朝石窟的初步考察》，载龙门文物保管所：《中国石窟·龙门石窟》第一卷，文物出版社、株式会社平凡社，1991年，第225-239页。

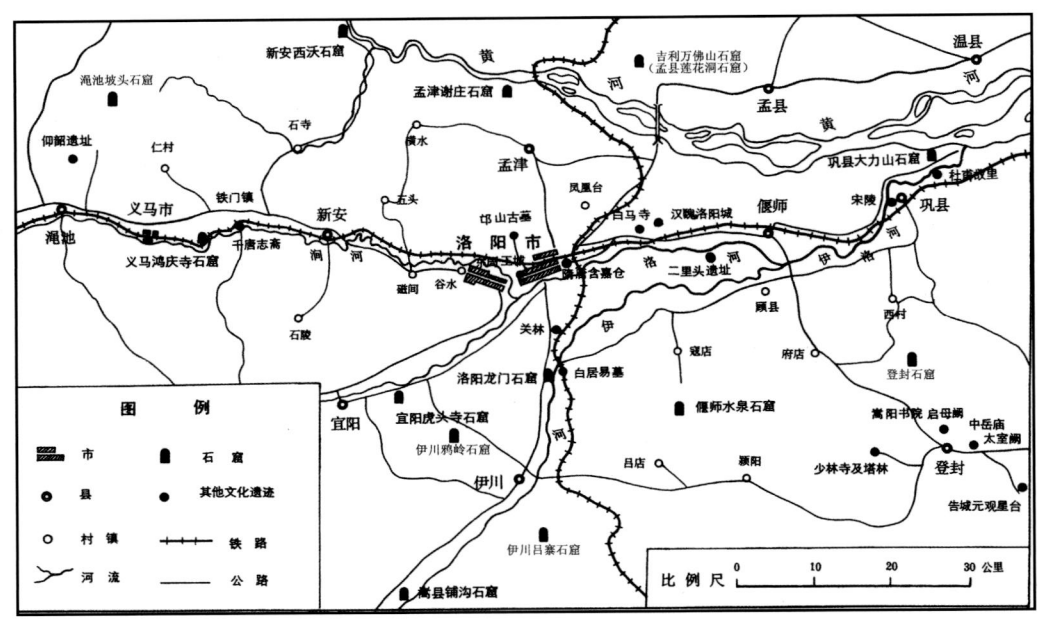

图 43　洛阳地区北朝石窟及文化遗迹分布图[1]

一、巩义石窟寺

巩义石窟寺（原称巩县石窟寺），位于巩义市东北 9 公里的寺湾村东大力山下，西距汉魏洛阳故城约 40 公里。背依大力山，面临伊洛河，山光水色，秀丽优美，自古就有"溪雾岩云之幽栖胜地"的赞誉。它的西北 5 公里处就是黄河南岸的重要渡口小平津，北魏迁都洛阳，这里成为南渡黄河后进入洛阳前的憩息地，同时也是北魏时重要的军事重镇，驻守重兵。北魏孝文帝常幸临此地，并在这里营建佛教寺院，名"希玄寺"，唐宋两代称"十方净土寺"，明代改为"净土禅寺"，清代改称今名。宣武帝元恪常来此礼佛，遂于此地开窟造像，后经历代续刻，形成今之石窟寺。寺内的建筑多已塌毁不存，仅有明代的大殿和东西厢房至今尚存。

巩义石窟寺现存有 5 个洞窟（图 44）、3 个摩崖大像、1 个千佛洞及 328 个

---

[1] 杨超杰：《洛阳周围小石窟全录》第二卷，外文出版社，2010 年，第 4-5 页。

历代造像龛，大小佛像共计7743尊，造像题记及其他铭刻186篇。分西、中、东3个区域，其中第1、2号窟为西区，第3、4、5号窟为东区，1977年清除第2、3窟间山崖积土时发现的40个北齐造像龛为中区。除第2号窟未完成，为后人续刻外，其余四窟及摩崖大像均雕造于北魏时期。石窟平面多呈方形，除第5窟因面积较小，为方形佛殿窟外，其余4个洞窟均为方形中心柱窟（图45）。

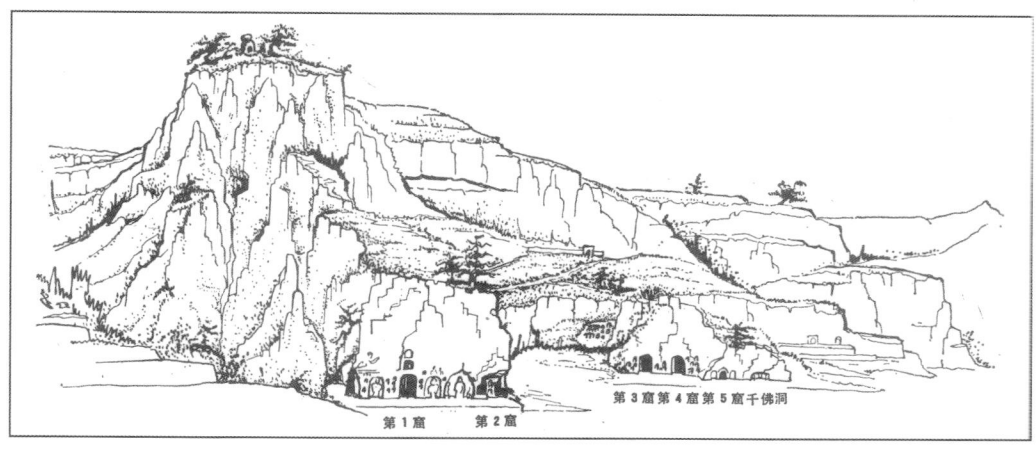

图44 巩义石窟寺洞窟分布图[1]

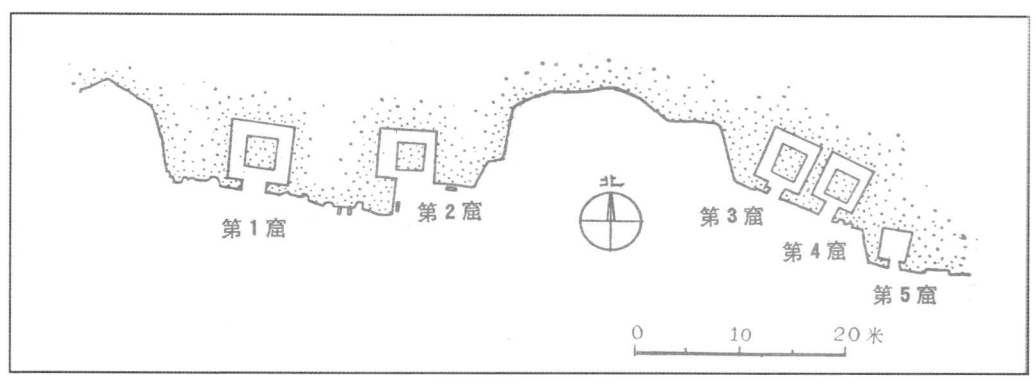

图45 巩义石窟寺总平面图[2]

---

[1] 河南省文物研究所：《中国石窟·巩县石窟寺》，文物出版社、株式会社平凡社，2012年，第12页。

[2] 河南省文物研究所：《中国石窟·巩县石窟寺》，文物出版社、株式会社平凡社，1989年，第238页。

第1窟，位于石窟寺最西部，窟外壁门之两侧各雕一与窟门等高的圆拱形大龛，龛内雕力士像。龛下有纪年造像龛18个，多为北齐时雕造。西侧力士龛上方崖壁上原刻有弟子、菩萨像3排，其上方刻有带状忍冬纹边饰。边饰上方刻两身供养天人，今仅存西侧一身。西侧力士龛壁有唐代续刻的造像龛12个，多为咸亨、永隆年间雕造。在西侧力士龛的西侧，有一摩崖菩萨大像，就其现状来看，此处原应是一尊大立佛和二菩萨造像，惜立佛与另一菩萨已经坍毁。东侧力士龛上方残存一佛一菩萨。在东侧力士龛的东侧，就是巩义石窟寺现存最大的摩崖佛龛，内雕一佛二菩萨，主尊高5.3米。龛之东侧崖壁上雕小龛7个，上面小龛皆残破，下面的保存较好，其中有西魏大统四年和北齐天保七年的题记。

窟内平面呈方形，有中心柱。窟门向南，高3.4米，宽2.46米。门上方有明窗。窟内长、宽均6.5米，高6米。窟顶雕方格平棋，在靠近中心柱的一周方格内，全刻飞天；其外方格内刻莲花化生和各种莲花图案。平棋表面原饰有黑、黄、红色彩绘，至今隐约可见。中心柱高6米，四面各宽2.8米，下有方形基座，高0.61米，长、宽各3.3米。柱身四面各开一帷幔龛，帷幔顶端和平棋相接处刻莲花化生，下刻垂鳞、山纹和彩铃流苏。龛内雕一佛二弟子二菩萨，保存基本完好。中心柱下基座表面浮雕力士和神王像。

窟内四壁的顶端和平棋相接处，雕莲花化生一周，其下刻折带、垂鳞、山纹、彩铃等构成的垂幔。垂幔之下均刻排列整齐的千佛龛15层，龛内坐佛的服饰变化颇多，有10余种式样。南壁（前壁）明窗上刻神兽2躯，左侧已残。门的两侧千佛龛下各浮雕礼佛图3层，东侧为皇帝礼佛图，西侧为皇后礼佛图。西侧中层礼佛图的西部和东侧礼佛图上、中层东端的供养人列像，在20世纪初被古玩商盗卖国外，现西侧残缺的礼佛图部分藏于日本大阪市立美术馆[1]，东侧残缺的礼佛图部分藏日本国立京都博物馆。礼佛图之下刻一列伎乐人，东起依次为：第一躯弹琵琶、第二躯奏箜篌、第三躯吹横笛、第四躯鸣法螺、第五躯

---

[1] 大阪市立美术馆：《六朝の美术》，日本平凡社，1976年，图215、44、213。

吹排箫。西侧残损较甚，仅存一击鼓的乐人。

东壁千佛龛下并列4个尖楣圆拱形大龛，高1.55米，宽1.33—1.55米。龛与龛间的柱面上刻有纹饰，柱下刻覆莲柱础，柱顶刻忍冬纹和莲花化生，柱面刻饕餮纹。两龛楣间刻飞天两身。北起第一龛雕维摩文殊对坐问答像；第二、三龛内雕一佛二菩萨；第四龛内雕释迦多宝并坐像。龛下壁脚刻供养伎乐人像1列，残损较甚，可辨者北起第一弹阮咸、第二吹横笛、第九弹琴、第十吹竽、第十一击鼓。第二吹横笛伎乐人的头部也于20世纪初流散到日本，现藏日本大阪市立美术馆[1]。

西壁千佛龛下也并列4个尖楣圆拱形大龛，高宽及龛柱装饰与东壁诸龛略同。南起第一龛内的佛和菩萨残损，龛楣刻忍冬纹，龛楣外刻对称的飞天。第二龛内雕一佛二菩萨，主尊头部残，南侧菩萨缺佚。第三龛内雕一佛二菩萨，主尊身躯以上残缺。第四龛内原雕涅槃像，不知何时被人凿去，现仅存涅槃佛上方龛壁上的7身比丘和下方3身比丘，但头部多已不存。龛下壁脚刻伎乐供养人像1列，南起依次为第一吹横笛、第二弹阮咸、第三吹排箫、第五击羯鼓、第六奏箜篌、第七弹阮咸、第九吹排箫、第十鸣法螺、第四、八、十一、十二残损。

北壁千佛龛下也并列4个大龛，高、宽与东壁略同。龛楣为五边垂拱形，内刻卷草纹。龛楣顶端刻莲花，两龛楣间刻莲花化生，龛柱下刻覆莲柱础，柱面刻帷幔。龛内均雕一佛二菩萨像，其中西起第一龛西侧菩萨保存完整，是巩义石窟寺现存北魏菩萨中最美的一尊。第二、三龛内佛和菩萨已被盗凿无存，第四龛的本尊像原来已被人盗凿下来，弃置窟内，现已复于原位。龛下壁脚刻12身形象各异的怪兽，这些怪兽刻于石窟壁脚，似有辟邪之意。

窟之地面，原刻有与平棋相对应的花纹图案，惜大部磨损，仅在靠近四隅的地面上尚可看到一部分遗迹。

第2窟，位于第1窟东侧，是一座未完成的中心柱窟，从残存的窟形可看

---

[1] 大阪市立美术馆：《六朝の美术》，日本平凡社，1976年，图43。

出该窟应开凿于北魏时期，由于岩石裂隙较多，不利于凿窟造像，抑或受某种政治因素的影响，在中心柱雕出雏形后，即停工废弃。现存窟高3.6米，南北长4.9—5.2米，东西宽约6米，平面约呈方形。窟的前壁已经崩塌，窟内除东壁雕造1个东魏时期的大龛外，其余10龛均为唐代所凿，分布于东壁、西壁以及中心柱南面。

东壁共开龛4个，下部偏北的一个大龛是该窟中保存最好、时代最早的造像龛，按其位置和粗糙的壁面看，显然不是开窟时的原作，根据其他小龛雕刻情况，它应当是北魏以后的作品，而就其雕刻风格看又不应晚于北齐，所以很可能是东魏的作品。此龛内雕一佛二菩萨像，佛座前浮雕双狮，这是巩义石窟寺全部小龛中雕刻最精致优美的小龛。双狮的风格和龙门北魏末期雕刻几乎没有区别，而一佛二菩萨的风格，则无论在龙门或巩义石窟寺其他窟龛中都是孤例，而与麦积山第12窟胁侍像的脸型极其近似，主尊下垂至座前的衣襟，处理成横向弧形纹，在北魏的造像中不曾出现。它为判定龙门药方洞主像作于北齐，提供了一个有力的旁证，也是唐代最常用的坐像衣纹处理方式的最早的萌芽。偏南的1龛为圆拱形龛，龛楣刻七佛，龛内雕一佛二弟子二菩萨二力士像。龛下左侧刻1像，右侧刻1狮子，残损较甚。龛下造像题记的年号已漫漶。上方有2小龛，位于北侧的小龛内造像已残缺，南侧小龛内雕一佛二弟子二菩萨像，龛下刻供养人2身和护法狮子1对。两龛之间刻有咸亨元年（670）张文政造像记。

西壁开龛4个，全为唐代所造。靠上的一大龛为方形帷幔龛，龛内雕一佛二弟子二菩萨，主尊残损较甚。系唐代乾封二年（667）八月十日比丘法祥所造。此龛下方开3小龛，北侧的圆拱形小龛内刻有一佛二弟子二菩萨二天王，主尊头部残，结跏趺坐于仰覆莲座上，天王足踏夜叉。南侧刻2圆拱形小龛，作纵向排列，龛内均刻一佛二弟子二菩萨。上龛之下刻2护法狮子，龛左刻咸亨八年（677）张法善造像记（按：公元677年应为仪凤二年。一般认为是因古代消息传递不及时之故，下文相似情况不再出按）；下龛之下刻护法狮子和供养人像，龛右刻咸亨元年九月十八日比丘法秤造像记。

中心柱高约3.6米，长宽约3米见方。东、西两面无造像，南面自上而下开凿 3 龛。上龛为圆拱形龛，内雕一佛二弟子二菩萨二力士，其下刻七佛。龛下镌刻唐龙朔三年（663）比丘法秤造像记。中龛龛形大小与上龛相近，造像题材和艺术风格与上龛相同。龛下刻有 12 身供养人像和唐龙朔二年（662）魏处昱造像记。下层佛龛较大，在一方形大龛内雕一圆拱形小龛，龛楣雕七佛，两端各刻 1 飞天。龛内雕一佛二弟子二菩萨二力士。龛下刻《三皈依经》。龛外两侧各刻 1 身高于龛身的菩萨像，身躯修长，头戴宝冠，帔帛、璎珞俨身，跣足立于覆莲座上。

第 3 窟，位于巩义石窟寺中部，与第 4 窟成为并列双窟。窟的形制与第一窟略同，亦为方形中心柱窟。窟外壁及窟门崩塌，早年曾以砖砌壁面及券加以保护，1980 年重新修葺，在拆除第 3、4 窟外崖面砌砖时，发现东魏至唐代小龛 40 个，其中有造像题记和纪年有 28 个，这些小龛大多位于第 3、4 窟之间的崖面或窟门门道的左右两壁。

窟内长、宽各 5 米左右，高 4.25 米。窟顶雕刻基本与第一窟相同，但比较简单，少了一周方格图案。除东南角塌落一部分外，保存基本完好。在靠近中心柱的一周方格内，全刻飞天；其外方格内刻莲花化生和各种莲花图案。中心柱下有方形基座，柱之四面各开一帷幔龛，帷幔顶端和平棋相接处刻莲花化生一排，下刻垂鳞、山纹和彩铃流苏。龛内雕一佛二弟子二菩萨，佛座两侧皆雕有狮子。南面龛内雕像保存比较完整；龛楣和两侧刻垂幔，顶端刻对称的飞天和卷草纹。柱下基座表面浮雕力士和神王像。东面大龛龛楣及帷幔雕刻较为简单，龛内主尊像已残，二菩萨被盗凿，只有二弟子像保存完好。柱基现存神王像 6 身。西面大龛龛楣和帷幔雕刻极为精致，龛内的主尊上部残损，二菩萨头部缺失，二弟子保存完好。柱基刻神王 6 身。北面龛内除主尊头部残损外，其他各像保存基本完好。基座现存神王 5 身。

四壁顶端和平棋相接处，刻垂幔一周。垂幔下雕千佛龛，除南壁外，东、西、北三壁几乎遍刻千佛，每壁均刻千佛 11 层，壁面中部雕 1 尖楣圆拱形大龛，壁脚雕刻伎乐人像和神兽。

窟内南壁，窟门两侧千佛龛下，各刻礼佛图三列，其中东侧的 3 列损毁较甚，仅余左下角一点残迹。礼佛图下刻伎乐人2身，一吹筝，一弹琵琶。西侧礼佛图除上列后半部残损外，中列、下列保存基本完好。壁脚2伎乐人一击羯鼓，一击腰鼓。东壁，中部龛内雕一佛二菩萨，主尊头部残，着双领下垂大衣，衣纹垂于座前。龛楣两侧刻飞天。壁脚浮雕伎乐人像6身，北起依次为鼓琴、击腰鼓、击羯鼓、吹排箫、吹横笛、鸣法螺。西壁大龛内的造像多已被盗，仅残存菩萨和弟子像各一尊。此龛的龛楣雕饰十分精致，尖拱形龛楣，龛梁两端刻缠绕龛柱的龙首，口吐祥云，云端之上刻飞舞的天人，龛柱顶端刻兽面，柱础饰覆莲，是巩义石窟寺造像龛雕刻的杰作。壁脚刻伎乐人像7身，南起依次为吹横笛、吹竖笛、奏阮咸、吹排箫、弹箜篌、鼓瑟、吹竽。北壁中部大龛内雕一佛二弟子二菩萨，头部均残。壁脚浮雕异兽7躯，除东端一躯残缺外，其余保存完好。

窟内地面原刻有花纹图案，多已磨泐不清，根据残存部分可知，地面图案与窟顶平棋图案基本相同，这种在地面雕刻与窟顶平棋图案相同的做法，除未完成的第2窟外，其余四窟均有雕刻，成为巩义石窟寺又一大特色。

第4窟，紧靠第3窟的东侧，与第3窟为并列中心柱双窟。平面呈方形，窟内高4.5米，四壁宽4.54—4.83米。虽然面积没有第3窟大，但高度较第3窟高。窟门为尖楣圆拱形，惜门楣大部分残缺。门两边各雕一3米高力士，东边力士保存完好，西边力士残存下部。门道两侧有唐代麟德、乾封年间续刻的小龛。门西壁还有嘉靖改元春壬午三月十有八日游人题记。窟门东有游人题五言诗一首。窟外壁续刻造像龛较多，计65龛，其中以窟外东侧和东侧拐角的壁面上保存的比较完整。龛的大小和龛内所刻的佛像形式甚多，部分龛刻有题记。其中有东魏天平四年（537）惠庆造像记、北齐天保二年（551）比丘道成造像记、天保二年左宣造像记、天保八年（557）梁弼造像记、天统二年（566）比丘惠庆造像记等。窟门上方有3个唐龙朔二年（662）的小龛，内刻一佛二菩萨，龛楣饰莲花和飞天，龛下刻供养人像。这些小龛龛楣、造像和供养人的风格相同，代表着巩义石窟寺唐代龙朔年间造像的特点。另在东边力士的右上角，有一拱形龛（编号119）雕刻内容丰富而生动，龛楣刻12身伎乐天人，内雕一佛二弟子二菩萨二天王二力士。主尊坐于莲座上，其余分别立于长梗莲蓬、莲花上。龛下刻力士、怪兽和供养人。龛下面即是唐龙朔二年"后魏孝文帝故希玄寺之碑"。窟顶，保存完好，平棋图案南北、东西对称。在靠近中心柱周围的方格内，刻各种姿态的飞天和莲花化生，其外一周方格内刻莲花。平棋表面彩绘依稀可见。窟内四壁顶端刻垂幔一周，垂幔下刻千佛龛，除南壁窟门上方刻4层外，其余三壁均刻16层。南壁窟门上方开一帷幔式龛，龛楣作五边垂拱形。龛内雕一佛二弟子二菩萨。龛柱外侧各刻一坐佛。千佛龛下刻礼佛图4列，是巩义石窟寺所刻礼佛图层数最多的窟。每列礼佛图分为三组，门东侧礼佛图上层残缺一半，壁脚雕异兽2身。门西侧上部刻礼佛图两层，其下为一幅壁画，中部画一供养人，其右侧残存的一人已模糊不清。这是巩义石窟寺仅存的一幅壁画，惜因烟熏较甚，形象难以辨认。壁脚刻二异兽，形象凶猛可怖。东、西、北三壁中部各雕一大龛，均为帷幔垂拱龛，拱上刻莲花和三角纹饰。东壁龛内雕一佛二弟子二菩萨，主尊头部有残损。壁脚雕神王像9身。西壁龛内造像与东壁相同，保存完好，壁脚刻伎乐人像8身。北壁龛内雕一佛二菩萨，残缺较甚，唯壁脚雕刻的10身伎乐人像保存完好。

中心柱高4.5米，宽1.7—1.8米，柱下有方形基座，顶端与平棋相接处刻莲花化生一周，其下刻垂鳞山纹和彩铃构成的帷幔。四面上下各刻两个帷幔大龛，上龛较小，高约1.2米；下龛较大，高约2米。柱南壁两龛保存相对完好，上龛内雕一佛二弟子二菩萨像；下龛内雕一佛二菩萨。柱基座刻力士和神王3身。柱东壁左侧残缺较甚，上龛雕一佛二菩萨，左侧菩萨残缺。下龛内雕交脚弥勒及二菩萨像，主尊头部及左侧菩萨残缺，右侧菩萨保存较好，柱基座刻神王4身，头部多已残缺。柱西壁右侧上部残缺，上龛雕一佛二菩萨，右侧菩萨像已失。下龛雕释迦多宝并坐像，左侧佛头残缺。柱基座刻神王像4身，保存完好。柱北壁残缺较甚，上下龛柱均残毁。上龛仅存一佛，头部残缺；下龛内残存佛身和左侧菩萨。柱基座刻神王像4身，保存完好。以上所有上层龛内佛像，皆经宋、明塑造或粉妆，1973年维修时将泥塑剥去，露出北魏造像原貌。

窟内地面原刻有与平棋相应的图案纹饰，磨泐较甚，隐约可辨，现已采取措施对其进行保护。

　　第 5 窟，是巩义石窟寺北魏时期开凿的最小的洞窟，位于第 4 窟的东侧，并向南凸出近 3 米，且高出第 4 窟约 2 米，使之与第 4 窟不在一个壁面和平面上。这是因为该处崖壁石材较好，加之窟形较小，无需向下开凿。尖楣圆拱形窟门保存比较完整，高 2.06 米，上窄下宽，宽在 1—1.2 米之间。门楣刻忍冬纹，门楣两端雕刻回首向上翻转的龙首，方形门柱柱础刻作狮子。窟门两侧的四方形龛内各刻力士像 1 身。窟之外壁的窟门两侧及上方，遍刻大小不同的许多小龛，其中以窟门上方的 3 个北魏小龛较大，窟门西侧雕一座九级佛塔，高 0.81 米，下三级为楼阁式，每级内刻一佛龛和一小坐佛，塔下为一莲花座。此塔是巩义石窟寺现存仅有的一座摩崖佛塔。在窟外的小龛中，大多刻有题记，其中能辨认出年代者有 227 龛下的北魏普泰元年（531）佛弟子□造像记，这是巩义石窟寺现存年代最早的造像题记。还有 250 龛下的东魏天平二年（535）僧更造像记；196 龛下的天平三年佛弟子□造像记；171 龛下的唐乾封二年（667）苏冲生造像记；220 龛下的乾封三年赵斐造像记；211 龛右侧的总章元年（668）卢赞府造像记；215 龛左侧的总章元年李光嗣妻王氏造像记；116 龛右侧的总章二年田□瓒妻造像记；174 龛上的总章二年魏师妻张氏造像记；168 龛左侧的咸亨元年（670）种行高妻朱氏造像记；106 龛右侧的咸亨三年魏师德妻田氏造像记。另外，在门道的西侧壁上雕造小佛龛 15 个，西侧的 185 龛右侧刻有唐乾封三年造像记；东侧的 189 龛左刻有西魏大统二年（536）造像题记；196 龛下的东魏天平三年造像题记。另外，在第 5 窟东边有一个唐代乾封年间所凿的"千佛龛"，龛额作拱形，龛高 1.5 米，宽 2.1 米。后壁平直，除中间雕一较大的优填王像和像下刻有乾封年间比丘僧思察造像记外，其余壁面满刻排列整齐的小佛龛，计 999 个，加上中央的优填王像，恰为 1000 尊。另在龛两侧的外壁，有 4 个竖长方形小龛，龛内均雕菩萨像；龛外两侧角各雕 1 身天王像。龛外东侧壁有小佛龛 9 个，其中 237 龛刻有唐乾封二年严妻马氏造像记；238 龛下刻有乾封年间韩万迪造像记。由此可见，第 5 窟在主体工程完成后的北魏晚期至唐代初期，雕龛造像未有间断。

窟平面呈正方形，高约 3 米，长、宽各约 3.2 米，是巩义石窟寺中最小的洞窟，也是唯一没有设中心柱的三壁三龛式窟。窟顶藻井以大朵莲花为中心，周围环绕飞天 6 身。藻井四角刻 4 身莲花化生，并间刻忍冬花纹，构图精美活泼。除东北角稍有崩塌外，保存相当完好。窟内东、西、北三壁各开一大龛，龛内雕一佛二弟子二菩萨。窟内地面刻有与藻井中央相应的图案，尤其是藻井花饰保存得相对完好，它以盛开的莲花为中心组成绚丽多彩的花团，姿态飘逸、优美动人的飞天环绕四周，形态飘逸，构图精细，极富美感。

巩义石窟寺的造像题材十分丰富，主要造像题材均是北魏石窟中常见的题材，如千佛、释迦多宝、维摩文殊等，但是礼佛图、神王、异兽等浮雕，却是其他石窟中所不多见。虽然窟内的佛、菩萨等主要雕像多被盗凿残损，但窟内的礼佛图，平棋、藻井上雕刻的飞天、花纹图案，壁脚、中心柱座上雕刻的伎乐、神王、异兽等，都还保存得比较完整，其中很多精美的雕刻、罕见的题材，有较高的艺术价值和史料价值，是研究北魏雕刻艺术史的重要实物。

礼佛图是巩义石窟寺中的优秀作品，其位置、布局，显然取法于龙门石窟宾阳中洞的帝后礼佛图，并且进一步加以扩展，大大增加了帝后随从的行列，因而将它们分成三或四层排列。在四个已完成的北魏窟中，除第 5 窟外均有礼佛图，1、3 两窟原各有礼佛图 6 幅，4 窟原有 8 幅，均排列于窟内南壁窟门两侧。而以第 1 窟保存较为完整，6 幅均存，仅略有残损。3 窟存两幅半，4 窟存 5 幅半，各图都是用高浮雕雕成。其中以第 1 窟"帝后礼佛图"雕刻最精湛（图 46）。该图的构图分为三层，东边是以皇帝为首的男供养人行列，西边是以皇后为首的女供养人行列，两个行列各以比丘和比丘尼为前导。画面以仪态雍雅的贵族和身材矮小的侍从形象，形成尊贵与卑贱的鲜明对照，这种尊大卑小的表现手法在中国古代的绘画、雕塑中极为常见。第 4 窟的"帝后礼佛图"中，人物造型独具匠心，前呼后拥的礼佛仪仗队中，供养人大腹便便，相貌森严，侍从瘦小低微，比主像的尺寸小三分之一。仪仗队中有的为帝后携提衣裙，有的执扇撑伞，有的手捧供器，浩浩荡荡地簇拥帝后进香礼佛，表现了皇室宗教活动的盛大场面。构图简练生动，是中国石窟浮雕艺术中罕见的杰作。由此可见，

图 46：巩义石窟寺第 1 窟帝后礼佛图

北魏皇室参与了石窟营造。

　　神王造像是巩义石窟寺造像的又一大特色。在壁脚雕刻神王像，始见于龙门石窟，在宾阳洞礼佛图下壁脚上雕了十个神王像，而在巩义石窟寺各窟中类似的题材多雕刻在壁脚或中心柱座上，其数量及内容远比龙门丰富，形象上增加了兔首、牛首、马首等神像及双面人像（鬼子母），按其形象可将其区分为伎乐供养人、地神、神王及异兽四类。（图 47）在佛座下雕刻的地神，常见于佛降魔成道的场面中，往往以承托佛座的力神形象出现，扛托神王又称扛托夜叉（图 48），在巩义石窟中则将其与其他伎乐、神王排列在一起，以致容易混淆。伎乐人也是北魏造像中习见的题材之一，在云冈石窟中往往雕刻在石窟壁面上端与窟顶相近之处，而巩义石窟中则将其雕刻于壁脚或中心柱座上，成为一种新的布局形式（图 49）。

　　各窟中雕刻的异兽题材，在北魏石棺床及墓志上多见，敦煌 285 窟中也有此类题材出现。北魏正光三年（522）冯邕妻元氏墓志四周的画像边饰刻有 18 个与巩义石窟寺第 1 窟及第 3 窟北壁壁脚相似的异兽线刻形象，并且刻有榜题。分别名曰蛣螭、拓仰、攫天、拓远、乌获、辟电、攫撮、啮齿、挏远、回光、

第二章 北朝石窟造像

牛神王

马神王

象神王

鬼子母

图 47 巩义石窟寺神王像一组

125

图 48　巩义石窟寺扛托神王

图 49　巩义石窟寺伎乐人像

啮石、护天、发走、挟石、挠撮、掣电、欢憘、寿福。而巩义石窟寺所雕异兽，形象多样，更超过了元氏墓志（图50）。这些异兽题材的内容和来源，还有待考证，但其出现于北魏迁都之后，且多见于墓葬，其寓意如赵万里所言："殆亦形象厌胜之术耳[1]"。而刻于法喜充盈的石窟寺中，亦应与驱魔辟邪有关。

异兽1

异兽2

异兽3

异兽4

图50 巩义石窟寺异兽一组

---

[1] 赵万里著、中国科学院考古研究所编辑：《汉魏南北朝墓志集释》，科学出版社，1953年，第58页。

巩义石窟寺的诸佛造像大多为坐像，脸型多为方圆，削肩长颈，结跏趺坐，衣裾下垂呈悬裳式覆于座前。头部微向前倾，双目下视，沉静慈祥，微带笑容，神态文雅恬静。垂覆于座前的富于装饰性的衣纹，简练古朴，具有强烈的艺术感染力（图51）。菩萨全为立像，颈长肩窄，头大身短，体形一般均直立而腰微转侧，略具动意。头面姿容沉静，微笑略同于佛，衣裾帔帛下垂，褶纹多为平行曲线，下至足部向两侧张开（图52）。各窟龛楣、平棋、藻井上浮雕的飞天，均同一形态。面相方圆，着尖桃形圆领贴体薄衣，不雕褶纹，颇似裸身。帔帛绕肩在身后形成桃形环，衣裙紧裹两腿，自小腿翻转绕足。身下有颀长的流云。头身侧转向前，两眼平视，自腰腹以下向上折曲几乎达到90度，极具强烈的飞翔感（图53）。力士像仅第1、4、5窟有数身，头大肩宽，体形粗壮，服饰略如菩萨像。斜肩，一腿着力，一腿弯起前趋，表现出勇武有力之体形（图54）。不难看出，巩义和龙门之间存在造型上的共性，佛的衣着形式与龙门石窟宾阳中洞主尊基本相同，悬裳座的形状也极为相似。但在平稳、开朗的表情和柔软舒展的身体表现等方面又有新的感觉。

巩义石窟寺开凿于何时，史无记载，现存该寺的唐龙朔年间的《后魏孝文帝故希玄寺之碑》云："昔魏孝文帝发迹金山，途遥玉塞，弯柘弧而望月，控骥马以追风，电转伊瀍，云飞巩洛，爰止斯地，创建伽蓝。"只是谈到伽蓝的创建，未述及石窟寺的开凿。而新发现的唐《重修净土寺碑》残石中载："至于后魏宣武帝以巩邑为水陆要冲，刘澄于洛水之北，限山之阳，土木之制非固……"隐约可见石窟寺的开凿年代与缘由，说明当时魏宣武帝在开凿龙门石窟时，因工程浩大，费工难就，不得不另选一地开凿，加之巩义邻近京都，是一个理想的"水陆要冲"之地，其旁的小平津又是军事重镇，同时考虑到希玄寺的土木建筑不够坚固，因此在这里开凿石窟，既方便了皇室礼佛，同时也可对军事要地小平津进行监督，对北魏政权在政治、经济、军事和宗教上也都有好处。而明代《重修大力山石窟十方净土禅寺记》则明确地记载了石窟寺的开凿年代，碑载："拒巩西北，大河正南，邙麓之将，有寺其皇；面水伊洛，清而流长；背山大力，秀而朝阳。自后魏宣帝景明之间，凿石为窟，刻佛千万像，世无能烛

第二章 北朝石窟造像

图 51　巩义石窟寺第 1 窟中心柱正面造像

图 52 巩义石窟寺第 1 窟菩萨像

图 53　巩义石窟寺第 1 窟窟顶平棋

图 54　巩义石窟寺第 4 窟窟外力士像

其数者焉。"[1] 说明石窟寺开凿于北魏宣武帝景明年间。北魏宣武帝是一个"笃好佛理"的皇帝,"每年常于禁中,亲讲经论,广集名僧,标明义旨"[2],"雅爱经史,尤长释氏之义,每至讲论,连夜忘疲"。[3] 宣武帝从事佛教的雄心很大,他所营造的龙门石窟宾阳洞就是一个例证。从窟内造像题材中也反映出石窟寺与皇室的关系,石窟寺中多以三世佛、千佛、释迦多宝、维摩文殊等为主题,这正是北魏皇室崇信大乘,尤其是信仰法华经的反映(图55)。另从石窟中多处出现帝后礼佛图来看,不仅反映了石窟寺的开凿与北魏皇室的关系,那一幅幅在比丘僧尼导引下浩浩荡荡的帝后礼佛的供养行列,也说明了巩义石窟寺是专供帝室礼佛的场所。因此,巩义石窟寺开凿于北魏宣武帝当政时期,即景明至延昌年间(500—515)是可信的。这一时期也正是巩义石窟寺最昌盛的时期。但是,到了孝明帝时,"灵后妇人专制,任用非人,赏罚乖舛"[4],"魏自孝昌之末,天下淆然,外侮内乱"。[5] 北魏政治至此开始大坏,巩义石窟寺已经不再成为帝室礼佛的场所。武泰元年(528)尔朱荣乘北魏衰乱之机,率兵南下,发起"河阴之变",这次事变中,洛阳的北魏宗室及鲜卑贵族,几乎被消灭殆尽。至此,北魏王室四分五裂,行将覆灭,巩义石窟寺也随之成为民间善男信女朝拜的佛教圣地。普泰元年(531),民间信士第一次在巩义石窟寺外崖壁上凿龛造像,从而为历代佛教信士所效法。

  北朝晚期,由于战争频仍,公元534年,高欢率兵南渡,北魏孝武帝投奔关中,依附宇文泰,高欢入洛阳,另立元善见为帝,是为东魏孝静帝,迁都邺城。巩义石窟寺由于政治中心的转移,再不见开凿大窟。在这个时期仅见窟外

---

[1] 河南省文物研究所:《中国石窟·巩县石窟寺》,文物出版社、株式会社平凡社,1989年,第298页。

[2]〔南北朝〕魏收:《魏书》卷114《释老志》,中华书局,1985年,第304页。

[3]〔南北朝〕魏收:《魏书》卷8《世宗纪》,中华书局,1985年,第215页。

[4]〔唐〕李延寿撰,李凭、靳宝主持校注:《北史》卷4《魏本纪》,中华书局,1974年,第156页。

[5]〔南北朝〕魏收:《魏书》卷10《孝庄纪》,中华书局,1985年,第268页。

图 55　巩义石窟寺第 1 窟维摩诘像

第二章　北朝石窟造像

摩崖和第 4 窟窟门东壁所雕刻的东魏、西魏和北齐的小龛（图 56）。此后直至唐显庆五年（660）才开始有人在这里造优填王像（图 57）。约在龙朔年间，巩义石窟寺迎来了第二次造像高潮，石窟外唐代开凿的许多小龛，虽然规模皆不算大，但多刻有造像记，几乎可以编年，其中以龙朔至乾封年间的最多（图 58）。其后的宋、金时期虽然也有少量的小龛雕刻，但已不成规模。综观巩义石窟的雕造史，自北魏孝文帝创建伽蓝、宣武帝开窟以来，历经东魏、西魏、北齐、北周、唐、宋、金等各代民间造像，至今已有 1500 多年的历史。时代之悠久，造像之丰富，犹如一部佛教造像编年史。它的开凿，饱经了世事变化、人间沧桑；也见证了历代王朝的升降浮沉，盛衰兴亡。

图 56　巩义石窟寺西魏小龛　　　　　图 57　巩义石窟寺优填王像

图58　巩义石窟寺唐代小龛

二、义马鸿庆寺石窟

义马鸿庆寺石窟（图59），位于义马市东南8公里的石佛村。东距洛阳市55公里，是一座具有代表性的北魏时期的小型石窟群（图60）。背依白鹿山（即洛阳北郊邙山之西段），南临涧河，陇海铁路穿行其间。石窟开凿在高约40米白鹿山东端崖壁上，南北排列，面东而坐。由于石窟地处偏僻，历来鲜为人知，方志、金石著录也寥寥可数。清代纂修的《渑池县志》和民国三年的《续河南通志》只对其进行了简略的记载，20世纪50年代，俞剑华、于希宁撰写了《渑池鸿庆寺石窟》[1]一文，首次将鸿庆寺石窟作了较全面的介绍和研究。

石窟开凿于北魏晚期，据《重修鸿庆寺佛殿记》："鸿庆寺由来旧矣。考之金石，创始于六朝间。迨唐景龙五年……华龛六，虽古式不全，而遗迹犹有存

---

[1] 俞剑华、于希宁：《渑池鸿庆寺石窟》，《文物参考资料》，1956年第4期，第46-49页。

图 59　义马鸿庆寺石窟外景

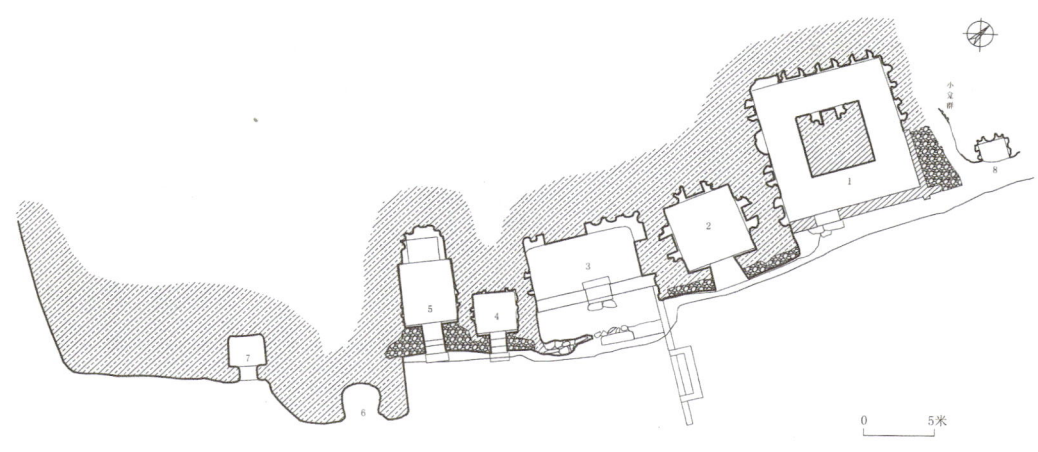

图 60　义马鸿庆寺石窟总平面图[1]

---

[1] 俞剑华、于希宁：《渑池鸿庆寺石窟》，《文物参考资料》1956年第4期，第46-49页。

者斯地也。"鸿庆寺现存石窟数量正与碑记吻合。又据《渑池县志》载："盖魏齐间多造像祈也。"从鸿庆寺现存造像风格及装饰纹样来看，多属北魏末期，北魏以后仍有续作，其中以唐代造像为多，唐以后很少再有新的造像。(武)周圣历元年（698），武则天驾幸该寺，改名为"鸿庆寺"，鸿庆寺石窟因此而得名。据明嘉靖四十二年《重修白鹿山鸿庆寺古佛龛卧碑序》载，"后周圣历元年圣主御驾亲临观此佛境，改名鸿庆寺"。鸿庆寺原为佛教圣地，金代时寺院曾拥有固定土地，元、明、清三代相继使用，屡次修葺，增建佛殿、观音殿等建筑，且香火旺盛。据明宣德二年《重修白鹿山鸿庆禅寺碑记》载：当时住持兴辩和尚"起盖正殿三间，伽蓝殿三间，及东西……山门若干间。又绘画水陆一堂及四围门墙，焕然一新"。由此可知，在明宣德年间（1426—1435）鸿庆寺的规模是相当可观的。武后敕名的鸿庆寺，其遗址就在石窟前东侧，即今之古佛寺学校所在地。现存并列两个院落，东院仅存正殿3间，西院现存东西配殿各3间，其余建筑均为古佛寺学校新建。

鸿庆寺石窟依白鹿山崖而凿，崖壁属黄沙岩质，易于雕刻，全长约32米。原有洞窟6个，今存5个，自南至北依次编号为第1—5窟。除第5窟不存佛像，第4窟为唐代作品外，其余3窟均为北魏时期雕造。石窟中的部分造像有的因风化而模糊，有的因崩坍而不存。现存佛龛46个，造像120余尊，佛传故事4幅，另有碑碣5通[1]。该石窟类型齐备，有中心柱窟、三壁三龛式窟、禅窟等多种构成形式。计5米以上的大型窟2个（即1、3窟），3米以上的中型窟1个（即2窟），3米以下的小型窟1个（即4窟）。该石窟布局紧凑，规制严整，技法娴熟，是中原地区中小型石窟的典范。

第1窟，位于白鹿山崖最北端，窟前部石壁早已坍塌，近人修补。窟内平面为方形，设中心方柱。南北壁皆长6.1米，东西壁皆长5.9米。窟高5.4米。中心柱东西面宽2.74米，南北面宽2.93米。柱身四面中下部各开一龛，中心柱正壁及东西两侧壁因岩石风化崩坍，后用砖石垒砌加固。中心柱正壁龛基座正

---

[1] 河南省古代建筑保护研究所:《鸿庆寺石窟》，中州古籍出版社，2008年，第35-36页。

中刻一博山炉,两侧各有一供养人和一卧狮,东侧壁龛仅存主像左侧菩萨的左侧身躯;西侧壁龛仅存右上角佛传故事痕迹。中心柱后壁尖拱龛内雕一佛二弟子二菩萨;其上雕一浅龛,内雕一佛二菩萨,从佛座两侧雕刻双鹿可知,此为"鹿野苑初转法轮"。窟之正壁下部开4个大龛,龛内造像一佛二菩萨多风化严重,仅存石胎。正壁上部东侧浮雕一帷帐龛,内雕佛经故事"定光佛授记"(图61)。正壁上中部浮雕"降魔变"图(图62),是该窟的精华。画面中央为一佛龛,坍毁严重,仅存左方一菩提树及佛座部分,画面上部刻魔王波旬身着甲胄,率领各种魔鬼手持兵器向释迦进攻。构图严谨,场面壮阔,雕刻精致,浮雕画面达3平方米,是我国石窟中现存最大的降魔变图。这种"降魔变"浮雕,在云冈第6、8、10、12、29、35、45窟内均可见到,以第6窟西壁中层者最为优秀。另外,在麦积山133窟内10号造像碑上和龙门路洞内亦各有一幅,前者属北魏,后者为东魏所刻。[1]这些都不及鸿庆寺石窟的规模大,而且刻于窟正壁的中心位置。画面中那些六天八部众魔鬼怪奔腾跳跃、上下穿插、挥舞兵器与释迦搏斗,这种强烈的艺术表现形式,使人物刻画富有极强的艺术感染力,在魔怪形象的刻画上,凶猛而不丑陋,夸张而不怪诞,早期的那种荒悖离奇的妖怪形象,被淋漓尽致地人格化了,外来的佛教艺术渗入了民族色彩。正壁上部南侧也刻一帷帐浅龛,内雕佛传故事"阿育王施土"。两侧各开一龛,龛内刻一佛二弟子二菩萨,龛外雕兽。北壁风化残破严重,下部也开四个大龛,外侧两龛崩塌无存,内侧两龛仅存一佛二菩萨像的石胎。上部内侧浅浮雕佛传故事"太子游四门"(图63)。南壁下层凿4龛,龛内雕像多已剥蚀;上层东段雕释迦、多宝像,西段雕佛传故事"白马吻别"和礼佛图(图64)。

第2窟,覆斗顶,平面呈正方形三壁三龛式窟,高3.75米,宽3米,进深3.7米。窟顶大部分剥落,南坡上饰莲瓣、莲蕾、联珠纹饰。窟内正壁、东、西三壁各有造像一铺。正壁尖拱形龛内雕一铺五尊像,主尊结跏趺坐于方台上,着褒衣博带式袈裟,内着僧祇支,胸前结带下垂,裙裾覆搭佛坛。手施无畏与

---

[1] 阎文儒:《麦积山石窟》,甘肃人民出版社,1984年,第15-58页。

图 61 义马鸿庆寺石窟定光佛授记

图 62 义马鸿庆寺石窟降魔变图局部

图 63 义马鸿庆寺石窟第 1 窟北壁太子游四门图

图 64 义马鸿庆寺石窟第 1 窟北壁白马吻别图

愿印。佛左侧弟子及菩萨风化严重，仅存石胎，右侧弟子菩萨头部均残，菩萨帔帛绕肩在腹前交叉，有桃形火焰纹头光（图65）。东壁大龛雕饰大部分剥落，形象不可辨识。西壁凿一尖拱形龛，龛内雕一佛二弟子二菩萨，头均不存。

第3窟，横券顶，平面呈长方形，高3.76米，宽5.3米，深4.9米。窟前壁已崩坍，后人用砖筑成一门二窗。正壁原有一佛二弟子二菩萨像，右边弟子像已崩落。主尊结跏趺坐（图66），头为后人重安，宽肩，双手残，置足上，似作禅定印。胸腹较平，着双领下垂袈裟，右边衣襟甩搭左肘下垂。内着僧祇支，胸前束带打结下垂，衣裾覆搭座前。左侧一弟子一菩萨皆侧身向佛。北壁造像亦为一佛二弟子二菩萨，主尊结跏趺坐，头残，宽肩，内着僧祇支，外披褒衣博带式袈裟，右侧衣襟搭在左肘上，手施无畏与愿印。二弟子头残，双手合十而立。左菩萨因窟前岩壁崩坍已不存，右菩萨头及腹部以下残毁。南壁内侧雕一立佛像，头残，腹部以下残缺，仅存身躯上部及莲瓣形背光。上部刻一树下思惟菩萨，有桃形头光，身前倾，左腿倚坐下垂，右腿平放于左膝上，左手扶右腿，右手支腮作思惟状。中部开一帷帐大龛，龛楣饰垂幔、宝珠、飞天、化生童子及莲瓣等纹饰。龛内雕交脚弥勒和二胁侍菩萨，剥蚀较甚。另外，第3窟内尚有小型造像龛24个，正壁10个、东壁8个、西壁6个，多为尖拱形小龛。其中有3个龛内雕一立菩萨像；有8个龛内雕一佛二菩萨；有12个龛内雕一坐佛；只有1个龛内无造像。

第4窟，覆斗顶，平面呈正方形，高2.6米，宽1.9米，深2.5米。窟顶藻井饰莲花，面坡呈梯形，内施飞天，周饰流云，四周底边饰鳞纹、锯齿纹和垂幔。洞口以下残成不规则半圆形。窟内三壁各开一大龛，窟顶藻井雕重瓣莲花，外绕飞天原为8身，尚存5身。正壁龛中雕一佛二弟子二菩萨，主尊结跏趺坐，着褒衣博带式袈裟，内着僧祇支。二弟子二菩萨恭立左右。龛外东上角刻罗汉4身，西上角刻罗汉3身，后刻供养菩萨4身，皆为半身造像。龛门外两侧刻有供养人像，由于剥蚀严重，不能辨认。北壁风化严重，造像多不能识。南壁口央开一大龛，内雕一佛二菩萨，主尊头部残，结跏趺坐。龛外内侧雕思惟菩萨，外侧造像无存。

图 65　义马鸿庆寺石窟第 2 窟龛楣特写

图 66　义马鸿庆寺石窟第 3 窟主尊

关于鸿庆寺石窟开创年代，史书无确切记载。现存碑刻中，虽然有所涉及，但均没有肯定为何时所创。根据窟龛形制、造像题材、艺术风格等，可知其开创时代不晚于北魏景明年间。在窟龛形制上，鸿庆寺石窟各窟均为平面方形，单室结构。这种窟形在北魏前期已开始出现，太和以后在龙门古阳洞、魏字洞等仍是这种窟形。到北魏云冈三期、麦积山北魏三期的窟龛雕造即以中小型单室方龛为主了。鸿庆寺石窟全部采用中小方形，正是北魏晚期窟龛形制的特点。在题材布局方面，鸿庆寺石窟第1窟三个壁面和第3窟南壁的雕刻以格式区分上下两层，左右分段及两端对称的布局形式；第1窟内以大型佛传故事为主，间以释迦、释迦多宝与小巧的世俗供养人行列，这种形式多见于北魏中期的云冈二期石窟中。云冈二期的第6窟从中心柱到各个壁面，环刻了三十多幅佛传故事，集北魏石窟中同一题材之大成[1]。显然，鸿庆寺石窟的内容是沿袭了云冈二期造像的规制。有所变通的是，这里的本行故事选题较简要，它没有系统地刻画释迦的一生，只是着重悟道成佛前的几个故事加以扩展，这也可能与窟的体量有关。第1窟中的"降魔变"正是这个意图的突出表现。世俗供养人礼佛图，也是北魏晚期流行的题材。鸿庆寺石窟中的供养人行列，形象较小，而分布却很广，从中心方柱到壁面均举目可见。它不像巩义石窟那样集中一壁大量出现，而是恰当地安插在壁面主要造像的间隙处，可说是鸿庆寺石窟的一大特点。另外，鸿庆寺石窟的造像题材，多以三世佛为主，各窟造像均以三壁三龛式布局。北魏早期的三世佛佛像或坐或立，并无定制。鸿庆寺石窟的三世佛皆为坐式，说明到了北魏晚期三壁三龛式已开始流行，逐渐成为定制。同时鸿庆寺石窟的组合，一铺三尊和一铺五尊两种并存。北魏早期的造像中多为一佛二菩萨一铺三尊的组合，稍后才出现增加二弟子的一铺五尊的组合形式。在形象与服饰方面，鸿庆寺石窟的佛像皆高肉髻无纹饰，面容丰腴而略清瘦，躯体多作削肩，微有曲线，胸部平直。衣纹极少使用阴线刻，较粗犷质朴。佛着双领

---

[1] 宿白：《云冈石窟分期试论》，《考古学报》1978年第1期，第25-26页。
[2] 刘慧达：《北魏石窟中的三佛》，《考古学报》1958年第4期，第91-101页。

下垂式袈裟，菩萨头戴三瓣式莲花冠，帔帛在腹前交叉穿璧。飞天身躯曲折成弓形，长裙裹足。供养人男者的头冠、褒衣博带，女者的襦衫等，都是孝文帝实行汉化改革后中原所流行的服饰。"降魔变"中魔鬼身上的明光铠和两裆铠，又是北魏时期武士的标准服饰[1]。鸿庆寺石窟的装饰图案，是以中国传统建筑式样为主的，分别施于佛龛与佛教故事画中。佛龛上多饰以垂帐的形式，建筑装饰是从北魏中期的单体构筑物发展来的大型组合建筑体，它折射出北魏晚期石窟艺术更加趋于中国化和民族化的光华[2]。

三、偃师水泉石窟

偃师水泉石窟，位于偃师西南30公里冠店村南万安山断崖上，是龙门石窟周边的重要石窟。其地北距北魏洛阳城约20公里，背靠万安山支脉，面临沙河溪流，因紧邻水泉乡故名水泉石窟（图67）。石窟系天然石洞开凿而成，内部形制并不规整，壁面上部和窟顶基本无雕刻，仍保持着天然溶洞的原始形态。石窟坐东面西，窟平面略呈长方形，深11米，宽6.5米，高约7米，为大型敞口纵长方形平顶殿堂窟[3]。由于岩层崩裂，窟口已残，窟前遗有木结构窟檐痕迹。窟内除窟顶及西北壁因岩质疏松未雕造像龛外，其他各壁遍雕龛像400余个，大部集中在窟南壁及靠近窟口北壁。后壁雕造并立二佛，仅存北边一佛，像高5米有余，是水泉石窟最大的造像（图68）。窟口外南侧崖壁上方刻摩崖螭首大碑，碑额中部雕一坐佛，碑身已断裂成两截，残高2.1米，宽0.68米，残存字迹16行。字迹多剥蚀不清。碑记南侧刻造像龛3个，尖楣圆拱形，内雕一坐佛或一佛二菩萨造像。窟口外北侧崖壁现存造像龛5个，最上端一盝形龛最大，

---

[1] 上海市戏剧学校中国服装史研究组：《中国历代服饰》，学林出版社，1984年，第72-105页。

[2] 陈平：《鸿庆寺石窟》，《中原文物》1987年第4期，第21-28页。

[3] 刘景龙、赵会军：《偃师水泉石窟》，文物出版社，2006年，第12页。

图 67　偃师水泉石窟外景

图 68　偃师水泉石窟后壁主尊

内雕交脚弥勒及二菩萨。其下并列3龛均为尖楣圆拱龛，内雕一佛二菩萨，面部均残，主尊结跏趺坐，着双领下垂式袈裟，施禅定印和说法印。以上4龛从龛形和服饰看，应为北魏晚期雕造。最下1龛为圆拱形龛，内雕一佛二菩萨，主尊结跏趺坐于长茎莲花座上，着通肩袈裟总覆两臂，右侧袈裟甩向左臂覆肩垂于身后，身前衣纹呈"U"形排列。二菩萨所立莲花座与主尊座相连。龛下有唐先天二年（713）郭僧子造像记。

进入洞窟有一段很短的甬道，近乎窟口。甬道北壁与窟口外北侧崖面相连，壁面上部雕造像龛，下部雕千佛龛。（图69）造像龛分三层排列，多为尖楣圆拱形小龛、圆拱形小龛，内雕一佛二菩萨，有的龛楣饰童子牵华绳，有的龛楣刻佛传故事。另有一些较大的盝顶帐形龛，龛内多雕交脚弥勒和二菩萨。以上龛像之间刻有题记8方，其中第8号龛下有"石窟主昙覆敬念造"题记。24号龛下刻有北魏熙平二年（517）纪年。

窟之正壁（即东壁），现存两尊立佛像，通高5.38米，是水泉石窟最大的佛像。其中左侧立佛半身残毁，残高2.94米，就残留部分看，衣纹表现与左侧一尊相似。从窟外右侧崖面摩崖碑记中有北魏"太和拾□年，比丘昙覆……归山自静，于京南大谷之左面私力崇营……皇帝陛下、皇太后敬造石佛……"的记载和甬道纪年题记可知，此二立佛为昙覆所造。

窟内北壁，因上部壁面岩体破碎，仅存壁面下部龛像，编号龛31个。其中9号、15号龛是该壁面上的两个大龛，均为圆拱形龛。两龛龛楣装饰7个饕餮口衔璎珞相连图案，龛内雕一佛二菩萨。第19号龛龛形残破，内雕释迦多宝二佛并坐。龛下中刻博山炉，两侧各跪坐二供养人和一护法狮子。龛侧刻比丘法通造像记。以上三龛均位于壁面东部，龛形相近，雕凿手法相似，主尊佛饰装束基本相同，如出同一工匠之手，均为北魏晚期风格。壁面西部的造像龛相对较小，刻大魏永熙三年比丘尼□造像记和大统三年佛弟子彭□祖造像记两方（图70）。龛下浅浮雕伎乐人一排6身。其余较小的佛龛多为尖楣圆拱形龛，龛内或雕一佛二菩萨，或雕一坐佛，或雕二佛并坐。

窟内南壁是雕刻像龛最集中的地方（图71），现存像龛编号78个。龛形多

图 69　偃师水泉石窟甬道北壁造像龛

图 70　偃师水泉石窟永熙三年造像龛

图 71　偃师水泉石窟南壁小龛

样，造型新颖。主要有圆拱形龛和帐形龛。不同形式的帐形龛达25个之多，有的帐形龛饰挂铃铎，有的帐形龛内套尖楣圆拱龛和小帐形龛等等。帐形龛上饰山花蕉叶帷幔。帐形龛上饰挂的铃铎与龙门石窟古阳洞西壁第27号龛、北壁第147号龛相似，这种装饰当受龙门影响所致。在南壁诸多造像龛中，有"普泰元年七月二十三日比丘尼德智造释迦像"和"永安二年二月十四日董寄生"纪年题记。

偃师水泉石窟的开凿年代，根据刻在窟门南侧碑形铭文载，"太和拾□年"（487—495前后），比丘昙覆发愿为皇帝陛下和皇太后建此石窟。窟门部分身材清瘦的交脚弥勒菩萨龛和花绳圆拱龛类似于龙门石窟的古阳洞太和末至景明年间的造像，在洛阳周围石窟里，开凿时间仅次于古阳洞。另外，窟内题记有517年以后的纪年，可能是在迁都后不久发愿，在宣武帝时期（500—515）雕造[1]。二佛并立像的形式比较罕见，正壁两尊如来立像，结构独特，着双领下垂式袈裟，衣纹呈直平阶梯式。可以肯定，这两身像就是铭文里说的昙覆为皇帝和皇太后所造之像。

四、新安西沃石窟

新安西沃石窟，原位于新安县北40公里西沃村东1公里青腰山北麓黄河南岸一片陡峭的崖壁上，下距黄河水面10米，上距新安至石井的公路9米（图72）。因石窟所处的特殊地理位置，进入石窟十分困难。1984年温玉成先生对其进行首次考察，并将其考察成果公布于世[2]，引起学人注意。1986年，河南省人民政府公布其为省级文物保护单位。因黄河小浪底水库建成后，该窟将被淹没，遂于1996年将其搬迁到新安县铁门镇千唐志斋保存（图73）。

---

[1] [日]石松日奈子著，[日]筱原典生译：《北魏佛教造像史研究》，文物出版社，2012年，第161页。

[2] 温玉成：《河南新安县西沃石窟》，《考古》1986年第2期，第132-134页。

图 72　新安西沃石窟搬迁前远景

图 73　新安西沃石窟搬迁后外景

石窟原址分为东西二区，东区仅雕一摩崖立佛龛（图74），西区在东区以东15米，由摩崖浮雕和洞窟两部分组成，摩崖浮雕分布在左上部，两个石窟位于右下部，东西并列，东窟较大，为1号窟，西窟为2号窟。

摩崖浮雕分布在高4.6米、宽5米的崖面上，共雕刻4座仿木结构的楼阁式塔，屋形千佛龛与塔形千佛龛各一个，另有屋形龛、圆拱形龛、方形帷幔龛、两区供养人像及两则造像题记分布其间。其中四座仿木结构的楼阁式塔形体高大，塔形制均为方形楼阁式，底部设方形基座，或直接刻出塔身。塔身宽度自下而上依次递减，塔檐刻瓦垅，塔顶由方座、束腰须弥座、覆钵、多层相轮与宝珠等构成塔刹。每层塔身开小佛龛，龛内造像一佛、一佛二菩萨、二佛并坐、三佛等。在塔之间，分布着单层塔形和屋形千佛龛以及方形帷幔龛，塔底层下方刻供养人像，着广袖深衣，不戴冠，在持香炉的僧侣引导下，持花供养（图75）。

石窟为两座方形佛坛窟，第1窟，窟门圆拱形，尖拱形门楣饰火焰纹。门外左右对称的方形浅龛内雕两个金刚力士，面部残，肩披帔帛，握拳、鼓腹，赤足侧身面向窟门。窟内平面方形，穹窿顶，三壁设坛。坛上高浮雕三壁三铺式造像，窟顶正中雕一朵大莲花，周围围绕4个飞天和莲花化生以及童子。正壁雕一佛二弟子二菩萨，东西两壁各雕一立佛二菩萨（图76），在东西两壁南端转角处上方，浅浮雕千佛龛两排，东壁12龛，西壁9龛，为尖楣圆拱龛，有的在两龛之间的龛楣挑角间刻一莲花化生。东壁千佛龛下刻有供养人像5身。窟内有造像题记4则，其中位于窟门东立颊处一方题记，记载该窟是邑主王进达等200人于北魏孝昌元年（525）开凿，历时3年，于北魏建义元年（528）完工。另在窟门西立颊和窟内北壁刻题记4则，均为都维那、维那、邑子等200余人题名。

第2窟，为一敞口横长方形小窟，窟口北向。正壁设坛，坛上雕一佛二弟子四菩萨，主像为结跏坐佛，其上雕帷帐龛面，与龙门石窟的路洞相似。窟顶雕两朵莲花。东壁壁面上浅浮雕供养人像5行，每行5身或6身，头戴笼冠，穿广袖长衣，双手合十，面向主尊。西壁雕1通螭首碑，正书11行，满行20字。从

图 74 新安西沃石窟摩崖立佛龛

第二章 北朝石窟造像

图 75　新安西沃石窟摩崖塔

图 76　新安西沃石窟第 1 窟正壁

题记可知此窟系邑老韩法胜等人于北魏普泰元年（531）集资开造。在西沃石窟铭记中，共刻造像主 203 人，其名衔除比丘、比丘尼外，还有邑主、邑正、檀越主、都维那、维那、邑老、邑母、邑子等称谓，这种为造石窟而成立的民间组织常见于龙门北魏石窟造像记中。西沃石窟开凿时正值洛阳地区开凿中小型洞窟的盛期，也是龙门风格的繁荣时期。北魏孝明帝时期（516—528）在龙门出现并流行的三种新形制的方形殿堂窟，其中有两种在这里得到了继承和发展。1 号窟属方形佛坛式殿堂窟，窟内布局与龙门弥勒北洞、弥勒北二洞、路洞有许多相似之处，在内容上也有新的发展和补充。宿白先生在《洛阳地区北朝石窟的初步考查》中指出："三壁设坛窟……在洛阳龙门这种窟形的来源、发展俱不清楚，远离龙门的新安西沃第一窟似乎才提供了它的发展趋向。"[1] 第 2 窟正壁的七尊像，在内容上与龙门皇甫公窟和路洞正壁七尊像相比，又有不尽相同之处。西沃石窟的整体风格兼承云冈与龙门，但它的单层四阿式塔形龛与屋形龛用以表现千佛的形式，在河南中小型石窟中实属罕见。

五、伊川吕寨石窟

伊川吕寨石窟，位于伊川县城东南 25 公里酒后镇吕寨村北 0.5 公里处的虎头山腰处（图 77），坐东向西、西临伊水，该石窟由南向北排列三龛，第 1 龛为空龛，高 1.6 米，宽 2.47 米，深 1.75 米。第 2 龛前部塌毁，平面不规则，平顶，高 2.02 米，宽 4.28 米，深 2.44 米。正壁造像 3 铺，各起坛基。左侧一佛二菩萨，主尊像通高 1.3 米，有舟形火焰纹背光，头残，着双领下垂式袈裟，内着僧祇支，胸结带，施禅定印，结跏趺坐于坛上，裙裾覆搭座前。二菩萨双手合

图 77　伊川吕寨石窟远景

---

[1] 宿白：《洛阳地区北朝石窟的初步考查》，载龙门文物保管所：《中国石窟·龙门石窟》第一卷，文物出版社、株式会社平凡社，1991 年，225-239 页。

十而立，身体微侧向主佛。中间一佛二菩萨，主尊像通高 1.21 米，有舟形火焰纹背光。高肉髻，头残，着双领下垂式袈裟，内着僧祇支，胸前结带，手施禅定印，结跏趺坐于方座上。裙裾覆搭座前。二菩萨有桃形头光，戴冠，披帛在身前呈"X"形交叉后绕臂沿体侧下垂，双手合十而立。右侧一佛二菩萨，主尊高 1.13 米，造型装束与中间相同，结跏趺坐于方座上，裙裾覆搭前。下方刻一香炉二狮子。南壁刻一尊立佛像，通高 1.53 米，有舟形背光和圆形头光，头残，着双领下垂式袈裟，内着僧祇支，手施无畏与愿印，跣足立于仰莲台上。

第 3 龛为圆拱形龛，高 1.86 米，宽 1.85 米，深 1.6 米。正壁雕一佛二弟子二菩萨，胁侍像均侧向主佛。主尊高 1.22 米，有舟形火焰纹背光和圆形头光。头残，着双领下垂式袈裟，内着僧祇支，胸结带，结跏趺坐于方座上，裙裾覆搭座前。二弟子双手合十立于低圆台上。二菩萨戴冠，面残，帔帛在身前交叉后绕臂沿体侧下垂，双手合十胸前，跣足立于低圆台上。铺像下方中间刻一香炉二狮子，外侧刻供养人像，左侧 9 身，右侧 7 身，前有比丘导引。左壁内侧上层刻文殊说法像，中层刻一立佛和一侍佛者，佛有桃形头光，高肉髻，着双领下垂式袈裟，左手垂体侧，右手持一物置侍者上方，侧向正壁。侍者跪于佛前。表现的应是佛传故事"阿育王施土"（图 78）。左壁外侧刻尖拱形小龛 7 个，龛内雕禅定坐佛。右壁内侧上层刻维摩诘说法像，与左壁相呼应，组成维摩文殊辩法图。另刻供养人像和尖拱形小龛 11 个。龛顶刻莲花藻井，两侧存 2 身飞天残迹。[1]

该石窟造像，无论从造像组合、窟龛形制，服饰装束，还是从雕刻刀法和衣纹上看，均与龙门石窟北魏晚期造像相似，受龙门风格影响明显，是北魏晚期在龙门影响下而开凿的一处小型石窟。

---

[1] 杨超杰：《洛阳周围小石窟全录》第二卷，外文出版社，2010 年，第 59-63 页。

图 78　伊川吕寨石窟第 3 龛左壁阿育王施土像

第二章　北朝石窟造像

六、嵩县铺沟石窟

嵩县铺沟石窟，位于洛阳南 60 公里处嵩县田湖镇铺沟村，前临伊水，其地北距龙门石窟约 50 公里（图 79）。现存 6 窟，其中 5 个位于环形山北首，1 个在南端。石窟自北而南依次编号，由于扩建公路而将 1、2 号窟埋于地表以下，地面以上部分垒墙封闭，窟内详细内容不得而知，故此二窟的内容主要依李文生、李小虎所著《嵩县铺沟石窟——龙门的卫星窟之一》一文。[1]

图 79　嵩县铺沟石窟外景

1 号窟，平面方形，穹窿顶，高 1.16 米，宽 1.14 米，进深 0.93 米。圆拱形窟门，窟外依稀可见尖拱形窟楣和二力士遗迹。正壁设坛，坛上造一佛二弟子二菩萨一铺五尊像。有舟形火焰纹背光，上饰莲瓣纹、伎乐飞天和七佛。主尊

---

[1] 李文生、李小虎：《嵩县铺沟石窟——龙门石窟卫星窟之一》，《中国历史文物》2003 年第 4 期，第 78-92 页。

高肉髻，面相方圆，颈细且长，双肩瘦削，略呈"八"字形，内着僧祇支，外着双领下垂式袈裟，衣纹呈直平阶梯状。结跏趺坐于佛坛上。二弟子二菩萨剥蚀较甚，正壁上部刻维摩文殊辩法像，左侧维摩诘坐于帐内，周围听法弟子7身；右侧文殊菩萨右手持如意坐于帐内，周刻弟子4身，均双手合十侍立。左右壁刻千佛龛。龛旁多有题名。窟顶刻莲花藻井，周围环刻伎乐天人8身，身躯呈"U"形，上身着短襦，下着长裙，露足。所执乐器有四弦琵琶、竖笛、排箫、笙、箫、横笛等。

2号窟，窟形和规模以及雕刻内容与1号窟基本相同，也是正壁雕一佛二弟子二菩萨，主尊背光上部雕维摩文殊对坐辩法。左壁雕千佛龛60龛，中间雕一帐形龛，右侧刻一思惟菩萨。右壁刻一屋形龛，内雕一铺三尊像，主尊头戴宝冠，着双领下垂式袈裟，内着僧祇支，结跏趺坐于坛上。二菩萨胁侍左右。主尊与菩萨间刻供养人像3对。窟顶雕刻莲花藻井，左侧2身伎乐飞天，一持直颈琵琶，一持箜篌，身躯呈"U"形在空中飞舞。窟门外的力士像仅存右侧胸部以下雕刻，尚能看出在胸前交叉的披巾。

3号窟，平面近方形，规模大小同前二窟，圆拱形窟门，穹窿顶，正壁设坛，坛上造一佛二弟子二菩萨，剥蚀较甚，多模糊不清。左壁刻千佛龛，均模糊不清。右壁中间残存一幅佛传故事画，为菩提树下思惟（图80）。其余壁面模糊不清。

4号窟，窟形同3号窟，正壁佛坛上雕一佛二弟子二菩萨，多剥蚀不清。左壁上层左侧屋形龛内刻"涅槃变"，右侧屋形龛内雕维摩像及听法弟子3身。下层左侧盝顶龛内雕一佛结跏趺坐，盝顶上刻七佛。右壁上层屋形龛内雕文殊菩萨及听法者3人。下层左侧盝顶龛内雕一铺三尊像，剥蚀不清。窟顶刻莲花藻井。

5号窟，平面呈横长方形，穹窿顶，窟内造像多已残损，剥蚀不清。6号窟已崩塌，仅左壁残存一龛，内雕一佛二菩萨。

关于该处石窟的开凿年代，由于缺少碑刻题记和方志金石记载，今已难考。从现存的窟龛形制、造像题材、造像配置、造像风格及装饰来看，该石窟系北

图80　嵩县铺沟石窟第3窟右壁

魏迁都洛阳后期所开凿,同龙门造像风格一脉相承,与胡太后时期的龙门弥勒洞,来思九洞等多有相同之处。本尊形体修长,衣褶稠密,与龙门正光孝昌间窟龛近似。[1]

---

[1] 宿白:《洛阳地区北朝石窟的初步考查》,载龙门文物保管所:《中国石窟·龙门石窟》第一卷,文物出版社、株式会社平凡社,1991年,225-239页。

七、孟津谢庄石窟

孟津谢庄石窟，原位于孟津区煤窑乡谢庄自然村东南百余米处，依山而建，坐南向西，开凿于砂岩石质的峭壁下，一条南北向山涧溪流经石窟前流过注入黄河。因该石窟位于小浪底水库淹没区内，为抢救保护该石窟，1999年11月，搬迁复原至孟津县城黄河公园内（图81）。石窟平面略呈梯形，敞口平顶，外宽3.8米，内宽2.7米。高1.66米，造一佛二菩萨。[1]主佛像高1.35米，头已残，手施禅定印。着双领下垂袈裟，结跏趺坐于方座上，二菩萨侍立左右。龛外上方左侧浮雕立佛7尊，漫漶不清。右侧刻一组五人骑马出行及持伞侍从的供养人像造像，下方刻有"香花供奉"题榜。右壁外侧上方刻一组供养人像，漫漶不清。下方存一残龛，内雕一佛二菩萨，形象模糊不清。存"永平五年""正光四年"题记，由此可知，谢庄石窟应开凿于北魏永平至正光年间（508—525）。

图81　孟津谢庄石窟迁后外景

---

[1] 杨超杰：《洛阳周围小石窟全录》第二卷，外文出版社，2010年，第151页。

八、万佛山石窟

万佛山石窟（图82），位于洛阳市孟津区吉利街道柴河村北部的万佛山半山腰，开凿于北魏时期，现存石窟分为上、下两寺院，造像300余尊。上寺院为5个洞窟，下寺院为2个洞窟。

图82　万佛山石窟上寺院

上寺院1号窟，平面为马蹄形，穹窿顶，高1.65米，宽1.1米，深1.25米。三壁设坛，造像三铺，窟顶中心为莲花藻井，尖拱形窟门外雕二力士。正壁造一佛二弟子（图83），有舟形火焰纹背光和圆形头光。主尊头及双臂残，着双领下垂式袈裟，内着僧祇支，结跏趺坐于方座上。身前衣纹呈两层覆搭座前。二弟子侍立左右。坛基上刻一香炉二比丘二狮子四供养人。左壁造一佛二菩萨（图84），主尊为交脚弥勒，有舟形火焰纹背光和圆形头光，头部漫漶，双臂残，宝缯垂肩，帔帛在胸前交叉，下着裙，交脚坐于方座上。二菩萨胁侍左右。基坛上刻供养人像6组，每组2人，一主一仆。主人戴高笼冠，袖手胸前。侍

图 83　万佛山石窟上寺院 1 号窟正壁

图 84　万佛山石窟上寺院 1 号窟左壁

者束丫髻，双手擎伞盖，着窄腿裤，随主前行。右壁造一佛二菩萨（图85），主尊头部残，着双领下垂式袈裟，手施禅定印，结跏趺坐于方座上，衣裾分两层覆搭座前。二菩萨胁侍左右。坛基上刻7组供养人像，造型与装束同左壁坛基。前壁窟门两侧刻供养人像14身。

上寺院2号窟，形制与规模以及造像内容与1号窟相似，应为同时期开凿的双窟，尖拱形窟门外两侧刻力士像，窟顶刻莲花藻井，周围绕刻4身飞天及忍冬纹。正壁雕一佛二弟子像（图86），左壁雕交脚弥勒及二菩萨（图87），右壁雕一佛二菩萨（图88）。左右壁坛基雕刻供养人像与1号窟相同，只是人数有所增加，左壁为17身，右壁漫漶不清。前壁窟门两侧刻供养人像16身。

上寺院3号窟，稍大，平面呈马蹄形，穹窿顶，高2.6米，宽3.07米，进深3.1米。三壁设坛，尖拱形窟门外两侧刻力士像，窟顶大部分残，存莲花藻井局部。正壁佛坛上雕一佛二弟子二辟支佛二菩萨（图89），主尊头部残，有舟形火焰纹背光，上刻禅定坐佛25尊。着双领下垂式袈裟，内着僧祇支，胸结带，褊衫覆右肩，双臂残缺，结跏趺坐于方座上。身前衣纹分两层覆搭座前。二弟子侍立左右。在弟子身后立头饰螺髻，着袈裟，手持长茎莲花的辟支佛，其旁刻二菩萨。此题材在东魏北齐时期的造像碑中多有出现，在北魏石窟中较罕见。左右两侧壁雕一佛二菩萨造像，舟形身光与正壁相同，主尊头部残，着双领下垂式袈裟，胸结带，双臂残，结跏趺坐于方座上，袈裟衣纹覆搭座前。二菩萨侍立于莲台上。前壁窟门内外两侧各浮雕一身力士像，有桃形头光，束发，发带后飘，披帛在身前交叉，握拳挺胸，侧面而立。窟顶藻井剥蚀不清。

上寺院4号窟，为一未完工的圆拱形造像龛，高0.28米，宽0.23米。内雕坐佛一尊，头残，着双领下垂式袈裟，手施禅定印，结跏趺坐。

上寺院5号窟，为一大佛龛，高5.67米，宽3.4米，深1.5米。龛内造一佛二菩萨，主尊高3.92米，头饰高肉髻，眉间有白毫相，面部漫漶，身光和头光大部分残，着双领下垂式袈裟，双肩衣纹呈水波状，跣足立于双层覆莲座上（图90）。佛坛前有香炉、狮子、供养人残迹。龛顶有莲花藻井已残，龛外上部

图 85　万佛山石窟上寺院 1 号窟右壁

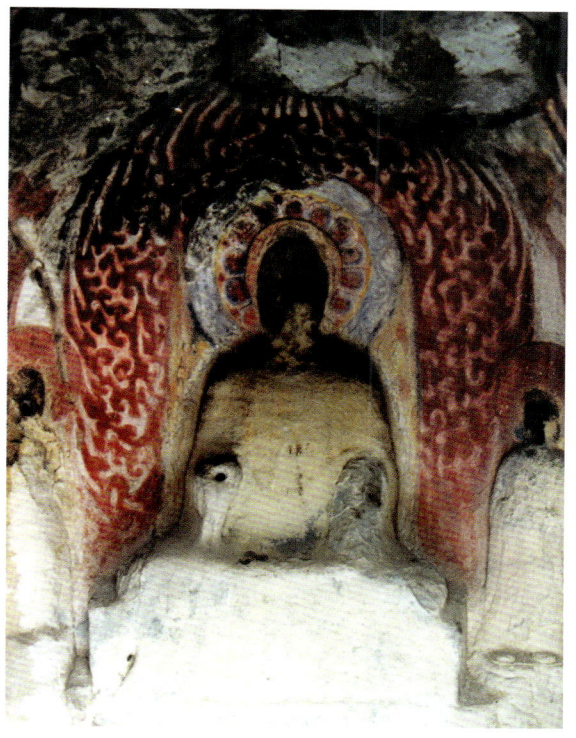

图 86　万佛山石窟上寺院 2 号窟正壁

图 87　万佛山石窟上寺院 2 号窟左壁

图 88　万佛山石窟上寺院 2 号窟右壁

图 89　万佛山石窟上寺院 3 号窟正壁

图 90　万佛山石窟上寺院 5 号窟立佛像

刻千佛，现仅存局部8身。[1]

下寺院1号窟（图91），为中心柱窟，大部残，仅存地面和中心柱下部。洞窟四壁最高处仅存0.29米，宽4.8米，进深5.5米。中心柱残高1.92米，宽2.3米，深2米。正面中间开龛，造一佛二菩萨二辟支佛，主尊及二菩萨身躯及头部均残，二辟支佛螺形发髻，身着袈裟，双手持长茎莲花侧身向佛立于莲台上。龛下佛坛上刻香炉、二供养比丘和二护法狮子。

下寺院2号窟，平面近圆形，穹窿顶，高1.7米，宽1.48米，深1.6米。三壁设环形坛，各造像一铺。正壁造像为一佛二弟子二菩萨（图92），有舟形身光和头光。主尊高肉髻，身躯模糊不清，结跏趺坐于方座上。弟子菩萨漫漶不清。左壁造一佛二菩萨，有舟形身光和圆形头光，主尊腹部漫漶不清，倚坐于方座上，足踏莲台，裙裾覆搭座前。右壁造一佛二菩萨像与左壁相同，主尊亦倚坐方座上，双足踏莲台。右边菩萨宝缯垂肩，佩项圈，胸束带，披帛胸前交叉穿璧，左手置胸前，右手提物贴体侧立覆莲台上。这种菩萨装束在巩义石窟中北魏时期的菩萨像中多见。坛基雕刻以正壁所刻一香炉二比丘二狮子为中心，向两壁刻出礼佛行列，左侧刻供养像18身，8主8仆及2导引比丘，主像戴高笼冠，着袍服，袖手胸前，侧身向佛。仆者均双丫髻，着胡服，窄腿裤，执伞侍立于后。右壁供养像起首为三比丘前引，后跟7主7仆，形式、装束与左侧相同。前壁窟门两侧刻供养人像各3组，形式与坛上供养人像大致相同。窟门上方刻文殊维摩说法，左维摩着胡装，右文殊上部设伞盖，均配有二听法弟子。这种维摩文殊说法组合多见于龙门石窟孝明前期及其以前所雕造的窟壁和龛侧中。[2]

---

[1] 杨超杰：《洛阳周围小石窟全录》第三卷，外文出版社，2010年，第1-20页。

[2] 宿白：《洛阳地区北朝石窟的初步考查》，载龙门文物保管所：《中国石窟·龙门石窟》第一卷，文物出版社、株式会社平凡社，1991年，225-239页。

图 91　万佛山石窟下寺院 1 号窟

图 92　万佛山石窟下寺院 2 号窟正壁

九、宜阳虎头寺石窟

宜阳虎头寺石窟（图93），位于宜阳县城东12公里的城关镇功村南200余米虎头山西侧崖壁上，现存北朝小型方形穹窿顶殿堂窟1座，高2.75米，宽3.3米，进深6.74米。正壁造像一佛二弟子二菩萨（图94），主尊着双领下垂式袈裟，内着僧祇支，胸结带，衣纹呈直平阶梯式，结跏趺坐于坛上，衣纹遮覆佛坛，袈裟衣角自左向右横过腹前搭臂，其风格与时代和嵩县铺沟石窟接近，也是受龙门影响较重的一处石窟。[1]

另有摩崖碑2处，一处高2.14米，宽1.05米。蟠龙首，碑文无存。碑额处造一尖拱形龛，龛内雕一佛二菩萨像，表面剥蚀不清，依其造像风格该碑雕造时间当为北魏（386—534）。另一处高2.9米，宽1.9米，蟠龙首，碑额处造一人字形龛，内雕一佛二菩萨，依其风格该碑雕造时间当为唐代（618—907），碑身文字漫漶不清。

摩崖千佛龛一处（图95），在高4.98米，宽4.3米的崖壁中心刻圆拱形大龛，四周环刻圆拱形千佛龛。大龛高1.76米，宽1.2米。龛内造一佛二菩萨像，主尊头部残，着双领下垂式袈裟，双肩衣纹呈波状，衣纹呈直平阶梯式，袈裟衣角搭左臂后向外展开，结跏趺坐于方座上。菩萨披帛在腹前交叉穿璧，绕臂下垂沿体侧垂及台座，披帛纹饰呈锯齿状。佛座中间刻一力士托举香炉，两侧为浮雕坐佛像和供养人像榜题及千佛龛造像记。从造像记可知，该处造像是佛弟子程伯起等于北魏正光元年（520）七月为皇帝陛下、皇太后敬造释迦牟尼像一躯。该龛周围刻尖拱千佛龛34行，满行39个，佛像高肉髻，袈裟大多为双领下垂式，少量为通肩式，均施禅定印，结跏趺坐。龛旁均有榜题。[2]

---

[1] 宿白：《洛阳地区北朝石窟的初步考查》，载龙门文物保管所：《中国石窟·龙门石窟》第一卷，文物出版社、株式会社平凡社，1991年，225-239页。

[2] 杨超杰：《洛阳周围小石窟全录》第三卷，外文出版社，2010年，第99-103页。

图 93　宜阳虎头寺石窟外景

图 94　宜阳虎头寺石窟正壁造像

第二章 北朝石窟造像

图95 宜阳虎头寺石窟摩崖千佛龛

十、渑池石佛寺摩崖造像

渑池石佛寺摩崖造像，又称石佛寺石窟（图 96），位于河南省渑池县西北坡头乡西 4 公里庙下村的山涧中，当地人称"佛爷沟"。石窟开凿于红砂岩崖壁上，面临涧水，现存摩崖佛龛 1 个，小型洞窟 2 个。

摩崖大龛内刻一尊立佛像（图 97），通高 6 米，是该处造像中保存最完好者，高肉髻，眉间刻白毫，面部风化剥蚀，着双领下垂式袈裟，内着僧祇支，胸结带，身前衣纹贴体，手施无畏与愿印，立于莲座上。[1]

1 号洞窟，位于摩崖大龛右侧，平面近方形，穹窿顶，高 2.18 米，宽 1.95 米，深 1.57 米。窟门呈方形，三壁各造像一铺，窟顶及前壁镌造千佛。正壁尖楣圆拱龛内造一佛二弟子二菩萨像一铺，表面剥蚀较甚，面部及衣饰装束不清，主尊着菩萨装，双耳厚重，宝缯垂搭双肩，颈戴项圈，披巾绕臂沿体侧下垂，左手扶膝，右手置胸前，倚坐于束腰方座上，应为倚坐弥勒。这种戴宝冠着菩萨装的倚坐弥勒像，在北齐时期的造像碑中多有出现，是北魏时期交脚弥勒菩萨向唐代倚坐弥勒佛的过渡形式，由此可见，该窟应开凿于北周时期。龛下及左右两侧刻立佛像 4 尊，高肉髻，着双领下垂式袈裟，内着僧祇支，胸前束带打结，手施无畏与愿印，立于莲座上。另在龛外及上方存圆拱形千佛龛 20 个。左壁上层尖楣圆拱龛内造一佛二菩萨像，主尊面部剥蚀，宝缯垂肩，佩项圈，披巾身前交叉穿璧，敷搭双肩后绕臂下垂，左手扶膝，右手置于胸前，倚坐于束腰方座上。二胁侍侍立左右。龛下刻 3 个连续相接的圆拱形立佛龛，左侧像不存，另外 2 尊存残迹。龛两侧及上方存圆拱千佛龛 16 个。右壁上层尖楣圆拱龛内造一佛二菩萨，表面剥蚀较甚。主尊弥勒头戴宝冠宝缯垂肩，倚坐束腰方座上，足踏莲台。二胁侍立于左右，全身漫漶不清。龛下刻 3 个相连的立佛龛，左侧龛内佛像着双领下垂袈裟，右侧龛内立佛着通肩袈裟，中间龛内佛像仅存残迹。余面刻千佛龛 9 个。前壁窟门两侧存千佛龛 59 个。

---

[1] 杨超杰：《洛阳周围小石窟全录》第一卷，外文出版社，2010 年，第 135 页。

图 96　渑池石佛寺摩崖全景

图 97　渑池石佛寺摩崖立佛像

第二章　北朝石窟造像

2号洞窟，位于1号洞窟右上方，距地面3米高，平面近方形，平顶，高1.7米，前宽1.66米，后宽2.47米，深2.72米。窟内无造像。应为僧人禅修窟。

关于石佛寺石窟的造像年代。据清嘉庆版《渑池县志》载："石佛寺建自唐，一名丈八佛寺，佛殿三间，中就石崖镌成佛像，高丈八，像侧刻大中二年立。左有石洞，深八尺宽八尺，石佛22尊，小佛像无数。坐西向东佛堂一间，前石桥一座，关帝、菩萨殿各一间，天王殿一间，左半崖石窟一孔，有成化、嘉靖年间重修碑。"而民国版渑池县志纂修人上官骏谟实地采访调查，认为不是"唐大中二年"，应为"唐至德二载"。然而，从摩崖立佛和1号洞窟造像内容和风格看，摩崖立佛题材在北魏晚期多有出现，如巩义石窟寺第1窟前壁摩崖立佛、万佛山石窟摩崖立佛等，而戴宝冠的倚坐弥勒题材是北周时常见的题材。根据明成化二年重修碑刻资料的分析，可以认定该处石窟应开凿于北周，具体时间为公元559—581年。

十一、伊川鸦岭石窟

伊川鸦岭石窟，位于伊川县鸦岭乡石佛寺村北甘水河右岸的峭壁上，甘水河北流注入洛河，东北距北魏洛阳城45公里。坐东向西，并列二窟（图98）。

南窟，平面呈方形，穹窿顶，高2米，宽2.23米，深2米。窟门圆拱形，左门框内侧残。窟内正壁开龛，高1.4米，宽2.1米，深0.36米。内造一佛二弟子二菩萨像（图99），右菩萨残失。主尊高肉髻，面部剥蚀不清，袈裟覆右肩，双手施禅定印，结跏趺坐于方形座上。身后有舟形背光和桃形头光。左弟子像面部模糊不清，外着双领下垂袈裟，内着圆领内衣，腰束带，左手扶腹部，右手持莲蕾于胸前，跣足而立。右弟子头部残，衣着同左侧弟子，双手持一物于胸前，跣足而立。左侧菩萨戴高冠，面部模糊不清，着圆领内衣，披帛绕肩下垂。左手下垂，右手持物于胸前，跣足而立。

左壁现存小龛4个，其中靠内一龛为尖拱形龛，内雕一坐佛并二胁侍，二胁侍剥蚀不清。主尊面部不清，高肉髻，着圆领袈裟，左手置膝上，右手置胸

图 98　伊川鸦岭石窟外景

图 99　伊川鸦岭石窟南窟正壁

前，结跏趺坐，右足外露。其余三龛未完工，龛形及造像不清。

右壁现存小龛 2 个，均位于壁面上部，左侧龛高 0.52 米，宽 0.7 米，内雕一佛二菩萨。主尊头部残，着双领下垂袈裟，施禅定印，结跏趺坐。左侧菩萨全身模糊不清，披帛绕臂下垂，腰束带，左手贴体下垂，右手立掌向外置胸前。右菩萨头部残，披帛绕臂下垂，腰束带，左手提净瓶垂体侧，右手持莲花于胸前，跣足而立。菩萨像头光及身上存彩绘痕迹。右侧龛高 0.45 米，宽 0.66 米，内雕一佛二菩萨，主尊头残，衣饰剥蚀不清，施禅定印，衣角遮覆双手，结跏趺坐，左菩萨披帛在身前横过两道后绕臂下垂，佩腕钏，双手持物于胸前，跣足而立。右菩萨斜披络腋，披帛于膝前交叉，左手下垂体侧，右手置胸前，跣足而立。

北窟，平面方形，穹窿顶，高 2.05 米，宽 1.95 米，深 2.3 米。正壁造一尖拱形龛，高 2.55 米，宽 2.03 米，深 0.4 米，内雕一佛二菩萨（图 100）。主尊面部模糊，着双领下垂式袈裟，内着僧祇支，衣纹呈直平阶梯式，胸束带，双手残，结跏趺坐，露右足，座前衣纹雕刻三层。左侧菩萨头戴宝冠，佩项圈，右手戴腕钏。披巾在身前交叉，腰束带，跣足而立。右侧菩萨腹部以上剥蚀，腰束带，披巾绕臂下垂，左手提物垂体侧，右手置胸前，跣足而立。龛左侧存"大明嘉靖二十七年二月重佛释迦牟尼如来"题刻。该龛左侧有一圆拱龛，内雕一坐佛，手施禅定印，结跏趺坐于束腰八角形座上。

左壁现存小龛 6 个，自上而下、自里向外依次编号为 1—6 号龛。其中 1 号龛未完工，内雕一佛二菩萨，主尊着双领下垂式袈裟，内着僧祇支，结跏趺坐于束腰方座上。左菩萨残失，右菩萨模糊不清，立于带茎莲台上。2 号龛未完工，内雕一佛，头部残，有桃形头光，着双领下垂式袈裟，内着僧祇支，结跏趺坐于束腰仰覆莲座上，座前衣纹呈"V"字形。龛下刻一香炉并二狮子。3 号龛为碑刻，记有"大宋国西京河南府洛阳县龛涧村重修""佛弟子李旧真捐款重刻彩绘佛像"。落款为"囗宁廿岁戊申四月十一日"。其余三龛内造像均剥蚀不清。

右壁造一圆拱形大龛，高 2 米，宽 1.9 米，深 0.42 米（图 101）。内雕一佛二菩萨，主尊着双领下垂式袈裟，内着僧祇支，褊衫覆右肩，胸结带，双手残，结跏趺坐于方座上，衣纹下为一层仰莲瓣。二菩萨头残，有桃形头光，佩项圈、腕钏。斜披络腋，胸结带，披巾在身前横过两道，左手贴体下垂，右手置于胸前，跣足立于圆台座上。该龛右侧有一小龛，内造一佛二菩萨，未完工。在窟门左甬道下方有一尖拱形小龛，内雕一禅定坐佛，面部及衣纹剥蚀不清。[1]

关于伊川鸦岭石窟的年代，文献无记载，窟内亦无开凿石窟的纪年题记，只有一方宋代重修佛像的题记，但根据窟内现存佛像的面部特征和衣纹装饰，以及造像组合形式，能看出受洛阳龙门北朝晚期造像影响较为明显，作者认为此二窟均开凿于北魏晚期，窟内小龛多系唐代补凿。

图100 伊川鸦岭石窟北窟正壁

---

[1] 杨超杰：《洛阳周围小石窟全录》第二卷，外文出版社，2010年，第121-150页。

河南佛教造像史

图 101　伊川鸦岭石窟北窟右壁

十二、新密香峪寺石窟

新密香峪寺石窟，位于新密市西北 38 公里国公岭乡上香峪寺村北 0.5 公里的半山腰崖壁上，坐北朝南，当地人俗称"佛洞"（图 102）。石窟距地面约 4 米，为一方形摩崖大龛，高 1.98 米，宽 2.28 米，深 1.3 米。三壁设坛，正壁造像为一佛二弟子二菩萨（图 103），二力士刻于两侧壁。主尊头及双手残，有桃形头光，着通肩袈裟，胸前衣纹呈水波状，腿前衣纹呈"V"形，薄衣贴体，左手下垂体侧，右手上举于胸前，跣足立于仰莲座上。二弟子头及双臂残，着通肩袈裟或右袒式袈裟，立于仰莲座上。二菩萨头及双手残，佩项圈，袒上身，下着裙，披巾敷搭双肩沿体侧下垂跣足立于仰莲座上。二力士头及双臂、腿部

图 102　新密香峪寺石窟外景

图103 新密香峪寺石窟正壁造像

均残,披帛环头顶及身体各一周,着战裙,跣足立于坛上。另在主尊左侧刻一尖拱形龛,内雕菩萨像一身,戴宝冠,佩项圈、腕钏。袒上身,下着裙,披帛敷搭双肩沿体侧下垂,左手执巾下垂,右手上举于胸前,跣足而立。

关于该窟的开凿年代,在主佛头部左侧刻有造像题记:"香峪寺沙门慧隐敬造卢舍那一龛,上为皇帝、皇后、师僧、父母,下及法界仓生、三途地狱,愿皆离苦,咸登正觉。天平二年岁次甲癸正月乙卯朔七日庚申造。"记后有"丙子再游此，郑囲杨祖德"的游人题刻（图104）。根据该题记分析可知，该处石窟开凿于东魏天平二年（535）。造像主尊像应为卢舍那佛。

图104　新密香峪寺石窟造像题记

十三、登封少林石窟

登封少林石窟（图 105），位于登封市城关镇大玉沟村东，共有 1 个洞窟 5 个小龛，坐东面西，杨超杰在《洛阳周围小石窟全录》中将其由南向北依次编为 6 个号。除 3 号为洞窟外，其余 5 个皆为小龛。其中 1、2、4 号龛内造一结跏坐佛，多模糊不清，5 号龛为空龛。3 号洞窟平面呈马蹄形，穹窿顶，高 1.83 米，宽 1.79 米，深 1.13 米。圆拱形窟门。窟内造像为一佛二弟子二菩萨二力士。主尊有舟形背光和圆形头光（图 106）。腿部以上剥蚀不清，左手置膝上，右手置胸前，结跏趺坐于束腰方座上，繁缛的衣褶覆搭座之上部，座下层刻覆莲一周，莲瓣宽厚。二弟子二菩萨刻于左右壁，面部及衣纹多剥蚀不清。从残存部分看，均有圆形头光，菩萨披帛在身前横贯两道，绕臂沿体侧下垂，跣足立于圆莲座上。6 号龛为圆拱形龛，高 0.72 米，宽 0.64 米，深 0.26 米。内雕一

图 105 　登封少林石窟外景

图 106　登封少林石窟 3 号洞窟主尊

佛二弟子（图 107），主尊头部残，有圆形头光和身光，着双领下垂式袈裟，内着僧祇支，手施禅定印，结跏趺坐于束腰仰覆莲座上，袈裟衣褶覆搭座之上部。二弟子面部残，有圆形头光，着交领袈裟，下着裙，双手合十而立。[1]

关于此处石窟的开凿年代，文献及志书均无记载，石窟亦未刻有纪年题记。根据其龛像组合及服饰衣纹看，第 3 号窟洞内造像具有明显的北齐风格，而第 6 号龛内佛像及佛座装饰风格似为宋代。因此，该处石窟造像的雕造时间约在北齐至宋代。

---

[1] 杨超杰：《洛阳周围小石窟全录》第一卷，外文出版社，2010 年，第 121–134 页。

图 107　登封少林石窟 6 号龛正壁造像

十四、荥阳王宗店石窟

荥阳王宗店石窟（图108），位于荥阳市崔庙乡王宗店村村口处。北齐天统四年（568）。现存洞窟一座，平面近方形，穹窿顶，高1.75米，宽1.42米，深2米。窟门为方形，正壁开一圆拱形龛，高1.3米，宽1.32米，深0.2米。龛梁与龛柱高浮雕刻出。龛内雕一佛二弟子二菩萨二力士（图109），均有圆形头光，面部及服饰衣纹剥蚀不清。主尊着双领下垂式袈裟，内着僧祇支，立于覆

图108 荥阳王宗店石窟外景

莲台上。二弟子胁侍左右，立于带茎莲台上；二菩萨宝缯垂肩，佩联珠纹项圈，披帛腹前交叉穿环绕臂下垂，双手残，立于仰莲台上。主尊座前刻二扛托力士，两侧刻二狮子。龛上方中间刻一铺首，两侧各线刻一飞天，铺首上方线刻3只鸟。龛外两侧各刻一力士，头束发髻，宝缯上扬，腰束带，跣足而立。窟门外上方刻有天统四年造像记一方，记载了当时开窟造像功德主的姓名，为确认该处石窟开凿年代提供了确凿依据。[1]

图 109　荥阳王宗店石窟正壁造像

---

[1] 杨超杰：《洛阳周围小石窟全录》第四卷，外文出版社，2010 年，第 1-10 页。

第三节 豫北地区北朝石窟及摩崖造像

豫北石窟是指分布于黄河以北的诸石窟,主要有鹤壁五岩寺石窟、安阳小南海石窟、林州千佛洞石窟、安阳灵泉寺石窟、浚县大伾山摩崖大佛、博爱石佛滩摩崖造像及青天河摩崖线刻观音经像、浚县浮丘山千佛洞石窟等。这些石窟多为东魏迁都邺城后所开,时代上始自东魏迄于隋唐,是豫西北魏开窟造像之风的延续。

河南东魏时期的石窟仅见鹤壁五岩寺石窟和安阳灵泉寺大留圣窟,窟之形制仍沿用北魏豫西石窟中常见的三壁佛坛式殿堂窟,平面或为方形(大留圣窟),或为马蹄形(五岩寺石窟),有的窟顶平面无饰,有的洞窟顶部刻莲花藻井。窟内造像仍以三壁三尊式组合,或为一佛二弟子,或为一佛二菩萨,最多的一窟造像13尊(五岩寺石窟),造像除佛像、弟子、菩萨外,还有力士、供养人等,五岩寺石窟中持金刚杵的力士像,沿袭了巩义石窟寺窟门两侧雕力士的做法,虽然不见北魏力士像威武勇猛的神态,但其手持武器,跨步曲蹲的姿势,仍能显示出与北魏一脉相承的作风。值得注意的是,高僧道凭开凿于东魏武定四年(546)的灵泉寺大留圣窟中开始出现以卢舍那佛、阿弥陀佛、弥勒佛为三身主尊的造像组合,现存三身主尊造像均结跏趺坐于方形束腰须弥座上,从座下层正中分别刻有题名可知,分别是正壁"卢舍那佛",左壁"弥勒佛",右壁"阿弥陀佛",以卢舍那佛为崇拜主尊的出现,应与当时邺下盛行《华严经》有关。据道凭本传载,他初学《涅槃》《成实》,后从慧光学《四分》律,以宣讲地论闻名,造诣颇深,故有"凭师法相"之称。地论学与华严经的关系十分密切,《十地经论》原为《华严经》第六回《十地品》的释论。北魏末年以来统治者十分推崇《华严经》，北齐文宣帝高洋更亲书《华严斋记》，立华严斋会，行华严忏法。慧光、道凭皆亲讲此经，道凭弟子灵裕还曾作《华严经》疏及旨归合九卷，可见慧光一系和华严学的关系。华严忏法要求礼拜卢舍那佛或十方佛，称佛名号，修普贤行。故邺城附近的东魏、北齐乃至隋代的石窟中多以卢舍那像为主尊。另外，神王像在东魏石窟中仍有雕刻，大留圣窟佛坛上雕刻的神王像，从形象看应是珠神王、象神王、鱼神王、山神王、树神王、风神王、火神王等。这种神王题材，最早见于龙门石窟，巩义石窟寺以及响堂山石窟中均有雕刻，尤其是东魏、北齐的造像碑座上更有刻有题名的神王像，如东魏武定元年（543）"骆子宽造石佛立像"座之四周雕刻的十神王像旁均有题名，可为推知其他处神王名字的珍贵标尺。在造像风格上，五岩寺石窟中的东魏造像较之北魏造像又有新的变化，北魏晚期在龙门周围流行的"秀骨清像"在此时不再出现，造像的面相由瘦长转化为方圆，重新回复到北方的审美标准上。躯干丰硕，服饰仍沿用北魏晚期的内着僧祇支，外着敷搭双肩的袈裟式大衣，右边衣襟搭在左腕上，覆座的裙褶由前期的繁缛细密向简单发展，衣纹稀疏浅细。而大留圣窟中的三身主尊像，躯干丰满硕壮，衣纹简洁洗练，用圆雕法雕凿，表现出继承北魏造像的某些特点，同时向北齐造像过渡的新作风。

由于北齐都邺，邺城附近的安阳周围受皇室在响堂山开窟的影响，也开凿了一些具有影响的小型石窟，安阳小南海石窟可谓是河南北齐石窟的代表。该窟是北齐名僧僧稠的纪念窟，开凿于北齐文宣帝天保元年至六年（550—555），现存中、东、西3个洞窟，大小相近，均为三壁佛坛式殿堂窟。平面方形，窟顶或为穹窿式（东、西窟），或为覆斗式（中窟），覆斗式窟顶刻莲花藻井。三窟造像一致，均为三壁三佛及二胁侍菩萨，根据中窟外壁乾明元年（560）所刻《大般涅槃经·圣行品》和《华严经偈赞》以及窟内的雕刻内容可知，此三佛分别是正壁主尊为卢舍那佛，左右壁分别为弥勒佛和阿弥陀佛。其造像题材与大留圣窟相同。与之相距不远的林州洪谷寺千佛洞石窟，开凿于北齐武平五年（574），是一座平面为马蹄形的佛殿窟，穹窿式窟顶素面无饰。窟内正壁造像一佛二弟子二菩萨为北齐雕造，其余壁面化佛为唐代修补。综观这两处石窟的造像风格，无不体现出我国北方民族那种淳朴健壮的形体美。北魏晚期的"秀骨清像"已渐消失，代之而起的是向唐代以形写神、丰满健壮的过渡。而这种过渡以武平前后最为明显，雕刻于天保年间的小南海石窟，佛像体态仍保留着瘦削修长，胸部微隆，肩部稍溜的特征，而武平年间的洪谷寺千佛洞石窟中的佛像体态较丰满健壮，呈现一种面型圆润，两肩宽平，胸部隆起，肥瘦适度的我国北方民族特有的健壮形体。菩萨的造型丰满健壮，胸腹隆起，腰部微扭，衣饰华丽，已有唐代菩萨的仪态。供养人像也是北齐石窟雕刻的重要题材之一，小南海西窟外壁减地线刻的40身供养人；中窟内壁佛与菩萨间雕刻的供养人，均头戴进贤冠，着褒衣博带式通肩大衣，脚着云头履，手持莲花，在比丘的引导下，虔诚礼佛。尤其是在该窟正壁还刻出了石窟主人僧稠像，十分重要。在雕刻技法上，北齐造像是在北魏造像艺术基础上发展的，因而部分仍保留着平直刀法。如小南海石窟中的衣纹仍显得平直生硬，衣褶呈阶梯状，外轮廓洗练，面相、身材清瘦秀美的某些特征，但较之北魏，已经圆润多了。漫圆刀法和圆刀法应用范围逐渐扩大，如洪谷寺千佛洞石窟中的衣纹使用了内方外圆的刀法雕出形体轮廓，技法相当娴熟，肌体丰满圆润，富于弹性，其他部位为大片的光洁面，形体及衣纹的细部，复杂的层次多衬一两条凹凸的浅浮雕或线刻表示，由富于装饰意味的浅刻，变为较写实的高浮雕。小南海石窟中的供养人像采用减地平雕的手法，即物象外减地，雕出人物轮廓，身体细部及衣纹用阴线刻。对于线的主辅、疏密、虚实比较考究。将人像融化在飘洒流畅的线的旋律之中，使之产生线刻画的美感，是北齐佛教造像的一大特征。

一、博爱青天河摩崖线刻观音经像

沿博爱县青天河水库上游丹河大峡谷上溯2千米，有一座高耸入云的自然山体，山体顶端有一突起的山峰，湍急的丹河从其前流过。这里悬崖如壁，丹水滔滔，地势十分险峻，古代河南通往山西的要道之一——丹道就从这里经过。20世纪80年代在这里发现一处北魏永平二年（509）的摩崖线刻观音经像（图

110），是中国目前发现的最早有确切纪年的刻经造像，也是河南除石窟造像之外的唯一一处永平年间摩崖造像。观音经像刻在高1.2米、宽1.5米的崖面上，像之左刻"妙法莲华经普门品第廿四"序首以及修丹道的经过，右刻参与施工的军队将领题名等，保存完好。2006年公布为全国重点文物保护单位。

图110 博爱青天河摩崖线刻观音经像远景

摩崖线刻观音经像，是利用一块自然岩石凿成"┏"形崖面，其上有一檐石，保护崖面不受雨水侵蚀，崖面前几无立足之地，加之长期无人知晓，免受人为破坏，方使这处北魏时期的摩崖历经1500余年而完好无损。摩崖中间线刻观世音像，头戴花蔓冠，冠中刻一佩莲瓣形背光的立佛。冠两边的宝缯向两侧平伸折角呈"S"形下飘。面相长方，有八字形胡须。颈佩桃形项饰，两肩部佩圆形饰物。宽大的帔帛绕肩在腹前穿璧环下垂至膝际后上扬，一条穿左肘形成环形后回绕沿体侧下垂，一条绕右臂向外飘扬。左手持忍冬荷叶屈肘于左胸前，右手执莲苔下垂，腕戴手镯。下着长裙，跣足立于覆莲座上，脚趾向外。身后有圆形头光和莲瓣形背光。上有帏幔装饰的方形华盖，华盖四角饰山花蕉叶和下垂的幡带。像之左刻"妙法莲花经普门品第廿四"序首部分以及修丹道的经过，正书，10行，行10至39字不等；右刻参与施工的军队将领姓名等，保存完好（图111）。全文如下：

妙法莲花经普门品第廿四／

尔时无尽意菩萨即从座起偏袒右肩合掌向佛而作是言世尊／观世音菩萨以何因缘名观世音佛告无尽意菩萨善男子若有／无量百千万亿众生受诸苦恼闻是观世音菩萨一心称名观世音菩萨／即时观其音声皆得解脱／佛弟子清信士建等庸软忝处朝末猥蒙所遣通治丹道卅二难从南至北造作垂讫会／遇此难其侧有自然石堪可造灵容遂发微心刊造观世音像一区并注观世音经序首一／启欲令路人憩息之暇因生礼诵敬拜赞读靡不感悟经云福不唐捐可谓妙旨之明验后愿斯／道坚固永无亏损使行士驰途坦然无碍所愿如是其道以大魏永平元年冬十有一月建功至二年／春二月成讫凡用夫四千其日九旬／南无观世音菩萨消伏一切毒害行人见者亦发菩提心／厉威将军覆津太守监治道都将／员外将军都副将武功苏建／

大魏永平二年春二月造。

长史赵郡李雍　司马勃海高成　主薄兼长史间茂　长史汝南周祐　司马新平冯琮　主薄带军主广平司空湛　当此难军主赵郡刘

图111 博爱青天河摩崖线刻观音经像拓片

运　军主颖川郡郭龙远　　匠潘惠孙造　军副韩道遵
　　兼主薄令史索猛　　主薄领令史姜达　　军副令史贾显　军副令史王万兴　军副令史李櫛军副令史郭达　军主令史田显　幢主张俱罗

　　这则摩崖刻经虽然只刻出了《妙法莲花经普门品第廿四》卷首部分，但却是目前发现的有确切纪年的时代最早的刻经。文中所记北魏永平元年冬至永平二年春（508—509）四千兵士历时三月修建丹道的经过，是研究当时丹道修筑情况不可多得的资料。著名古建专家罗哲文先生对此评曰："产生于1500年前的青天河北魏摩崖石刻，是非常珍贵的遗产。像这样面积大、文字多、保存完好、历史久远且图文并茂的线刻，在全国实属罕见，确实引人入胜。石刻的线条、轮廓、字体都是纯正的北魏风格。它最大的价值在于准确、真实地记录了当时修筑古丹道的情况，从而成为研究北魏历史的一个窗口。"[1]

　　此处造像题材仅为单一的观世音造像，且纯粹由军队高级将领因为一项大的工程完工而发愿雕刻，实属罕见，说明当时观世音信仰十分流行。有关观世音造像的范例，在中国佛教造像中数不胜数。而具有明显标志的观世音像的出现，是在北魏中期以后，如云冈第17窟南壁第二层东侧的坐佛龛外的二菩萨，均头戴宝冠，宝缯呈"S"形向上飘荡，右胁侍的宝冠中刻一尊禅定坐佛，左胁侍的冠中刻一宝瓶，均一手屈肘于胸，一手下垂握帔帛。这种宝冠中刻有标志的菩萨，与《观无量寿佛经》中所描述的观世音、大势至菩萨的特征相同，成为此后观世音造像的重要标志。然而，青天河摩崖线刻观世音像，其形象特征较为独特，头戴刻有禅定坐佛的花蔓冠，表明其观世音的身份。左手握荷叶和忍冬；右手下垂执莲台，与常见的观世音造像手持长茎未敷莲花和净瓶不同。尤其是带髭的男子形象的观世音造像，在中原地区更为罕见，可视为观世音图像中的新样本。整个形象高雅隽永，超凡脱俗，一派南朝名士的风度。其"秀骨清像"式风格，明显是受南朝绘画艺术的影响所致。然而这种观世音造像样式在中原地区却没有流行开来，使之成为中原地区佛教造像样式中的一个孤例。

---

[1] 李福顺：《河南发现北魏摩崖石刻》，《中华文化画报》2002年第5期，第5-9页。

丹道因丹河而名，为古时官道，在丹河峡谷内长约30公里，是当时晋豫交通要冲。古丹道北通山西上党，东接华北平原，南经孟津渡口进入伊洛平原，是北魏时洛阳通往平城（今山西大同）的重要道路之一。博爱境内现有四处丹道遗迹：一处在许弯村南丹河东岸的山腰上，长约2公里，宽0.5—1.5米。蜿蜒曲折，修筑痕迹明显；一处在天井关；一处在青天河景区西岸山崖上；一处在北魏摩崖线刻观音经像附近。天井关是丹道上的一个重要关口，为太行八陉之一，地势险峻，是历史上著名的古战场。战国时的秦赵之战、后汉阳夏侯冯异攻天井关拔上党之战就发生在这里。曹操北伐叛将高干经此并著《苦寒行》。有关天井关的文献记载较多，刘歆《遂初赋》："驰太行之险峻，入天井之高关。"《水经注》："丹水又东南历西岩下，岩下有大泉涌发，洪流巨输，渊深不测。""白水又东，天井溪水会焉，水出天井关。"《水经注释》曰："太行山上天井关，南有天井泉水三所。"即现在的大姑窑、二姑洞、三姑泉。三姑泉就是历史上的"天井"。造像记文中所谓的"通治丹道卅二难"，实际就是修筑丹道中的三十二处较大的工程，其中也应该包括丹道上的主要关塞，这从一个侧面说明，当时修筑丹道的兵士，有可能就是驻守天井关的守军。

二、鹤壁五岩寺石窟

鹤壁五岩寺石窟，位于鹤壁市西北8公里五岩山南麓的崖壁上（图112）。这里山岭绵亘，崖壁陡峭，林木葱郁，山谷幽静，风景秀丽。由于石窟地处偏僻的山乡，又不见于方志典籍，故不为世人所知，20世纪80年代初在文物普查时才重新发现。[1]石窟依山开凿在200余米长的崖壁上，自东北向西南共分5区，第一区，坐北面南，共有1窟4龛；第二区位于第一区西约40米的悬崖上。南向，上下雕三层共6龛，均为尖楣圆拱形龛；第三区系在第二区西30余米的崖壁上凿出一块横长方形的平面，其上雕3个尖楣圆拱形龛；第四区位于三区西约40

---

[1] 杨焕成：《鹤壁五岩寺石窟》，《中原文物》1989年第2期，第75-81、96页。

图 112　鹤壁五岩寺石窟远景

米处，共雕 19 个尖楣圆拱龛；第五区位于四区上部和西侧，共雕 8 个窟龛，其中第 4 号为方形龛，第 6 号为平面呈马蹄形的洞窟，第 7 号是一个方形龛，也是五岩寺石窟最大的龛，不知何因未完成，其余均为尖楣圆拱龛。以上五区共雕 2 个洞窟、39 个佛龛、造像 154 尊、48 个护法狮子、12 则造像题记。能辨认出年号的 10 则，其中记载最早的开凿时间是东魏孝静帝兴和四年（542），最晚的开凿年号为武定七年（549），由于这些窟龛的形制和造像风格大体相似，应系同一时代营造。

　　该处石窟的造像题材大部分是一佛二弟子或一佛二菩萨，最多的一窟造像 13 尊，最少的 1 尊。造像除佛像、弟子、菩萨外，还有力士、供养人等，众多的护法狮子也为他处不多见。石窟的形制，平面为马蹄形，较大的洞窟顶部都有莲花藻井，龛形多为尖楣圆拱形。从窟龛的规模和造像题记可知，这些窟龛非王室所造，应是寺僧、邑子、平民百姓为广扬功德，祈福禳灾所开凿的"民间洞窟"。造像婀娜多姿，俊逸轻倩，体态瘦长，衣纹流畅，质感颇强。尤其在石窟的布局、龛型特征、造像组合、艺术风格、雕刻技法等方面，均忠实地保留着北朝晚期石窟造像的艺术特征。特别是五个区都有造像题记，明确地记录了开凿窟龛的具体时间，为鉴定东魏时期的石窟造像提供了准确的标准依据。

王龙仁造像窟（图113），鹤壁五岩寺石窟第一区第1窟，高1.27米，内宽0.74米，进深0.7米。该窟为三壁佛坛窟，平面呈马蹄形，穹窿顶。窟门为尖楣圆拱形，楣角刻卷云纹。门楣上浮雕花绳帷幔。窟内雕一佛二弟子二菩萨和一供养比丘。主尊头手均残，有莲瓣形背光。着褒衣博带式袈裟，内着僧祇支，结跏趺坐于长方形座上，衣裾覆搭座前，手施说法印。二弟子有圆形头光，身着袈裟，双手捧供物而立。二菩萨有桃形火焰纹头光，头戴花冠，宝缯飘垂，颈饰项圈。上身袒，帔帛绕肩在身前交叉穿环后绕肘下垂。下着裙，裙带曳地，跣足立于莲台上。左边弟子与菩萨间线刻一跪姿供养比丘。窟内有东魏兴和四年（542）王龙仁造窟题记二则。

邑子四十人等造像龛（图114），鹤壁五岩寺石窟第一区第5龛，高0.28米。尖楣圆拱形龛，楣角饰卷云纹。龛内雕一佛二弟子，头面部均残，主尊着通肩袈裟，内着僧祇支，手施禅定印，结跏趺坐于长方形座上，裙裾覆搭座前，衣褶繁密规整。佛座前刻二护法狮子，龛外两侧各雕一力士。龛下有兴和四年（542）邑子四十人等造像题记一方。下刻比丘慧能及邑子孙同等僧俗信士题名。最后一行刻有"五岩寺石窟铭"等字。

孟哲宾造像龛（图115），鹤壁五岩寺石窟第二区第2龛，高0.35米，尖楣圆拱龛内雕一佛二弟子，主尊头手皆残，着双领下垂式袈裟，右侧衣襟甩向左肘下垂，结跏趺坐于长方形台座上，裙裾覆搭座前，褶纹密集规整。二弟子着僧衣侧身立于龛内转角处。佛座前雕二护法狮子，残缺较甚。龛外两侧各浅浮雕礼佛图1组，主人身材高大，身着褒衣博带，右侧戴冠男子捧物，左侧束髻女子手持忍冬，相向而行，身后一头梳丫髻、着短襦长裤的侍从擎伞盖跟随。龛下刻武定五年（547）佛弟子孟哲宾造像题记一方。

第二章 北朝石窟造像

图113 鹤壁五岩寺石窟王龙仁造像窟

图 114　鹤壁五岩寺石窟邑子四十人等造像龛

图 115　鹤壁五岩寺石窟孟哲宾造像龛

第二章　北朝石窟造像

释迦多宝造像龛（图116），鹤壁五岩寺石窟第二区第3龛，高0.35米，尖楣圆拱形龛内雕释迦多宝二佛对坐像，面部残泐较甚，着双领下垂式袈裟，右侧衣襟甩向左肘下垂，侧身相向结跏趺坐于方台座上，裙裾覆搭座前，衣纹折叠密集整齐。一左手屈肘前伸，一屈肘前伸右手，似在辩论佛法。座前雕护法蹲狮。龛下刻武定七年（549）佛弟子□仲贞造像题记一方。

比丘昙昭等造像龛（图117），鹤壁五岩寺石窟第三区第1龛，高0.35米，尖楣圆拱形龛内雕一佛二弟子，主尊头手皆残，着双领下垂式袈裟，结跏趺坐于方形台座上，裙裾覆搭座前。二弟子身披袈裟，立于圆莲台上。佛座前刻二护法蹲狮，昂首翘尾，威风凛凛。龛下刻大魏武定元年（543）五岩比丘昙昭、惠能、昙楷、佛弟子郭法愍等造像记一方。

一佛二弟子造像龛（图118），鹤壁五岩寺石窟第三区第2龛，高0.49米，尖楣圆拱形龛内雕一佛二弟子，主尊头部残，着双领下垂式袈裟，内着僧祇支，结跏趺坐于方形台座上，裙裾覆搭座前，手施禅定印。二弟子身披僧衣，跣足站立，左者双手合十，右者双手置于腹前。主尊座前中刻一博山炉，炉两侧刻跽跪供养人，外侧刻二护法狮子。龛外两侧各雕一力士像，高发髻，身着齐膝僧衣，跣足而立，膝以下裸露出隆起的肌肉。左者双手抱于胸前，右者双手握金刚杵。该造像应为东魏武定年间（543—550）雕造。

武定□年造像龛，鹤壁五岩寺石窟第四区（图119）第11龛，高0.45米，尖楣圆拱龛内雕一佛二弟子，主尊头部残，高肉髻，着双领下垂式袈裟，结跏趺坐于方形台座上，裙裾覆搭座前，褶纹细密而规整。左手残，右手垂伸，掌心向外，大拇指和食指相掐，施说法印。二弟子双手合十，跣足伫立左右。佛座前雕二护法狮子。龛下刻发愿文早已漫漶不清，仅有"武定□年……造像一尊"等字样尚可辨识。

观世音像龛（图120），鹤壁五岩寺石窟第四区第14龛，高0.35米，尖楣圆拱形龛内雕一佛二菩萨，主尊为观世音菩萨，头戴宝冠，面部稍残，帔帛绕肩在身前交叉，然后上折搭于肘部飘于身外。腰束长裙，结跏趺坐于方形台座上。右手上举，掌心向外，施无畏印；左手前伸施与愿印。二菩萨戴宝冠，面部稍残，双手合十于胸前，跣足而立。台座下中刻一跽跪供养比丘，两侧各雕

图 116　鹤壁五岩寺石窟释迦多宝造像龛

图 117 鹤壁五岩寺石窟比丘昙昭等造像龛

第二章 北朝石窟造像

图118 鹤壁五岩寺石窟一佛二弟子造像龛

图 119　鹤壁五岩寺石窟第四区全景

图 120　鹤壁五岩寺石窟观世音像龛

一护法狮子。龛下刻武定三年（545）五岩寺僧□楷造像记一方。

十三尊像龛（图121），鹤壁五岩寺石窟第五区第3龛，高0.97米，尖楣圆拱形大龛内雕造像13尊，正壁雕一佛二胁侍菩萨和四供养菩萨，主尊高肉髻，面部残，两耳垂肩。着双领下垂式袈裟，结跏趺坐，裙裾覆搭座前，右手上举，左手下垂，施无畏与愿印。左右为二胁侍菩萨，头部均残，帔帛绕肩，斜十字相交于腹前，然后上扬搭于肘部外飘。下着长裙，双手捧物，跣足而立。特别是左菩萨身躯稍侧，细腰纤手，婀娜多姿，富有飘逸之美。在右胁侍外各有供养菩萨两身，皆身着长衣，头结双髻，双手捧物，跣足伫立。佛坛中刻博山炉，两边刻二护法狮子。龛之左右两壁各雕一佛二菩萨，右壁中间主尊残甚，仅存二跣足。两边胁侍菩萨头戴宝冠，帔帛绕肩在腹前交叉后上扬穿肘外飘，下着长裙，一手置胸前，一手下垂提善锁，跣足而立。左壁中间主尊为弥勒菩萨，头部残，帔帛绕肩在身前交叉后上扬穿肘外飘，腰束裙，手施无畏与愿印，结跏趺坐于佛坛上。裙褶覆搭座前。左右菩萨衣着装束与右壁菩萨相同。龛外两侧各雕一身着甲胄的天王，右侧天王双手持金刚杵，左侧天王头部残损较甚，手中持物不清。该龛亦应为东魏武定年间（543—550）所造。

弥勒造像窟（图122），鹤壁五岩寺石窟第五区第6窟，高1.41米，窟平面为马蹄形，为三壁佛坛窟。窟门为方形，尖拱形门楣上方浅浮雕垂幛，两边各刻一口衔忍冬奔腾而下的龙。窟顶浮雕莲花藻井。窟内共有雕像13尊。正壁主尊为弥勒坐像，头戴宝冠，宝缯垂肩，面部稍残，颈戴桃形项饰，宽大的帔帛绕臂在身前交叉穿环，手施无畏与愿印，结跏趺坐于佛坛上，裙褶密集整齐呈燕尾状覆搭座前。其两边为四弟子和二胁侍菩萨，弟子着袈裟跣足而立；菩萨面部残，头戴冠，宝缯垂肩，戴桃形项饰，帔帛绕肩在身前交叉穿环后上扬穿肘下垂，左手屈肘上举，右手下垂握善锁，跣足立于圆形台座上。左右侧壁各雕一立佛二菩萨，主尊高肉髻，面相长方，着通肩袈裟，双手拱于衣内，跣足立于圆莲座上。两边二胁侍头结双髻，身着齐膝僧衣，双手拱于胸前，跣足而立。该窟亦应为东魏武定年间开凿。

武定二年造像龛（图123），鹤壁五岩寺石窟第五区第8龛，高1米，为

图 121　鹤壁五岩寺石窟十三尊像龛

图 122 鹤壁五岩寺石窟弥勒造像窟

图 123　鹤壁五岩寺石窟武定二年造像龛

第二章　北朝石窟造像

尖楣圆拱形龛，门楣两端刻卷云纹。龛平面为马蹄形，内雕一佛二弟子四菩萨二供养人。主尊保存完好，高肉髻，面相长方，形象庄重肃穆，睿智慈祥。身着双领下垂式通肩大衣，内着僧祇支，手施禅定印，结跏趺坐于长方形台座上，裙裾覆搭座前。弟子和菩萨的形象与其他窟龛相同。龛外左右两边各雕一金刚力士，面部残，戴小冠，宝缯上扬，有尖桃形头光，上身袒露，肌肉隆起，下着战裙，手持金刚杵或长柄戟，屈身弓步而立，形象生动，刚健有力。是五岩寺石窟雕刻最好的力士造像。龛外右边有武定二年（544）造像记一方。

三、安阳灵泉寺大留圣窟

安阳灵泉寺，位于安阳县西南25公里太行山支脉宝山东麓。灵泉寺为北朝名刹，原名宝山寺，隋文帝改为灵泉寺，素有"河朔第一古刹"之称。这里四周群峰挺秀，层峦叠翠，溪水长流，景色优美壮观。灵泉寺就坐落在这山环水绕的峡谷盆地中。在灵泉寺东西两侧的宝山和岚峰山的石灰岩断壁上，开凿有大小不同的佛龛和墓塔龛200多个，另有东魏时在寺东侧岚峰山西麓开凿的大留圣窟和隋代在寺西侧宝山南麓开凿的大住圣窟。1983年河南省古代建筑保护研究所对其进行考古调查，2001年公布为全国重点文物保护单位。

大留圣窟，开凿于东魏武定四年（546）。北宋"灵裕法师传碑"记载为"道凭石堂"。石窟坐东向西，平面近方形，进深4.44米，宽3.78米，高3.5米。为三壁佛坛窟。窟内存佛像三尊，正壁为卢舍那佛（图124），头部残缺，身着双领下垂袈裟，内着僧祇支，胸前饰"卐"符号，结跏趺坐于方形束腰须弥座上，座下层正中刻"卢舍那佛"字样。身后莲瓣形火焰纹背光上部已残，圆形头光内饰莲瓣。右壁为阿弥陀佛（图125），头部残缺，右手手指残失，左手前伸施与愿印，结跏趺坐于方形束腰须弥座上，姿态、衣着与正壁卢舍那佛相似。背光大部分残缺，座下佛坛上开四个小龛，每龛内雕一神王，从形象看应是珠神王、象神王、鱼神王、山神王。左壁为弥勒佛（图126），头部残缺，姿态、衣着、背光与卢舍那佛相似。胸前饰"卐"符号，右手从肘部残缺，左

图 124 安阳灵泉寺大留圣窟正壁卢舍那佛

图 125 安阳灵泉寺大留圣窟右壁阿弥陀佛

图 126　安阳灵泉寺大留圣窟左壁弥勒佛

第二章　北朝石窟造像

手施与愿印，结跏趺坐于方形束腰须弥座上。莲瓣形背光从头部以上残缺，残存部分外层刻有禅定坐佛。座下佛坛上雕四个神王龛与右壁相对称，分别为树神王、风神王、火神王，另有一身神王因剥蚀不清而无法定名。

大留圣窟门前，原刻有"魏武定四年岁在丙寅四月八日凭法师造"的造窟题记，现已不存，今存"大留圣窟"四字为后人所刻。大留圣窟内三尊坐佛像，躯干丰满壮硕，衣纹简洁洗练，用圆雕法雕凿，表现出继承北魏造像的某些特点，同时也体现出向北齐过渡的新作风。佛坛壁脚上浮雕的八个神王，与巩义石窟寺第4窟以及现存登封嵩阳书院的东魏天平二年（535）"嵩阳寺造像碑"碑座神王相似，河北南响堂山石窟、水浴寺石窟中均有神王雕刻，不难看出，在石窟壁脚和造像碑座上雕刻神王像，是龙门、巩义石窟寺以来的固有做法。

四、安阳小南海石窟

安阳小南海石窟（图127），位于安阳市安阳县西南25公里善应村龟盖山南麓，面临洹水，因紧邻自然山泉小南海而名。石窟开凿于北齐天保年间（550—559），虽然形制不算大，但却是一处极具北齐时代特征和地方风格的石窟，现存东、中、西3窟，分别位于龟盖山南麓的石灰岩崖壁上，洞窟规模相近，造像题材、风格大同小异，尤以中窟内容最丰富，雕刻最精美。1983年河南省古代建筑保护研究所对其进行考古调查，2001年公布为全国重点文物保护单位。安阳在我国历史上曾经是后赵、冉魏、前燕、东魏、北齐诸王朝的国都，时称邺都。北周隋唐时，虽改称相州，但仍与洛阳、并州同为除国都长安以外的重要都邑。这里是北朝的政治中心和隋唐的政治、军事要地。特别是北朝的许多皇帝崇奉佛教，安阳也曾经是历史上佛教活动的中心地区之一。北朝时期，这里名寺林立，高僧云集，位于安阳西南的小南海石窟、灵泉寺石窟等，都是当时重要的佛教活动场所。

中窟，是小南海石窟三窟中保存最为完好的洞窟，也是三窟中雕刻最精美的洞窟。坐北向南，窟前原有木构建筑，现已毁。窟门呈拱形，圆拱形楣梁

图 127　安阳小南海石窟全景

为两只回首相顾的凤鸟，门楣高浮雕二龙交缠，龙之后爪在中间拱托着火焰宝珠。门洞两旁的帷帐龛内雕力士像，头部及腿部残损。窟门上方镌刻《方法师镂石班经记》，窟门右边有大面积的摩崖刻经，上镌刻《华严经偈》和《大般涅槃经圣行品》，均为隶书。窟平面呈方形，进深1.34米，面阔1.19米，高1.78米。为三壁佛坛窟。窟顶雕覆斗式藻井，顶部饰以莲花图案，四坡饰帷幔纹。正壁雕一坐佛二弟子（图128），主尊为卢舍那佛，头部残，着双领下垂式

图 128　安阳小南海三窟中窟正壁造像

袈裟,结跏趺坐于方台座上,手施说法印。座下佛坛上雕博山炉和二护法狮子。有莲瓣形背光和圆形头光,背光顶部刻二天人托举一宝塔,头光内饰缠枝忍冬,外刻伎乐天人4身。二弟子位于壁面拐角处,头部均残,侧身而立。在右侧佛与弟子之间刻比丘一人,身着圆领宽袖僧衣,手擎莲花荷叶,侧身向佛,榜题"比丘僧稠供养"。僧稠是北齐著名高僧,窟中刻其供养像,表明此窟应为僧稠的修禅之所。

东壁造像为一佛二菩萨(图129),均立于莲花座上。主尊头部残,有桃形火焰纹头光,着双领下垂袈裟,内着僧祇支,下着裙,手施说法印。二菩萨面部剥蚀不清,有圆形头光,斜披络腋,帔帛绕肩在腹前交叉穿环下垂至膝际后上扬穿肘下垂,下着长裙,裙带在两腿间打结下垂。在佛与菩萨之间刻供养人和莲花荷叶。上部浅浮雕小坐佛、小僧人像,榜题作"弥勒为众说法",故该壁主尊为弥勒佛。

西壁造像为一佛二菩萨(图130),均立于莲花座上。主尊头部残,有桃形火焰纹头光,着双领下垂袈裟,内着僧祇支,下着裙,身前衣纹呈"U"形排列。二菩萨形象装束与东壁菩萨同。壁面上部空间以线为主浅浮雕"九品往生"西方阿弥陀净土。九品,即分上、中、下各三品。这种表现阿弥陀净土的题材在南响堂山1、2窟后室前壁上方和中心柱正壁上方也有雕刻,但这里明确地写出了"九品往生"的榜题,而且有明确的纪年,是现知纪年较早的阿弥陀净土浮雕。浮雕线条优美,刻画准确,表现生动。

窟内四壁上部均刻浅浮雕,前壁窟门上方刻维摩、文殊问答。东壁浮雕分为两幅画面,后侧弥勒菩萨结跏坐,两旁刻供养弟子和菩萨,下有"弥勒为天众说法时"榜题。前侧为一结跏趺坐佛,作说法印,两旁刻八尊供养弟子和菩萨,其下榜题磨泐不清。根据佛座下有三法轮和二卧鹿知为释迦"初转法轮"题材。西壁刻有坐佛、莲花、荷叶、树木等,榜题有"上品下生""八功德水"等"九品往生"的内容。表现的是《观无量寿经》中的完整的"十六观"题材,这是我国目前发现最早的"十六观"。正壁浅浮雕刻在背光两侧,左侧上部刻一结跏坐佛,旁一菩萨侍立,下刻榜题"天上天下无如佛,十方世界亦无比,世

图 129　安阳小南海三窟中窟东壁造像

图 130　安阳小南海三窟中窟西壁造像

第二章　北朝石窟造像

间所有我尽见,一切无有如佛者"。下部刻"比丘僧稠供养像",是国内仅存僧稠供养像,十分难得。根据榜题和画面分析,上部为"弗沙佛度释迦菩萨"故事。画面中坐佛即弗沙佛,侍立菩萨即释迦牟尼。右侧分5个画面,最下端的山间流水处有一草庐,内有一人修禅行道,旁立一外道形象,面对修禅者,其上榜题:"比罗刹□□偈诸行无常,是生灭法";其上一修禅者坐于石头上,一外道与其相对而坐,上刻:"生灭灭已,寂灭为乐";再上为一修禅者立于大树下,欲作上树状。一修禅者从树上头朝下坠落,一外道在下面双手欲接坠落者。另一修禅者作立状,一外道五体投地向其叩拜,上有榜题"罗刹变为帝释谢菩萨时"。根据所刻偈语,知为"舍身闻偈"故事,修禅者为释迦前生雪山童子,外道者即帝释天所变罗刹。

中窟外壁的门额上方镌刻《方法师镂石班经记》云:"大齐天保元年,灵山寺僧方法师、故云阳公子林等,率诸邑人刊此岩窟,仿像真容。至六年中,国师大德稠禅师重莹修成,相好斯备,方欲刊记金言,光流末季,但运感将移,暨乾明元年岁次庚辰,于云门帝寺奄丛迁化。众等仰为先师,依准观法,遂镂石班经,传之不朽。"(图131)由此可知,此石窟是灵山寺僧方法师在北齐天

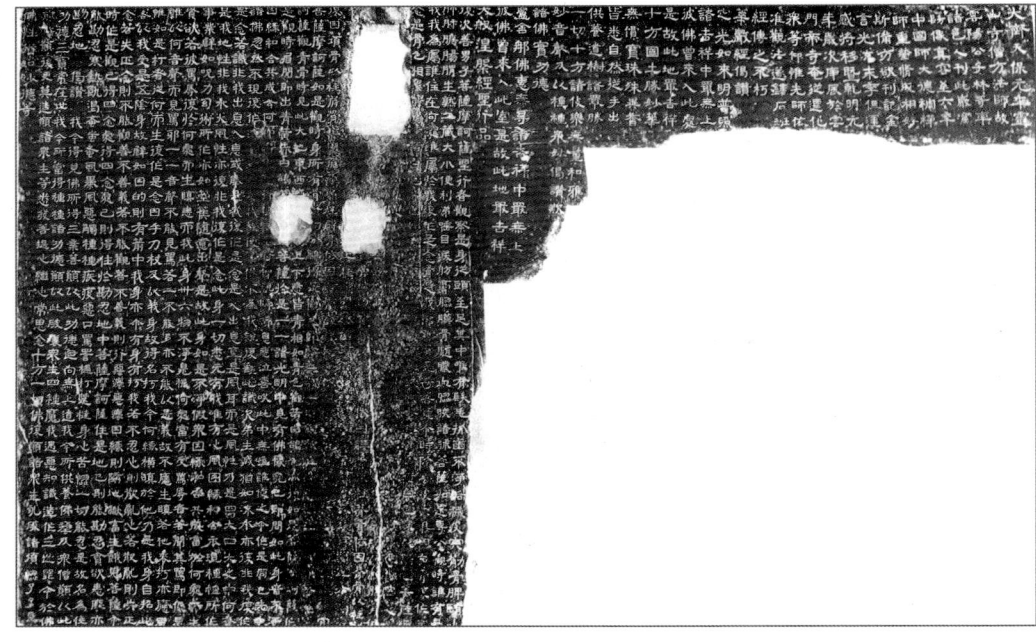

图131　安阳小南海中窟外壁刻经拓片

保元年为著名高僧稠禅师所开。窟门右侧镌刻《华严经偈赞》和《大般涅槃经·圣行品》，均为隶书写就，字体苍劲有力，是研究北齐书法艺术的宝贵资料。

东窟（图132），原位于中窟以东500米的崖壁上，后因修路，遂将东窟整体移于中窟之旁加以保护。窟门门额及两侧崩毁，门外东侧上下雕三个尖楣圆拱龛，龛内造像残损较甚。门外西侧分两层雕造龛像，下层东西并列雕两个尖楣圆拱龛，东边一龛造像被盗凿损毁，西龛内雕一立佛二弟子二菩萨，佛及菩萨残损较甚。上层图像主要是在两株菩提树组成的圆拱龛内雕一宝塔，塔内刻释迦多宝两尊坐像，塔侧二菩萨胁侍，表现的是《法华经·见宝塔品》，其外有十二尊坐佛围绕。西侧树下雕一小龛，内雕一坐佛二菩萨，造像残损较甚，面部及手印无法辨识，但能看出主尊为结跏趺坐。在此龛的正下方有"卢舍那佛"榜题，反映的是对华严经的信仰。窟内平面呈方形，进深和面阔均为1.29米，高1.67米。覆斗式顶，正壁及东西两壁设佛坛，佛坛雕10个方形龛，龛内雕神王像。正壁佛坛上雕一佛二弟子（图133），主尊结跏趺坐，头部残，有圆形头光和莲瓣形背光，背光内刻飞天6身。东、西两壁各雕一佛二菩萨，均立于莲花座上，造像残损较甚。佛与菩萨之间浅浮雕供养人像和忍冬。东壁上部浅浮雕交脚弥勒菩萨、弥勒说法相等浮雕，西壁上部有九品莲池、楼阁等象征阿弥陀净土变的内容。据此，该两壁的本尊应为弥勒佛和阿弥陀佛，与中窟的情况相一致。另在东西壁靠近窟门的左菩萨外侧浅浮雕一手中托鸟的婆薮仙人。门外东侧雕一卧虎，剥蚀严重。

西窟（图134），位于中窟西北20米处崖壁上，坐东朝西，平面约呈方形，顶作覆斗式，为三壁佛坛窟，进深1.76米，宽1.36米，高1.76米。窟门作拱券状，门柱顶端饰莲花，拱形门梁中间饰束莲，两端凤首回顾，门楣雕螭龙盘绕，正中雕一朵盛开的莲花。龙口衔帷帐，构成窟门两侧的帷帐龛，龛内各雕一护法力士。与中窟、东窟不相同的是，在龙首外侧各有一倒立的裸体虎头人身强梁口衔帷帐，这种题材在北朝其他石窟中也较为罕见。门外左壁大面积的

图 132　安阳小南海东窟外景

图 133　安阳小南海东窟正壁造像

图 134　安阳小南海西窟外景

摩崖壁面上，剔地浅浮雕供养人像 10 排，每排 8 人。由于崖面剥蚀风化，上半部人像多不能识。窟内造像除头部残损外，保存较为完好。正壁雕一坐佛二弟子（图 135），南北两壁各雕一立佛二菩萨，与中窟基本相同，只是比中窟少了壁面上部的浮雕画。

小南海石窟为北齐天保元年由灵山寺僧方法师、故云阳公子林等创凿，天保六年由"国师大德"僧稠重莹修成。在他死后为纪念这位先师并镂石班经，以求传之不朽。所刻《华严经偈赞》，因僧稠为相州南道一系道房弟子，当时地论师多兼师《华严》。《偈赞》中"卢舍那佛惠无寻，诸吉祥中最无上，彼佛

图 135 安阳小南海西窟正壁造像

曾来入此室,是故此地最吉祥"句,说明该窟以卢舍那佛为本尊。[1] 两壁分别为弥勒佛和阿弥陀佛。三壁三佛是北齐最重要的造窟形制和造像题材,但像小南海石窟这样指明佛名的例子却极为罕见。因此,小南海石窟三佛名的确定,是研究北齐石窟和当时佛教信仰情况的重要依据。

---

[1] 丁明夷:《北朝佛教史的重要补正——析安阳三处石窟的造像题材》,《文物》1988年第4期,第15-20页。

五、林州千佛洞石窟

林州千佛洞石窟，位于林州市西南15公里林虑山南庵沟村以北山半坡上，这里山势峻峭，层峦叠翠，环境清幽。分布着北齐、唐、宋、元、明、清的诸多文物古迹，北齐文宣帝为当时著名的禅僧、地论学者僧达在此建立洪谷寺。此后又有慧光的弟子昙迁（542—607）隐于林虑山中。还有大缘禅师（590—647）常住洪谷寺并卒于寺中。洪谷寺东1公里处便是北齐时开凿的千佛洞石窟。

石窟坐北朝南，窟前用青石砌方形保护房，上部垒成三层叠涩式密檐。拱券门，半圆形门楣中央凿一佛龛，雕一坐佛二弟子二菩萨，两侧各刻一身禅定坐佛。窟门两侧石墙上分布6个方形龛，雕坐佛像24尊。在门楣上方两侧嵌刻两方唐乾封元年（666）修补石窟造像的题记。洞窟平面近马蹄形，为三壁一铺式佛殿窟。洞内宽2.27米，进深2.35米，高3.3米。窟内外共雕大小造像128身，最大者高2.78米，最小者仅0.16米。正壁造像一坐佛二弟子二菩萨（图136），主尊高2.78米，头手均残，有莲花项光，平肩宽胸，身躯壮硕。着右直领式袈裟，内着僧祇支，结跏趺坐于束腰仰覆莲座上。袈裟覆盖并紧裹两腿，不露足，双腿间衣摆呈横向弧线纹。二弟子头及左手皆残，外披袈裟，内着僧祇支，右边袈裟甩向左肘在身前形成"U"形衣纹，跣足立于莲座上。二菩萨雕于正壁与两侧壁交角处，头残，颈戴项饰，胸部隆起，腹部微凸，上身赤袒，帔帛绕肩在两腿前横贯两道，胸前佩挂璎珞，两臂着钏，下着长裙，裙裾紧裹两腿，衣纹呈"曹衣出水"式，跣足立于束腰仰覆莲座上。本尊上方浮雕2身供养天人，头束高髻，袒胸着裙，手捧供果呈飞翔状。本尊项光两侧各雕3尊坐佛，西侧刻有"张商英结缘来此"题记，据《重修林县志》考证，是张商英（1043—1121，字天觉）于北宋元祐五年（1090）所镌。二弟子上方刻坐佛，西侧刻3层10尊，东侧刻4层7尊，高约0.25米，姿态相同，皆着通肩大衣，手施无畏印，结跏趺坐于莲花座上。二菩萨周围刻千佛，因东、西两壁前半部坍塌，所剩佛像无几，从残存壁面看，东西两壁原应满布千佛，上下7排，每

河南佛教造像史

图 136　林州千佛洞石窟正壁造像

排数量不详。另在两壁南侧还分别嵌砌唐代补刻的《金刚经》和《妙法莲花经》刻石。从千佛洞外东侧崖壁遗存的四句偈言刻石："天上天下无如佛，十方世界亦无此。世间所有我尽见，一切无有如佛者。大齐武平五年八月廿日建。"（图137）可知，千佛洞石窟开创年代之下限应为北齐武平五年（574）。

在艺术风格上，正壁造像头部均残，主尊胸部隆起，两肩宽平，身躯壮硕，内着僧祇支，外着右直领式袈裟，结跏趺坐于仰覆莲座上，袈裟覆盖并紧裹两腿，不露足，双腿间衣摆呈横向弧线纹。此种做法与安阳灵泉寺隋代大住圣窟相同。菩萨胸部隆起，腹部微凸，上身赤袒，下着长裙，帔帛绕肩在两腿前横贯两道，胸前佩挂璎珞。此种不同于前期装束的菩萨像在武平年间的"宋始兴造像碑"上亦可见到。弟子的身躯也呈健壮之态，不再有前期两肩削窄、秀骨清像的遗韵，不管是佛、菩萨还是弟子，都表现出我国北方民族特有的一种健壮的形体和朴实的精神，开隋唐丰厚健壮一派佛像之先河。因此，也有学者认为千佛洞造像是唐代修刻，而非北齐原貌。[1]然而，该窟门楣上方嵌砌的两方唐代题记明确记载"粤以大齐武平五年，于洪谷寺东四百步名山之侧，遂造大石像一躯并二菩萨、阿难、迦叶等三十二相炫耀于丹青，八十种好流光金石"。说明该窟正壁造像雕造于武平五年，与前述武平五年的偈言时代是一致的。根据现存造像情况，石窟内的圆雕大像一经雕成，如若改动并非易事，而壁面浅浮雕造像则可根据需要，可以增减或磨去重雕。从东、西两壁嵌砌刻经所遗留的造像残迹看，东西两壁原应雕有千佛，上下7排，故名"千佛洞"。据唐乾封元年修窟题记载："往以大齐功德经今□□□年，雕毁伤颓，尊容显露。□有比丘僧员操……遂发菩提，敬造龙花浮图一所并《金刚波若》二部、《遗教》、《观音》、《金光明》一偈、《无量义经》半篇，写金言于石壁，改旧像于新成。"知其洞窟前半部因山体滑坡而坍塌，"雕毁伤颓，尊容显露"。比丘僧员操于唐乾封元年劝合县人等"改旧像于新成"，即将左右壁残毁的壁面用石条垒砌，并

---

[1] 王振国：《关于河南省林州市洪谷寺千佛洞的造像与刻经》，《敦煌研究》2003年第5期，第26-30页。

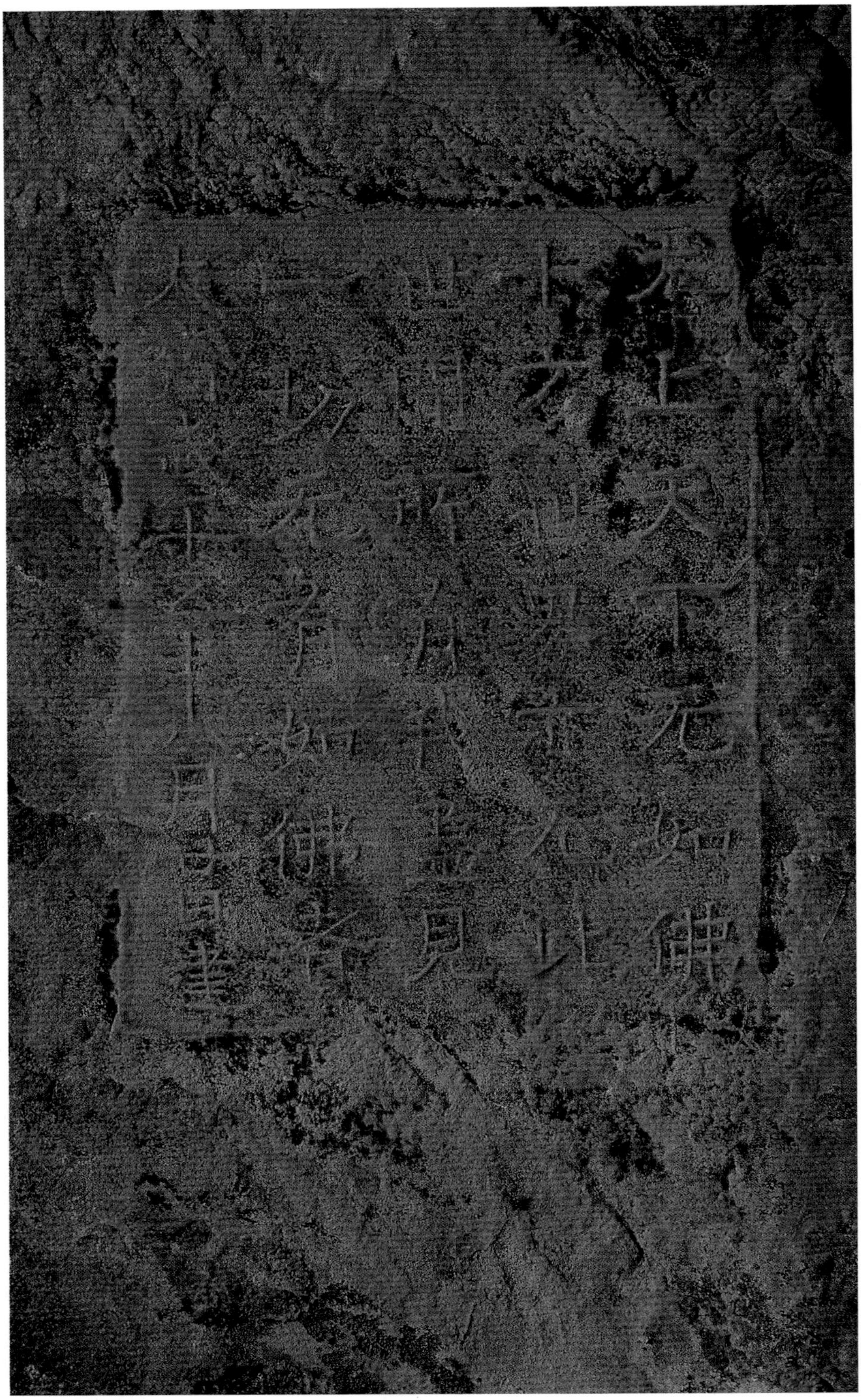

图 137 林州千佛洞石窟外东侧偈言刻石

修建窟门使佛像不再外露，再利用垒砌的石面刻上经文。因此，洞窟内所雕造像应为北齐所造。

刻经也是千佛洞石窟的一大特点，据唐乾封元年题记载和窟内现存刻经情况，洞内刻经7部，即：秦·鸠摩罗什译《金刚般若波罗蜜经》1卷；秦·鸠摩罗什译《佛遗教经》；南朝齐·昙景所译《摩诃摩耶经》卷上节文；南朝齐·昙摩伽陀耶舍所译《无量义经·德行品偈》；隋·阇那崛多和达摩笈多译《添品妙法莲花经·观世音普门品》1卷；北凉·昙无谶译《金光明经》1偈以及《金刚经》1卷。这些刻经是邺城地区佛教石窟和摩崖刻经的继续，也是邺城地区初唐时期仅有的一处刻经。另外，千佛洞外北齐所刻的四句偈言："天上天下无如佛，十方世界亦无此。世间所有我尽见，一切无有如佛者。"出自《大智度论》卷4（《大正藏》第25册），是释迦牟尼前世为过去弗沙佛的弟子，在修菩萨行时所说的赞佛偈语。安阳小南海石窟中窟雕有完整的"十六观"故事情节，此窟为一所禅窟，窟内的雕刻内容是为僧人习禅时禅观所用。从而推测，千佛洞石窟初创时亦可能为禅窟，窟内造像亦与僧人习禅有关。

第三章 北朝时期的单体造像

通常所谓的单体造像是相对于石窟造像而言的，主要指石窟造像以外的用天然石材雕造的佛教造像，它包括背屏式造像、造像碑、圆雕造像等。

背屏式造像是指带有莲瓣形背光的造像，多在莲瓣形背光前雕一佛二菩萨三尊，主尊或立或坐，背光雕刻繁华，内容丰富。它是河南早期石刻造像的主要形式，自北魏景明年间一直延续到北魏末年（即500—534）。在这35年间，河南的石刻造像主要流行背屏式一佛二菩萨三尊造像，且多分布在河南北部地区，黄河以南较为罕见。由于造像形式比较统一，多为一佛二菩萨三尊立像，因而形成了具有鲜明地方特点的河南派造像。关于河南派造像，早年的奥兹瓦尔德·希廉曾依地域将中国雕刻进行了分类，在河南派造像群中，有现藏美国大都会艺术博物馆的三尊像以及波士顿美术馆藏洛阳白马寺的一尊菩萨坐像共4件。其后松原三郎在《中国佛教雕刻史论》第九章《东魏雕刻论》中指出其具有的"情感的特性"，"整体上浑圆的雕刻手法，以及整体上舒展而优雅的光背纹样"是河南派造像的特点。[1] 石松日奈子在《北魏河南石雕三尊像》一文中，将河南现存的和流失国外的21件背屏式三尊像进行比较，根据对这些造像特征的考察，确认了河南出土的石雕三尊像多件，判明了数件出土地不明的作品亦属同一系统，同时还判明了传说为河南出土而被列为另类的一系列造像。同时认为在此前统称为"河南派"的诸多造像中，表现出几种相异的作风。[2] 这些相

---

[1]［日］松原三郎：《中国佛教雕刻史论》，吉川弘文馆，1995年，第97-98页。
[2]［日］石松日奈子著、刘永增译：《北魏河南石雕三尊像》，《中原文物》2000年第4期，第48-60页。

异的作风来自于造像内容和雕刻手法在各个不同时期的具体表现，而背屏式三尊造像则是北魏晚期"河南派"造像的主流。随着北魏王朝的衰败，这种背屏式造像逐渐被具有明显汉民族特点的造像碑所替代。

造像碑是在石窟开凿的影响下出现的一种造像形式，就其碑体形式可分为四阿顶方柱体、方形扁体、螭首扁体、镶嵌于墙体上的横长方形卧式造像碑、千佛碑等。现存最早的有明确纪年的造像碑是日本书道博物馆的北魏延兴二年（472）"黄□相造像碑"，为四阿顶方柱体造像碑，由方形碑座、方柱体碑身，汉四阿式屋顶碑首组成。四面凿龛，内雕一坐佛。龛楣雕七佛，龛像简洁。[1] 这种四阿顶方柱体造像碑，碑体较小，四面雕凿像龛，故有"四面石造像"或"四面造像龛"之称。这种碑体造型对后世造像碑形体的影响极大，视为北齐时四方柱体造像碑的鼻祖。如河南博物院藏北齐武平三年（572）"佛时寺造像碑"、淇县博物馆藏"灵山寺四面造像碑"、浚县博物馆藏"浚县四面造像碑"以及河南博物院藏隋开皇三年（583）"邢法敬造像碑"等，均为四阿顶方柱体造像碑杰出之作。碑体为四方柱体，四面雕造像龛，每面三龛，上下叠列，每龛均为一单独的主题，内容丰富。上有仿木结构的九脊单檐歇山式碑首，下有方形碑趺。这种四阿顶方柱体造像碑，继承了北魏石窟中心塔柱的造型，并在碑体上端施以仿木结构的四阿式屋顶为碑首，既具防止雨水浸蚀佛像的功能，又具极强的装饰效果，加之高大的方柱体碑身配以稳重大方的四方体碑趺，使整体造型显得宏伟气派，庄严而豪华。造像题材丰富，刻工精细，气势宏伟，堪称此类造像碑之代表作。石窟中心塔柱的原型，是印度建在石窟内的一种佛塔，称为"支提"，多置于石窟的后部，塔前有一个较大的场所，为僧众举行礼佛集会之用。这种形式传到中国后，多放置在石窟的中央，以供僧人们礼拜供奉。后来发展为塔顶与窟顶相连，形成石窟寺□的中心塔柱。塔柱四周或雕千佛，或雕像龛。它不仅可供僧众礼佛，还起到对石窟顶部的支撑作用。虽然这种塔柱式造像多与石窟有着密切的联系，但它对造像碑的出现也有着极大的影响。

---

[1] 金申：《中国历代纪年佛像图典》，文物出版社，1994年，图23。

信士们为了单独供养和雕刻方便，便将这种造像形式借用于石窟寺之外，形成一种有别于石窟中心塔柱的造像碑。

方形扁体造像碑是北魏晚期开始出现的一种造像形式，如1976年在河南荥阳大海寺旧址出土的北魏孝昌元年（525）"道晗造像碑"，就是这种方形扁体碑的杰出之作，这种造像碑形是由塔节式造像碑演变而来，碑体变四方柱体而为四方形扁体，由于碑体的变化，决定了造像碑只能以正面雕像为主，其余三面造像为辅，使主题更加突出。该碑正面大龛内雕交足弥勒，其余三面或在数个小型龛内雕佛造像，或雕佛传故事，或刻供养人像和造像题记等。内容较之塔节式造像碑更加丰富。同时可看出早期造像碑的演变过程。这种四方形扁体碑与北魏时期的塔节式造像碑一样，多置放于寺院的重要位置，成为寺院的装饰性建筑。然而，"道晗造像碑"碑首雕出的二龙交缠，则为其后流行螭首造像碑之肇始。

随着佛教造像汉化的推进，中国的传统文化也较多地融入佛教造像艺术中，不仅造像风格和雕刻内容具有中国传统的审美情趣，其造像形式也在向中国化转变。就单体造像而言，早期的那种背屏式造像、四方柱体或方形扁体的造像碑逐渐被中国魏晋时期用于记事的螭首扁体碑所替代，如果说早期的四方柱体造像碑还带有印度支提塔的某些特征的话，那么，这种螭首扁体碑可称为完全中国化了的造像碑。在北朝中期的东魏、北齐时期十分流行，且雕刻极为精美。它由碑首、碑身、碑趺组成，碑首呈半圆形，也有极少的圭形，均有雕刻精美的螭龙盘绕，多为六螭缠绕在一起，龙首向下，口衔碑身两侧。碑首中间或镌额铭，或雕像龛。碑身以正面像龛为主，碑阴及两侧或刻造像记，或雕千佛龛，也有线刻佛传故事和供养人像者，方形碑趺上多为浅浮雕的神王像，内容极为丰富。这种螭首造像碑始自北魏晚期，盛行于东魏、西魏、北齐、北周，成为北朝晚期的一种主要的造像碑形式。

与此同时，长方形扁体造像碑在北魏时代出现，碑体为长方形，其厚度较四方形扁体碑更薄。它是借鉴了中国汉代传统的记事碑的造型来进行雕像刻记的一种形式，因碑体较薄，故只能在正面雕龛造像，其余三面或减地线刻供养人像，或刻造像题记。如偃师商城博物馆藏北魏正光四年（523）"翟兴祖造像碑"，竖长方形碑体，碑阳上部凿一佛龛，中部刻造像记，下部及其余三面均为减地线刻的供养人像。虽然内容较丰富，但仍以正面雕一龛为主，其余内容为辅，这种造像形式可说是北魏晚期造像碑一龛制的基本模式。除此之外，北魏至北齐时还出现一种横长方形造像碑，这种碑仅在碑之正面中间位置雕刻造像，造像周围刻造像记文，或以线刻表现，如河南博物院藏北魏正光五年（524）"刘根造像碑"，正面中间线刻释迦说法图，两边刻造像记文和题名。或在中部凿一拱形佛龛，龛内雕佛造像，如河南博物院藏北齐天统五年（569）"张啖鬼一百人造像碑"、天保三年（552）"刘子瑞造像碑"等。由于这种横长方形造像碑为单面雕刻且无法单独竖立，多镶嵌于寺院的墙壁或塔壁上，成为信徒对佛主表达虔诚心愿的一种简单的方式。

　　北朝晚期还出现一种四阿形屋顶式扁体造像碑，虽然数量很少，但作为造像碑的一种形式，也是十分重要的。碑体造型变北齐时豫北地区流行的四阿形屋顶式方柱体为四阿形屋顶式扁体，如现存河南博物院的北周保定五年（565）"北周千佛碑"，碑身为扁体，上有仿木建筑的九脊单檐歇山顶式碑首，下有覆莲装饰的长方形座，像龛雕刻仍以正面为主，其余三面满刻千佛。整体造型虽具秀雅之美，但却少了北齐四方柱体造像碑所显示出的雄浑之气。

第一节 北魏晚期单体造像

　　河南北魏晚期的单体造像主要以黄河以北地区的莲瓣式背屏三尊像为主，其造像题材和艺术特征在各阶段的表现不尽相同。北魏景明年间造像，均为莲瓣式背屏一佛二菩萨三尊造像，主尊或立或坐，头部长而大，高肉髻，刻波浪起伏的发纹，额上正中发纹呈右旋涡轮状。面相清瘦，颈部细长，平腹削肩，躯体纤细，双手施无畏与愿印，着双领下垂式通肩袈裟，右侧衣带甩向左臂绕肘外飘，覆于膝上的袈裟下摆皱折清晰，并垂于台座上方，这种服饰衣纹与官方开凿的龙门石窟中所见同时期华丽的垂衣表现相去甚远。二胁侍菩萨，头戴花瓣式宝冠，桃形头光内饰卷草纹。上身袒露，帔帛绕肩下垂在两腿间交叉，然后上卷绕肘外飘，上卷处显露折角。下着长裙，双手捧花蕾恭立左右。莲瓣形背光雕刻十分精美，繁而不乱。头光中心刻高浮雕莲花，其外一周刻坐佛九尊或十一尊，再外一周刻飞天六体，或伎乐，或供养，头束发髻，面相清秀，着宽袖短襦，宽大的天带飘扬在头后形成两个尖桃状，无头光。长裙裹足，两腿曲蹲呈跪姿，裙裾从屈回处向后飘，这种跪姿飞翔的姿态，成为景明年间飞天的典型特征。周缘浅浮雕火焰纹。背屏背面上端减地线刻交脚弥勒菩萨，下部刻造像记文和供养人像，两侧面上部刻升龙，下部刻卷草纹，卷草纹与两个半忍冬间配以果实。在艺术风格上，不管是佛、菩萨，还是飞天、供养人，其形态趋向于清癯秀美，早期的那种挺拔雄伟的气魄、丰圆粗壮的身躯和饱满敦厚的面型已不存在，表现出的是一种清癯瘦削的"瘦骨清像"，这种病态美的"瘦骨清像"，成为景明年间佛教石刻造像的典型风格。

正始年间的造像在河南现存的单体造像中虽不能找到，但石松日奈子在《北魏河南石雕三尊像》一文中，对美国圣路易斯美术馆藏正始二年（505）"尚齐八十人等造像"（图138）有较详细的描述：主尊头部纵长，呈溜肩扁平体，硕大的右手施无畏印，左手握衣与"阎勃之造像"同，衣纹处理略见舒展。胁侍像左右不同，左像呈旧有形式合掌持莲蕾，右像右手持莲蕾，左手下垂持净瓶。足踏莲花狮子座。光背线刻繁缛。飞天足尖大多裹于衣内，但有的躯体强烈反躬，两足举向上方，自裙下摆处露出双足尖。基台部地天托香炉，左右狮子、力士线刻刚劲有力。背面上段以交脚菩萨为中心刻坐佛带，中段刻铭文，下段刻供养人。铭文记正始二年司州汲郡汲县合邑仪唯那尚齐八十人造像之因由。司州汲郡汲县即今河南省卫辉市。可知这是一件典型的河南北部造像。不难看出，正始年间的造像在继续保存景明风格的同时又有所发展。佛之面相虽然仍保存着前期颀长清秀之貌，但略显圆润秀美之姿。平胸削肩的景明特点，在正始时期仍然明显，但呈阶梯状排列有序的衣纹较前期略显舒展。尤其是胁侍菩萨足下开始出现莲花狮子座，成为之后此类造像的定式。

熙平年间的莲瓣式背屏三尊像，较前期造像有较大变化。造像肩部开始向着圆厚饱满发展，景明、正始期佛像颀长的颈部在此时也逐渐缩短，显示出一种力度。如熙平二年（517）"王毛郎造像"，佛的双领下垂式通肩大衣，呈直平阶梯式衣纹较前期更显舒展。右衣带从胸前甩向左臂绕肘外飘，束裙的腰带垂于微隆的腹前，裙下摆衣褶重叠，外飘形如燕尾，俨然南朝飘逸潇洒的士大夫形象。菩萨头戴花瓣式冠，帔帛绕肩在腹前交叉后绕肘外飘，肩部的帔帛较前期宽大且向上翘起，犹如当时流行的妇女披肩。头后的宝缯向两侧平展，折角后垂于两肩。成为此时菩萨造像的显著特征。尤其是莲瓣形背光，较前期更加高大，且顶部较前期更尖，整体似一舟形，故又有"舟形背光"之称。光背的装饰由前期的浅浮雕或减地平雕向纯线刻过渡，开始出现减地线刻或阴线刻，线条纤细而有力。正面的雕刻内容承袭了前期的高浮雕莲花瓣、禅定坐佛、飞天、火焰纹等题材，但为了使画面充实完美，便在主尊桃形头光上端的空白处

河南佛教造像史

238　图 138　尚齐八十人等造像

填补上二龙交缠的图案，这种龙图案是佛教中所指的护法神天龙八部中的龙神，在熙平年间的造像中开始出现，成为此后北魏晚期造像中常见的题材。特别值得注意的是，飞天的刻划显示出一种由裹足到露足的演变过程，正始年间的飞天整体造型承袭景明年间的飞天姿态，虽仍呈跪姿，但有的躯体强烈地反躬，两足举向上方，裹于衣内的足部开始自裙下摆处露出足尖。而到了熙平年间，飞天的足部自裹覆的裙摆中露出，躯体下方开始出现小块的云朵，似乘云从天而降，这种乘云的飞天成为其后的固定形式，且越往后，云的表现逐渐变得长而华丽。背面雕刻变前期的减地平雕为纯阴线刻，内容也与前期相比有所变化，除了线刻供养人像外，在上部刻一株大树，枝叶繁茂，树干粗大，叶如羽翼，果为茄形，果上有鳞状纹。根据树下帐形龛内供奉的交脚弥勒分析，此树应与弥勒有关。据《弥勒上生经》和《弥勒下生经》说，弥勒生于南天竺婆罗门家族，继释迦牟尼之佛位，为补处菩萨，先佛入灭，生于兜率天内院，经四千岁（即人间五十六亿七千万岁），下生人间，于华林园龙华树下成正觉。此树应是"龙华树"。这种题材在熙平年间开始出现，成为此后造像光背雕刻的定制。

神龟年间的莲瓣式背屏三尊像与前期相比有很大变化。从河南淇县神龟至正光年间（518—525）"田迈造像"可以看到，佛的高肉髻已变得扁平，面相已变前期的清瘦为长方，"秀骨清像"的风格在这里已大大减弱，向着方颐丰圆发展。双领下垂式袈裟紧贴躯体，稀疏流畅的衣纹具有"曹衣出水"之韵，前期浅浮雕具有起伏感的衣纹表现多被平面阴线刻代替。菩萨的装饰趋向简洁，袒露的上身只斜披一串璎珞，帛带不再披肩，而是绕肘下垂，下身的长裙紧裹两腿，裙腰向外翻折，这种菩萨装饰对后世影响极大，特别是隋唐时期的菩萨造像多以此种装束出现。光背雕刻较前期更为丰富而精细，将释迦多宝二佛并坐像雕在光背的中心位置，变前期环绕主尊头光一周的七佛，成一排雕刻于释迦多宝的佛座上。飞天的身姿已变前期的跪姿为"U"形，双足外露，天带后飘成不规则形，且以高浮雕表现。这种高浮雕表现的飞天成为北齐飞天的前奏。顶部雕刻的多宝塔以及下方的口吐莲花化生的龙与释迦多宝的内容是一致的，反映的是法华经中的"宝塔品",成为此后佛教造像的重要题材。而背面的雕刻内容与熙平二年的"王毛郎造像"基本相同,但在龙华树上方出现了"衔蛇之鸟",树之两边刻有天人手持圆形物,内刻三足鸟和蟾蜍,象征着日、月。这种题材在神龟及正光年间的造像中多有表现,如同地出土的"吴晏子造像"(神龟元年)、日本大阪市立美术馆藏"王显宗等造像"(神龟年间)、瑞士瑞特保格美术馆藏"杨文憘造像"(正光元年)背光雕刻与此相同,可谓是中国传统的升仙思想与佛教信仰相结合,反映了当时人们对美好生活的向往和渴望。这种日、月图形在熙平之前的造像中尚未见到,成为神龟、正光年间佛教造像的又一显著特征。

正光年间的莲瓣式三尊像与熙平年间的莲瓣式三尊像较相近,如瑞士瑞特保格博物馆藏正光元年(520)"杨文憘造像","三尊的形状及光背线刻与王毛郎造像相似,特别是中尊胸前结纽、左手握衣、胁侍菩萨像的手姿及持物、足尖自裙中伸出的光背飞天以及飞天乘小块云朵等处十分相像"。[1]但背面上部雕刻却与"田迈造像""吴晏子造像"相同。根据该像供养人名的官职中有"顿丘县"等地名,"顿丘"即今之清丰县,位于河南北部,与"田迈造像"地淇县相距不远,受其影响也是必然的。

正光年间的造像碑雕刻也很精致,出现了"刘根造像碑""翟兴祖造像碑"之类的造像精品。"刘根造像碑"于清光绪年间在洛阳城东韩旗屯村出土,碑中造像部分不是用北魏惯用的浮雕来表现,而是采用了中国传统的减地阴线刻技法刻出释迦说法图,使之成为一幅完美的佛教教义的宣传画。这种线刻画是富有经验的艺术匠师们运用锋利的刀笔,在光滑的石面上雕刻出来的,它既不同于白描,也有别于阳线版画,是我国传统美术作品中的一种独特的艺术形式。在山东嘉祥武梁祠和河南密县打虎亭汉墓中大量出现。

---

[1] [日]石松日奈子著,刘永增译:《北魏河南石雕三尊像》,《中原文物》2000年第4期,第48-60页。

孝昌年间的背屏式三尊像，其造像形式与三尊式组合虽然仍是前期的继续，但细部表现却与前期不尽相同，无论是背屏造型，还是佛和菩萨的装束及形象特征、雕刻题材等，都有所变化。主尊肉髻较低，呈馒头状，面相长方，呈现出端雅秀丽的"秀骨清像"之貌。削肩平胸，胸前的僧祇支较前期更低，且不作任何装饰。胸前不再结带，身前衣纹呈"V"形，裙裾外展不够明显，左手下垂不再握衣襟。菩萨宝缯外展折角后下垂，帔帛翘角较小，帛带在身前交叉并出现了一个穿环一个不穿环的新样式，这种不对称的菩萨装束在正光以前的造像中不曾见到，只在北魏末期的造像中有所出现。裙褶稀疏，出现了大块的光洁面。菩萨足下已不再是莲花狮子座，而是单纯的莲花座，这种单纯的莲花座多见于孝昌以后。背屏正面雕刻分五层，内三层的雕刻内容大致与前期相同，但第二层的禅定坐佛周围出现了莲花荷叶装饰，第三层的飞天身下的云朵长而华丽。二龙交缠题材不再出现，取而代之的是一尊禅定坐佛及二身飞天。这种雕刻题材的变化，是北魏晚期造像时代特征的重要标志。背屏背面上部雕刻不再出现菩提树以及树两边的拥抱日月奔跑的神人，而是在此处刻一尊禅定坐佛和四身飞天；屋形龛内的弥勒菩萨两旁出现了两身胁侍菩萨，并在龛外左右刻一身邑师像和供养人像，尤其是在最下层雕刻佛传故事。而田延和造像，背屏遍刻火焰纹，背面刻供养人像，雕刻内容与前期造像相比显得简单多了，菩萨足下的莲花座在孝昌以后的造像中较为多见。但其形象特征却与龙门石窟宾阳中洞北壁的佛、菩萨相似，佛的发髻为右旋式波浪纹，清雅秀丽的面孔，瘦削的双肩和褒衣博带式大衣，已摆脱了早期丰圆饱满的造像规范，俨然清秀高雅、飘逸潇洒的南朝文人士大夫形象，这是北魏孝文帝太和改制后南北文化大融合过程中出现的一种新的艺术风格，即"秀骨清像"式中原风格，这种风格对北魏晚期造像产生了积极的影响，成为北魏晚期造像的主流，反映了佛教造像中国化的过程。

黄河南岸的嵩洛地区在孝昌至永熙年间已有少量的背屏式造像存世，如"骆道明造像"（孝昌二年）、"扈文显造像"（孝昌三年）、"赵安香造像"、

"博爱三尊佛立像"等，但体量都很小，雕刻内容简单，多为家庭供奉之物。佛和菩萨虽然大体上仍保留着前期清秀的面型，但腹部明显凸起，显示着向圆润发展的趋势。佛的双领下垂式通肩大衣所呈现的潇洒飘逸之感明显减弱，表现出一种笨拙的厚重感。尤其是光背雕刻已不再有前期的那种繁缛和华丽，禅定坐佛和飞天已不是光背雕刻的主要题材，只有简单的火焰纹和卷草纹饰，前期供养人像雕刻在此时也在减少，取而代之的是往往只线刻一个佛传故事或刻造像题记，由此看出，不管是内容还是形式，与前期相比都呈衰落趋势，可视为莲瓣式三尊造像的尾声。

然而此时的造像碑雕刻却十分精美，可视为民间佛教单体造像的一次飞跃。荥阳大海寺出土的北魏孝昌元年"道晗造像碑"堪称此期造像碑的代表作。这是一件方形扁体造像碑，正面拱形龛内雕以交足弥勒为主尊的一佛二弟子二菩萨，龛外浅浮雕二护法力士，主尊背光浅浮雕三层，内层雕莲花瓣，中层刻飞天七体、环绕飞舞，其外刻火焰纹，这种背光雕刻与莲瓣式三尊像背光基本相似。但在背光的上方刻维摩经变图，这种形式在前期背光雕刻中不曾出现。而尖拱形龛楣上雕七佛，承袭了前期背光雕刻禅定坐佛的造像题材。龛楣上方浅浮雕天女僧众各八人，表现的内容与龛内的维摩经变相一致，反映的是维摩诘居士与文殊菩萨辩法时，周围天女僧众恭听的场面。碑阴及两侧面亦雕凿数个小龛，内雕佛传故事释迦太子诞生、九龙浴太子、释迦占相、释迦游化、阿育王施土、菩提树下诵经等，形象生动，殊为别致。充分反映了造像碑这种独特的艺术形式，能够集诸多内容于一身的优点。这种造像碑多为寺院供奉之物，一般都放置在寺院的主要建筑或重要场所内，供僧众信徒礼拜供奉。由于造像碑雕刻较莲瓣式造像在操作上更为简易，且容纳内容更多，因此，这种新的造像形式一经出现便成为佛教信众们表达虔诚心愿、祈福免灾的重要手段，以致成为东魏、北齐乃至隋唐时期单体造像的一种重要形式。

一、牛伯阳造像

牛伯阳造像（图139），景明元年（500）刻，原存地不详，现藏日本大阪市立美术馆。为莲瓣形背屏式一佛二菩萨造像，石灰岩雕造，通高1.648米，保存完好。日本学者石松日奈子在《北魏河南石雕三尊像》一文中认为，该像与皇甫德造像十分相像，故判明该像从材质及作风上均属河南北部的作品群，而且从纪年题记看，属这一作品群中最早的。[1]

主尊头梳波浪式发纹，高高的肉髻前方及额上正中饰右旋涡轮纹。面部纵长，浑圆饱满，削肩平胸，着双领下垂式袈裟，胸前束带结纽，右边袈裟甩向左肘。右手屈肘于胸前施无畏印，左手下垂握住袈裟一角。结跏趺坐于方形台座上，衣裾满覆两腿，腿上衣纹呈"U"形排列。二菩萨头结高髻，椭圆形头光内刻莲瓣，面相与主尊同，上身袒，下着裙，帔帛绕肩在身前交叉下垂，然后上扬穿肘下飘，束裙的腰带在两腿间下垂，双手握莲蕾合掌于胸前，跣足立于低矮的圆莲座上。莲瓣形背屏雕刻分作三层，层与层之间以连珠带隔开。内层为浅浮雕莲花瓣，其外一周刻禅定坐佛8尊，并在头光与身光的结合处左右各刻一禅定坐佛。外层刻飞天6身，帔帛绕肩在身后形成两个环形，长裙裹腿，两足裹于裙内，手持乐器作飞翔状。边缘处刻细波状火焰纹。顶部刻一莲花化生。方形台座正面中央刻一夜叉托举博山炉，左右刻二供养比丘，其外各刻供养人3身，均戴冠，着高领窄袖短襦，下着长裙，袖手而立。旁刻题名。

造像背面顶部浮雕二佛并坐像，其下刻供养人像，旁有邑子题名，名字前冠以"光明主""都唯那""唯那"等称谓。最下部刻造像记："景明元年四月庚午朔一日庚午封亡牛伯阳并诸邑子为皇帝造像一区。"两侧面上部浮雕升龙，下部刻供养人像。

下层四足方座上缘雕覆莲一周，正面中央刻夜叉托举博山炉及二供养比丘，左右至两侧及背面均刻供养人像，像前均刻题名。

---

[1]〔日〕石松日奈子著，刘永增译：《北魏河南石雕三尊像》，《中原文物》2000年第4期，第48-60页。

河南佛教造像史

244　图 139　牛伯阳造像

二、皇甫德造像

皇甫德造像（图 140），北魏景明二年（501）刻，辉县市出土，现存辉县市博物馆。石灰岩雕造，为河南北部北魏时期流行的背屏式三尊造像。残高 0.73 米，宽 0.68 米，厚 0.22 米。[1] 造像主尊颈部以上残损，从现存的部分看，为一佛二菩萨造像，主尊结跏趺坐，身躯修长，平胸削肩，身披双领下垂式袈裟，

图 140　皇甫德造像

---

[1] 河南博物院编，王景荃主编：《河南佛教石刻造像》，大象出版社，2009 年，第 28 页。

右边衣襟甩向左肘，在身前形呈"U"形衣纹，胸前束带打结下垂。右手屈肘于胸施无畏印，左手下垂握衣襟。二菩萨手捧花蕾站立于两侧，头部均残毁，右侧菩萨残存有桃形头光。帔帛绕肩在两腿间交叉后上扬绕肘外飘，下着长裙紧贴躯体。削肩平胸，亭亭玉立。长方形佛座正面中间刻一夜叉托举博山炉，两边刻头戴高冠、上穿宽袖短襦、下着长裙的供养人八身，均有榜题。背光后面上部残存浮雕少许，从残存部分看，应为交脚而坐的弥勒菩萨和半跏思惟菩萨，其下刻供养人像四层，均有题名。最下层刻造像题记，从题记中"景明二年……佛弟子……造释迦像一区，愿皇帝陛下……求如愿"。可知，该造像是河南现存较早的佛教单体造像。

三、张难扬造像

张难扬造像（图141），又称"张难扬等八十人造像"，北魏景明四年（503）刻，原存地不详，现存河南博物院。石灰岩雕造，为背屏式三尊造像，无底座。现存高1.4米，宽0.9米，厚0.33米。莲瓣形大背光前雕一佛二菩萨，主尊结跏趺坐，高肉髻，额上正中发纹呈右螺旋涡轮状。面相清瘦，颈部细长，胸部扁平，两肩削窄，身躯修长。上身穿双领下垂式袈裟，右侧衣襟甩向左臂绕肘外飘，腰束带打结下垂，下身着裙，裙裾呈燕尾形覆于座前。双手施无畏与愿印。二胁侍菩萨，头戴花瓣式宝冠，面相与主尊相同，清癯秀丽。桃形头光内饰忍冬纹。上身袒露，颈戴桃形项饰，披帛绕肩下垂，帛带在两腿间交叉，然后上卷绕肘外飘，上卷处显露折角。下着长裙，双手捧花蕾恭敬而立。莲瓣形背光雕刻精美，从里向外分四层以细窄带隔开。内层椭圆形头光为高浮雕莲花瓣图案。其外为桃形头光，内饰剔地平面浅浮雕坐佛九尊，形象及服饰与本尊造像相同。第三层刻飞天六身，头束发髻，面型清秀。上身穿宽袖短襦，下着长裙，裙裾裹足。两腿曲蹲呈跪姿，双手平伸作舞蹈状。宽大的天带向后飘扬，似从天宫飞降，轻盈婀娜。最外层刻火焰纹。在佛与菩萨之间，各刻一供养人像，头梳发髻，戴冠，上穿交领短襦，下着长裙，手持莲花，面佛而立，

第三章 北朝时期的单体造像

图 141 张难扬造像

神态虔诚恭敬。其上方分别有榜题，左为"开佛光明主张难扬一心供养佛"；右为"双开菩萨光明主郭万嘉"。长方形佛座中部阴线刻一博山炉，两旁刻二供养人，亦有榜题。

背光后面顶部刻释迦多宝并坐像，其下刻"景明四年下张村合邑八十人为皇帝造石像一躯"的题记和供养人像，像榜刻题名。两侧面上部各刻一龙，龙首向上，下部刻结有果实的忍冬纹。该像虽然原存地不详，但其造像形式和造像风格都与"皇甫德造像"相近，铭记中的"下张村"有可能就是辉县市东部的"张村"，与"阎勋之造像"的原存地"沿村"（即铭记中的"阎村"）相距很近，且均与新乡相距不远，故推知"张难扬造像"亦应原存辉县市张村。

四、阎勋之造像

阎勋之造像（图142），又称"七十二供养人造像"，北魏景明四年（503）刻，原存辉县市，现存河南博物院。为背屏式三尊造像，石灰岩雕造。该造像损坏严重，莲瓣形背光从佛头上部残损，佛两侧的二菩萨造像，不知何时何故被凿毁，仅剩一佛伴随着两侧粗糙的凿痕。残高1.82米，宽0.91米，厚0.2米。主尊头梳高髻，面相清瘦，颈直且长，两肩削窄，胸部扁平。身着双领下垂式袈裟，衣纹呈直平阶梯式。右边衣襟甩向左肘外飘。右手屈肘于胸前施无畏印，左手下垂握袈裟一角。下着长裙，裙褶稀疏，跣足站立。长方形座前刻两条螭龙，龙首相对。残存的莲瓣形背光分四层雕刻：内层椭圆形头光用浅浮雕莲瓣装饰；桃形头光内刻七佛，尚存四尊；其外层刻飞天伎乐，仅存右侧三身，或吹长笛，或击腰鼓，或弹琵琶。头梳双髻，上着短襦，长裙裹足，天带绕臂后飘，姿态轻盈。最外层刻火焰纹。在佛之右边，刻一组供养人像，主人头戴高冠，手托博山炉，上穿宽袖短襦，下着长裙曳地，脚着云头履，站在莲台上。其后跟随一仆人，手持华盖，头梳丫髻，上穿短襦，下着长裤，双膝用带系扎，显出上小下大的喇叭形裤管，有浓厚的民间生活情趣。其下榜题"佛光明主阎勋之"。

第三章 北朝时期的单体造像

图 142　阎朂之造像

249

背光背面上端残存一部分造像记："景明四年十月七日，共县□穀北阎村邑子七十二人等，为皇帝己身造石像一区。夫释迦能以积善非旷劫，修妙果非当今，是以经像流布在世，教化修善者，天堂不招而自至，□罪者可愿坠落，非有三涂□□由人弘法□□勿邑子七十……"造像记中的"阎村"今名"沿村"。在造像记下面刻供养人九排，每排八人，或头戴拖裙风帽，或梳惊鹄髻，上着宽袖短襦，下着长裙，脚着高履，手持莲花供养，像旁均有题名，多为阎姓邑子和维那。背光两侧面上部各刻一条螭龙，中间刻卷草纹，卷草与忍冬间配以果实，边缘饰以联珠纹。下端刻二供养人像，有榜题。

五、王毛郎造像

王毛郎造像（图143），又称"山阳村造像"，北魏熙平二年（517）刻。原存辉县市，现存河南博物院。石灰岩雕造，为莲瓣形背屏式一佛二菩萨造像。通高 2.19 米，宽 1.18 米，厚 0.26 米。其下部的方形座高 0.51 厘米，宽 0.84 米，厚 0.54 米。主尊高肉髻，面部残泐，大耳贴面，削肩平腹。着双领下垂式袈裟，右边衣襟甩向左肘下垂，衣纹呈阶梯式。内着饰有菱形纹的僧祇支，胸前束带打结下垂。右手屈肘施无畏印，左手下垂握衣襟。下着长裙，裙裾外展呈燕尾状。跣足立于长方形台座上。二菩萨面部均残损，戴宝冠，宝缯垂肩，尖桃形头光内刻忍冬纹，袒上身，帔帛绕肩在肩部形成翘角，下垂至腹前交叉穿环至膝际上扬穿肘下飘至座。下着长裙，裙褶用阴线刻出。左侧观世音菩萨右手握莲蕾屈肘于胸前，左手下垂持净瓶。右侧大势至菩萨双手握莲蕾屈肘于胸前，均跣足立于仰莲狮子座上。长方形台座之正面中间刻莲花装饰的博山炉。左右各刻供养人三组，除左边第一组为僧人手提油灯供养外，余皆头戴小冠，褒衣博带，手持莲花作行进状；身后一头梳丫髻，着短襦长裤的仆人持伞盖紧随。每组供养人旁均有榜题。背光雕刻繁缛华丽，从里向外分为4层，内层为主尊头后的莲花瓣，其外为主尊的尖桃形头光，内刻禅定坐佛7尊，在头光的尖端刻二龙交缠，龙首相衔，其上刻一丫髻童子；第三层刻伎乐天人6身，或弹奏

图 143　王毛郎造像

乐器，或翩翩起舞，姿态各不相同。飞天的足尖自裹覆的裙摆中露出，身下有小块云朵。这种乘云的飞天成为其后的固定样式，云的表现亦逐渐变得长而华丽。[1] 尖端处刻一夜叉双手向上托举博山炉；最外层刻火焰纹。

背面为减地线刻，上部刻一盝顶帐形龛，龛内刻弥勒菩萨头戴宝冠，宝缯向左右两侧外展折角下垂至肩，肩上有卷曲凸起的垂发，戴桃形项饰，宽大的帔帛在肩部形成翘角，下垂的帔带在胸前交叉穿环至膝际上扬绕肘飘下，下着长裙，裙褶繁密外展成燕尾状。右手屈肘于胸侧，手握花蕾；左手剥蚀不清。龛左榜题"熙平二年仲秋，邑子七十人等为皇帝造像"。龛左右各刻一组礼佛图，由于剥蚀较甚，人物形象模糊不清。龛上刻一株树干粗大，枝繁叶茂的龙华树，叶如羽翼，果茄形，果上有鳞状纹。这种树在北魏晚期的造像中多有出现，神龟至正光年间（518—525），在树之顶部增加了"衔蛇之鸟"图像。龛顶两边各刻一神人托举一圆，圆内一饰金乌，一饰蟾蜍，分别代表日月，表现的是弥勒上生兜率天宫。龛下正中竖刻一列6个尖楣圆拱小龛，龛内各刻一禅定坐佛，佛座下饰忍冬莲花。两边各刻供养人像6排，均有题名，多为王姓邑子。

背光两侧面上部刻龙，龙首向下与中部的忍冬图案相连。下部刻供养像，左侧刻3组，右侧残缺，形象与装束同座前供养人。

六、孔惠超造像

孔惠超造像（图144），北魏熙平二年（517）刻，通高2.06米，宽0.97米，厚0.29米。原存地不详，河南省博物院早年在豫北征集，现存开封市博物馆。石灰岩雕刻，为背屏式三尊造像。背屏下有长方形座，除背屏顶端及右菩萨座有少许残损外，保存完好。主尊高肉髻，额上发纹呈右旋式波浪纹。面相

---

[1]［日］石松日奈子著，刘永增译：《北魏河南石雕三尊像》，《中原文物》2000年第4期，第48-60页。

图 144 孔惠超造像

第三章 北朝时期的单体造像

长方，削肩平胸。着双领下垂式袈裟，内着僧祇支，右侧衣襟甩向左臂绕肘沿身侧下垂。身前衣纹呈"U"字形排列有序。下着长裙，裙褶下摆向外分开，飘逸潇洒。右手施无畏印，左手施触地印，跣足立于长方形台座上，两足间及足外侧刻3个圆形莲花图案，这种装饰在同时代的石刻造像中极为罕见。二菩萨头戴宝冠，宝缯平展折角下垂至肩，有桃形火焰纹头光。面相与主尊相同，颈长且直，上身赤袒，宽大的帔帛在两肩形成翘角，下垂的帔带在腹前穿环后上扬绕肘沿身侧下垂。下着长裙，裙褶用阴线表示，稀疏流畅，跣足立于仰莲座上。

背屏雕刻华丽，分五层雕刻，内层饰莲花瓣；其外刻禅定坐佛9尊，间饰荷叶及忍冬纹。第三层顶端刻一佛结跏趺坐于覆莲座上，左右各刻飞天10身，上4身为供养天人，下6身为伎乐天人，或吹竖笛，或吹横笛，或吹笙，或吹埙，或翩翩起舞。均头梳发髻，上身赤袒，天带绕肩在头后形成尖桃状，然后穿肘向身后飘荡。下着长裙，两腿屈回呈跪姿，裙裾裹足向后飘荡。上身后仰，姿态优美。天人身下刻流云。第四层顶端刻一禅定坐佛，左右各刻一身飞天，身下饰流云和摩尼宝珠。最外层刻火焰纹。

长方形座之正面，中刻一夜叉托举博山炉，左右刻二供养比丘，左刻榜题"比丘僧邑师法聪供养时"，右为"比丘僧惠通供养时"。其外侧各刻一供养人像，均头戴小冠，着交领大衣，脚着云头履，手持莲花面内而立。身后一仆人手捧供物紧随其后。

两侧面下部各刻一护法蹲狮，昂首翘尾，髭毛后飘，抬足张口，口衔忍冬。其后刻荷叶莲花，从莲蕾上部伸出两枝忍冬组成8个环形图案，图案中间刻出果实。上部刻一升龙，龙首向上，龙尾与缠枝忍冬相连。

背面上部刻五脊屋形龛三间，脊上饰鸱吻。中间龛内饰帷帐，内刻交脚弥勒，表现的是弥勒菩萨在上生兜率天宫为众生说法的场景。左右两龛内各刻一供养菩萨，手托供物面内跣足立于莲花座上。屋形龛外左右各刻一供养人像，右侧为供养比丘，手执莲花面内立于仰莲座上。左侧供养人着双领下垂式大衣，下着长裙面内而立。周围饰莲花忍冬。屋顶之上刻4身飞天，最上端刻一禅定坐佛。屋形龛下刻供养人像及礼佛图，主人形象高大，头梳发髻冠，褒衣博带，长裙曳地，手执莲花前行。身后二仆人身材低矮，头梳丫髻，上着短襦，下着束膝裤，前者持伞盖，后者持团扇均作行走状。前有榜题两行："开弥勒光明主孔惠超息□□□上父侍佛时。"后有造像记一方，正书4行，多模糊不清，隐约可见首行记有"熙平二年岁在丁酉十一月廿二日"的纪年。右边礼佛图刻在背屏上部，榜题："开佛光明主北修武大仕张文兴。"最下端左刻一头大象缓缓行走，象背负莲花宝座，左前方一人手握棍棒赶引，后面一人手握树枝紧随。右刻一株菩提树，远处山林起伏，树下一人头梳发髻，着交领短襦长裤，左手下垂，右手上举握树枝，反映的是太子树下诞生的佛传故事。

关于该造像的雕造年代，从模糊不清的题记看，似为熙平二年（517），然而，孔惠超造像与熙平二年的"王毛郎造像"相比，不论是造像题材还是艺术风格都相差甚远。但却与永熙二年（533）"赵见憘造像"基本相似，如莲瓣形背屏造型、佛和菩萨的面部特征、装束、菩萨所立的仰莲座以及背屏正面的雕刻题材和风格等，尤其飞天的造型和身下长而华丽的云朵，二者完全一致。所不同的是前者背面上部雕刻交脚弥勒，仍延续着正光以前的作风，而后者背面的浮雕内容为如来像，其两侧表现的是维摩诘和文殊的对话场面。从这些相同和不同的变化中，可看出北魏晚期造像的演变过程，同时也说明孔惠超造像在这种演变中要早于赵见憘造像。另在背屏上部榜题有"开佛光明主北修武大仕张文兴"，据《修武县志》载："孝昌二年（526），以地形将修武分成南修武和北修武，南修武城设在今获嘉县宜阳驿，北修武城设在今修武县李固村。"由此可知，"北修武"之称最早始于北魏孝昌二年，说明孔惠超造像的雕刻年代应在北魏孝昌二年之后。[1]

---

[1] 王景荃：《孔惠超造像及其年代考》，《中原文物》2007年第6期，第58-65页。

七、造像刊经碑

造像刊经碑（图145），北魏熙平二年（517）刻，洛阳征集，现存洛阳博物馆。通高1.3米，宽0.595米，厚0.17米。石灰岩雕造，为方形扁体造像碑。碑首已佚，造像除头部残损外，保存基本完好。碑阳上部作一方形帷帐龛，帷

图145 造像刊经碑

幔式龛楣上饰飞天、莲花、铎、磬、环和璎珞，两边各刻一天人手执下垂的长璎穗在天空翱翔。帷帐上端边棱上刻"魏熙平二年朔三月吉日立"的纪年题记。龛内雕一佛二弟子二菩萨，头面部均残。主尊削肩平胸，着双领下垂式袈裟，内着僧祇支，胸前束带打结，右侧衣襟甩向左臂绕肘下垂。结跏趺坐于方形束腰台座上，裙裾分四层满覆座之上部。二弟子二菩萨胁侍左右，有圆形和桃形头光，双手置于胸前，跣足立于莲座上。座下有长茎荷叶莲蕾从主尊座下两侧伸出。龛下分两层刻，上层中间刻莲花忍冬装饰的博山炉，左右刻执炉跪拜的供养比丘。下层中间刻一博山炉，左右各刻一护法狮子。碑左右侧面及碑阴遍刻经文，根据经文内容可知，此经系北魏菩提流支所译《不增不减经》。该经在《大正藏》第十六卷有载。河南现存最早的刻经，是刻于北魏永平二年（509）的博爱青天河摩崖线刻观音经像，但仅刻出"妙法莲华经普门品第廿四"序首部分。而在造像碑上刻经，北魏时期较为罕见，此碑是目前发现的时代最早的刻经碑，所刻经文也比较完整，可谓是北齐刻经的肇始。

八、三尊佛立像

三尊佛立像（图146），北魏永平至熙平年间（508—518）刻。碑存地不详，现存美国纽约大都会艺术博物馆。[1] 石灰岩雕造，为莲瓣形背屏式三尊造像，保存完好。通高1.9米。主尊头部纵长，高肉髻，梳波浪式发纹，额上正中刻右旋涡轮纹。面相与阎勃之造像相似，颈部细长，削肩平胸，着双领下垂式袈裟，胸前束带打结下垂，右侧袈裟甩向左肘，在身前形成"U"形衣纹，与景明二年皇甫德造像身前的"U"形衣纹相同。右手屈肘于胸前施无畏印，左手自然下垂握袈裟一角，下身裙摆向外散开形成燕尾状，跣足而立。二菩萨身躯修长，桃形头光内饰忍冬纹，与景明四年张难扬造像相同，戴花冠，宝缯垂向耳边，面相与主尊同。帔帛在肩部形成翘角，下垂至膝际交叉上扬穿肘外飘，双手合掌

---

[1] ［日］松原三郎：《中国佛教雕刻史论》吉川弘文馆，1995年，第159页。

图 146 三尊佛立像

握莲蕾于胸前。下着长裙，跣足立于莲花狮子座上。在佛与菩萨之间减地线刻两个身材纤瘦的婆薮仙人，右边手捧骷髅，左边手执一鸟，侧身向佛。据丁福保编《佛学大辞典》说："婆薮（人名）Vasu，又曰婆蓃，仙人名。婆罗门中始杀生祀天，生堕于地狱，经无量劫，由华聚菩萨之大光明力脱地狱，诣释迦佛所，佛赞叹之，为众说其大方便力。见智度论三、方等陀罗尼经一。"这种新的雕刻题材在北魏晚期河南北部造像中较为罕见，可说是婆薮仙人形象在造像中的较早出现。背屏雕刻繁缛，用平面减地浅浮雕技法，将背屏分成四层雕刻：内层刻莲花，其周围刻禅定坐佛七尊；第三层刻飞天六身，均有头光，天带在身后形成三个尖桃状，小腿屈蹲呈跪姿飞翔，裙裾裹足。飞天间点缀小鸟补白；在头光与身光相重合的上下空隙处对称刻四龙，上方刻二升龙，龙首向上，下方刻二降龙，龙首朝下，龙首上立一小鸟；外层刻火焰纹。基座前面中刻博山炉，左右刻跽跪供养人和护法狮子。背面上方建筑附鸱尾帐幕，中有高浮雕交脚菩萨像，左右线刻菩萨立像。两侧面上方刻龙，龙尾与下部环形忍冬相连。最下部刻宝瓶，忍冬从宝瓶中生出，忍冬间有鸟在啄食果实，宝瓶旁刻高鼻胡人力士。

该像无纪年，原存地也不详，但其莲瓣形背屏式三尊像，是北魏晚期河南北部流行的造像样式，雕刻内容及艺术风格与景明以来河南派造像相似，因此，该像亦应属于河南北部造像一派，其原存地当为河南北部的新乡周围。根据造像风格推断，该像应雕刻于永平至熙平年间，即508—518年。

九、交脚弥勒造像

交脚弥勒造像（图147），北魏景明至神龟年间（500—520）刻。1980年在今洛阳市偃师区小湾村出土，[1] 现藏洛阳博物馆。通高0.345米，红砂岩雕造，为背屏式一佛二菩萨造像，保存完好。造像正面刻交脚弥勒菩萨及二胁侍。弥

---

[1] 侯鸿钧、李德方：《洛阳新发现的石刻造像》，《中原文物》1982年第3期，第61-62页。

河南佛教造像史

图 147　交脚弥勒造像

260

勒头戴花冠，冠前正中饰一禅定坐佛，冠两侧的宝缯向外伸展飘荡。面相丰满敦实，微露笑容。颈佩璎珞项饰，两肩有圆形饰物，臂戴钏环。上身赤袒，胸部微微隆起，帔帛绕肩在身前交叉穿环后上扬绕肘下垂。下身着裙紧裹两腿，右手屈肘于胸前，手施无畏印，左手抚膝，交足坐于高台座上。两足间刻一半身夜叉，双手托举弥勒双足。左右各刻一供养人像，均跪跪于地，双手合十作供养状。主尊身后椭圆形头光内雕禅定坐佛五尊，其外的莲瓣形背光饰卷草纹。二菩萨紧贴主尊背光边缘，有尖桃形头光，头戴宝冠，帔帛绕肩在身前交叉穿环，下身着裙，跣足而立。下部方形束腰须弥座下设四足踏床，后面左侧床足残损，这种四足踏床在北魏早期的金铜造像中多见。

背面中部凿一尖楣圆拱形龛，龛柱上端饰莲花。龛内雕一佛二菩萨，主尊高肉髻，面相方圆，有圆形头光和莲瓣形背光。着通肩袈裟总覆两臂，双手袖于衣内，禅定坐于方形台座上。二菩萨双手握莲蕾屈肘于胸前，侧身面佛而立。龛外左右及上部刻带有背光和头光的禅定坐佛21尊以及龛楣上方听法比丘4身。

北魏迁都洛阳后，以洛阳龙门为中心的佛教造像开始盛行，民间石刻造像虽然在风格上与石窟造像有所不同，但在造像题材上仍受石窟造像的影响，此时以交脚弥勒为主要题材的造像，在中原地区较为流行，龙门石窟北魏太和至神龟年间的造像中多有出现。在艺术风格方面，此尊造像的弥勒形象与龙门古阳洞北壁孝明帝时期的交脚弥勒相似。莲瓣形背光和背光上的忍冬纹饰，是北魏景明前所常见，主尊外展飘荡的宝缯以及方圆敦实的面相与景明至神龟期造像相似，尤其是低矮的床榻式束腰须弥座，在北魏太和年间的金铜造像中较多见，在石刻造像中最晚见于神龟年间，如日本大阪市立美术馆藏延昌四年（515）的"石造三尊菩萨立像"[1]、神龟二年（519）"石造三尊菩萨像"等，[2] 由此可见，这件交足弥勒造像的雕刻年代应在北魏景明至神龟年间，即500—520年。

---

[1]〔日〕松原三郎：《中国佛教雕刻史论》，吉川弘文馆，1995年，第135页。
[2]〔日〕松原三郎：《中国佛教雕刻史论》，吉川弘文馆，1995年，第147页。

十、西明寺造像

西明寺造像（图148），北魏熙平至正光年间（516—525）刻，现存新乡市新乡县翟坡镇小宋佛村西明寺，为背屏式三尊佛立像。石灰岩雕造，地面以上高4.8米，宽1.65米，厚0.5米。造像下端有长方形台座与高大的莲瓣形背光相连，正面及左右侧面刻有造像题记和题名，惜大部分被凿毁。下为覆盆式莲花座，环莲蕊一周刻莲瓣。最下为方形基座，长1.9米，宽1.8米，由于多半埋于地面下，高度不可知。

正面造像为一佛二菩萨，主尊及二胁侍菩萨颈部以上残缺，今人在修复时用水泥将头部修复完整，但与身躯极不协调。主尊高2.76米，身穿双领下垂式袈裟，内着僧祇支。胸前结带下垂，右侧衣襟甩向左肘沿体侧下垂，衣纹呈阶梯式。右手屈肘于胸前施无畏印，左手下垂握衣带，下着百褶长裙，跣足而立。二菩萨高1.6米，头部两侧残存有垂肩的宝缯。宽大的帔帛绕肩下垂至两腿间交叉，然后上扬绕肘沿体侧下垂。下着长裙，着方头履立于仰莲狮子座上。左菩萨右手握莲蕾屈肘于胸，左手握净瓶下垂。右菩萨双手捧花蕾屈肘于胸前。背光雕刻内容丰富，分四层雕刻，舟形身光与头光相重。椭圆形头光三层：内层为莲瓣两重；中层为禅定坐佛13尊；第三层刻供养天人13身，上部两身共托一盛开的莲花，余者或手托供物，或手执莲花。均头戴花冠，体形略瘦，身躯呈"U"字形，飘动的帛带绕肩在身后形成两个尖桃状。下着长裙裹足，双腿屈蹲呈跪姿，裙裾从曲回处向后飘扬，不露足，身下有长云朵。重叠的身光下部分两层刻，内层紧挨主尊左右臂各刻飞天一身；外层刻禅定坐佛，左刻4尊，右刻3尊。另在舟形身光的上部刻二天人共托一莲座博山炉。空白处刻流云和莲花装饰，最外刻火焰纹。整个背光雕刻采用平面减地浅浮雕的雕刻技法，物象外减地，物象内饰阳线，极具装饰效果。

背光背面上部正中线刻一佛二菩萨，有莲瓣形背光。主尊高肉髻，有圆形头光三重。面相长方，身着双领下垂式袈裟，内着僧祇支，手施无畏与愿印，结跏趺坐于束腰须弥座上，座下施覆莲。二菩萨头戴花冠，宝缯垂肩。有桃形

图 148　西明寺造像

第三章　北朝时期的单体造像

头光。颈饰尖桃形项饰,帔帛绕肩在两腿间交叉,然后上扬绕肘外飘。一手提花篮,一手握花蕾屈肘于胸前。下着长裙,跣足立于莲花座上,座下莲茎与主尊莲座相连。造像上部刻流苏旌幡,右侧刻比丘五人,前两身为减地线刻,后三身为平面阴线刻。不难看出,减地为后人所为。其上刻供养天人两身。左侧无雕饰,仅在左上部刻一身没有雕成的飞天,由此可见,这是一幅尚未完工的释迦说法图。图下大部为空白,仅在右侧边缘处刻一尊禅定坐佛,造型和装饰与正面禅定坐佛相同。在与之相对的左侧刻一比丘,面内禅定而坐。另在右下部刻有"大德八年"的纪年题记。可知该造像在元大德八年(1304)曾进行过修刻。

西明寺始建于宋,据民国三十年《新乡县志》卷二十五载:"西明寺在(送)宋佛村……乡人传宋时有石佛自上游随水而下,至此犹止,因建以刹。"石佛早在20世纪30年代头部被盗卖异国,20世纪60年代碑体又遭损坏,断为三截,后埋入地下,1992年发掘出土。后经专业人员粘接修复,重立于西明寺大殿内。

关于该像的雕刻年代,历代文献均无记载,从其造像形式、雕刻内容以及艺术风格可看出,该像与河南北部的几尊造像多有共同之处。如熙平二年(517)"王毛郎造像"、正光元年(520)"杨文憘造像"等。从其修长的身躯,溜肩平胸,胸前结带直垂腹前呈燕尾状,阶弟状的衣纹处理略见舒展;二菩萨头后的宝缯下垂至肩,帔帛绕肩在肩部形成三角形挑角,以及仰莲狮子座,特别是飞天,足尖裹于衣内,躯体强烈地反舠,两足举向上方,身下云纹较长都可以看出,西明寺造像不管是雕刻内容还是艺术风格,都与河南北部北魏熙平至正光年间(516—525)的石雕三尊像类同。[1]

---

[1] 河南博物院编,王景荃主编:《河南佛教石刻造像》,大象出版社,2009年,第74页。

十一、吴晏子造像

吴晏子造像（图149），北魏神龟元年（518）刻，原存于鹤壁市淇县高村镇石佛寺村石佛寺院内，20世纪90年代出土。[1] 石灰岩雕刻。通高1.59米，宽0.63米，厚0.24米，为莲瓣形背屏式三尊造像，主尊肉髻扁平，面相丰满圆润，颈饰三道蚕纹，胸部饱满浑厚。身着通肩袈裟，双线勾勒的衣纹稀疏流畅。右手屈肘于胸前，左手下垂，手掌皆残，跣足而立。二菩萨均头戴花冠，面相与主尊同。左菩萨残缺较甚，仅存膝部以下裙裾和仰莲座。右菩萨面部有残损，颈戴桃形项饰，上身赤袒，帔帛绕肘沿体侧下垂，两手握莲蕾屈肘于胸前。下着长裙紧裹两腿，裙腰翻卷。背屏上部浮雕供养天人6身，左右对称，顶部两身托一宝塔，中间两身双手合十，下边两身一手托供果，一手屈肘于胸前。均头梳丫髻，面相方圆，颈戴项饰，手戴双环手镯。上身赤袒，帔帛绕肘在身后形成桃形，下着长裙，裙腰外翻，露足，两腿向上屈回，与直立的上体形成"U"形姿势，给人以轻盈飘逸之感。这种姿势的飞天造型，与龙门石窟"魏字洞"北壁佛龛龛楣左侧飞天相似，可谓是神龟至正光年间（518—525）飞天的通式。

造像下部的长方形台座正面中间刻一博山炉，炉下刻二丫髻童子，身穿交领短襦，下着长裤，双手执伞盖相背而立。伞盖下各立一身着交领袈裟的比丘，身后均有榜题，左为"比丘僧惠斌"，右为"比丘僧璨"。其后各刻供养人像，左边两组，右边三组，均头戴冠，褒衣博带。身后均有一丫髻童子擎伞盖跟随。

造像背面为减地线刻（图150），上部刻一株龙华树，枝叶繁茂，两只凤鸟站在树枝上啄食。树下刻五边垂拱屋形龛，屋顶两端刻鸱吻。边拱的菱形格内刻禅定坐佛12尊。在五边垂拱的上方左右各刻一神人，上身赤袒，下着短裙，双手举一象征日月的圆轮奔跑。拱额内刻帷幔，龛内刻交脚弥勒，头戴宝冠，宝缯垂肩。面相方圆，颈戴项饰，宽大的帔帛在两肩形成三角形翘角，下垂至

---

[1] 王小运：《淇县出土北魏造像》，《中国文物报》1993年10月17日第1版。

河南佛教造像史

图 149　吴晏子造像

第三章 北朝时期的单体造像

图 150 吴晏子造像背面拓片

两膝际交叉后上扬,在肘部形成环状后沿体侧下垂。下着长裙,裙裾展开形似燕尾。左手自然下垂,右手屈肘上举于胸前,施无畏印。交足而坐。龛之右边刻一踞跪供养人,其外侧刻一尊禅定坐佛,左右各刻一比丘。龛之左边刻神龟元年造像题记:

>　　神龟元年岁在戊戌六月乙酉朔六日庚寅,夫大魏初兴,澄灵渐逆,慈悲道化,愚顽开解。复出昌悦,崇尊真琅。使万品彰教,遂洁意合目,仰修诸法,愿群生种类遇会静览。合邑子五十人造石像一区,上为皇帝陛下,七世父母及遍地诸生有形之类,使妆教三乘,迷心仍降,儒来开衿,万世庆集。合邑诸人,道祐延长,谬心朗傲,获果殊弥。托生妙室,愿已从心。

下部刻供养人像三列,均头戴冠,着褒衣博带式大衣,下着长裙曳地,脚着云头履,手执莲花而立,旁有题名。

造像左侧仅存二供养人像,中刻一罐,上刻"推抱树时"四字。右侧面上部刻二供养天人,身下有展翅飞翔的大雁。下部刻一菩萨,头戴花冠,宝缯平展折角下垂。颈戴项饰,两肩处有圆形饰物。帔帛绕肩,下着长裙,侧身而立。下有莲花及荷叶,其左侧刻"大像主吴晏子"等题名。

十二、田迈造像

田迈造像(图 151),北魏神龟至正光年间(518—525)刻,通高 3.31 米,宽 1.1—1.28 米,厚 0.185—0.34 米。原为鹤壁市淇县高村镇石佛寺村石佛寺供奉之物,现仍保存在该寺大殿内。石佛寺,始建于北魏永熙二年(533),石佛寺古曰吴里,明时曰张家庵,清乾隆年间改为石佛寺。寺内原存大殿一座,此殿始建年代不详,清光绪十六年(1890)重修。[1] 田迈造像是该寺现存唯一的北朝遗物,1986 年公布为第二批河南省文物保护单位。

---

[1] 曹桂岑、耿青岩:《淇县石佛寺田迈造像》,《河南文博通讯》1979 年第 4 期,第 13-15 页。

第三章 北朝时期的单体造像

图151 田迈造像

田迈造像为豫北流行的背屏式三尊造像，石灰岩雕造。主尊肉髻扁平，面相长方，颈饰三道蚕纹，肩部饱满，胸部丰厚，斜披袈裟，内着僧祇支，下着裙。衣纹稀疏流畅，紧贴身体。手施无畏与愿印，跣足立于方形台座上。二胁侍菩萨头部均残，尚可看出头戴宝冠的痕迹。颈戴桃形珠串项饰，左肩斜披璎珞，上身赤袒，下着长裙，裙腰外翻，帛带从身后绕肘沿体侧下垂，跣足立于仰莲狮子座上。左菩萨双手捧花蕾屈肘于胸，右菩萨左手握花蕾屈肘于胸，右手下垂握净瓶。背屏雕刻采用高浮雕形式，在二菩萨上方，从主尊身后伸出两株菩提树，树之上方各雕一龙曲身回首，口衔莲花化生。主尊头光的上部，雕一佛坛，坛基饰覆莲座，座上雕七佛。坛上雕释迦多宝二佛并坐。其左右和上部雕飞天七身，上身赤裸，帔带在身后形成桃形，下着长裙，双足外露，小腿屈回，身躯呈"U"形。上方三身手托宝塔，下四身双手握乐器或弹或吹。

造像背面（图152）为平面减地阴线刻，内容与吴晏子造像相同。上部龙华树下线刻五边垂拱屋形龛，拱顶及边拱两端刻鸱吻。正脊及边拱的菱形格内共刻12尊禅定坐佛。拱顶鸱吻的外侧，左刻一飞天，右刻一比丘。左右边拱的上方各刻一天人双手抱一象征日月的圆轮，作飞奔状。拱额内饰刻帷幔，龛内刻弥勒菩萨，交足而坐，足下刻一地神，两臂向上托举着弥勒的双足。两边刻二护法狮子。龛之左右各刻供养人三组，左边前两组为供养比丘，着交领袈裟，下着裙裳，足着云头履。身后仆人头梳丫髻，身着短襦裤褶，手擎伞盖跟随。前者双手托一博山炉，榜题"比丘僧道济"；后者手提油灯，榜题"比丘僧惠广"。最后一组供养人，头戴小冠，褒衣博带，足穿云头履，手执莲花前行，身后一侍从擎伞盖跟随。前有榜题"邑老田迈"。右边供养人与左边相同。在弥勒龛下方，有一方形空白处，可能为雕刻造像题记所留。其左右及下方遍刻供养人像8排，手持莲花面内而立。旁有榜题，多剥蚀不清。

两侧面上部刻一降龙，龙头向下，口衔忍冬。左侧龙首下刻礼佛图，主人身材高大，头戴笼冠，褒衣博带，脚着云头履，侧身而立。身后有二身材矮小的仆人，头梳丫髻，着宽袖短襦，前者着裤褶，两膝处紧扎，双手擎伞盖。后者着长裙，双手持障扇跟随其后。其下刻礼佛图3组。上两组每组均为两人，

第三章 北朝时期的单体造像

图 152　田迈造像背面拓片

下部一组礼佛图，主人身后有8个身材矮小的侍者，均头梳丫髻，上着宽袖短襦，下着长裙，分别执伞盖、障扇、矛、环首刀、棨戟等。

右侧龙首下方刻一帷帐龛，内刻一半跏思惟菩萨像，下刻礼佛图一组，主人身材高大肥硕，头戴鸟形冠，褒衣博带。前后有侍者6人，或擎伞盖，或持障扇，或握环首刀，或袖手而立。前有榜题："威远将军辽城县太守吴头。"其下刻一头戴笼冠，着褒衣博带，满面胡须的老人立于伞盖下，身后无擎伞侍从。最下端为一头梳高髻，面有短须，着褒衣博带，脚着云头履，身躯肥硕的中年男子立于伞盖下。

造像座用一块石灰岩雕成，分两层雕刻：上层雕圆形莲台，环雕莲瓣一周，中有莲蕊。下为四方形基座，中开长方形石槽，造像下端有榫插入槽内。座之正面左刻吴晏子等题名6列。右刻礼佛图两组，前组榜题为"都惟那吴显望"礼佛图。主人身材高大，头梳"山"字状发髻，面相丰圆，着夹领小袖大衣，腰束宽带，下着紧身裤，着高筒靴，手执莲花侧身而立。周围有四个身材矮小的侍者，或空手侍立，或擎伞盖，或执障扇，或执雄尾扇。后组榜题为"都邑主吴法柱"礼佛图。主人头戴笼冠，身着褒衣博带式大衣，脚着云头履，手执莲花侧身而立。后有三个穿交领小袖长衣，脚着高筒靴的侍从，分别擎伞盖，执雄尾扇、执障扇等。其后一着短襦长裤的侍者手拉一鞍具齐备的马，昂首站立于一棵菩提树下。后有榜题"惟那马春儿"。

关于田迈造像的雕刻年代，据民国八年撰修的《淇县志·古迹志》载："县东北十八里石佛寺村石佛寺，魏永熙二年建，有石佛像，田迈等造，虽无年月可考，然以刻工审之，知为魏刻。"说明该像雕造于永熙二年（533）之前。然而，吴晏子造像出土后，对该像的雕刻年代又有了更准确的比照。从该像的雕刻形式和内容以及雕刻技法看，均与神龟元年（518）"吴晏子造像"相同，另外，在吴晏子造像中，"吴晏子"是大像主，而在"田迈造像"中，"吴晏子"是以"唯那"的身份出现，由此可见，此二像的雕刻年代相距不远。再者，二像的形制、内容及雕刻手法极其相近，恐即出自一个匠师之手。故田迈造像应雕刻于神龟至正光年间（518—525）。[1]

十三、东新庄造像

东新庄造像（图153），北魏正始至正光年间（504—525），通高2.18米，宽1.06米，厚0.16米。现存焦作市修武县新庄村西南1公里的石奶奶庙中。据《修武县志》载："该像俗名石奶奶像，刻工精细。"民国年间曾有燕贾出银千余元使盗，以车住盗之，村人察觉，逐盗逸去，因筑屋储存，近年又有盗窃者前往偷盗，被及时追回，现用砖砌于村中一间房内，仅露出造像正面部分。

该像为背屏式三尊造像，石灰岩雕成，正面浮雕一佛二菩萨。头部残缺，肩部以下保存完好。主尊平胸削肩，身穿双领下垂式袈裟，右侧衣襟甩向左肘沿体侧下垂。内着僧祇支。下着裙，裙带在胸前打结下垂，一端甩向左臂。右手施无畏印，左手下垂握衣角，跣足立于长方形台座上。二菩萨上身袒，披帛绕肩下垂，在两腿间交叉后上扬绕两肘外飘。下着长裙，裙褶繁缛。一菩萨左手握花蕾，右手握净瓶，一菩萨双手合十于胸前，均跣足立于仰莲狮子座上。主尊右侧上刻忍冬纹，下刻一比丘，侧身向佛，旁有"比丘昙正"题名。左侧上刻二莲花化生和一身供养天人，下刻一供养人手持莲花跪跪供养，榜题"光明主桥周"。背屏分四层雕刻，头光内层刻莲瓣；第二层刻卷草纹；第三层环刻禅定坐佛14尊，另在第三层的下方两边各刻一身供养天人，头梳丫髻，飘动的帔带在身后形成两个尖桃形。双臂前伸，手托供盘。下着长裙，裙裾紧裹两腿，小腿屈回，裙裾从屈回处向后飘荡，不露足。身下刻云气纹。这种造型的飞天，在龙门石窟古阳洞北魏景明四年（503）邑主马振拜等三十四人造石像龛、景明四年的张难扬造像、熙平二年（517）的王毛郎造像中均能见到。在身光尖端的三角处刻一盘曲的苍龙。身光外刻火焰纹。

造像背面上部线刻一坐佛及飞天；下部线刻佛传故事，均有榜题，能看清者有"此三小儿将土付于定光如来时""师利论时"等。

关于造像年代，从造像形式及风格特征看，高大的莲瓣形背光是北魏景明以后河南北部流行的造像形式，佛和菩萨的身躯故意拉长，显得修长轻盈。平

---

[1] 王景荃：《淇县石佛寺北魏造像研究》，《中原文物》2004年第6期，第66-74页。

图 153 东新庄造像

胸削肩的造型，仍保留景明以来的特有风格。佛和菩萨的装束及衣纹，尤其是二菩萨足下的仰莲狮子座，与熙平二年（517）王毛郎造像相同。在河南的石刻造像中，这种仰莲狮子座最早出现和流行于北魏正始至正光年间（504—525）。因此，该造像应刻于北魏正始至正光年间。[1]

十四、楼根村造像

楼根村造像（图154），北魏熙平至永熙年间（516—534）刻，现存辉县市。通高2.03米，宽0.98米，厚0.18米。为背屏式三尊造像，石灰岩雕刻。主尊颈部以上残缺，仍可看出高肉髻和面部轮廓，头后有用阴线刻出的椭圆形头光，其外刻禅定坐佛七尊，七佛间点缀莲花荷叶。头光外围阴线刻缠枝莲花装饰图案。主尊胸部扁平，修长的身躯有故意拉长之感。着双领下垂式袈裟，右侧衣襟甩向左肘沿体侧下垂，在腹前形成"U"形衣纹。下着长裙，稀疏的裙褶用阴线表示。手施无畏与愿印，跣足而立。二菩萨头部残，上身赤袒，帔帛绕肩在两肩呈三角形翘起，下垂至膝际交叉后上扬绕肘沿体侧下飘。下着长裙，阴线刻出的裙褶疏密有致，跣足立于仰莲狮子座上，两手握莲蕾屈肘于胸前。背屏顶部环绕主尊头光线刻火焰纹和飞天三身，上端一身飞天双手持排箫吹奏。

背面顶端刻一株龙华树，枝叶繁茂。其下方刻一座四阿顶房子，内刻一立佛。房子两边及下部刻供养人像，均戴冠，上着交领通肩大衣，下着长裙，脚着云头履，手持莲花而立。像旁有题榜，多漫漶不清。两侧面上部各刻一降龙，龙头朝下，龙口衔卷草向下延伸，卷草中间饰果实。

该造像的雕刻年代，造像及文献均无记载，其高大的莲瓣形背屏和一佛二菩萨三尊像组合，是北魏晚期河南北部流行的造像样式。主尊与二菩萨修长的身躯、简洁的装束及严整的衣纹，与熙平、正光年间的造像相似，背屏雕刻与前期有很大变化，前期头光内的坐佛、飞天被此时的坐佛和莲花荷叶代替；头

---

[1] 河南博物院编，王景荃主编：《河南佛教石刻造像》，大象出版社，2009年，第77页。

图 154 楼根村造像

光外围线刻卷草纹图案也是前期造像中所未见的，环头光外线刻的三身飞天虽然还像前期飞天呈屈蹲跪姿，但已不再裹足，露出小腿和足部；背面上部高大的龙华树，是北魏晚期熙平之后河南北部造像中常见的题材，但树下屋形建筑内线刻的不再是前期常见的交脚弥勒菩萨，而是一尊立佛像。与美国圣弗兰西斯科亚洲美术馆藏永熙二年（533）"赵见憘造像"背面浮雕如来像相同。[1] 由此可见，楼根村造像亦应雕于北魏熙平至永熙年间（516—534）。

十五、杨文憘造像

杨文憘造像（图155），北魏正光元年（520）刻，通高2米。原存地不详，现藏瑞士瑞特保格博物馆。[2] 为背屏式三尊造像，石灰岩雕造，保存完好。主尊高肉髻，面相长圆，微露笑容。两肩宽厚，向着健美的方向发展。着双领下垂式袈裟，内着格纹僧祇支，胸前束带打结下垂。右侧衣襟甩向左肘，右手屈肘施无畏印，左手下垂握袈裟一角，跣足而立。二菩萨戴花冠，面相与主尊同，桃形头光内饰忍冬纹。帔帛绕肩在肩部形成翘角，在腹部交叉穿环下垂至膝际后上扬绕肘外飘。下着长裙，跣足立于仰莲狮子座上。左菩萨右手握花蕾，左手持净瓶；右菩萨双掌合于胸前握花蕾。在右菩萨与主尊之间，刻有"大像主荡阴令杨文憘"旁题。背屏雕刻分四层：内层刻莲花，其外一周刻禅定坐佛七尊，第三层刻飞天六身和莲花化生二身。上两身飞天托一博山炉，下四身飞天手持乐器，梳高发髻，袒上身，下着裙，裙裾裹足，有的足尖从裙中露出。天带在身后形成三个环状，两腿屈蹲呈跪姿飞翔，身下有小块云朵。最外层刻火焰纹。在第三层与外层结合的上端空隙处刻二龙交首。基座前面中刻博山炉，左右刻二比丘和四供养人，外侧各刻一力士。供养人榜题中有"顿丘县令李九

---

[1] [日] 石松日奈子著，刘永增译：《北魏河南石雕三尊像》，《中原文物》2000年第4期，第48-60页。

[2] [日] 松原三郎：《中国佛教雕刻史论》，吉川弘文馆，1995年，第162页。

河南佛教造像史

图 155 杨文憘造像

伯侍佛时"。

背面雕刻与王毛郎造像相同，上部刻龙华树下弥勒菩萨交足坐在盝顶帷帐龛内。下部刻供养人像，造像记刻于背面中央，文曰："大魏正光□年岁次庚□十月□丑朔廿五□□丑合邑一百四十人等。"即相当于正光元年岁次庚子。两侧面自上而下刻降龙、环形卷草、供养人像，最下部刻双手托举的力士。

该像的原存地不详，但从"大像主荡阴令杨文憘""顿丘县令李九伯侍佛时"的榜题可知，该像应为以杨文憘为主的人出资雕造。"荡阴县"即今之汤阴县，汉代置，北魏沿之，隋改今名。"顿丘县"，即今之清丰县，二县皆位于河南省北部，相距不远。另外，与该像十分相似的王毛郎造像原存地辉县市，距汤阴县相距较近，且二者时代相近，风格相同，可推测出自一个范本或一人之手所为。故该像的原存地应在河南北部的汤阴县。

十六、新乡三尊佛立像

新乡三尊佛立像（图156），北魏熙平至正光年间（516—525）刻，原存河南新乡市，现藏日本大原美术馆。[1] 残高2.363米。为背屏式三尊造像，石灰岩质。背屏从主尊肩部以上残缺。主尊高肉髻上刻左旋式涡轮纹，额上正中刻右旋式涡轮纹，面相长方，大耳垂，两眼肿圆，眉间饰毫相。着双领下垂式袈裟，内着僧祇支，胸前束带打结下垂。右边袈裟甩向左肘，衣纹呈阶梯状排列。右手施无畏印，左手下垂握袈裟一角，跣足而立。二菩萨有桃形火焰纹头光，戴宝冠，宝缯垂向两侧，面相与主尊同，上身赤袒，下着长裙，帔帛在肩部形成翘角，在腹部交叉后上扬穿肘下垂。左菩萨右手持花蕾，左手下垂握善锁；右菩萨左手握花蕾，右手下垂持净瓶，均跣足而立。背屏残缺，背面及两侧面雕刻内容不详。

关于该像的雕刻年代，其造像形式和雕刻内容以及衣纹表现等，都表现出

---

[1] [日]松原三郎：《中国佛教雕刻史论》，吉川弘文馆，1995年，第158页。

图 156　新乡三尊佛立像

与西明寺造像相同的风格特征，二者同为新乡所出，因此，该像应雕刻于北魏熙平至正光年间（516—525）。

十七、扈豚造像碑

扈豚造像碑（图157），北魏正光二年（521）刻。通高0.34米，宽0.17米，厚0.085厘米，其中座高0.085米。1981年与"赵安香造像""扈文显造像""禅定佛造像"同时在郑州市中原区西流湖街道西岗村红石坡一所寺院遗址中出土。[1] 现藏郑州市博物馆。石灰岩雕造，为庑殿顶式四面造像碑。碑首、碑身、碑座连为一体，碑首为五脊四阿式庑殿顶，碑身方形扁体，三面造像。正面雕一帐形龛，内雕一佛二菩萨。主尊高肉髻，面含微笑，有莲瓣形火焰纹背光。着双领下垂式袈裟，内着刻有菱形格纹僧祇支，右侧衣襟甩向左肘在腹前形成"U"形衣纹，右手施无畏印，左手施触地印，结跏趺坐于方形台座上，裙裾分两层呈燕尾状覆搭座之上部。二菩萨头戴宝冠，面相同主尊相似，颈佩桃形项饰，上身赤袒，帔帛绕肩在肩部形成翘角，然后在身前交叉穿环上扬绕肘下垂，下着长裙，双手屈肘于胸前，手捧莲蕾，跣足侧身而立。

左侧面雕一帐形龛，内雕交脚弥勒，头戴宝冠，面相同正面主尊，有尖桃形火焰纹头光。颈佩桃形项饰，上身袒，帔帛绕肩在两腿间交叉，下着长裙，裙裾呈燕尾状覆搭座之上部。手施无畏与愿印，交足而坐，足踏莲蓬。

右侧面雕一帐形龛，内雕倚坐弥勒。高肉髻，有尖桃形火焰纹头光。着双领下垂袈裟，内着饰有菱形格纹的低胸僧祇支，右侧衣襟甩向左肘绕臂下垂。右手施无畏印，左手施触地印。双腿下垂倚坐于方形台座上，裙裾分两层呈燕尾状覆搭座之上部，座前设一半圆形足踏。

背面上部刻大魏正光二年造像题记10行，满行9字，书写朴拙。其下方刻供养人像8身，均有题名。此处供养人为女性形象，头梳丫髻，上着宽袖大襦，

---

[1] 余晓兴：《郑州发现两批北朝石刻造像》，《中原文物》1981年第2期，第16-19页。

282　图 157　扈豚造像碑

腰束带，下着长裙，脚着云头履，手捧花蕾作行进状。

碑座四周为减地线刻，正面中刻忍冬装饰的博山炉，两边各刻一供养人像，左戴冠，右束髻，应为夫妻供养，旁有题名；背面刻男性供养人五身，头戴小冠，上着宽袖大襦，下着长裙曳地，手执花蕾供养，旁有题名。

十八、翟兴祖造像碑

翟兴祖造像碑（图158），北魏正光四年（523）刻，高1.11米，宽0.4米，厚0.11米。原立于洛阳市偃师区宋湾村，现藏偃师商城博物馆。石灰岩雕造。为方形扁体造像碑，碑体原有碑首碑座已失，仅存碑身。碑阳上部雕一帐形龛，龛楣饰帏幔，左右对称雕刻二供养天人，手捧供果，凌空飞翔。帐幔之上分层饰以长方形、三角形、鱼鳞纹及连续宝相花纹等图案装饰，十分华丽。龛内雕一佛二弟子二菩萨。主尊高肉髻，面相方圆秀雅，着双领下垂式袈裟，内着僧祇支，右侧衣襟甩向左肘沿体侧下垂，手施无畏与愿印，结跏趺坐于高台座上，裙裾覆搭座前。左侧阿难眉清目秀，微露笑容，身着双领下垂式袈裟，内着僧祇支，下着长裙，左手握善锁，右手握莲蕾。右侧迦叶面相老诚刚毅，前额凸起，眼窝内凹，肋骨栉比，着右袒式袈裟，双手合十，跣足而立。二菩萨头戴高冠，面相清癯，身躯修长，颈戴桃形带坠项饰，帔帛绕肩在身前交叉后上扬绕肘沿身侧下垂。下着长裙，跣足而立，体态轻盈潇洒。左菩萨右手托莲花，左手提净瓶；右菩萨双手握莲蕾。此五尊像雕刻精巧细致，与龙门石窟宾阳中洞造像风格十分近似。龛下部刻一细颈鼓腹瓶，内插一束盛开的莲花。其左右线刻护法狮子，胸毛分披，狮尾上翘，长舌下垂，一爪抬起，造型生动，活泼可掬。造像龛下刻大魏正光四年翟兴祖、法义卅一人等造像碑记，正书19行，满行11字，魏碑书体，气势刚健有力，结体、用笔在隶楷之间，方圆皆备。录文如下：

大魏正光四年岁次癸卯二月戊午朔十五日壬申。夫灵光遐晕，则

河南佛教造像史

284　图 158　翟兴祖造像碑

响震十方，但众愚抱迷，群生丧目，自非大觉，无以济其明耶。徒竟兴有生到，或佛道长远，非善不诣，是以如来排生死之苦，登涅槃之乐，致使诸天涌波，崇道旷济，童子拥沙，皆成佛果。此下法义卅一人等，建造石像一区，菩萨、立侍、崇宝塔一基。朱彩杂色，睹者生善，归心政觉。仰为皇帝陛下、七世父母、遍地众生、有形之类，咸同斯福。

天宫主唯那扫逆将军翟兴祖、天宫主平昌令刘伏生，天宫主邑主汝南令石灵风，天宫主纪豆邻侯地拔。

碑下减地线刻供养人像三排，每排8人。均为男性，或戴平顶圆冠，或戴尖顶小帽，身着宽袖短襦长裙，腰束带，足蹬云头履，手持长茎未敷莲花而立，像旁均有题名。

碑左侧面，最上端帷幔下减地线刻一思惟菩萨，头戴宝冠，宝缯下垂，佩桃形带坠项饰，袒上身，下着裙，腰束带，帔帛绕肩在身前交叉后上扬绕肘外飘，肩部有圆形饰物。左足踏莲花，半跏趺坐于菩提树下作思惟状。其下刻供养人像，均有榜题。

碑右侧面，最上端帷幔下刻一思惟菩萨，造型与装束同左侧。其下刻两面起坡的单檐歇山顶房屋，屋脊两端饰鸱吻。屋内悬挂一钟，一比丘站立钟旁，手执钟锤作撞钟状。再下刻供养人像，多为女性。

碑阴减地线刻佛像和供养人像。上部正中刻一结跏趺坐佛，高肉髻，着双领下垂式袈裟，衣裾覆于座前，手施禅定印。佛像左侧刻一尖拱形小龛，龛内刻一禅坐比丘。龛右刻一莲花化生童子。其旁各刻一株菩提树，树上有流云朵朵，树间几只小鸟在自由的飞翔。其外有浓郁的树木和起伏叠嶂的山峦，左山上题"檀特山树主清信女温姬供养"，右山上题"此檀特山树主施深愿"。檀特山，亦称善特山，是须大拏太子的栖隐处。《太子须大拏经》云："太子见山（即檀特山）欽釜嵯峨，树木繁茂，百鸟悲鸣。流泉清池，美水甘果……太子入山，山中禽兽皆大欢喜。"碑阴上部所表现的正是须大拏太子在檀特山苦修的场面。其下刻男女供养人像七排，形象与装束同前述供养人像，像旁均有题名。

该碑供养人题名中的石、卢、兰、刘等姓氏可能是鲜卑贵族的"九姓帝族""勋臣八姓"汉化了的姓氏。除此之外还有其他族属的姓氏，如"斛斯"，本高车斛斯部，归魏后以部为民，本代北斛粟氏所改；"沮渠"，羯族，出自匈奴左渠之后，以官为氏；"乙弗"为鲜卑吐谷浑之支族，《魏书·官氏志》："乙弗氏，后改为乙氏。"北魏至西魏又复旧姓；"纥豆邻"，也作纥豆陵、纥通陵，汉大鸿胪卿窦章之后因避窦武之乱，亡入鲜卑拓跋部，其后在穆帝时命为纥豆陵氏；"支"姓，本月支胡人，以国为姓。《氏族略二支》载"西域支氏，其氏月支胡人也"，碑中"支僧安"，当是寓居洛阳的月支僧人。碑中的"郎阿各仁"，当为藏族人之姓名。由此可见，当时的洛阳不仅是南北朝时北方的政治、经济、文化中心，也是少数民族和外国商人汇聚的地方，他们在洛阳经商或为官，与当地佛教团体捐资造像，进行宗教活动，反映了北魏时期民族大融合的过程。[1]

十九、刘根造像碑

刘根造像碑（图159），北魏正光五年（524）刻，高0.395米，宽1.44米，厚0.16米。清光绪年间在洛阳出土，现存河南博物院。为横长方形扁体造像碑，石灰岩质。从四侧和背面皆为毛茬以及造像记中有"敬造三级砖浮图一区"可知，此碑应系嵌在一座砖塔上的铭记。[2]

刘根造像碑雕刻内容分三部分，中为线刻释迦说法图，左右为"佛弟子刘根四十一人等敬造刊记"和题名。画面中的主尊释迦牟尼高肉髻，面相清俊秀丽，着双领下垂式袈裟，内着僧祇支，胸前束带打结，右侧衣襟甩向左臂绕肘下垂，手施说法印，结跏趺坐于方形束腰须弥座上，裙裾覆搭座之上部。有莲瓣形火焰纹背光。上部的华盖上刻山花蕉叶、莲花、莲瓣、三角垂珠等纹饰，

---

[1] 李献奇：《北魏正光四年翟兴祖等人造像碑》，《中原文物》1985年第2期，第21-26页。
[2] 周到：《刘根造像》，《河南文博通讯》1978年第3期，第41-43页。

第三章 北朝时期的单体造像

图159 刘根造像碑拓片

四条幡带悬垂于背光前后。主尊左右各刻二身供养菩萨,头束发髻,颈佩项饰,帔帛绕肩在身前交叉穿环后上扬穿肘下垂,下着长裙,跣足立于莲花座上,有椭圆形头光。在左菩萨身后刻六个弟子,右菩萨身后刻六个形象各异的外道仙人,其中头梳螺髻者应为辟支佛,这是河南佛教造像中较早出现的辟支佛形象,这种题材在河南东魏、北齐的造像中多有出现。后有山石树木点缀其间。整幅画面表现的是释迦牟尼在鹿野苑说法的场景。然而这一生动的场景不是用北魏惯用的浮雕来表现,而是采用了减地阴线刻的技法,使之成为一幅完美的佛教教义的宣传画。这种线刻画是富有经验的艺术匠师们运用锋利的刀笔,在光滑的石面上雕刻出来的,它既不同于白描,也有别于阳线版画,是我国传统美术作品中的一种独特的艺术形式。南北朝时石刻画与佛教艺术相结合,在雕刻技法上有所创新。刘根造像采用减地线刻的技法,承袭了汉代画像石的艺术传统,画像的轮廓勾画出来之后,又用"高古游丝"的技法刻画出细部,表现了人物的细节。提升了画面的层次,线条柔和舒畅,画面中的菩萨与顾恺之"洛神赋"所画的人物形象和衣纹多有相似之处。因此可以说,刘根造像是一件难得的亦刻亦画的石刻精品。

画面左刻大魏正光五年五月三十日佛弟子刘根四十一人等敬造刊记,正书19行,满行17字。铭记中"刘根"二字是铲去以后加刻的,铲去的痕迹清晰可见。右刻造像主题名18行。录文如下:

夫水尽则影亡,谷盈则响灭。娑罗现北首之期,负杖发山类之叹。物分以然,理趣无爽,故优填恋道,铸真金以写灵容。目连慕德,克(刻)旃檀而图圣像。违愿倏忽,尚或如斯,况刘根等托于冥冥之中,生于千载之下,进不值鹫岭,初轩退未遇龙华宝驾而不豫殖微,因心存祈问,何以拔此昏疆,远邀三会,树因菩提者必资缘于善友,入海求珍者亦凭导于水师。故世王之怨借耆婆而晓须达之倒,假门神而悟由此而言自金刚,以还未有不须友而成者也。于此,迭相将动,异心影附,法义之众遂至册(四十)一人有余。各竭己家珍,并劝一切,仰为皇帝陛下、皇太后、中宫眷属、士官僚庶、法界有形,敬造三级砖浮图一区，籍此徽因，周满世性，慧云弥布，慧波洪澍。令一切含零，悉入智海，学穷首楞，究竟常果，大誓庄严，理无虚应。十方净觉，现为我证。

大魏正光五年岁次甲辰五月庚戌朔卅日己卯造讫，佛弟子刘根卌一人等敬造刊记。

侍中车骑大将军仪同三司左卫将军御史中尉领领左右武阳县开国公侯刚。前将军武卫将军领细作令宁国伯乞伏宝。武卫将军景明寺都将元衍。冠军将军中散大夫华林都将领右卫司马孟永。

　　浮图主段永　浮图主赵导　浮图主刘根　浮图主祝显　浮图主邢昇　浮图主袁茂　浮图主张纂　浮图主刘显　浮图主赵贵　斋主王道隆　维那主刘根　维那主张纂　维那潘伯年　邑子刘升　王俊　郝神　张道　成拼　李迁　吴奴　王标　仪延　韩句　王明　王隆　田龟　耿洛　程烦　沮显　朱达　黄和　李文　孟颖　卑周　王奇　蔡雄　常起　王欣　綦檀　张雪　张老　伯俊　赵宾　□□　□□　董珍。

侯刚，《魏书》卷九十三有传，死于孝昌二年（526），洛阳出土的"魏侍中车骑大将军仪同三司武阳公志"中对侯刚的生平记载甚详，其官职与刘根造像记相符。

乞伏宝，《魏书》卷八十六有"乞伏保"传，记载简略。1928年洛阳白鹿庄出土的北魏永熙二年（533）"魏故使持节都督河凉二州诸军事武卫大将军河州刺史宁伯国乞伏君墓志"，对其生平有详细记载，志文记载与刘根造像记基本相符，但造像记中"领细作令"，传、志均无记载。《魏书·官氏志》有"将作大匠"，无"领细作令"官职，当是"将作大将"别名。南朝设置有"细作令"，北齐和隋设有"细作署令"，系管理工程建筑方面的职官。

元衍，《魏书》卷十九有传，阳平王新成之子，传云："颐弟衍，字安乐，赐爵广陵侯，位梁州刺史……"官衔中无"武卫将军、景明寺都将"，题记可补史书之阙。

刘根造像碑不仅是一件刻画细腻的线刻造像，同时也是一件书刻精美的书法艺术品。其工整茂密,俊逸爽朗的书法艺术,可能出于文人官僚之手。北魏迁都洛阳后,全面接受了中原汉族的文化制度,经济文化都有所发展。北魏正光年间正值兴盛时期,佛教传播极盛,造像者虔诚慷慨,雕刻者精心巧制,使得这一时期的造像图文俱佳。造像神情逼真,人物刻画细腻,题记的书写端庄严谨,刚劲有力。书体与同时期的北魏墓志如正光五年的元谧墓志等十分相近。文字结体呈正方形或略扁,横画平直,撇捺舒展开放,犹如强健的手足稳稳撑开,"口""门"等包围结构一般均呈现正方形或矩形,显得饱满且大气磅礴,笔法上既保留了汉隶逆势起笔、藏头护尾的特点,又能大胆露锋取势,显出雄峻爽利的剽悍之气。因此,刘根造像碑可说是"龙门二十品"之外的又一魏碑书法精品。1916年郦禾农摹刻上石,现流传的拓本中,不少是摹刻本。摹本除气韵稍逊外,比原石要短三寸许,而且没有刻出最左边一行残渺的"董珍"二字。

二十、道晗造像碑

道晗造像碑(图160),北魏孝昌元年(525)刻,高1.35米,宽0.98米,厚0.44米。1976年3月在荥阳大海寺遗址出土[1],1997年入藏河南博物院。石灰岩质,四面环刻。正面雕尖楣圆拱形大龛,龛梁两端刻二龙口衔莲花化生。尖桃形龛楣浅浮雕禅定坐佛七尊。龛柱上端刻帐饰,中间饰束腰仰覆莲,下端饰覆莲。龛内雕一弥勒二弟子二菩萨,主尊弥勒菩萨头戴宝冠,宝缯垂肩,面相清癯秀美,颈戴桃形带坠项饰,胸前结带下垂,帔帛绕肩在两肩处形成翘角,下垂的帛带在两腿间交叉,然后上扬穿肘沿体侧外飘。下着长裙,裙褶裹腿在座前向外展开形成燕尾状,交足坐于长方形座上,足踏莲台,手施无畏与愿印,反映的是弥勒在上生兜率天宫做菩萨时的形象。身后减地浅浮雕莲瓣形背光、身光及圆形头光,内匝刻盛开的莲瓣;其外刻供养天人7身,头梳丫髻,帔帛

---

[1] 于晓兴:《郑州发现两批北朝石刻造像》,《中原文物》1981年第2期,第16-19页。

图160 道晗造像碑

绕肩后飘，在身后形成尖桃状，下着长裙，两腿屈回呈跪姿，裙裾从两腿间向后飘荡。在主尊肩外侧各刻一莲花化生，间饰忍冬荷叶；最外匝刻火焰纹。背光外侧右刻维摩诘居士，左刻文殊师利菩萨，旁有听法比丘数人，构成《维摩经变图》。二弟子刻于龛内转角处，双手合十，跣足而立。二菩萨位于龛内两侧，面向主尊。头戴宝冠，宝缯外展折角下垂至肩，颈戴桃形项饰，帔帛绕肩在肩部形成翘角，在腹前交叉穿璧环后上扬绕肘下垂。下着长裙，裙褶外展成燕尾状，跣足而立。左菩萨右手握莲蕾，左手握净瓶。右菩萨左手握莲蕾，右手握善锁。其座下各刻一比丘，左题"邑师道晗"，右题"比丘道胜"，双手合十面内而立。龛柱外各刻一护法力士，头戴小冠，宝缯上扬，凸鼻暴目，髯须飘荡。颈戴圆形项饰，上身赤袒，帔帛绕肩垂于身前，下着长裙，弓步立于覆莲座上，神态凶悍勇猛。其下方各刻二比丘面内拱手而立，均有榜题。龛楣上方刻听法弟子、菩萨各八人。上部刻帷幔，流苏挂两边，形成佛事活动场面。

背面（图161），顶部雕二龙交缠形成中国传统式的螭龙碑首，其下并列雕五个小龛，其中中间一龛较大，为盝顶帐形龛，龛内雕释迦多宝二佛并坐。左右各雕二方形小龛，左龛内雕一立佛，着双领下垂式袈裟，跣足立于方形台座上，座前雕一只护法狮子。右龛内雕善跏跌坐思惟菩萨，袒上身，帔帛绕肩在肩部形成翘角，下垂的帛带在腹前交叉后绕肘外飘，下着长裙，裙裾满覆座前，侧首作思惟状。其下部座前雕一护法狮子与左龛对称。外边两龛均为帐形龛，左龛内雕佛传故事"九龙浴太子"，太子高肉髻，裸上身，着短裤，双手垂于体侧，两腿分开而立，身后九龙向其喷水洗浴。右龛内雕佛传故事"阿育王施土"，释迦着双领下垂式袈裟，内着僧祇支，右边衣襟甩向左臂在身前形成"U"形纹，下着长裙，左手持钵，跣足立于覆莲座上。其旁三个童子，一童子跪地玩耍，一童子骑在另一童子的肩上双手捧物施于钵内。龛下刻大魏孝昌元年造像记，正书，50行，满行5—14字不等，多漫漶不清。其下刻供养人像五排，均头戴小冠，着褒衣博带式大衣，下着长裙曳地，脚着云头履，手握莲蕾面内而立，均有题名。

左侧面，顶部饰帷幔，其下右雕屋形龛，四阿式顶，有鸱吻。屋顶旁刻供

第三章 北朝时期的单体造像

图 161 道晗造像碑背面

养菩萨和弟子各两身。龛内雕一坐佛，结跏趺坐，手施禅定印。左边剔地浅浮雕一株菩提树，树左刻一比丘在床榻上打坐修行，榜题"比丘惠剑诵经时"；右刻一圆拱龛，内雕一比丘禅定坐于榻上，其旁榜题"大比丘法延坐禅时"。其下并列刻供养菩萨7身，均头戴花冠，上身赤袒，帔帛绕肩在身前交叉然后上扬穿肘外飘，下着长裙，手执长茎莲花或莲蕾。再下刻供养人像5排，均有题名。

右侧面，顶部帷幔下分两组雕刻，中间以珠串纹相隔，左刻一覆钵顶塔，其旁刻供养菩萨和弟子各3身。塔身刻尖楣圆拱龛，龛内雕一佛倚坐于方形台座上，着双领下垂式通肩袈裟，左手扶膝，右手屈肘上举施说法印。右刻佛传故事"释迦诞生"，在高大的娑罗树下，摩耶夫人左手攀扶树枝，衣袖内露出一婴儿。其妹大爱道侍立其旁，树旁刻一童子赤裸上身着短裙立于莲座上。下部雕刻内容同左侧面相同。

在造像风格上，佛像渐脱前期那种清秀的"秀骨清像"，向饱满圆润，富于力度的风格发展，面相丰润适中，眉弯而细长，高鼻直挺，嘴角上翘，神情庄重慈祥。刀法上虽然还大量地运用平直刀法，但已出现了具有弹性的曲线和近于漫圆刀法雕刻的光洁面。衣纹虽不像前期阶梯式的叠褶，但仍沿用着早期衣纹的表现手法。造像两侧的"释迦降生"和"菩提树下诵经"，两小龛为浮雕，树和人物则为平面浮起，细部用阴线勾勒，这种艺术表现形式，是中国传统的画像石艺术的表现手法。两侧面和背面大量的供养人和供养菩萨以及主尊背光雕刻，均采用减地线刻的手法，这种由浮雕向线刻过渡的形式，实际上是中国绘画的基本特点。由此可见，北魏晚期的佛教造像无论从人物造型还是表现手法，已完全趋向汉化，可说是佛教造像全面汉化的重要过程。

二十一、骆道明造像

骆道明造像（图162），北魏孝昌二年（526）刻，高0.44米，宽0.25米，厚0.125米。原存地不详，现藏河南博物院。石灰岩雕造，为背屏式三尊造像。主尊高肉髻，圆形头光内浮雕莲花瓣。面相丰润秀雅，着双领下垂式通肩大衣，内着僧祇支，右侧衣襟甩向左臂沿体侧下垂，在胸前形成"U"形纹，下着长裙，裙褶自然折叠展开成燕尾状，手施无畏与愿印，跣足立于覆莲座上。二菩萨头戴宝冠，面相方圆，颈戴桃形项饰。右菩萨上身袒露，帔帛绕肩下垂在两腿间交叉后上扬绕肘下垂，下着长裙。左菩萨着双领下垂式通肩大衣，两手拢于胸前，均跣足站立于覆莲座上。腹部微挺，形体变化细致微妙。肌肉表现细腻柔美，面部表情处理得丰富自然，俨然温和善良的汉族中年女性形象。莲瓣形背屏具有明显的北魏晚期河南北部民间造像特征，背光顶部刻一华盖，下有思惟菩萨侧身而坐。其下左右各刻一身供养天人，天衣飞扬、姿态轻盈。飞天身下刻忍冬和摩尼宝珠。

背面（图163）上端刻一重檐楼阁，内刻二人相对而坐。房檐下悬挂的硕大的风铎在比例上与楼阁不相协调，但却精巧别致，可看出北魏时期中原地区建筑装饰的雏形。其下刻大魏孝昌二年佛弟子骆道明造像记："大魏孝昌二年，岁在丙午六月戊辰朔十六日癸未，清信士佛弟子骆道明敬造石像一区，上为七世父母、生缘眷属普同福庆，愿如是。"下部中间刻一佛结跏趺坐于须弥座上，上有莲花宝盖，左右刻供养人像各2身，戴冠，簪花，均着交领宽袖大衣。整个画面布局合理，疏密有致，运用南朝人物素描技巧，将人物的形象、身份、服饰刻画得生动形象，并间饰以莲花和宝相花图案进行补白。在雕刻上采用汉代画像石的雕刻技法，减地刻出物像轮廓，再施以阴线刻出细部纹饰，使物像具有剪影式效果。以刀代笔，线条细腻流畅，一丝不苟，可谓是一幅精美的石刻线画。

图 162 骆道明造像

图 163 骆道明造像背面拓片

二十二、扈文显造像

扈文显造像（图164），北魏孝昌三年（527）刻，高0.265米，与正光二年（521）扈豚造像碑、赵安香造像以及禅定佛坐像，同时于1981年在郑州市中原区西流湖街道西岗村红石坡一所寺院遗址中出土[1]，现藏郑州市博物馆。石灰岩雕造，为背屏式一佛造像，佛高肉髻，面柜方圆，嘴角内敛，微露笑容。头后的圆形头光与舟形身光相连。着双领下垂大衣，内着僧祇支，胸前束带打结。右侧衣襟甩向左肘下垂，手施无畏与愿印，结跏趺坐于方形台座上，裙裾覆搭座之上部。座之下层又置一壶门方座，壶门两端刻"扈文显""张五金"题名。身后莲瓣形火焰纹背光雕刻简练，与同期的金铜造像相似，由此可见，这件造像的范本应来源于同期的金铜造像。

背屏（图165）后面刻孝昌三年佛弟子扈文显造像记："孝昌三年四月廿五日，清信士佛弟子扈文显，为亡妻张化融、亡息扈德蚝、亡女扈妨仁造石像一区，愿使亡者脱（托）安洛（乐）之处，愿惠从心。"从题记可知，该像是扈文显为已故的妻室儿女所造，与同时出土的禅定佛造像、扈豚造像碑均属体量较小的家族造像。

---

[1] 于晓兴：《郑州发现两批北朝石刻造像》，《中原文物》1981年第2期，第16-19页。

第三章 北朝时期的单体造像

图 164　扈文显造像正面

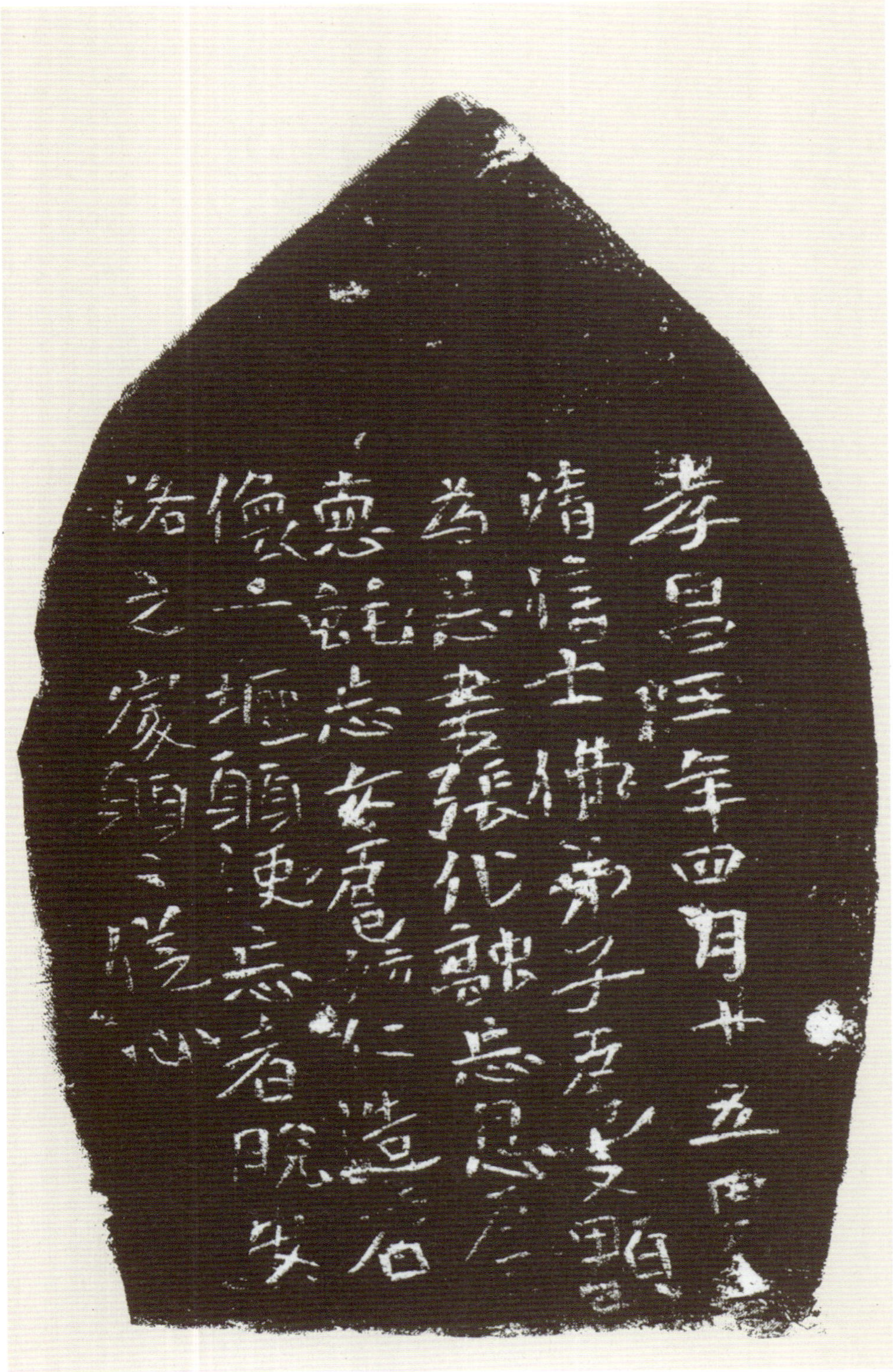

图 165　扈文显造像背面拓片

二十三、赵安香造像

赵安香造像（图166），北魏正光至孝昌年间（520—527）刻，高0.95米，宽0.58米，厚0.08米。1981年在郑州市西岗村红石坡一所寺院遗址出土[1]，现藏河南博物院。石灰岩雕造，为背屏式三尊造像。主尊高肉髻，面相清瘦、容貌慈祥。两肩削窄，胸部扁平，具有北魏"瘦骨清像"之风韵。着双领下垂式袈裟，内着僧祇支，下身着裙，裙带在胸前打结，右边衣襟甩向左臂，绕肘下飘，折叠的裙裾覆搭座前。二菩萨跣足立于仰莲座上，头戴花冠，宝缯伸展呈"S"形飘垂两肩，帔帛由两肩下垂至两腿间交叉，然后上扬绕肘外飘。左侧观世音左手握净瓶，右手执花蕾；右侧大势至左手持花蕾，右手提善锁。背屏雕五尊禅定坐佛环列于主尊圆形头光周围，其外刻火焰纹。造像顶端刻两条交尾的降龙沿背光两侧而下，这种将中国传统的龙的形象融入佛教造像之中，并使其完美结合的做法，是其后螭首造像碑的肇始，充分说明外来艺术已逐渐被本土文化所接受和容纳，同时也可说是图腾崇拜与宗教信仰并举的象征。

造像背面减地阴线刻佛传故事"白马吻别"（图167）。画面刻一株枝叶繁茂的菩提树，一只小鸟立于树梢似为太子的到来欢声歌唱，树下悉达多太子头戴花冠，上身赤袒，下着长裙，坐在束腰藤椅上，侧首作思惟状。一匹鞍具齐全的白马前肢跪地伸舌舐吻太子足，随从车匿站立其旁。一供养人立于其侧，旁刻"赵安香侍佛时"和"邑子程世兴"。远处一驯象人持钩驯服一头大象，上方二天人自天空飞舞而降。其身后刻一护法狮子和一供养人，旁题"张虎威"。整个画面生动地描绘了悉达多太子出家来到檀特山，与坐骑白马惜别的场景。造像两侧面各刻二供养人，均有题名。

该造像虽无确切纪年，但从造像形式，人物形象以及雕刻手法等方面看，它与同时同地出土的"扈豚造像""扈文显造像"多有相似之处，应属于同时期作品，雕造时间亦当在北魏正光至孝昌年间。

---

[1] 于晓兴：《郑州发现两批北朝石刻造像》，《中原文物》1981年第2期，第16-19页。

图 166 赵安香造像

第三章 北朝时期的单体造像

图 167 赵安香造像背面拓片

二十四、阿弥陀佛三尊造像

阿弥陀佛三尊造像（图168），北魏正光至孝昌年间（520—527）刻，残高1.21米，宽0.9米，厚0.23米。原存沁阳市王召乡南柱村的一座废弃寺院中，现藏河南博物院。石灰岩雕造，为背屏式三尊造像。头部均残，主尊阿弥陀佛着双领下垂式袈裟，内着僧祇支，胸前束带打结下垂，右侧衣襟甩向左臂，绕肘外飘。衣纹呈细密的阶梯式。下着长裙，裙裾重叠下垂自然展开成燕尾形，手施无畏与愿印，跣足而立。身后的背光和头光残存少许，阴线刻四层：内层刻莲花瓣，其外刻忍冬纹，第三层刻飞天，最外层刻火焰纹。主尊与二菩萨之间各刻一长茎莲花，上刻一禅定坐佛。二菩萨有桃形火焰纹头光，宝缯外展折角下垂，颈戴项饰，宽大的帔帛绕肩向外侧形成翘角，帛带在身前交叉穿环后上扬穿肘下垂，下着长裙，裙带在两腿间下垂，跣足立于覆莲座上，座下左右各有一夜叉两手向上托举。长方形台座正面刻供养人像及造像题记，惜多剥蚀不清。

造像背面阴线刻"释迦如来初转法轮"佛传故事图，图中释迦高肉髻，面相方圆，有圆形头光和莲瓣形火焰纹背光，着双领下垂式袈裟，结跏趺坐于莲座上，手施转法轮印，二菩萨及十大弟子在其两侧悉听说法。从上方垂下的四条幡带看，主尊上方应有帷帐宝盖。座前中间饰莲花荷叶，两旁各刻一护法狮子。其下方线刻供养人像，多剥蚀不清。整幅画面形象生动，主题突出，线条流畅自如，具有典型的北魏风格，是一幅罕见的佛教石刻线画。

两侧面均有不同程度残缺，从保存现状看，上部刻忍冬纹，下部线刻三个帐形龛，龛楣饰帷幔，龛内各刻一禅定坐佛，手施禅定印，结跏趺坐。

该造像虽无确切纪年，但从造像中各佛像不同的装束及精湛的雕刻仍能看出北魏晚期流行的潇洒飘逸的艺术风格。瘦削的双肩和扁平的胸部还保留着景明正始年间的瘦骨清像风格，但微凸的腹部较前期造像有所变化，二菩萨的装束仍保留着熙平以来的风格，宝缯平展折角下垂，这种装饰在熙平以后的造像中多有出现。造像背面的释迦说法线刻画，其人物形象和构图与河南博物院藏

第三章 北朝时期的单体造像

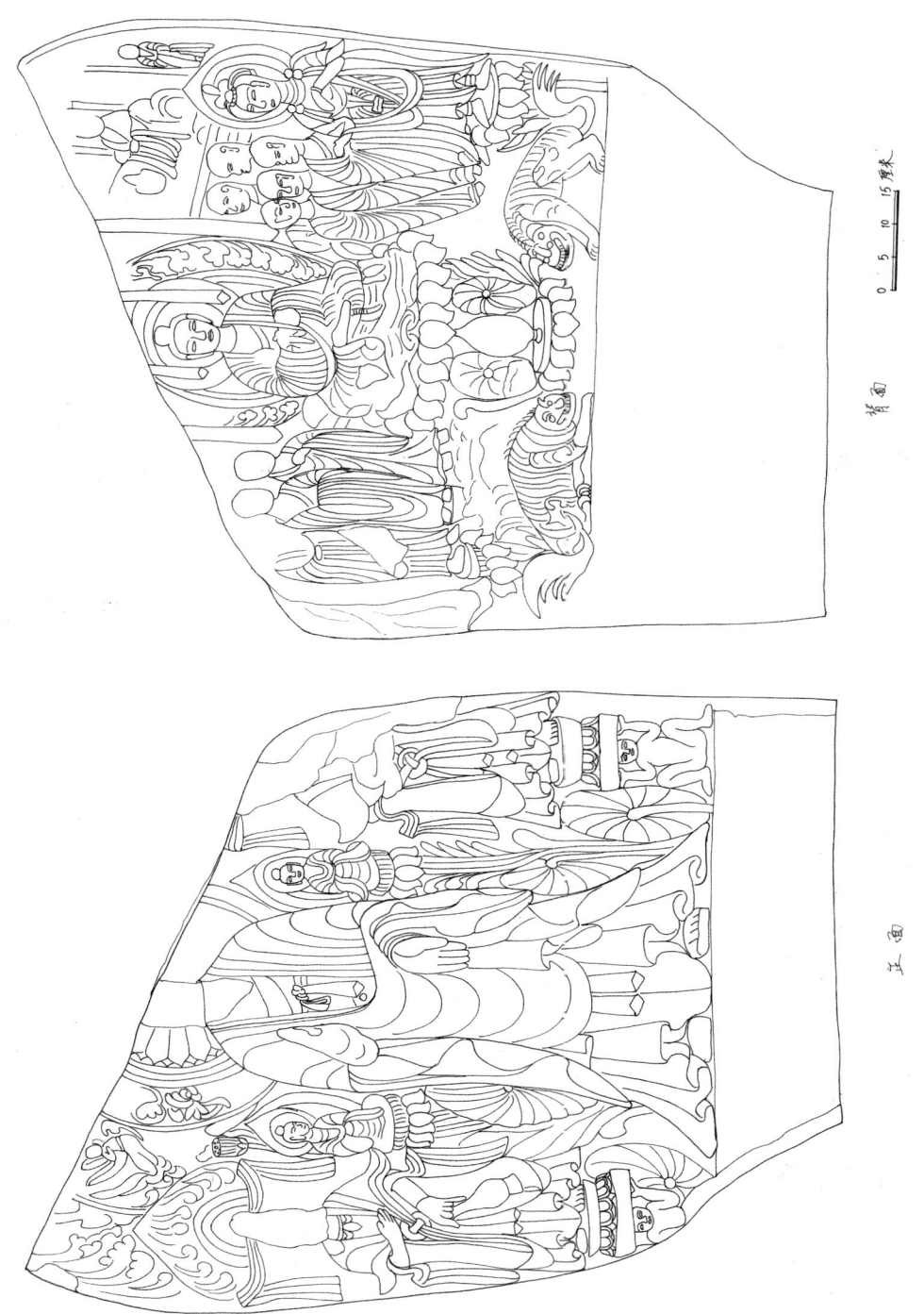

图168 阿弥陀佛三尊造像线描图

305

北魏正光四年刘根造像极为相似,如同出自一种范本,由此可见,该像亦应为正光至孝昌年间(520—527)雕造。

二十五、田延和造像

田延和造像(图169),北魏正光五年至永熙三年(524—534)刻,高0.96米,宽0.44米,厚0.1米。鹤壁市淇县城关出土,现藏河南博物院。白色大理石雕造,为背屏式三尊造像。主尊高肉髻,额上正中饰右旋涡轮纹,面相长方,修眉细目,面带微笑。有圆形头光两层,内层雕莲瓣,外层刻两枝卷曲的忍冬从上部蔓延至两肩上,上部正中雕一朵盛开的莲花连接忍冬的根部,这种头光装饰在北魏晚期的造像中较多见。削肩平胸,着褒衣博带式袈裟,双领下垂,右侧衣襟甩向左肘沿体侧下垂。内着僧祇支,胸部束带打结下垂。下着长裙,裙褶外展形成燕尾状。两臂屈肘于胸侧,手施无畏与愿印,跣足而立。在主尊足下左右各伸出一曲颈龙首,口衔长茎莲台,二菩萨立于莲台上,均头戴花冠,宝缯下垂,面相与主尊相同,颈戴桃形项饰。宽大的帔帛在身前交叉穿璧后上扬绕肘外飘,下着长裙,裙带打结垂于两腿间。右菩萨左手持宝奁,右手提善锁;左菩萨右手残损,左手持净瓶。莲瓣形背光减地阳刻火焰纹,繁缛细密,在主尊头光上部刻吉祥草,主尊与二菩萨之间刻莲花荷叶图案。

背光背面上部正中减地线刻交脚弥勒,左右各刻一供养比丘。下部刻供养人像五排,每排6—8人不等,除第四排右侧第一人头戴山形冠与众不同外,其余均头戴笼冠,褒衣博带,手持长茎未敷莲花作供养状。均有榜题。

该造像虽无纪年,但从造像特征看,与龙门石窟宾阳中洞北壁的佛、菩萨相似,佛的发髻为右旋式涡轮纹,清雅秀丽的面孔,瘦削的双肩和褒衣博带式大衣,已摆脱了早期丰圆饱满的造像规范,俨然清秀高雅、飘逸潇洒的南朝文人士大夫形象,这是北魏孝文帝太和改制后文化大融合过程中出现的一种新的艺术风格,即"秀骨清像"式中原风格。宾阳洞开凿于宣武帝景明元年(500),完工于孝明帝正光四年(523),由于民间造像的范本往往来自石窟造

第三章 北朝时期的单体造像

图169 田延和造像

像，由此可知，田延和造像的雕造年代要晚于正光四年，即正光五年至永熙三年（524—534）间作品。

二十六、禅定佛造像

禅定佛造像（图170），北魏孝昌年间（525—527）刻，高0.27米。1981年

图170 禅定佛造像

在郑州市西岗村红石坡一所寺院遗址中出土，现藏郑州市博物馆。[1]石灰岩雕造，为背屏式一佛造像。佛高肉髻，面相与扈文显造像相似，削肩平胸，着双领下垂式通肩袈裟，内着僧祇支，腰束裙带，双手袖于衣内，禅定坐于方形须弥座上，裙裾覆搭座前。莲瓣形背光素面无刻。该像与扈豚造像碑、扈文显造像都属体量较小的家族供养造像，其造像风格及雕刻手法与"扈文显造像"相同，二者应视为同期作品，故此像当属北魏孝昌年间（525—527）所造。

二十七、释迦多宝造像

释迦多宝造像（图171），北魏普泰元年（531）刻，残高1.31米，宽0.97米，厚0.14米。原存沁阳市西17.5公里复背村，现藏河南博物院。石灰岩雕造，为背屏式造像，惜背屏上部已残失，从残断处的三个榫眼看，原系两石连接而成。现存造像主尊为释迦多宝二佛并坐，头部均残，有圆形头光，内饰双重莲瓣。胸部扁平，两肩削窄，着双领下垂式袈裟，内着僧祇支，胸前束带打结下垂，右侧衣襟甩向左臂绕肘沿体侧下飘，下着长裙，裙裾满覆座前，两佛间饰莲花荷叶。二弟子侍立左右，着右袒式袈裟，右肩处露出袈裟一角，右边袈裟甩向左臂穿肘沿体侧下垂，下着长裙，右侧弟子双手合十于胸前，左侧弟子右手握袈裟，左手提香囊。二菩萨头部均残，戴桃形项饰，上身袒，帔帛绕肩在两腿间交叉后上扬穿肘沿体侧下垂。下着长裙，腰束带，跣足立于莲座上。在二菩萨上部，刻有菩提树枝叶，枝叶间刻二飞天。主尊座下刻长方形帷幔龛，龛内雕坐佛七尊，横向排列，倚坐于长方形佛座上。这种排列的七佛形式在北魏造像中较为罕见。在七佛两边各雕一身金刚力士，头部均残，宝缯上扬，颈戴桃形项饰，帔帛在腹前交叉上扬穿肘沿体侧下垂，下着长裙，双手握金刚杵，跣足而立。最下层为长方形帷帐龛，龛楣帷幔饰覆莲图案，两边帷帐下垂。龛内正中刻博山炉，两侧刻供养人像，左边四身，右边五身。

---

[1] 于晓兴：《郑州发现两批北朝石刻造像》，《中原文物》1981年第2期，第16-19页。

河南佛教造像史

图 171 释迦多宝造像

造像背面上部阴线刻一佛二菩萨，主尊高肉髻，着双领下垂式袈裟，内着僧祇支，胸前束带打结下垂，右侧衣襟甩向左臂，下着长裙，结跏趺坐于方形束腰须弥座上，座下层饰覆莲瓣，衣裾覆搭座之上部，手施说法印。二菩萨头束发髻冠，宝缯垂肩，上身祖，帔帛绕肩下垂至膝际交叉后上扬穿肘下垂。下着长裙，裙褶繁密，双手屈肘于胸前，跣足立于莲花座上。主尊座前刻一博山炉和二护法狮子。二菩萨的外侧，各刻一组礼佛图像，主人身材高大，头戴高冠，面有胡须，着交领宽袖长袍，手执莲花，脚着高履，侧身向佛。身后二仆人，头梳丫髻，手擎伞盖或团扇跟随主人，其上方刻飞天和摩尼宝珠。下部中间刻普泰元年造像题记一方，正书6行，满行20字，书体端庄，有魏碑风韵。从造像记可知，与此像同时造成的还有释迦木像一区、白玉多宝弥勒杂事三区、观音金像一区、旃檀□□三相杂事像一区、《涅槃经》半部、《法华经》半部、《缘起经》半部、《悲华经》一部、《玄鱼经》一部、《金光明经》一部、《金刚般若经》一部、《十地经》一部、《提骨经》一部、《无量寿佛经》一部、《观无量寿佛经》一部、《初教》一部、《恩室经》一部。造像记左右刻供养人像，均有题名。

多宝佛是过去无量千万亿劫时东方宝净世界的教主。在佛教造像中，多宝佛像不单独供奉，在河南北魏单体造像中最早出现释迦多宝二佛并坐的形象是神龟年间（518—520）的"田迈造像"，在孝昌元年（525）的"道晗造像碑"上也雕有二佛并坐像龛，然而，他们或刻于背屏上部，或刻在造像碑阴，作为造像的附属题材。而单独雕刻释迦多宝二佛造像，则仅见此例。说明《法华经》信仰在此时十分兴盛，成为北朝晚期佛教造像的重要题材。

二十八、释迦造像

释迦造像（图172），北魏普泰至永熙年间（531—534）刻，高1.3米，宽0.75米，厚0.17米。原存沁阳市柏香镇南寻村，现藏河南博物院。石灰岩雕造，

312　图 172　释迦造像

为背屏式三尊造像，头部均残。主尊头后高浮雕莲花瓣三重，着双领下垂式袈裟，右侧衣襟甩向左臂绕肘外飘，内着僧祇支，腰束带打结下垂。右手施无畏印，左手握衣襟。下身着裙，裙裾覆搭座前。结跏趺坐，座前刻一夜叉托举博山炉和二护法狮子，右侧狮子正面蹲坐，左侧狮子侧面蹲坐，形象生动，具有明显的北魏晚期特点。二菩萨帔帛绕肩下垂绕肘外飘，下着长裙。左菩萨双手捧花蕾于胸前，右菩萨右手提善锁，左手屈肘上举。在二菩萨上部各刻一莲花化生。背光雕刻以高浮雕的形式表现，在主尊身后雕出舟形身光，内雕莲花化生，身光外侧雕佛传故事，左刻"白马吻别"，释迦身着菩萨装，坐在树下作思惟状，身前白马犍陟低头舐吻释迦足部，随从车匿侍立其旁。右刻"乘象入胎"，一菩萨乘坐六牙白象从天空而降，上下各有一天人飞舞其旁。

造像背面刻《观世音经》，正书 34 行，满行 46 字，第一行标题"观世音经"，正文部分文字多已剥蚀不清。上端雕一莲瓣形小龛，内雕观世音立像。《观世音经》是在两晋、南北朝时从《妙法莲华经》中抄出，流传极盛，是当时民众对观世音信仰诵读的重要经典。该经虽无雕刻纪年，从正面造像风格看，该像应雕造于北魏普泰至永熙年间（531—534）。如果该经与造像是同期所刻，那么，这篇《观世音经》是目前发现的最完整的早期刻经之一。然而也有学者对背面的刻经文字书体产生怀疑，认为是唐代所刻。因此，关于此经的雕刻年代尚待进一步研究。

二十九、博爱三尊佛立像

博爱三尊佛立像（图 173），北魏永熙年间（532—534）刻，通高 2.63 米，宽 1.12 米，厚 0.4 米。原存焦作市博爱县金城乡白马沟村观音寺内，现存博爱县博物馆。石灰岩雕造，为背屏式三尊造像，保存完好。主尊肉髻扁平，细眉呈弧形弯曲，两眼微睁下视，眼线呈波浪纹状。面相饱满圆润，表情沉静恬然。身着双领下垂式袈裟，内着僧祇支，下着长裙，裙带在胸前打结下垂。下垂的

图 173　博爱三尊佛立像

衣袂呈波浪式褶纹，袈裟的下部与裙裾在膝下形成两道纹饰，疏密有致，显得十分厚重。两臂屈肘前伸，手施无畏与愿印，跣足立于覆莲座上。二菩萨头戴莲花宝冠，宝缯向两端平展绕结下垂。面相与主尊相同，颈戴项饰，宽大的帔帛绕肩在腹前交叉穿环。下着长裙，跣足立于长茎仰莲座上。左菩萨左手持莲蕾，右手握善锁；右菩萨右手握莲蕾，左手持净瓶。在主尊与二菩萨之间，各线刻一弟子，这种形式在河南北魏三尊像中极罕见。莲瓣式背屏雕刻细腻，主尊头后的圆形头光分三层雕刻：内层雕莲瓣两层，中间刻五道光环，外层刻禅定坐佛七尊。空白处饰以莲花、荷叶。头光上方及左右各刻一身伎乐天人，均头梳双髻，面相丰圆，赤袒上身，帔帛绕肩在头后形成桃形，帛带两端绕腋下向后飘扬，下着长裙，裙裾紧裹两腿，不露足，两腿呈屈蹲状，似从天空飘飘欲下，轻盈婀娜。上方伎乐怀抱琵琶，两手作轻弹状，由于是正面表现，仅露出上半身躯，身下莲花承托；左侧伎乐持长笛；右侧伎乐持箫。头光以外满刻双勾火焰纹及云雷纹。莲瓣式背屏两侧面及背面均素面无饰。造像座上为覆盆式莲花座，莲瓣饱满和谧，下为方形台座，正面中刻夜叉托举博山炉，左右刻二护法狮子。

关于该像的雕造年代，造像本身以及文献均无记载。该像无论是造像形式还是雕刻内容，都与现存美国华盛顿菲利尔博物馆的北魏永熙三年（534）"石造三尊像"基本相似。[1] 如佛之装束、二胁侍菩萨头两侧折带垂肩的宝缯、颈部的项饰以及衣纹的表现形式，如出同一种范本。而二胁侍菩萨足下为长梗仰莲座，这种菩萨座最早见于"孔惠超造像"，但背面及两侧面素面无饰，较"孔惠超造像"简略多了，因此，可以推断该造像的雕刻年代应在北魏永熙年间（532—534）。

---

[1] 金申：《中国历代纪年佛像图典》，文物出版社，1994年，图142。

三十、赵见憘造像

赵见憘造像（图 174），北魏永熙二年（533）刻，通高 1.7 厘米。原存地不详，现藏美国旧金山亚洲美术馆。[1] 石灰岩雕造，为河南豫北地区常见的莲瓣形背屏式三尊造像，保存完好。主尊高肉髻，面相方圆，着双领下垂式袈裟，内着僧祇支，右侧袈裟甩向左肘，胸前结带从袈裟内绕出，身前衣纹呈"V"字形排列，衣纹表现极为严整。右手屈肘于胸前施无畏印，左手自然下垂握袈裟一角，下着长裙，跣足而立。二菩萨有桃形火焰纹头光，戴宝冠，额上发髻中央簪一莲花，面相与主尊同。颈佩桃形项饰，帔帛在肩部形成翘角，在身前交叉穿环后上扬绕肘外飘，下着长裙，跣足立于仰莲狮子座上。右菩萨双手握花蕾，左菩萨右手握花蕾，左手下垂持净瓶。主尊与二菩萨之间线刻莲花荷叶。背屏雕刻繁缛细密，从内向外分四层：内层刻莲花；其外一周减地线刻禅定坐佛七尊；第三层刻飞天六身，上部二身飞天拥着由夜叉扛托的博山炉，下部四身飞天手持乐器或供物飞翔。均头梳发髻，天带在身后飘荡形成桃形，小腿屈回呈跪姿，裙裾裹足，足尖不外露，身下云朵较长。另在第三层上部尖端处，刻一佛禅定而坐，二飞天在左右供养；最外层刻火焰纹。基座前面中央刻夜叉扛托博山炉，左右各刻供养人三身，旁有赵氏榜题。背面的浮雕内容较前期亦发生了变化，长时间作为中心图像的交脚菩萨像消失了，代之以如来像，其两侧表现的是维摩诘和文殊的对问场面。

---

[1]［日］松原三郎：《中国佛教雕刻史论》，吉川弘文馆，1995 年，第 198 页。

第三章 北朝时期的单体造像

图 174 赵见憘造像

三十一、司徒永孙造像

司徒永孙造像（图 175），北魏永熙年间（532—534）刻，高 1.255 米。传为新乡市之物，现藏日本东京国立博物馆。[1] 石灰岩雕造，为背屏式三尊造像，保存完好。主尊高肉髻，圆形头光内高浮雕盛开的莲花。面相方圆，两眼微睁前视，薄唇轻启，微露笑容。着双领下垂式袈裟，右边袈裟甩向左肘下垂。内着僧祇支，胸前束带打结，下着裙，裙摆不再外展。右手施无畏印，左手下垂，跣足而立。二菩萨有桃形火焰纹头光，戴宝冠，宝缯外展折角下垂。颈戴桃形悬坠项饰，帔帛绕肩在身前交叉穿环后上扬穿肘下垂，下着长裙，裙带打结下垂在两腿间，跣足立于莲座上，座下不再有蹲坐的狮子。佛与菩萨之间刻菩提树和莲花化生。背屏雕刻较简略，只在主尊头光外一周刻飞天八身，上二身飞天簇拥着一尊禅定坐佛，下部六身飞天手持乐器或吹或奏，小腿屈回呈跪姿飞翔，天带在身后形成两个环状，不露足，身下云朵较前期略长。背屏外缘刻火焰纹。背面上部线刻维摩经变图，左为维摩诘手持麈尾，右为文殊菩萨手持如意，其旁刻众比丘。侧面刻降龙和供养人像。

关于该造像年代，据石松日奈子考证，其"安稳优美的表情及和缓严整的衣纹表现与赵见憘等造像相通，似为北魏末至东魏时作品"。[2] 故其雕刻年代亦应为北魏永熙年间（532—534）。

---

[1] [日] 松原三郎：《中国佛教雕刻史论》，吉川弘文馆，1995 年，第 242 页。

[2] [日] 石松日奈子著，刘永增译：《北魏河南石雕三尊像》，《中原文物》2000 年第 4 期，第 48-60 页。

第三章 北朝时期的单体造像

图 175　司徒永孙造像

第二节　东魏时期的单体造像

河南现存东魏时期的单体造像有7件，主要分布在嵩岳地区及黄河以北的新乡等地，以螭首扁体造像碑为主，其中较著名的有原存登封会善寺的天平二年（535）"嵩阳寺造像碑"、河南博物院藏武定元年（543）"道俗九十人造像碑"等。它们均由螭龙盘绕的碑首、竖长方形碑身和方形碑座组成，成为东魏单体造像的一大特点。这种单体造像形制上的变化，反映了佛教造像由外来形式向中国汉化转变的过程。东魏造像碑不仅在造型上与前期不同，而且在雕刻内容上也与前期有较大的变化。碑身正面或凿一龛，或凿数龛，龛形既有早期的那种以菩提树枝组成的拱形龛，也有龛楣饰火焰纹的尖拱形龛，还有用帷幔流苏装饰的帐形龛。龛内多雕一佛二弟子二菩萨，有的在龛外雕二辟支佛或二力士。碑阴及碑侧刻千佛或线刻佛传故事。特别是在东魏造像碑中还出现了大量的神王形象，这些神王形象在北魏时期的石窟中有较多的出现（如巩义石窟寺等），多雕刻于石窟壁龛的佛像座下，而在造像碑中则多刻于方形碑座的四周，如嵩阳寺造像碑、北周村造像碑的碑座四面均刻八位神王。因美国波士顿伊莎贝拉嘉纳艺术博物馆藏"骆子宽造石佛立像"碑座的神王像旁还刻有神王名字榜题，故多以它为推知其他处神王名称的标尺。它与北魏时期造像座下多刻供养人像以及其所乘坐的车马等反映当时社会生活的内容相比，更增加了宗教的神秘性，这是东魏造像碑雕刻的一大特点。

在艺术风格上，北魏晚期形成的"秀骨清像"式艺术风格，在此时已不明显，呈现出的是一种中国化的健壮之美。佛的面部较为丰满，肩部饱满圆润，四肢躯干分明，身躯呈圆柱状，立体感很强。衣着紧裹躯体，衣纹浅显，没有大起伏的立体感很强的衣褶。前期流行的潇洒飘逸的南朝士大夫形象亦被敦厚朴实的中原人形象所代替。双领下垂式通肩大衣和圆领袈裟并用，内着僧祇支，右侧衣襟在腹前上绕搭左肘下垂，覆座的裙裾厚重舒展，与北魏时期繁缛的衣褶相比，显得简单明了。弟子或着双领下垂袈裟，或着右袒式袈裟，或两手合十，或双手袖于衣内。菩萨帔帛在身前交叉下垂，有的穿环，有的不穿环。有的双肩有圆形饰物。力士均有尖桃形头光，宝缯上扬，面相凶悍威武。神王戴宝冠，宝缯垂肩，帔帛绕肘飘荡，足着长靴。多以手中执物显示其身份名称。供养人或梳高髻，或戴高冠，褒衣博带，着云头大履，手持莲花。飞天雕刻越来越少，身下多饰流云。在这些形象的塑造中，将佛的慈祥、菩萨的善良、弟子的谦恭、力士的勇猛、飞天的活泼都刻画得惟妙惟肖，完美动人，呈现一种写实敦厚之美。可视为佛教造像完全中国化（即中原化）的重要过程。

一、嵩阳寺造像碑

嵩阳寺造像碑，又名"中岳嵩阳寺碑""嵩阳寺伦统碑"，为河南现存最早的螭首扁体造像碑。该碑原立于登封嵩阳寺，隋大业时改嵩阳寺为嵩阳观，宋仁宗景祐二年（1035）赐名嵩阳书院。唐麟德元年（664）从嵩阳观移入会善寺内佛殿东楹，清康熙四十八年（1709）重修佛殿时，又将此碑移于寺西之戒坛。由于置于野外，碑身正面中部造像和背面碑额造像遭到严重破坏，2001年移于嵩阳书院，并建碑亭进行保护。碑为东魏天平二年（535）雕造，通高3.7米，宽1.22米，厚0.29米；石灰岩质，碑首、碑身一体，有方形碑座。碑首为六龙盘绕，圭形碑额上部凿一圆孔，其上刻一朵盛开的莲花，下方刻覆莲瓣和忍冬。额铭"嵩阳寺伦统碑"二行6字篆书。[1]

碑身（图176），分三层雕刻上层中间雕一尖楣圆拱龛，龛形被凿毁，造像残缺较甚。从残存现状看，龛内原雕一佛二菩萨，龛外雕二弟子二力士。主尊

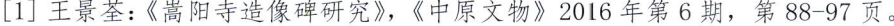

[1] 王景荃：《嵩阳寺造像碑研究》，《中原文物》2016年第6期，第88-97页。

图 176 嵩阳寺造像碑正面

头部残，两肩瘦削，着双领下垂式袈裟，内着僧祇支，右侧衣襟甩向左臂绕肘下垂，右手施说法印，结跏趺坐于方形台座上。裙裾满覆座前，褶纹繁缛，座下饰覆莲瓣一周。菩萨帔帛绕肩至膝际交叉上扬绕肘下垂，弟子着右袒式袈裟，力士颈戴项饰，帛带斜披右肩在腹部打结下垂，两手握帛带，均立于莲台座上。龛上正中雕二株菩提树，枝繁叶茂，在缠绕的树干上面，刻一吹奏排箫的伎乐天人和两身裸体天人，帔帛在身后飘荡，脚腕戴钏，身躯丰满，这种全裸的天人在造像中较为罕见。其下部各刻飞天三身，身躯已被凿毁，仅剩飞舞的天带在空中飘荡。龛下刻荷叶莲花装饰的博山炉和二护法狮子。其外侧各雕两身神王像，仅剩右侧珠神王和风神王。中层雕像六部被凿毁，只剩一排七尊坐佛。下层刻《中岳嵩阳寺碑铭序》，隶书39行，满行28字，计956字。无撰书人名，书法方正宽博，间有篆书笔意，王昶《金石萃编》有著录。另有"大唐麟德元年岁次甲子九月景午朔十五日庚申，从嵩阳观移来会善寺立"题记1行。

碑阴（图177），圭形碑额处雕一方形龛，内雕一佛二菩萨，龛两侧及二菩萨被凿毁，主尊着双领下垂式袈裟，内着僧祇支，右襟搭于左臂，结跏趺坐，座下沿饰覆莲瓣，裙裾覆搭座之上部，手施说法印。座前雕博山炉和二护法狮子。碑身雕千佛龛，上下12排，前11排每排8龛，龛内均雕一佛，龛旁均有佛名，经与佛经对照，反映的是八十八佛题材。八十八佛是"三十五佛"和"五十三佛"的合称。关于八十八佛信仰，据《宝积经》："一切众生，若有五逆十恶，万劫不通忏悔者，应须顶礼三十五佛，至心忏悔，一切罪障，即皆除灭。"《观药王药上二菩萨经》云："若有善男子善女人及余一切众生，得闻是五十三佛名者，是人于百千亿阿僧祇劫不堕恶道。若复有人能称是五十三佛者，生生之处常得值遇十方诸佛。若复有人能至心敬礼五十三佛者，除灭四重五逆及谤方等皆悉清净，是以诸佛本誓愿故，于念念中即得除灭如上诸罪。"信众认为，这八十八佛都可以为众生作忏悔主，称念礼拜八十八佛，功德威神不可思议，能除一切极恶重罪。因此，人们可以向他们申述自己改悔过恶的愿望。所以，五十三佛和三十五佛题材在北朝晚期至隋唐时期的石窟中多有雕刻，如隋

图 177 嵩阳寺造像碑背面

代安阳灵泉寺大住圣窟内雕"三十五佛世尊三十五龛",并在窟外刻有五十三佛名和忏悔文各一方。最下一排6龛,龛内雕一佛二菩萨,龛旁有佛名,雕刻的是六方佛题材,其龛榜所题佛名与《观虚空藏菩萨经》中的六方佛名有所不同。《观虚空藏菩萨经》为:"东方宝光月殿妙尊音王佛、南方树根华王佛、西方造王神通炎华佛、北方月殿清净佛、下方善寂月音王佛、上方无数精进愿首佛……佛言不如有人讽诵念此六方佛名恭敬作礼,其人世世常生转轮王家,端正威德。临欲终时,百亿诸佛授手令不堕三恶趣。"六方佛名最早在鸠摩罗什所译的《阿弥陀经》中已经列出。后来玄奘译的《阿弥陀经》中将其增加了四方,即东、西、南、北、东北、东南、西南、西北、上、下十方,成为十方佛。即:"东方善德佛、南方旃檀德佛、西方无量明佛、北方相德佛、东南方无忧德佛、西南方宝施佛、西北方华德佛、东北方三乘行佛、上方广众德佛、下方明德佛。"此碑上的六方佛名为"西方殊胜正觉佛、北方宝明神王佛、下方狮子□教佛、上方□□如来佛、南方□□佛妙佛、东方宝海佛",此佛名与其他经文中的六方佛名或十方佛名不同,不知出自哪部佛经,抑或是因为译者的译法不同所致,其含义都是表达佛的十方国土,代表整个宇宙。

碑趺,四面环刻,正面中刻莲花、荷叶、莲蓬以及宝相花组成的繁莲图案,左右各刻一护法力士,有桃形头光,头束巾帻,髭须飘然,袒上身,着长裙,帔帛绕肩在身前交叉,右侧力士两手下垂握帔带,左侧力士两手抱拳于胸。其外各刻一护法狮子,昂首翘尾,髭毛猥张,威猛凶悍。背面中刻一束腰圆腹花瓶,瓶内插莲花、莲蓬、荷叶及忍冬。两边刻有龙神王、象神王、山神王。左侧面中刻宝瓶和莲花荷叶组成的繁莲,左右刻珠神王、风神王。右侧面中刻莲花宝瓶同左侧面,两边刻神王,剥蚀较甚。

二、僧成造像

僧成造像（图178），又名"天平二年造像"，东魏天平二年（535）刻，通高1.27米。原存地不详，现存开封市博物馆。[1] 为背屏式三尊造像，石灰岩雕造。主尊梳束发式高肉髻，面相长方，削肩平胸，内穿格纹僧祇支，外着双领下垂式袈裟，右侧衣襟甩向左肘沿体侧下垂。右手屈肘于胸，手部已残毁；左手置于左膝上，结跏趺坐。腿前衣纹呈"U"形排列。头后刻圆形头光两重，内层为莲花瓣，外层刻禅定坐佛五尊。二菩萨头戴宝冠，面相同主尊，上身赤袒，下着长裙，帔帛绕肩在腹前交叉，手握莲蕾屈肘于胸，跣足立于束腰莲台座上。背屏雕刻火焰纹。长方形座之正面中部刻魏天平二年袁及寺主僧成造像记，正书13行，满行9字，书法稚拙。

背面上部凿一圆拱形小龛，内雕一结跏坐佛，龛两侧线刻二菩萨，龛上部线刻帐幔。龛外刻比丘数人，均有榜题。龛下方刻维那、邑子供养人像7列，均头戴小冠，褒衣博带。

两侧面上部刻卷草纹组成的环形图案；下部刻供养人像，头戴高冠，褒衣博带，着云头大履，侧身面内而立。身后各有一头梳丫髻，着短襦长裤的童子，双手擎伞盖跟随。有"维那""清信"等榜题。

从河南现存东魏时期的单体造像看，多为螭首扁体造像碑，而此尊造像继承了北魏晚期河南北部流行的背屏式三尊造像形式，但造像内容却较北魏造像简单多了，尤其是背光雕刻，已不再有北魏时繁缛的装饰，头光中仅刻禅定坐佛和火焰纹。人物面部较前期更加趋向于饱满丰壮，而平胸削肩和衣裾覆座的特点，与豫北地区北魏晚期背屏式三尊像相似，可视为同一种风格。因此可以认为该像的原存地也应在豫北地区。

---

[1] 河南博物院编，王景荃主编：《河南佛教石刻造像》，大象出版社，2009年，第153页。

第三章 北朝时期的单体造像

图 178 僧成造像

327

三、李氏合邑造像碑

李氏合邑造像碑（图179），东魏兴和四年（542）刻，碑身高1.46米，宽0.67米，厚0.17米。原存滑县，20世纪50年代初期移至新乡市博物馆，1997年入藏河南博物院。石灰岩雕刻，为螭首扁体造像碑。由碑首、碑身、碑趺组成，首身一体，保存完好。碑首六螭盘绕，龙首向下口衔碑身。圭形碑额处雕一尖楣圆拱龛，龛内雕一佛，高肉髻，面相方圆，身躯修长，削肩平胸，着圆领袈裟，袈裟一端从左肩斜披身前，手施无畏与愿印，结跏趺坐于方形台座上，衣裾搭于座前。龛左榜题"都唯（维）那大像碑主李显族"，龛右榜题"开佛光明主洛州从事李豹"。

碑身，刻大魏兴和四年李氏合邑造像颂文25行，满行34字，题名2行，正书，书法疏朗端雅，有魏碑笔意，为造像中妙品。

碑阴，碑额处雕一尖楣圆拱龛，内雕交脚弥勒和二胁侍菩萨。主尊弥勒头戴花冠，宝缯垂肩，面相方圆，帔帛从两肩直垂身前，在腹前交叉，着双领下垂袈裟，手施无畏与愿印，交足而坐。二胁侍菩萨侧身立于长茎莲座上。龛左榜题"北面像主李宝珍"，龛右榜题"开佛主比丘僧昙盖"。碑身及两侧刻都维那李显庆等一百五十余人题名。

四、道俗九十人造像碑

道俗九十人造像碑（图180），新乡市博物馆早年征集，现藏河南博物院。东魏武定元年（543）刻，通高2米，宽0.8米，厚0.22米。石灰岩雕造，保存完好。为螭首扁体造像碑，首身一体，有方形碑座，碑首雕六龙盘绕，龙首向下口衔碑身两侧上沿。

碑额与碑身雕刻连为一体。碑身雕一尖楣圆拱形大龛，龛柱下饰莲瓣形柱础，龛梁两端向上卷起，龛楣两侧各雕一龙，其旁线刻一伎乐天人，天带后扬，左侧持竖笛，右侧持琵琶作正面飞翔状。龛内雕一佛，高肉髻，面相饱满圆润，

第三章 北朝时期的单体造像

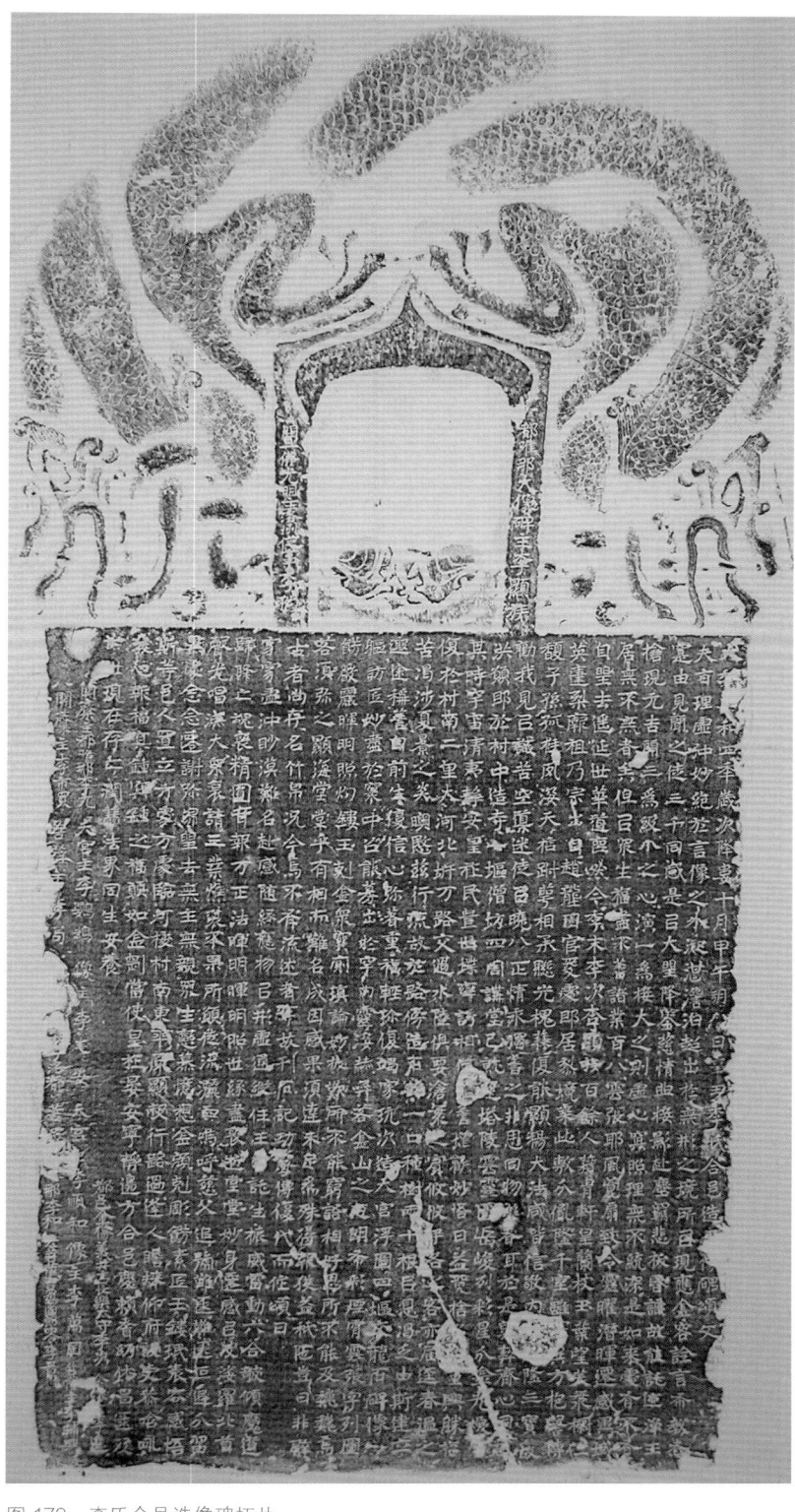

图179 李氏合邑造像碑拓片

图 180　道俗九十人造像碑

着双领下垂袈裟，内着僧祇支，右侧衣襟甩向左臂绕肘下垂，下着长裙，腰束带打结，手施无畏与愿印，结跏趺坐于束腰仰覆莲座上，裙裾覆搭座之上部。龛柱外雕二弟子二菩萨，均有尖桃形头光，跣足立于长梗莲座上。弟子着双领下垂袈裟，两手合十胸前。菩萨头戴花冠，面相与主尊同，袒上身，下着裙，帔帛绕肩在身前交叉穿环。右菩萨一手握莲蕾，一手握善锁；左侧菩萨双手捧莲蕾于胸前。主尊座下雕一夜叉托举莲花荷叶装饰的博山炉，其外雕二护法狮子和二力士，力士有尖桃形头光，宝缯上扬，面相凶悍威武。袒上身，着长裙，帔帛绕肩在身前交叉。一手握拳屈肘于胸侧，一手开掌前伸，彰显勇猛之势。碑额处雕"维摩经变"，右侧维摩诘头戴高冠，着褒衣博带式大衣，手握麈尾面左而坐。左侧文殊菩萨手握如意屈肘上举，面右与维摩诘居士辩论佛法。二者之间有二弟子双手合十恭立于长梗莲座上。其下雕菩萨弟子各三人，均作揖手恭听状，反映的是维摩与文殊辩法众弟子听法的场面。

  碑阴（图181），碑额处浅浮雕一尖楣圆拱龛，内雕释迦多宝二佛并坐。碑身分三层刻，上部减地线刻佛传故事画三列十二幅，每幅皆有榜题。分别是："太子得道诸天送刀与太子剔""定光佛入因□□菩萨赍时""如童菩萨赍银钱与王女买花""摩耶夫人生太子九龙吐水洗""相师瞻□太子得到时""黄羊生黄羔，白马生白驹""此婆罗门妇即生恨心要婆罗门乞好奴婢逃去时""三年少婆罗门妇时""五百夫人皆送太子向檀毒（特）山辞去时""随太子乞马时""婆罗门乞得马时""太子值大水得渡时"。其下刻大魏武定元年道俗九十人等造像记一方，正书，22行，行8字，书法方正，雄浑厚重，极具魏碑笔意。造像记左侧刻礼佛图两幅，主人头梳高髻，着交领宽袖大襦，下着长裙曳地，手持莲花前行。后三侍从身材矮小，头梳丫髻，手持曲柄伞盖、幛扇紧随。右侧刻二供养比丘，手持莲花，均有榜题。

  下部刻供养人像9幅，其中左边2幅为头戴高冠，褒衣博带，手持莲花的世俗男子形象，其身后的侍从及所持伞盖、障扇与上列礼佛图相同。其余7幅均为手持莲花供养的僧人形象，除右边3幅无伞盖、幛扇外，中间4幅皆有手持伞盖、幛扇的侍从跟随，均有榜题。

  碑两侧面减地线刻供养人像，上下6列，每列3人，均有榜题，少有剥蚀。

图181 道俗九十人造像碑背面拓片

五、张永洛造像碑

张永洛造像碑（图182），东魏武定元年（543）刻，河南新郑市出土，1997年入藏河南博物院。通高0.97米，宽0.47米，厚0.13米。石灰岩雕造。为螭首扁体造像碑，首身一体，无碑座，由于出土较晚，保存完好无损。碑首六龙盘绕，龙首向下，口衔碑侧上沿。碑首圭形碑额处雕一菩提树龛，龛内雕一佛二菩萨，主尊高肉髻，着圆领通肩袈裟，手施禅定印，交脚而坐，裙裾覆座。二菩萨头戴花冠，面相丰圆，颈戴项饰，上身袒，下着裙，帔帛绕肩在身前交叉，双手合十，跣足立于仰莲座上。

碑身，雕一圆拱形大龛，内雕一佛二菩萨。主尊有莲瓣形背光和圆形莲瓣纹头光，高肉髻，面相方圆丰润。两肩宽厚饱满，着双领下垂袈裟，袈裟右襟甩向左臂穿肘下垂，内着僧祇支，胸前束带打结，手施无畏与愿印，结跏趺坐于须弥座上，裙裾覆搭座之上部。二菩萨形象与装束同碑额菩萨，一手握莲蕾，一手持善锁，跣足立于长梗莲座上。龛下雕一夜叉托举博山炉和二力士，头戴宝冠，宝缯上扬，上身袒，下着裙，帔帛绕肩在身前交叉，一手屈肘握拳于胸，一手下垂握帔带，跣足立于仰莲座上。龛周围刻造像记四则，龛上刻题记2行："伏波将军白水令上龛像主张永洛为亡父母造像一区。"

碑阴，圭形碑额处无造像，上书"皇帝万岁"四字楷书。碑身上部刻大魏武定元年造像记，正书，18行，满行5字，书法方正，魏碑笔意浓厚。下部刻明嘉靖三十八年（1559）"重修三堂寺前殿碑记"，两侧面上部线刻二龙戏珠，下刻牡丹纹，应为明代重刻。

六、北周村造像碑

北周村造像碑（图183），东魏时期（534—550）刻。原存荥阳市东北7.5公里龙泉寺旧址，现存荥阳市博物馆。为螭首扁体造像碑，石灰岩质。通高2.28米，宽0.89米，厚0.2米。由碑首、碑身、碑趺三部分组成，保存基本完

图 182 张永洛造像碑

第三章 北朝时期的单体造像

图183 北周村造像碑

好。[1]首身为一石雕成，碑首六龙盘绕。碑额正中由两株菩提树组成一圆拱形龛，树干为龛柱，繁茂的枝叶组成龛楣。龛内雕释迦多宝结跏趺坐于须弥座上，座下部饰覆莲。二佛着双领下垂袈裟，内着僧祇支，右襟腹前上绕搭于左肘，左佛左手下垂置于腿上，右手屈肘上举胸前；右佛右手屈肘于胸，左手屈肘上举指天，表明释迦身份。

碑身，凿一帐形大龛，龛楣宝帐上部饰以菱形纹、三角纹和鱼鳞纹。帐顶两端饰山花蕉叶，间饰半圆形和圭形图案。龛柱上部被垂幔覆盖，下部雕一托柱力士。龛柱外侧上部各雕一龙，口衔流苏下垂，繁缛华丽。龛内雕一佛二菩萨，主尊头戴宝冠，着双领下垂式通肩袈裟，内着僧祇支，右侧衣襟甩向左臂绕肘下垂，右手屈肘上举，结跏趺坐于方形座上，衣裾分三层覆搭座之上部，座下部饰双层覆莲。二菩萨颈戴项饰，裸上体，下着长裙，帔帛绕肩在腹前打结下垂。一手提净瓶，一手握莲蕾屈肘上举，跣足立于覆莲座上。在二菩萨身后浅浮雕二弟子，由于被后人改刻，其形象不清，仅能辨其轮廓。主尊座前雕一夜叉托举博山炉，两旁各雕一护法狮子和护法力士，健壮凶猛，悍气十足。

碑侧，分别线刻供养人像四组。主人头戴笼冠，身着宽袖长袍，腰束带，足穿圆头履，手持长茎莲蕾。身后紧随侍女三人，前者头梳高髻，后二人头扎丫髻，均穿圆领紧身长衣，足着尖头履，手持伞盖、障扇。

碑阴，碑额处线刻两株菩提树，树下刻二思惟菩萨，均头戴宝冠，有圆形头光，颈戴圆形项饰，半跏坐于藤椅上，作思惟状。碑身刻供养人四排，每排8—10人不等。

碑趺，上部雕覆莲一周，座之四面线刻神王像8身，正面中部刻一莲座博山炉，旁饰长茎莲叶、莲花、莲蕾。神王头戴宝冠，宝缯垂肩，颈戴圆形项饰，帔帛绕肘上飘体侧，足着长靴，侧身向内游戏而坐，根据各自特征可知，主要有蛇神王、珠神王、山神王、树神王、花神王、风神王等。

北周村造像碑虽然其主尊头部为后人改刻，但其高大的碑体，精细的雕刻

---

[1] 河南博物院编，王景荃主编：《河南佛教石刻造像》，大象出版社，2009年，第169页。

以及丰富的内容，使之仍不失为河南现存较好的造像碑之一。虽然其无确凿的纪年，但从造像碑之形制和雕刻内容可以看出，传统的螭首碑体，是东魏至北齐时河南流行的造像形式，细部雕刻如覆座的裙裾、帷幔装饰以及供养人像等，也是北朝晚期所常见的，尤其是碑座上线刻的神王像，在东魏造像碑中较多见，如登封"嵩阳寺伦统碑"、美国波士顿伊莎贝拉嘉纳艺术博物馆藏东魏武定元年（543）"骆子宽造像"、美国纽约大都会艺术博物馆藏武定元年（543）"石佛碑像"等碑座上均刻有神王像。[1]因此，北周村造像碑亦应为东魏时雕造。

七、小訾殿造像碑

小訾殿造像碑（图184），东魏时期（534—550）刻，原存巩义市回郭镇小訾殿村，现存巩义石窟寺。为圭形螭首扁体造像碑，石灰岩雕造，首身一体。通高2.2米，宽0.79米，厚0.2米。除碑体较完整外，碑上龛像多有剥蚀。碑首四龙盘绕，龙首向下，形成圭形。碑额雕一帐形龛，龛楣饰三角垂帐纹、鳞纹、圆珠纹等，顶部饰山花蕉叶。帷幔下凿圆拱龛，龛内雕一坐佛，手施说法印，结跏趺坐于方形台座上，衣裾覆搭座前，裙褶繁缛。佛左右各有一个较深的凿槽，原应有二胁侍，不知何时被盗凿。[2]

碑身，分三层雕刻，上层雕两个五边盝顶龛，龛内饰帷帐，盝顶及帷帐为线刻。龛内分别雕一佛二菩萨，头部均残，主尊着双领下垂式袈裟，内着僧祇支，右侧衣襟在腹前上绕搭左肘下垂，结跏趺坐于方台座上，裙褶繁密，分四层覆搭座前。菩萨头戴宝冠，宝缯下垂，帔帛绕肩在腹前交叉，下着长裙曳地，双手合十，跣足而立。中层尖楣圆拱龛内雕一佛二弟子，龛柱外雕二菩萨和二供养天人，手捧供果，飞翔于云端，帔帛绕肘在身后飘荡，前刻一摩尼宝珠。下层左右各刻一尖楣圆拱龛，龛内各雕一佛，着双领下垂式袈裟，双手袖于衣

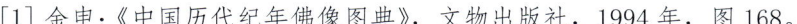

---

[1] 金申：《中国历代纪年佛像图典》，文物出版社，1994年，图168。

[2] 河南博物院编，王景荃主编：《河南佛教石刻造像》，大象出版社，2009年，第176页。

图 184 小訾殿造像碑

内，结跏趺坐于方形台座上。在双龛上部及下部和左右，刻造像人题名，以界格分开，上下三列。

碑阴，圭形碑额隶书"九山万世明公显灵传"三行九字。碑身左侧中下部分三层雕刻四个拱形龛，上、中层龛内均雕一佛二菩萨，头部均残，主尊着双领下垂式袈裟，手施说法印，结跏趺坐于束腰莲座上，衣裾覆搭座上沿。二菩萨帔帛绕肩，下着长裙，跣足立于莲座上。龛下正中雕一夜叉托举博山炉，两侧各刻一护法狮子，其外侧刻有供养人，手持供品面内而立。下层雕二龛并列，左龛内雕一佛，着右袒式袈裟，双手拢于胸前，跣足而立。右龛内雕一菩萨，上身袒，帔帛绕肩下垂，在膝际上下形成两道"U"形纹饰。下着长裙，右手屈肘于胸，左手自然下垂握帛带，跣足而立。

该碑无确切雕刻纪年，其龛像造型、龛楣雕饰及衣饰装束与原在洛阳现存日本的武定三年（545）"报德寺七佛像碑"相近，尤其是繁缛的裙褶分为四层覆搭座前，与"报德寺七佛像碑"上的覆座衣褶相同。另外，佛之修长的身躯，双领下垂式袈裟，以及菩萨交叉于身前的帔帛，均是东魏造像中常见的。故该碑应为东魏时期所刻。

---

[1] 金申：《中国历代纪年佛像图典》，文物出版社，1994年，图176。

第三节　北齐、北周时期的单体造像

　　河南北齐、北周时期的单体造像主要分布在郑州、洛阳、新乡、许昌等地区。这些造像碑有5米多高的宏伟巨制，也有高不盈尺的玲珑小品。在碑的造型上除继承东魏时期的螭首造像碑外，还有四阿顶方柱体、方形扁体、横长方形卧式的造像碑。然而，这几种形制的造像碑，在流行时间上却不相同，自北齐文宣帝天保元年（550）至北周静帝大定元年（581）的短短32年间，以武平为界，可分成前后两个阶段，武平前主要流行螭首造像碑，而武平后则流行四阿顶方柱体造像碑。如河南博物院藏北齐武平三年（572）"佛时寺四面造像碑"、淇县博物馆藏"灵山寺四面造像碑"、浚县博物馆藏"浚县四面造像碑"、沁阳市博物馆藏"兴隆寺四面造像碑"、洛阳博物馆藏"洛阳北齐四面造像碑"等，均为北齐四阿顶方柱体造像碑的杰作。碑身为四方柱体，四面雕造像龛，每面三龛，上下叠列，每龛均为一单独的主题，内容丰富。上有仿木结构的九脊单檐歇山式碑首，下有方形碑趺。这种四阿顶方柱体造像碑，继承了北魏石窟中心塔柱的造型，并在碑体上端施以仿木结构的四阿式屋顶为碑首，既具防止雨水浸蚀佛像的功能，又具极强的装饰效果。高大的方柱体碑身配以稳重大方的四方体碑趺，使整体造型显得宏伟气派，庄严而豪华。造像题材丰富，刻工精细，气势宏伟。

　　横长方形卧式造像碑是北齐时期出现的一种较简单的造像形式，这种造像碑无碑首和碑座，只在碑体的一面中部凿一佛龛，龛内雕造佛像，如河南博物院藏北齐天保三年（552）"刘子瑞造像碑"、天统五年（569）"张啖鬼一百人造像碑"等。由于这种横长方形卧式造像碑为单面雕刻且无法单独竖立，多镶嵌于寺院的墙壁或塔壁上。

北周时期还出现一种四阿屋顶式扁体造像碑，虽然数量很少，但作为造像碑的一种形式，也是十分重要的。碑体造型变北齐时豫北地区流行的四阿式方柱体为四阿式扁体，如现存河南博物院的北周保定五年（565）"北周千佛碑"，碑身为扁体，上有仿木建筑的九脊单檐歇山顶式碑首，下有覆莲装饰的长方形座，像龛雕刻仍以正面为主，其余三面满刻千佛。整体造型虽具秀雅之美，但却少了北齐四面柱体造像碑所显示出的雄浑之气。

北齐时期的造像碑雕刻不仅在形式上多姿多彩，而且雕刻内容也较前期更为丰富，交脚弥勒、善跏趺坐弥勒、释迦说法、释迦多宝、思惟太子、观世音、辟支佛等造像题材最受欢迎，同时在造像中还出现了大量的佛经和佛传故事，如维摩诘变、乘象入胎、九龙浴太子、太子观耕、逾城出家、白马吻别、涅槃变、阿难乞乳、阿修罗王等，以及神王、伎乐飞天、供养人像、礼佛图，这些丰富多彩的题材汇集一起，使造像碑雕刻更具趣味性。场面宏大的伎乐题材，又使北齐的造像碑雕刻更加丰富而生动。其主龛的龛像组合多为一佛二弟子二菩萨二辟支佛二力士九尊组合，成为北齐河南佛教单体造像组合的固定形式，具有明显的时代特征。

在雕刻技法上，北齐、北周时期的造像在北魏直平刀法的基础上有所发展，虽然在衣纹的处理上仍保留直平刀法，衣褶呈阶梯状，但较之北魏，已经圆润多了。漫圆刀法和圆刀法的广泛运用，使衣纹的转折处多呈弧线。佛、菩萨的胸、腹、手臂等形体解剖均用圆刀法雕出形体轮廓，使肌体观感丰满圆浑，富有弹性。其他部位为大片凸起的光洁面，形体及衣纹的细部，复杂的层次多衬一两条凸凹的浅浮雕或线刻表示，变装饰意味的浅刻为写实的高浮雕。多种技法的运用，使北齐的佛教造像呈现出雄浑而巧丽，刚劲而柔和的特点，创造出佛教艺术新的意境。

一、刘子瑞造像碑

刘子瑞造像碑（图185），新郑市小乔村出土，北齐天保三年（552）刻，高0.29米，宽0.47米，厚0.09米。1964年7月与刘绍安造像碑、刘绍安造菩萨像、刘陆虎造像同时在河南新郑市小乔村出土。[1] 1997年入藏河南博物院。石灰岩质，为横长方形扁体造像碑。碑之中部雕一尖楣圆拱龛，龛梁似虹，内雕一佛二菩萨。主尊肉髻扁平，面相丰满圆润，慈祥敦厚。身着覆搭双肩的袈裟，内着僧祇支，手施说法印，结跏趺坐于方形须弥座上，裙裾覆搭座之上部，座下沿饰覆莲一周。二菩萨戴宝冠，颈戴桃形项饰，上身袒，帔帛绕肩在腹前交叉穿环后上扬绕肘下垂。一手屈肘上举，手持未敷莲花，一手自然下垂，均腕戴钏环，跣足立于莲座上。衣纹浅显，简洁流利。该碑除精美的造像外，龛周围遍刻造像记，正书18行，满行11字。详细记载了乡豪都督刘子端在天保三

图185 刘子瑞造像碑

---

[1] 孟昭东：《新郑县出土北齐造像碑》，《文物》1965年第9期，第63-64页。

年三月中，领军人向迳州城打吴贼，途中见一塔，遂发洪愿："使军人平安至舍，造三级浮图一区。"后获胜平安归来，遂与其父刘绍安，兄刘马翼，弟刘伏宝等造佛塔一座，雕刻造像碑一躯，以还夙愿。

二、宋显伯造像碑

宋显伯造像碑（图186），北齐天保三年（552）刻，残高0.98米，宽0.59米，厚0.2米。20世纪50年代初新乡博物馆从沁阳市征集，1997年入藏河南博物院。[1]为螭首扁体造像碑，石灰岩雕造，首身一体，碑身下部残缺。碑首半圆形，雕六螭盘绕。碑身上部雕一尖楣圆拱龛，内雕一佛二菩萨，主尊高肉髻，面相方圆，着双领下垂袈裟，内着僧祇支，右侧袈裟甩向左臂绕肘下垂，手施无畏与愿印，结跏趺坐于方形台座上，裙褶繁缛重叠两层覆搭座前，座下饰覆莲瓣一周。二菩萨头戴宝冠，面相与主尊同，颈戴圆形项饰，帔帛绕肩在身前交叉后上扬穿肘下垂，下着裙，腕戴手镯，两手握花蕾于胸前，跣足立于长梗莲花座上。龛周围刻造像记，正书，22行，行存25字。主要记载大齐天保三年邑社宋显伯等四十余人捐资造像的经过。

碑阴，碑额处雕一圆拱形龛，内雕一禅定坐佛，高肉髻，着通肩袈裟总覆两臂，内着僧祇支，手结禅定印，结跏趺坐于方形台座上，裙裾满覆座前，裙褶重叠两层。龛左右刻榜题"北龛像主北平田显"。碑身上部刻篆书"邑社曹思等石像之碑"一行9字，下刻题名三排。后有"大齐天保三年岁次壬申四月八日建"纪年。

两侧面，上部各雕一圆拱形小龛，内雕一禅定坐佛，座下饰莲瓣。左侧面龛旁刻榜题："像主征西将军、长流参军、督温县、野王、怀县、河阳四县事袁略、开佛光明主妻张阿容"；右侧面龛旁榜题："像主征东将军府主薄督轵城从事杨荣、开佛光明主妻□和姬"。

---

[1] 河南博物院编，王景荃主编：《河南佛教石刻造像》，大象出版社，2009年，第185页。

图 186　宋显伯造像碑

三、赵庆祖造像碑

赵庆祖造像碑（图187），北齐天保五年（554）刻。残高1.26米，宽0.68米，厚0.18米。原存地不详，现存洛阳博物馆。为螭首扁体造像碑，黄沙岩质。[1] 碑下部龛像不全，似为残断。碑首六螭盘绕成弧形。碑额雕尖拱龛，龛内雕弥勒菩萨倚坐于方台座上，足踏莲台，二菩萨胁侍左右。龛外左侧刻榜题"弥勒主赵庆祖"。

碑身，造像分为三层：上层并列三龛，龛与龛之间以菩提树相隔，枝叶构成龛楣。中龛内雕释迦多宝及二弟子二菩萨，佛高肉髻，着双领下垂袈裟，内着僧祇支，结跏趺坐于方形台座上，裙裾覆搭座前，座下饰莲瓣。二弟子二菩萨胁侍左右。右龛内雕观世音菩萨及二辟支佛二菩萨。主尊及二菩萨均头戴花冠，帔帛绕肩下垂，下着长裙，跣足立于莲台座上。辟支佛有螺旋式高肉髻，外穿袈裟，内着僧祇支，袖手而立。左龛又分为两个小龛，右小龛内刻释迦苦修像，高肉髻，裸上身，骨瘦如柴，两手置于身前施禅定印，结跏趺坐。座下刻一长跪供养人像。左小龛内刻一菩萨半跏趺坐于束腰高藤座上，足踏莲台。中层雕维摩经变图，左边屋形帷帐龛内雕维摩诘居士手持麈尾倚坐于榻几上。身后立一双髻女侍。与之相对的右边帷幔下，文殊菩萨结跏趺坐，裙裾覆搭座前，左右刻四身供养菩萨袖手而立。在维摩文殊之间刻一圆丘形的香饭山，周围刻比丘15人，一身材高大的比丘正在敲钟。香饭山前刻一宝塔，塔顶饰山花蕉叶，塔刹用相轮叠串而成，其造型与北响堂山石窟中的塔形相似。塔内刻二佛并坐，此塔应为释迦在灵鹫山说法华经时涌现在空中的多宝塔，与下龛的雕刻内容相一致。下龛为一大龛，下半截残缺。龛楣由十个飞舞弹奏的伎乐飞天组成。龛内雕一佛二弟子二菩萨二辟支佛二力士。造像面部均残泐不清，主尊着双领下垂袈裟，手施说法印，结跏趺坐，座以下部分残缺。菩萨头戴宝冠，宝缯向外平展折角垂至两肩，这种装饰在北魏晚期的菩萨装饰中多见，在同期

---

[1] 宫大中：《洛阳魏唐造像碑摭说》，《文物》1984年第5期，第44-56页。

河南佛教造像史

图 187　赵庆祖造像碑

作品中较为罕见。

碑阴，上部碑额处刻造像记，前刻"大齐天保五年岁在甲戌十一月甲申朔八日辛卯就"篆书纪年3行，行7字；后刻造像记14行，满行17字。记载了鲁阳郡中正赵庆祖等三百余人发愿造像的经过。下部刻供养人题名6列，约172人，其中比丘尼4人，斋主15人，余皆为邑子。碑之两侧面各雕四层小龛，龛内均雕一佛二菩萨，或一佛二弟子。

四、刘碑寺造像碑

刘碑寺造像碑（图188），北齐天保八年（557）刻，通高3.98米，其中碑首高1.15米，宽1.58米，厚0.45米；碑身高2.03米，宽1.44米，厚0.45米；座高0.8米，宽1.98米，厚1.26米。立于登封市东南20公里刘碑村，原址保存。豫州刺史刘碑等人刻立。后人因碑建寺，因名"刘碑寺"，又为保护此碑建碑楼，俗称"碑楼寺"。原建碑楼和寺院早已损坏，寺内建筑多系清末重修。刘碑寺造像碑，为螭首扁体造像碑，石灰岩雕造，是河南现存造像碑中最高大的一通。[1] 由碑首、碑身、碑座三部分组成。碑首六龙盘绕，龙首分垂两侧，碑额处雕一尖楣圆拱龛，龛内雕一佛二弟子二菩萨，主尊着双领下垂式袈裟，内着僧祇支。结跏趺坐于方形须弥座上，座下沿饰仰莲瓣，衣裾覆搭座之上部。二弟子二菩萨胁侍左右，跣足立于仰莲座上。主尊座前刻莲花荷叶装饰的博山炉，二比丘双手合十跽坐两旁，其外侧刻两只护法狮子。

碑身，纵向分三列雕刻，中列上下雕二龛，上龛为两株菩提树组成一圆拱龛，龛内雕思惟菩萨半跏坐于高座上，座下饰覆莲瓣。龛上正中刻一供养天人，座下刻起伏的山林，反映的是释迦出家在檀特山修行的情景。其下尖楣圆拱形大龛，是该碑的主龛，也是该碑造像龛中最大者。龛柱残存榜题"阳大像主前敕授豫州刺史刘碑"。龛内雕一佛二弟子二菩萨，主尊着双领下垂式袈裟，内

---

[1] 王景荃：《刘碑寺造像碑研究》，《中原文物》2006年第2期，第78-87页。

河南佛教造像史

348　图188　刘碑寺造像碑

着僧祇支，右侧衣襟甩向左肘，结跏趺坐于须弥座上，衣裾覆搭座之上部。二弟子二菩萨胁侍左右，跣足立于仰莲座上。龛柱外侧各刻一辟支佛，保存完好，头梳螺旋式肉髻，有桃形头光，面相丰满圆润，身披袈裟，下着长裙，双手合十，侧身向内，跣足立于长茎莲蓬上。龛下中雕博山炉和长茎荷叶与莲花，其左右各雕一供养人像和手持长茎荷叶的侍从与童子，外侧各雕一持戟神王像和护法狮子。

左列三龛，上龛为帐形龛，龛楣饰帏幔璎珞。龛内雕一弥勒二弟子二菩萨，头部皆残。主尊颈戴桃形项饰，宝缯垂肩，珠串璎珞披挂身前交叉穿璧环下垂，下着长裙覆座，手施说法印。座下正中刻荷叶装饰的博山炉，两边各刻一夜叉托举着主尊宝座。二弟子二菩萨胁侍左右。中龛为帐形龛，龛楣为圆形帷帐，上饰帏幔和莲花，上部刻四身莲花化生，中间两身手牵华绳，间饰宝相花。龛内雕一佛二弟子二菩萨，头部均残。主尊着双领下垂式袈裟，内着僧祇支，右侧衣襟甩向左臂绕肘下垂。下着长裙，结跏趺坐于方形须弥座上，裙裾覆搭座之上部，手施无畏与愿印，二弟子二菩萨胁侍左右。主尊座下正中刻博山炉，两边各刻一夜叉托举佛座。下龛为帐形龛，龛形损坏严重，从残存痕迹可看出，龛楣饰垂幔，龛楣右边刻一莲花化生，下部损泐不清。龛内雕维摩诘居士手持麈尾端坐于三足几前，旁立二弟子。龛下左右刻三个手持莲花的供养人。

右列三龛，排列与龛形以及龛内雕刻内容分别与左列对应的造像龛相同，只是下层龛中雕刻的是文殊菩萨和二弟子，与左列下层龛中的维摩诘居士对坐论法。龛左上角刻一莲花化生，龛右刻一菩萨持莲花而立，龛下及周围刻听法弟子数人。

碑阴，碑额处雕一尖楣圆拱龛，龛内雕释迦多宝二佛并坐，头部残缺，着双领下垂式袈裟，内着僧祇支，施说法印，结跏趺坐于方形须弥座上，座下沿饰覆莲瓣一周。座侧刻二弟子。其外各雕一辟支佛。其下刻二供养菩萨。龛下正中刻一夜叉扛托着莲花荷叶装饰的博山炉，左右各刻一供养比丘和护法狮子。

碑身上部并列雕七个尖楣圆拱龛，龛与龛之间饰忍冬荷叶。龛内各雕一佛，龛柱处雕供养菩萨，共七佛八菩萨。头部均残，佛之着装和手势不尽相同，或着右袒式袈裟，或着通肩袈裟，或着双领下垂式袈裟；或双手合十于胸前，或双手袖于衣内，或施禅定印。均结跏趺坐于方形座上，裙裾覆搭座之上部，座下饰覆莲瓣一周。菩萨装束完全一致，均上身赤袒，下着长裙，帔帛绕肩下垂至足部，双手握莲花屈肘于胸前，跣足而立。其下雕莲花荷叶装饰的博山炉和二比丘。其外两旁各雕四个竖长方形龛，龛内各雕一供养菩萨，手持未敷莲花荷叶，跣足而立。下部刻河涧人刘碑率邑人雕造此碑的记文，正书，42行，满行13字；下刻题名7列，49行，多为刘姓邑子。书法精湛，浑圆遒凝，与东魏《敬史君碑》如出一人之手。

　　碑之两侧面上部各雕一龛，龛下刻变形龙纹。左侧面菩提树龛内雕一佛二菩萨。主尊着圆领通肩袈裟总覆两臂，下着长裙，手施无畏与愿印，跣足立于仰莲座上。二菩萨胁侍左右。右侧面上部雕尖楣圆拱龛，龛楣上方刻二飞天，头戴花冠，天带绕肩在身后飘荡形成桃形，双手合十飞翔而降。龛内雕一佛二弟子，主尊着双领下垂式袈裟，内着僧祇支，下着长裙，手施无畏与愿印，跣足立于仰莲座上。二弟子胁侍左右。

　　长方形碑座上沿刻覆莲瓣一周，座正面及左右侧面共刻12个竖长方格，每个长方格内雕一尖楣圆拱龛，龛内各雕一神王像，头戴宝冠，宝缯上扬，帔帛绕肩穿肘下飘，刚健凶猛，姿态各异，游戏坐于莲花座上。身旁饰以莲花荷叶与忍冬。碑座后面减地线刻佛经故事，左半剥蚀较甚，从残存的图像看，有执弓、执叉、执刀等骑士和猎犬、狮、虎、鹿、兔以及其他动物。画之右上角有一茅草庵，庵内两人对坐，庵前林木葱郁，溪水潺潺，一人身披鹿皮在河边汲水，胸前中一箭，身旁置一水罐，反映的是佛经中的"睒子本生"故事。"睒子本生"故事说的是：迦夷国王进山射猎，侍奉盲父母在山中修行的睒子因着鹿皮提瓶在溪边汲水，被国王误伤，临死前只请国王代为照顾二老。图中河边汲水者即为睒子。左上角有"岁在丁丑"的纪年刻字，据《增补校碑随笔》载："稍旧拓本，铭文左未泐损，末三行未损。题铭首行'岁在丁丑'四字完好，'天保'二字尚存左半。二行'大邑师惠献'之'大邑师惠'四字完全无损。"

可知该碑当为北齐天保八年（557）所刻。

五、寺沟造像碑

寺沟造像碑（图189），北齐天保年间（550—559）刻，原存洛阳市偃师区山化镇寺沟村，现存偃师商城博物馆。通高3.28米，宽1.1米，厚0.285米。为螭首扁体造像碑，碑首与碑身相连一体，碑座已佚。[1]碑首六龙盘绕，碑额雕一龛，龛楣雕一覆钵式宝塔，塔身开三小龛，每龛雕一坐佛，塔两侧各刻一身飞天双手托举宝塔，下肢与帛带飘向上方，与上身形成直角，双足从裹腿的长裙中露出，姿态优美。龛内雕一佛二弟子二菩萨，头部均残，主尊着双领下垂式袈裟，内着僧祇支，结跏趺坐于方形须弥座上，裙裾覆搭座之上部。二弟子二菩萨胁侍左右。菩萨饰桃形项饰，袒上身，帔帛绕肩沿体侧下垂，下着长裙，裙带在两腿间穿璧环下垂，裙腰外翻，手握善锁，跣足立于仰莲座上。

碑身，分三层雕刻，上二层各横列三龛，上层中间为圆拱形龛，龛楣刻车轮式联幡装饰。造像为一佛二弟子二菩萨，主尊削肩，着双领下垂式袈裟，手施说法印，结跏趺坐于圆形束腰仰覆莲座上，衣裾收于座上。二菩萨胁侍左右。左龛为拱形龛，龛楣为华盖，饰帷幔和流苏，盖顶饰山花蕉叶。龛内正中雕一佛结跏趺坐，一弟子立于右侧。主尊座下凿一方形小龛，内雕3个跽跪供养人。右龛与左龛相同，龛内雕一佛，着右袒式袈裟，双手扶膝，结跏趺坐。座下一屋形龛内雕一人袖手而立。龛下方刻一斜梯直通龛内，梯下雕二跽跪供养人。

中部横列三龛，中间为拱形龛，龛楣为华盖，饰帷幔和流苏。龛内雕一佛二弟子二菩萨，头部均残，主尊削肩，着双领下垂式袈裟，双手扶膝，结跏趺坐于圆形仰莲座上。二弟子二菩萨胁侍左右，装束与上龛相同。左右两龛均为尖楣圆拱形龛，左龛内雕一佛二菩萨，主尊着右袒式袈裟，手施无畏与愿印，跣足立于莲座上。二菩萨袒上身，帔帛绕肩穿肘下垂，一手下垂握帛带。右龛内雕一力士，袒上身，肌肉隆起，帛带从身后绕肘下垂，下着裙，右手屈肘上举托物，左手下垂握帛带，跣足立于莲座上。

---

[1] 河南博物院编，王景荃主编：《河南佛教石刻造像》，大象出版社，2009年，第294页。

图 189 寺沟造像碑

碑身下部雕一大型尖楣圆拱龛，龛楣上方左右各雕四身飞天，均裸上身，长裙裹体，双足外露，天带后飘，呈"√"形姿势飞翔，动感十足。龛内雕一佛二弟子二缘觉二菩萨二力士，头部均残。除二缘觉外，皆有圆形头光。主尊双肩浑圆，通肩袈裟总覆两臂，双手袖于衣内，结跏趺坐于高大的须弥座上，座之上部饰仰莲瓣。二弟子着双领下垂式袈裟，双手袖于衣内；二缘觉身材较矮，身披袈裟，两手在胸前合十；二菩萨袒上身，下着长裙，帔帛绕肩沿体侧下垂，一手握莲花，一手握帛带；二力士装束与菩萨同，一手置于腰间，一手上举，身姿倾斜，显示力量和威武。主尊座前中刻博山炉，左右各刻一蹲狮，昂首翘尾，十分生动。其左刻供养人四身，前者作胡跪状，后三人均手持莲花供养；右边亦刻四身供养人，前三人作跪姿，后一人侍立。

碑阴，上部碑额处雕菩提树龛，龛内雕二思惟菩萨。碑身侧面刻变形龙纹，造型与刻法与北齐天保八年的"刘碑寺造像碑"相同。

关于该碑的雕刻年代，很难找到准确的文字记载，《河南省志·文物志》以及《偃师文物志》均认为是北魏雕造。但从造像风格看，面部丰满圆润，体魄健壮，衣纹简洁洗练，袈裟贴体，躯体呈圆柱形，纹饰较浅。佛座也由早期的须弥座变成了圆莲座，主尊的衣摆也由早期的满覆座，变为覆于座之上沿，早期繁缛的衣褶不再出现，尤其是碑额处的覆钵式宝塔，与安阳灵泉寺北齐道凭法师塔相似。另外，该碑的龛楣装饰、碑首雕刻以及碑身主龛的龛楣造型和碑侧面的变形龙纹等，都与北齐天保八年的登封"刘碑寺造像碑"相同，因此，该碑也应雕刻于北齐天保年间（550—559）。

六、鲁思明造像碑

鲁思明造像碑（图190），北齐天保九年（558）刻。残高2米，宽1.16米，厚0.31米。原存新乡市凤泉区鲁堡村，1997年入藏河南博物院。石灰岩雕造，为螭首扁体造像碑，由碑首、碑身、碑座组成，碑身下部残缺，故又称之为"大齐半截碑"。《新乡县志》载："大齐半截碑，在县北鲁堡百官寺，碑仅半截，

354　图 190　鲁思明造像碑

高七尺，宽三尺余，远近拓印者甚多。"可知该碑原为百官寺遗物。

碑首，雕六螭盘绕，龙首向下口衔碑侧，左半部残缺。碑额处凿一圭形龛，龛内原有佛像已不存。龛楣阴线刻火焰纹，龛外两侧阴线刻二菩萨，均有圆形头光，束发髻，颈戴桃形项饰，帛带在身前交叉穿环，斜披络腋，下着长裙，束裙的绦带在两腿间下垂，左侧菩萨右手握莲花，左手提香囊，右菩萨双手拢于胸前，均跣足立于覆莲座上。龛下刻阳文隶书"上为皇帝陛下"，知此造像是为皇帝而造。

碑身，上部减地线刻供养人像三排，从中间分开，左右对刻。上排人物形象高大，左右各刻四组，主人身躯最为高大，头戴笼冠，长须飘然，着褒衣博带，手执莲花，身躯后倾作行走状。身后一头梳丫髻，上着短襦，下着紧口裤的仆人手擎伞盖紧随。一童子手捧花蕾侍立其旁。其上刻展翅欲飞的仙鹤，下刻卧鹿和行走的狐狸，表现出主人对鹿野苑礼佛的向往。画面前刻榜题"东西二寺都福主鲁文字""息罗田县令鲁思贵""息鲁思明""息鲁佛度"。右边四组与左边相似，无榜题。下两排左右各刻六组，人物身躯较小，形象和装束与上排相同，画面前刻有榜题。下部为天保九年造像铭记，隶书31行，行20字。记载了大齐天保九年岁次戊寅二月八日鲁思明敬造此碑的经过。文中记载："今正法摧纲，经像奖世。十力慧日，沉晖唯远。"说明像法时期已届，唯有造像才能弘法。于是，在"东西二寺都福主鲁文字"的主持下，"合邑千人，共造八绣像一区，合有千佛、人中石像两区、宝车一乘……"鲁氏死后又由其子思明完成，并再造宝塔三区并建寺。不难看出，这些造像是在末法思想的号召下供养千佛的，然而千佛和人中石像现存何处不得而知，尚待考证。碑阳记文书法方雅，结构严谨，字体纯一，为北齐隶书体楷模。

碑阴，碑额处雕一尖楣圆拱形大龛，龛楣刻火焰纹，龛内造像残毁较甚，从残迹看出为一佛二力士，主尊结跏趺坐于方形束腰须弥座上，裙裾覆搭座前，座下中刻博山炉，两旁各雕一夜叉双手向上托举佛座。二力士胸部以上残毁，宝缯上扬，身着菩萨装，帔帛在身前交叉，右侧力士的帔带交叉穿环，下着长裙，跣足弓步立于卧狮上。这种一佛二力士组合在北齐造像中较为罕见。碑身及两侧面遍刻供养人像，多有题名，由于剥蚀严重，多不能识。

该碑碑体高大，虽然造像很少，只在碑首雕龛造像，且保存不佳，但该碑上的线刻供养人像却非常精细，是石刻线画中的精品。尤其是碑身大面积的造像铭记，具有极其重要的历史价值和书法艺术价值。

七、刘绍安造像碑

刘绍安造像碑（图191），北齐天保十年（559）刻，通高0.59米，宽0.25米，厚0.09米，1964年7月在新郑市小乔村出土[1]，现存河南博物院。石灰岩雕造，为螭首扁体造像碑，首身一体，有方形抹角碑座，保存完好。碑首六螭盘绕，龙首向下口衔碑之两侧。碑额处雕圭形龛，内雕禅定坐佛，肉髻扁平，面相方圆，着双领下垂袈裟，内着僧祇支。身后有莲瓣形大背光。碑身凿一尖楣圆拱形大龛，弧形龛楣是北齐造像龛楣的明显标志，具有很强的装饰性。龛楣两侧刻菩提树枝。龛内雕一佛二弟子二菩萨二辟支佛。主尊有莲瓣形火焰纹背光和圆形头光，形象与装束同上龛，右手上举施无畏印，结跏趺坐于须弥座上，裙裾覆搭座上部，座下沿饰覆莲一周。二弟子着双领下垂袈裟，内着僧祇支，双手袖于衣内。二菩萨位于龛柱的位置，头戴宝冠，颈佩桃形项饰，上身袒，下着裙，帔帛绕肩在膝际交叉，一手屈肘于胸侧，一手下垂握帔带，跣足立于长梗莲座上。二辟支佛位于最外侧，身材与菩萨同，有圆形头光和螺旋式高肉髻，面相与主尊同，着双领下垂袈裟，内着僧祇支，两手袖于衣内，袈裟一端搭于左肘下垂。主尊座前雕博山炉和二跽跪供养人，一戴冠，一梳髻，应为造像主刘绍安夫妇。外侧各雕一护法狮子。

碑阴，碑额处刻"像主刘绍安刊石记愿"，3行9字，碑身未刻发愿文，只刻"大齐天保十年九月八日造"纪年。

左右两侧面，上下两排刻供养人像6身，均头戴高冠，褒衣博带，下着长

---

[1] 孟昭东：《新郑县出土北齐造像碑》，《文物》1965年第9期，第63-64页。

图 191　刘绍安造像碑

第三章　北朝时期的单体造像

裙，脚着云头履，手持长茎莲花作行走状。左边框榜题"刘子端、刘蛮勇、刘景明、刘陆虎"。右边框题"刘马翼、刘伏㝎侍佛时"。据天保三年"刘绍安造像碑"可知，此6人均为刘绍安之子，此碑应为刘绍安合家造像碑。

长方形碑座正面中间减地线刻山花蕉叶和莲瓣装饰的博山炉，左右各刻3身供养人像，左侧榜题"刘神欢、韩仕宣"。后一丫髻童子，着长袖圆领长衣，着高筒靴，手持莲花而立，旁刻题名。

八、高海亮造像碑

高海亮造像碑（图192），北齐天保十年（559）刻。高1.08米，宽0.57米，厚0.08米。1957年10月在许昌市襄城县城西汝河西岸孙庄出土[1]，现存河南博物院。石灰岩雕造，为螭首扁体造像碑，碑首碑身连为一体，碑座已失。由于出土较晚，保存完好。碑首雕四龙盘绕，碑额处雕一帐形龛，内雕弥勒和二胁侍菩萨。主尊戴宝冠，面相方圆，颈戴桃形项饰，上身袒，下着裙，帔帛绕肩在身前交叉，手施无畏与愿印，半跏趺坐于方座上，裙裾覆搭座之上部。二胁侍立于座后，面相与装束同主尊，肩部饰有圆形物，一手握花蕾屈肘于胸侧，一手下垂握帔带。

碑身，中部雕一尖楣圆拱形大龛，龛内雕一佛二辟支佛二菩萨二弟子二力士九尊组合。主尊有桃形背光，高肉髻，面相方圆，着右袒褊衫袈裟，内着僧祇支，手施无畏与愿印，结跏趺坐于须弥座上，裙裾覆搭座之上部，座下沿施覆莲一周。二辟支佛位于佛和菩萨之间，仅雕出半身，面相同主尊，螺旋式肉髻，着双领下垂袈裟，内着僧祇支。二菩萨戴宝冠，颈戴桃形项饰，两肩饰圆形物及饰带，上身袒，下着裙，裙带打结在两腿间下垂。帔帛绕肩在身前交叉。二弟子着双领下垂袈裟，内着僧祇支，右侧衣襟甩向左臂绕肘下垂。二力士戴冠，凸目瞪眼，形象凶悍。衣着装束同菩萨，一手握拳屈肘于胸，一手下垂握

---

[1] 周到：《河南襄县出土的三块北齐造像碑》，《文物》1963年第10期，第13-15页。

图 192　高海亮造像碑

第三章　北朝时期的单体造像

帛带，均跣足立于长梗覆莲座上。主尊座下正中刻一夜叉扛托博山炉，二供养人手持莲花侧立其旁，最外侧刻二护法狮子。龛楣上方左右雕维摩经变图，左边的方形帷帐龛内雕维摩诘居士手持麈尾，头戴高冠，游戏坐于床榻上；右边的圆形帷帐龛内雕文殊菩萨结跏趺坐于须弥座上，左手屈肘上扬，似在与维摩辩法，身后二菩萨侍立左右。两龛之间分两排雕听法菩萨弟子八人和一撞钟比丘。

碑阴，碑首处平面浅浮雕"太子逾城出家"佛传故事。图中释迦太子骑在马上，头戴花冠，帔帛后扬，周围五身天人或托马蹄，或牵马缰，或作导引。身下流云翻滚，似在空中飞腾。碑身刻大齐天保十年张噉鬼、高海亮、霍早卅人等造像记和供养人题名，正书20行，满行17字，书体方劲雄奇，齐茁如削，笔画中坚挺拔，丰厚健捷，有浓厚的"魏碑体"意蕴。

九、北周千佛碑

北周千佛碑（图193），北周保定五年（565），通高2.44米，宽0.7厘米，厚0.2厘米，原存洛阳市洛宁县牛曲村千佛寺，现存河南博物院。[1]石灰岩雕造，为四阿式庑殿顶扁体造像碑，由碑首、碑身、碑趺三部分组成。碑首为九脊四阿式庑殿顶。碑阳上部凿一尖楣圆拱形大龛，龛梁两端饰莲花，正中饰束腰莲瓣。龛楣饰忍冬纹。楣尖处雕一莲花化生，外侧左右刻枝叶繁茂的菩提树。龛内雕一佛二弟子二菩萨二辟支佛。主尊高肉髻，面相饱满圆润，着双领下垂袈裟，内着僧祇支，胸前束带打结，右侧衣襟甩向左臂绕肘外飘。手施无畏与愿印，结跏趺坐于方形台座上，裙褶满覆座前，座下饰覆莲一周。身后有圆形头光和桃形身光，头光内层饰莲瓣，外层刻缠枝莲花。二弟子两手袖于衣内侧身恭立左右。二菩萨头部残，宝缯垂肩形成波浪式纹。颈戴桃形项饰，左菩萨帔帛绕肩在膝际交叉上扬穿肘下垂，左手握衣襟；右菩萨帔帛沿身侧垂下，右手握净瓶，均跣足立于莲座上。二辟支佛位于其旁，有螺旋式肉髻，身着袈裟，

---

[1] 河南博物院编，王景荃主编：《河南佛教石刻造像》，大象出版社，2009年，第226页。

图 193 北周千佛碑

第三章 北朝时期的单体造像

双手拢于胸前，或握善锁，或捧花蕾，跣足立于莲座上。主尊座前刻二供养比丘，其外各刻一昂首后眺的苍龙，其旁刻有盛开的莲花荷叶。龛下为一横长方形龛，龛内雕莲花荷叶装饰的博山炉和二护法力士。其旁各有一护法狮子昂首蹲坐，髭毛威张。龛下刻保定五年造像铭记一方，正书19行，行5—9字不等。题记左右及下方刻佛弟子题名，不知何因，所有题名均被凿掉，无一保留。其下刻明天顺七年（1463）"重修千佛寺石碑记"。楷书12行，满行20字，记载重修千佛寺的经过。

碑阴及两侧面遍刻千佛龛，碑阴横刻34行，前32行20龛，下两行为8龛，碑侧各刻35行，行5龛，共计1006个佛龛。龛形近似方形，龛内雕禅定坐佛。碑阴左下角减地平面浅浮雕礼佛图，主人手捧供物跽跪供奉，身后三个头梳丫髻的仆人，一人擎伞盖，一人执团扇，一人牵马，马昂首奋蹄，鞍具齐全，应为主人坐骑。与之相对的右下角刻一牛车，一仆人牵牛前行，一仆人侍候车旁，车内乘坐的应是女主人，反映的是夫妻礼佛的过程。

十、少林寺董丑造像

少林寺董丑造像（图194），又称"少林寺北齐造像"，1976年7月少林寺附近村民在寺后和尚墓地里发现。[1]北齐天统二年（566）刻，通高0.78米，石灰岩雕造，为背屏式三尊造像。正面雕一佛二菩萨立像，主尊阿弥陀佛面部剥蚀不清，两肩宽平，着通肩袈裟总覆两臂，内着僧祇支，胸前束带打结。衣纹简练，身前出现大面积光洁面，腹部凸起。手施无畏与愿印，跣足而立。二菩萨头部均残，宝缯沿两肩下垂，上身袒露，下着长裙，帔帛从身后绕肘沿体侧下垂至座两侧。左菩萨左手握净瓶，右手提善锁，腕戴手镯，均跣足立于覆莲座上。造像下有一长方形座与背屏相连，正面刻造像记，正书14行，行5—10

---

[1] 王雪宝：《少林寺北齐造像》，载河南省文化厅文物志编辑室：《河南省文物志选稿》第五辑（内部资料），第111-112页。

第三章　北朝时期的单体造像

图194　少林寺董丑造像

字不等,文中记载:"天统二年二月廿五日,清信佛弟子邑主董丑、邑主□□□三十五人等,知命非常,故能减割家珍,敬造石像一区,今得□就,上为皇帝陛下、师僧善友及邑子等七世父母、愿生父母、因缘眷属及善□□有形之类,咸同斯福。"

背屏正面及背面均素面无饰。两侧面上部无饰,下部刻造像人题名。董丑造像,是少林寺现存唯一一件较为完好的北齐造像,虽然造像头部及手多有残缺,但造像整体保存较为完整,且有确切纪年,可为判断同期的民间造像提供可靠的依据。这种背屏式造像,在中原地区多出现于北魏时期,东魏、北齐时期不多见。而董丑造像,其造像风格有别于中原地区同时代的造像,莲瓣形背屏素面无饰,总覆两臂的通肩低领袈裟基本不饰衣纹,使身前显出大块光洁面,二菩萨装束也极为简练,几乎无任何衣纹装饰,在同类型造像中极为罕见。

十一、刘绍安造菩萨像

刘绍安造菩萨像(图 195),1964 年 7 月与刘子端造像碑、刘绍安造像碑、刘陆虎造像同时在新郑市小乔村出土[1],现藏郑州市博物馆。北齐天统二年(566),通高 0.28 米。石灰岩雕刻。菩萨头戴宝冠,冠前饰宝珠。有圆形头光,头光素面无饰。面相清秀慈祥,两眼微睁,嘴唇轻合,微露笑容。颈戴桃形项饰,帔帛绕肩在身前交叉,交叉处饰一圆形物。下着长裙和短裙,束裙的腰带在两腿间结花下垂,左手握花蕾,右手握善锁,腕戴手镯,跣足立于覆莲座上。莲座下为方形座,座正面刻天统二年佛弟子刘绍安造像记。

刘绍安造菩萨像是刘绍安家族造像中唯一一件圆雕造像,也是河南现存唯一一件北朝圆雕菩萨造像。与此像同时出土的其他 3 件造像体量都很小,应均是家庭供奉之物。这 4 件造像形式各异,既有北齐时流行的螭首造像碑、卧式

[1] 孟昭东:《新郑县出土北齐造像碑》,《文物》1965 年第 9 期,第 63-64 页。

第三章 北朝时期的单体造像

图 195　刘绍安造菩萨像

造像碑，还有北魏时流行的莲瓣形背屏式造像，而这件圆雕菩萨像在河南同时代造像中极少见，在河北曲阳出土的北齐时期的造像中有较多出现，说明该像的范本来自河北曲阳，或是由曲阳的匠人雕刻而成。

十二、比丘宝进造像

比丘宝进造像（图196），北齐天统三年（567），通高0.8米。原存地不详，现存郑州市博物馆。石灰岩雕造。造像为圆雕，下有覆盆式方座，保存基本完好。佛之馒头状高肉髻前方饰右旋式涡轮纹，面相方圆，着双领下垂袈裟，内着僧祇支，下着长裙，手施无畏与愿印，跣足而立。衣纹用双线勾勒，疏朗流畅。足下有锥形榫可插入座内，方形座上施莲瓣覆盆，美观大方。座之正面、右面和背面刻有造像题记，正书，计25行，行2—3字，书体工整雅丽。文载：天统三年岁次丁亥二月十一日，比丘宝进敬造石像一区，上为师僧父母、现存眷属、国王帝主、法界有形，咸同斯庆，俱时成佛。

河南现存的北朝造像中，单体的圆雕佛像较少，这件北齐天统年间的造像，虽体量不大，雕刻却十分精细，尤其对面部表情的刻画，表现出佛的温柔和蔼，普济众生的情怀。衣纹的表现采用双线勾勒技法，刀法犀利流畅，使凸起的线条棱角分明，极具质感。这种表现手法与山东青州北齐造像采用平面双阴线勾勒法不同，显示出不同的地域性特征。

十三、平等寺韩永义造像碑

平等寺韩永义造像碑（图197），为平等寺四造像碑之一。北齐天统三年（567），通高3米，宽1.07米，厚0.29米。原存洛阳市偃师区寺里碑村平等寺，平等寺距洛阳汉魏故城3公里，创建于北魏，北齐时重修，是北齐洛阳著名寺院之一。[1] 寺院早毁，仅存四通造像碑一字排列露出地面半截，近年移至偃

---

[1] 李献奇：《北齐洛阳平等寺造像碑》，《中原文物》1985年第4期，第89-97页。

第三章 北朝时期的单体造像

图 196　比丘宝进造像

图 197 平等寺韩永义造像碑

师商城博物馆保存。

韩永义造像碑，是平等寺四造像碑中纪年最早的一通，为螭首扁体碑，石灰岩雕造。由碑首、碑身、碑趺组成。碑首六螭盘绕，龙首分垂两侧。碑额雕一尖楣圆拱龛，龛内雕弥勒和二菩萨，主尊头戴宝冠，宝缯垂肩，颈戴项饰。上身袒，帔帛绕肩在身前交叉，下着长裙，腰束带，双腿下垂善跏趺坐于方台上。二菩萨胁侍左右，衣着装束同主尊，跣足而立。

碑身上部并列雕六个尖楣圆拱龛，龛内各雕一禅定坐佛，分别着右袒式袈裟或双领下垂式袈裟，或施禅定印，或施无畏印。龛下刻有题名，自左至右分别是"毗婆尸佛""尸叶佛""毗叶罗佛""拘留孙佛""拘那含佛""迦叶佛"。此六佛即是小乘佛教宣称的释迦牟尼佛之前的六佛，与其下部大龛内雕刻的释迦牟尼佛，合称"七佛"。碑身中部雕一帷帐龛，龛楣饰莲瓣、三角垂幛、流苏等构成的垂幔。龛内雕一佛二弟子二菩萨，主尊释迦着右袒式袈裟，手施说法印，结跏趺坐于须弥座上，衣裾覆搭座之上部，座下饰仰覆莲。二弟子身着袈裟，下腿裸露较长。二菩萨头戴宝冠，宝缯垂肩，身躯修长，胸部微隆。帔帛绕肩在身前交叉，下着短裙，均跣足立于仰莲座上。龛左侧榜题"释迦牟尼佛像主齐洪超供养"；右侧榜题"比丘昙尚、比丘法味、都邑师太上公寺普珍法师"。龛下正中刻莲花忍冬装饰的博山炉，左右各刻一跽跪供养人，头戴笼冠，分别着圆领和双领下垂大衣，胸前束带打结，手捧供果和薰炉，虔诚供养，均有榜题。其外各刻一神王，身披络腋，颈戴项饰，臂戴钏，结跏趺坐。左榜题"迦毗罗神王"；右榜题"那罗延神王"。

碑身下部刻天统三年造像记，正书19行，满行16字。文中记载：韩永义合邑诸人等"在于定光像背，敬造七佛宝堪（龛）并二菩萨、贤劫诸僧、弥勒下生、梵王帝释、舍利弗（弗）壹"。下刻韩永义等诸邑主、邑子、维那、香火、斋主、典坐、邑老、斋主、中正、坐主以及比丘僧等题名。

碑阴及碑座无雕刻，两侧面刻变形龙纹，与刘碑寺造像碑相同，这种装饰性极强的变形龙纹是自东魏和北齐造像碑碑身侧面较固定的雕刻内容。

十四、张伏惠造像碑

张伏惠造像碑（图198），北齐天统四年（568），碑高1.31米，宽0.65米，厚0.09米。1957年10月在许昌市襄城县汝河西岸孙庄村出土，[1] 现存河南博物院。石灰岩雕造，为竖长方形扁体造像碑，无碑首，座已失。碑身雕刻保存完好无损。

碑阳上端为平面浅浮雕帷幔，上饰莲瓣纹、三角悬珠和璎珞。帷幔上的五条悬幡上均刻比丘、比丘尼及邑子题名。其下雕二列三层六龛，龛与龛间以方格界开。上两龛为尖楣圆拱龛，龛内雕一佛二弟子二菩萨二辟支佛。右龛内主尊为倚坐弥勒，头戴宝冠，宝缯垂肩，面相方圆，颈戴项饰，肩佩圆形饰物。上身袒，下着裙，帔帛在身前交叉穿环。右手施无畏印，倚坐于方形高台座上，足踏覆莲。二弟子着右袒袈裟，双手袖于袈裟内。二菩萨戴宝冠，宝缯垂肩，佩项饰，着长裙，帔帛绕肩沿体侧下垂，一手持莲花，一手握帔带。外侧的二辟支佛身材矮小，头有螺旋式肉髻，着右袒袈裟，双手合十胸前，均跣足立于覆莲座上。龛右边框上刻榜题"上龛弥勒像主毛土，妻麻圆好，孙女何休"；左龛造像与右龛相同，只是主尊的坐姿有所变化，左腿下垂，右腿盘于左腿上，半跏趺坐于束腰高台座上。龛左边框则榜题"上龛弥勒像主张观"。两龛之间的隔梁上刻榜题。

中层两龛为帐形龛，左龛雕一佛二弟子二菩萨二辟支佛二婆薮仙人，主尊释迦高肉髻，着双领下垂袈裟，内着僧祇支，右侧衣襟甩向左臂搭肘下垂，手施无畏与愿印，结跏趺坐于须弥座上，裙裾覆搭座之上部，座下施覆莲一周。弟子、菩萨、辟支佛的装束同上龛，唯辟支佛手中似托一物。婆薮仙人身材矮小，立于二菩萨前，高肉髻，上身袒，着短裙，一手屈肘于胸前，一手攀抚佛座，跣足立于莲座上。龛左边框刻题记："中龛释迦像主清信士卫毛、息法演、息女沄莲。"右龛雕一佛二弟子四菩萨，衣着装束同左龛，外侧二菩萨身材矮

[1] 周到：《河南襄县出土的三块北齐造像碑》，《文物》1963年第10期，第13-15页。

第三章 北朝时期的单体造像

图198 张伏惠造像碑

371

小，其身份应低于胁侍菩萨。二龛之间的隔梁上刻题记"中龛释迦像主张啖鬼，妻杜，息辅寂，孙及先息子来，息子怀，息子建侍佛时"。

下层二龛为尖楣圆拱龛。龛内雕一佛二弟子二菩萨二供养人，左龛主尊无量寿佛结跏趺坐于束腰莲座上，座下饰覆莲瓣一周，着褊衫式袈裟，内着僧祇支，左手下垂放于腿上，右手屈肘于胸前。弟子、菩萨衣着装束同前，二供养人戴冠，褒衣博带，双手合十，跣足立于长梗莲座上。龛左边框刻题记"第三龛无量寿像主杨兴标，母茶照，息僧宝"；龛楣左右雕听法弟子 6 人，右龛造像与左龛基本相同，只是主尊着双领下垂袈裟，手施无畏与愿印。龛楣左右雕听法比丘 8 人。龛下正中雕莲花忍冬装饰的博山炉，两旁雕二护法狮子，右边雕一供养人像。

碑阴上部刻造像记 16 行，满行 7 字，隶书。笔画瘦劲而圆润，有骨有肉，疏朗秀美。文中记载：大齐天统四年，都邑主张伏惠率信行之徒，各减家珍，远召名匠，敬造石像一躯。原三宝永隆，同登彼岸。下部及两侧刻邑子题名。

十五、刘陆虎造像

刘陆虎造像（图 199），北齐天统五年（569），通高 0.28 米，1964 年 7 月在新郑市小乔村出土，现藏郑州市博物馆。石灰岩雕刻，为莲瓣形背屏式三尊造像。正面雕一佛二菩萨，主尊高肉髻，面相饱满圆润，着双领下垂袈裟，内着僧祇支，右侧衣襟甩向左臂绕肘下垂，右手施无畏印，左手自然放于腿上，结跏趺坐于方形台座上，裙裾覆搭座上沿。二菩萨头戴宝冠，面相同主尊，上身袒，下着长裙，左菩萨斜披络腋，帔帛绕肩在身前交叉穿环后上扬穿肘垂至座上，左手屈肘于胸侧，右手下垂握帔带。右菩萨帔帛绕肩在胸前交叉结带上扬穿肘垂至座上，右手握花蕾屈肘于胸，左手自然垂于身侧，均跣足立于台座上。主尊座前中刻莲蓬、忍冬装饰的博山炉，左右两只护法狮子昂首翘尾相向

---

[1] 孟昭东：《新郑县出土北齐造像碑》，《文物》1965 年第 9 期，第 63-64 页。

第三章 北朝时期的单体造像

图 199　刘陆虎造像

作蹲坐状。造像背面刻天统五年佛弟子刘陆造像记，正书5行，满行8字。祈愿夫妻眷属长命延康，无诸病苦，善愿从心。

该造像题记中的"刘陆"，应为"刘陆虎"之误，在天保三年"刘子瑞造像碑"和天保十年"刘绍安造像碑"中，均有"刘陆虎"题名，据"刘子瑞造像碑记"载，刘陆虎系刘绍安第六子，该造像应属刘绍安家族造像之一。

十六、平等寺崔永仙造像碑

平等寺崔永仙造像碑（图200），北齐天统三年至天统五年（567—569），通高2.75米，宽1.07米，厚0.24米。[1] 原存洛阳市偃师区寺里碑村平等寺，现存偃师商城博物馆。是平等寺四造像碑之一，为螭首龟趺扁体造像碑，石灰岩质。碑首六螭盘绕，碑额并列雕造两龛，左龛龛楣由两株菩提树构成，龛上刻飞天三身，身下有云朵，天带飞扬。龛内雕佛传故事"九龙浴太子"。龛下两侧各有一圆拱形小龛，龛内刻一禅坐僧人。右龛为方形帷帐龛，龛楣为莲瓣形、三角垂幛、火焰宝珠等纹饰组成的帷幔，龛内雕一大象，摩耶夫人头戴宝冠，着长裙坐于其上，有圆形头光。卷起的象鼻上站立一童子，一手下垂，一手上举；周围有手持花束，衣带飘扬的天人在翱翔飞舞，反映的是摩耶夫人"乘象返宫"的故事。

碑身，分三层雕刻，上层正中雕一尖楣圆拱龛，龛内雕一佛二菩萨，主尊头手均残，着通肩袈裟，结跏趺坐于方台座上，衣裾覆搭座之上部。二菩萨帔帛绕肩，下着长裙，跣足立于圆莲台上。均一手持净瓶，一手握善锁。龛外左右雕维摩经变，左边屋形龛内雕文殊菩萨结跏趺坐，龛楣左右各刻一身手捧供物的天人，座前立一听法菩萨。右龛内雕维摩诘居士箕踞宝帐内，头戴笼冠，褒衣博带，左手执麈尾，右手抚膝，一副从容论道的姿态。龛下正中雕莲花荷叶装饰的博山炉，两边各有一只护法狮子，或卧或蹲，守护佛法。

---

[1] 李献奇：《北齐洛阳平等寺造像碑》，《中原文物》1985年第4期，第89-97页。

图200 平等寺崔永仙造像碑

第三章 北朝时期的单体造像

中层正中雕一方形帷帐龛,龛楣饰莲花、璎珞、流苏。龛内雕一佛二菩萨,主尊弥勒菩萨,头戴宝冠,帔帛绕肩下垂在腹部交叉,下着长裙,裙带打结,善跏趺坐于方台座上,足踏莲台。二菩萨衣着同主尊,跣足立于莲台上。龛外左右对称雕二小龛,龛内雕太子"树下思惟",一比丘恭立其旁。左龛榜题"弥勒佛主崔永仙"等。

下层正中方形龛内雕阿修罗像,头顶扁平,面颊丰圆,双目圆睁,一副童子面相。六臂外伸,最下面双臂分举日、月,两腿呈蹲坐姿,胫间有二童子相对而坐并相互抚摸对方面部,似在嬉戏。阿修罗胸前刻博山炉,两边分立二弟子二天王,天王戴盔着甲饰璎珞,一手持金刚杵,一手握剑,跣足而立。龛旁有榜题。

碑阴,碑首处雕四龛,左侧三龛分两层,龛内均雕一佛二菩萨,剥蚀较甚。右龛为长方形龛,龛内上部雕一佛二菩萨,下部中刻一夜叉托举博山炉,两侧各刻一力士。

碑身上部分两层雕八个相同的尖楣圆拱龛,龛内均为一佛二菩萨,主尊结跏趺坐,着双领下垂袈裟,衣裾覆搭座前,手施禅定印或说法印。下部雕一尖楣圆拱形大龛,龛楣饰忍冬纹,龛内雕一佛二菩萨二弟子。龛外两侧刻"树下思惟"。龛下正中刻莲花,花上刻一兽头,两侧的四个方形小龛内分刻二力士、二狮子。

碑两侧面刻邑主、维那、邑师、中正、邑子等供养人题名,可辨姓名者一百三十余人,可知该碑为群众性佛教社团捐资所造。

该碑虽无纪年,但其造像风格与韩永义造像碑相似,佛和菩萨胸部微隆,躯体粗壮,上身长,下身短,脚脖裸露较高。覆搭两肩的帔帛较宽,身前衣纹概括洗练,由此可看出,崔永仙造像碑与韩永义造像碑应属同时代作品。另从平等寺四碑的排列也可看出,此碑位于天统三年(567)的"韩永义造像碑"和武平二年(571)"僧道略造像碑"之间,其年代亦应在此二碑之间,或者说其是天统三年至天统五年间(567—569)所造更为确切。

十七、平等寺僧道略造像碑

平等寺僧道略造像碑（图201），北齐武平二年（571），通高2.75米，宽1米，厚0.24米。[1]原存洛阳市偃师区寺里碑村平等寺，现存偃师商城博物馆，是平等寺四造像碑之一。《金石萃编》根据造像题记，将该碑定名为"邑师比丘僧道略等三百人造像碑"。石灰岩雕造，为螭首龟趺扁体造像碑，碑首六螭盘绕，碑额正中雕尖楣圆拱龛，龛楣上饰三个兽面，两侧龛柱下各有一夜叉承托。龛内雕一佛二菩萨，头、手皆残。主尊内着僧祇支，外着双领下垂袈裟，衣纹细密贴身，手施禅定印，结跏趺坐于六棱束腰座上，座下饰仰莲。二菩萨身着帔帛，下着长裙，跣足立于莲座上。龛旁有榜题。

碑身上部并列雕两个帷幔龛，帷幔装饰二龙戏珠、火焰宝珠、交错垂挂的华绳、三角垂幛和幡带纹等，十分华丽。两龛内雕一佛二弟子二菩萨。主尊身着右袒式袈裟，结跏趺坐于方形束腰须弥座上。弟子与菩萨均跣足立于低平圆台座上。两龛之间刻都像主、都维那、维那、都邑主、邑主、都中正、中正、供养主等题名。两龛下刻一长方形龛，中间雕一博山炉，其下刻三个夜叉托举。炉两侧分别刻护法狮子和手持长剑的力士。碑身下部刻造像记，正书29行，满行21字，书法工整，字迹清晰。文中记载：大齐武平二年九月，邑师比丘僧道略共邑义三百余人等敬造神碑一所，尊像八堪（龛）。

碑阴碑额处雕尖楣圆拱龛，龛内雕一佛二菩萨，主尊弥勒上披络腋，下着长裙，善跏趺坐于方形台座上，座前有莲花足踏。两侧有蹲狮，二菩萨胁侍左右。碑身上部并列两个方形帷帐龛，帷帐由华绳、铎铃、莲花、垂幛与云带呈环等组成。龛内均雕一佛二弟子二菩萨，造像姿态及服饰与碑阳双龛雕刻相似。龛下雕一夜叉扛托博山炉、二护法狮子和两身手持金刚杵和短剑的金刚力士。下部刻题名六十余人。

碑身两侧面分别雕造3个小龛，龛内均雕一佛二菩萨，龛旁有武平七年

---

[1] 李献奇：《北齐洛阳平等寺造像碑》，《中原文物》1985年第4期，第89-97页。

河南佛教造像史

图 201　平等寺僧道略造像碑

378

(576）榜题和发愿文。从碑身造像记和右侧面题记可知，该碑雕造于武平二年（571），武平五年之后，解识元、常遂等人借用该碑左右侧面的空白处再次造像，其中"韩叔子"之名也见于碑阴"天宫主韩叔子"，说明韩叔子曾两次参与造像活动。

十八、平等寺冯翊王高润造像碑

平等寺冯翊王高润造像碑（图202），北齐武平三年（572），通高3.24米，宽1.15米，厚0.26米。[1]原存洛阳市偃师区寺里碑村平等寺，现存偃师商城博物馆，是平等寺四造像碑之一。石灰岩雕造，为螭首方趺扁体造像碑，是平等寺四造像碑中最高大者。碑首六螭盘绕，碑额雕一尖楣圆拱龛，龛内雕一佛二菩萨，主尊弥勒善跏趺坐于方形束腰台座上，内着僧祇支，外着双领下垂袈裟，手施无畏印。二菩萨上披络腋，下着长裙，跣足立于莲台上，佛和菩萨躯体圆浑，衣纹细密。

碑身上部雕一长方形帷帐龛，龛楣浅浮雕作盝顶形，正中雕一迦陵频伽鸟，顶上饰卷云及连珠、铎铃、三角垂幛、莲瓣等纹饰。龛内雕七佛并坐于长方形须弥座上，座下饰莲花瓣。两侧分立二菩萨。佛和菩萨均有圆形头光，头部皆残。七佛着右袒式袈裟，施禅定印或无畏印。龛下正中线刻博山炉，炉左侧依次刻一比丘、四供养人、一神王；右侧一比丘、三供养人、一神王。右侧比丘手捧经书讲诵，其他比丘、供养人跪地静听。下部原有造像记，因风雨剥蚀，多不能辨。

碑阴碑额处雕一尖楣圆拱龛，龛楣饰莲花。龛内雕一佛二菩萨，主尊弥勒头戴宝冠，项饰璎珞，上披帔帛，下着长裙，手施无畏印，善跏趺坐于方形台座上，有莲瓣形火焰纹背光。龛之左右篆书榜题"齐冯翊王高润之碑"。

碑身遍刻大齐武平三年造像记，正书28行，满行53字。上部因露出地面

---

[1] 李献奇：《北齐洛阳平等寺造像碑》，《中原文物》1985年第4期，第89-97页。

图 202　平等寺冯翊王高润造像碑

字迹风化剥蚀严重，多不可识。冯翊王高润，字子泽，北齐神武皇帝高欢第十四子，《北齐书》有传。《金石录》载其文云："（平等）寺，魏广平王（元）怀所立，永平中造定光铜像在寺外，齐高祖始迁像入寺，润又增修殿宇焉。"《洛阳伽蓝记》云："平等寺，广平武穆王怀舍宅所立也，在青阳门外二里御道北，所谓孝敬里也，堂宇宏美，林木萧森，平台复道，独显当世。寺门外金像一躯，高二丈八尺，相好端严，常有神验。国之吉凶，先炳祥异。孝昌三年十二月中，此像面有悲容，两目垂泪，遍体皆湿，时人号曰'佛汗'。京师士女空市里往而观之，有比丘以净绵拭其泪，须臾之间绵湿都尽，更换以他绵，俄然复湿，如此三日乃此，明年四月尔朱荣入洛阳诛戮百官，死亡涂地。"碑文与记载相符。从碑文中："平等寺……永平中造定光铜像一区，高二丈八尺，永熙年金涂讫功，像在寺外。"可知，平等寺定光铜像应为一尊立像，原立于平等寺外，是目前所知有文献记载的北魏最大的金铜佛像。北魏永平年号共历五年，即 508—512 年，此像应造于永平三年（510）前后，其后又于北魏孝武帝永熙年间（532—534）进行涂金，北齐神武帝迁像入寺。由此可知，此像在涂金完成后即移于寺内。直至冯翊王造像碑刻立之时，此像仍在平等寺内，至于寺院与定光铜像毁于何时何因，尚待考证。

十九、佛时寺四面造像碑

佛时寺四面造像碑，北齐武平三年（572），通高 2.32 米，宽 0.55 米，厚 0.51 米。原存鹤壁市浚县东 6 公里酸枣庙村东北佛时寺，现存河南博物院。

碑为四阿顶方柱体，石灰岩雕造。由碑首、碑身、碑座三部分组成，碑首为一石雕成的仿木结构九脊单檐歇山式屋顶，碑身四面环刻，每面上下三龛，整齐美观。碑身四角雕成六棱形龛柱，每根龛柱均有一株菩提树缠绕，柱头饰以火焰宝珠，柱础饰覆莲。

---

[1] 周到、吕品：《河南浚县造象碑调查记》，《文物》1965 年第 3 期，第 31-38 页。

正面（图203）上层尖拱龛内雕一佛二弟子四菩萨，主尊弥勒，颈戴桃形悬坠项饰，珠串宝缯沿两肩下垂，袒上身，着长裙，裙腰外翻。手施无畏与愿印，交足而坐，足踏莲花。座前正中雕一夜叉扛托博山炉，两侧二夜叉承托弥勒足下莲花。其外侧各雕一比丘作胡跪供养状。弟子着右袒袈裟，双手拢于胸前。菩萨均头戴宝冠，颈戴桃形项饰，上身袒，下着长裙，束裙的腰带在两腿间下垂，帔帛绕肩沿体侧垂下，内二菩萨的帔帛在膝际横穿呈"U"形，双手捧莲蕾。均跣足立于长梗莲蓬上，其座前雕二护法狮子。龛楣雕供养天四身，天带绕肩飘于身后，形成桃形。下着长裙紧裹躯体，小腿上扬，跣足外露。龛楣之上刻榜题。中层龛内雕一佛二弟子二菩萨，主尊释迦着双领下垂袈裟，结跏趺坐于长方形束腰须弥座上，座下正中雕二夜叉平托一博山炉，两旁各有一夜叉承托主尊宝座，其外各雕一蹲狮。二弟子二菩萨分立左右，衣饰装束与上龛相同。龛楣雕四身伎乐天，左二人一抱琵琶一弹箜篌，右二人残损过甚，所持乐器不清。龛下两侧刻榜题。下层龛内雕一佛四弟子二菩萨，主尊阿弥陀佛着双领下垂袈裟，内着僧祇支，手施无畏与愿印，结跏趺坐于圆形束腰座上。座之左右各伸出一龙首，口衔长梗莲花，是为弟子菩萨座。座下刻博山炉和二跽坐供养人像。弟子、菩萨侍立左右。或持莲花，或握净瓶，或握善锁立于莲座上。座前刻二护法狮子和二力士。龛楣中间雕一兽首口衔华绳，两侧雕飞天四身，手攀华绳在空中飞翔。龛下两侧刻榜题。

背面（图204）由于面向北方，剥蚀较甚。上层龛内雕佛传故事"九龙浴太子"，两株菩提树下，释迦太子上身赤袒，下着短裙，双臂下垂，跣足而立。树枝间探出九条龙首在向太子喷水洗浴。左侧树下一夫人侧身端立，应是其母摩耶夫人。右侧树下刻一手持净瓶的菩萨。龛楣左右各刻一身莲花化生手持莲蓬。龛下左右刻题记剥蚀不清。中龛雕思惟菩萨及二弟子二菩萨，龛楣雕供养天人四身。主尊座下的长方形小龛内，雕博山炉和二供养比丘。下龛雕释迦多宝二佛并坐，佛着双领下垂袈裟，施禅定印，结跏趺坐于长方形须弥座上。二菩萨戴宝冠，上身袒，下着裙，帔帛绕肩下垂，跣足立于莲座上，座前各雕一回首蹲狮。龛楣雕手握华绳的飞天四身。主尊座前的长方形小龛内雕博山炉和

图 203　佛时寺四面造像碑正面

第三章　北朝时期的单体造像

图 204 佛时寺四面造像碑背面

二供养人。

左面（图205）上层龛内雕弥勒观世音二身及二胁侍菩萨，二主尊形象相同，头戴宝冠，宝缯沿两肩下垂，颈戴桃形项饰，袒上身，下着裙，手施无畏与愿印，结跏趺坐于圆形束腰须弥座上，座之上下饰仰覆莲瓣。二胁侍菩萨双手持长茎未敷莲花，跣足立于仰莲座上，座下雕扛托夜叉。龛楣雕供养天人四身，中间两身托举着莲花宝塔，外边两身手捧莲花供养。主尊座下长方形小龛内雕博山炉和二供养人。龛下两侧刻榜题"弥勒观世音大像主"等名。中层龛内雕普贤菩萨及二弟子二菩萨，主尊结跏趺坐于六牙白象上。二弟子二菩萨侍立左右，均立于仰莲座上。座下左右各刻一夜叉双手上举托举莲花座。龛楣刻六个莲花化生。龛下刻榜题。下层龛内雕一佛二弟子二菩萨，主尊无量寿佛着双领下垂袈裟，右侧衣襟甩向左肘下垂，手施无畏与愿印，结跏趺坐于长方形须弥座上。座前雕博山炉和二跽坐供养人，外侧各刻一蹲狮。二弟子二菩萨侍立于从主尊座下伸出的龙首口衔长梗莲蓬上。龛楣雕四身供养天人，飞翔姿态及所持供物与上层龛相同。龛下刻榜题。

右面（图206）上龛为方形龛，内雕维摩经变，右边文殊菩萨头戴宝冠，宝缯垂肩，颈戴珠串项链和桃形悬坠项饰，上身袒，下着裙，腕戴钏，帔帛斜搭左肩，跽坐于方榻上，身前置长方形几，左手持如意，右手扶几。左边维摩诘着交领大衣，跽坐在方榻上，身前置三足环形几，右手握麈尾，左手扶几，榻前均置鞋和净瓶。二者中间刻二菩萨，上方刻听法比丘八人，均禅定而坐。整个画面表现的是维摩与文殊辩法，菩萨弟子听法的场面。龛下长方形小龛内雕博山炉和四个供养比丘。龛下两侧刻榜题。中龛内雕涅槃变。龛中央雕两株菩提树，树下的长方形床榻上，释迦侧身而卧，十大弟子在其周围恸哭，或立或跪，姿态各异。反映了释迦牟尼双林涅槃时的场景。龛楣两侧各雕一身飞天。龛下长方形小龛内雕博山炉和四个供养比丘。龛下左刻榜题。下龛内雕一佛四菩萨，主尊药师佛着右袒袈裟，手施无畏与愿印，结跏趺坐圆形束腰仰覆莲座上。四菩萨胁侍左右，外侧菩萨座下雕夜叉双手向上托举，龛上部正中雕一莲花化生，两旁各雕二供养菩萨立于仰莲座上。主尊座下长方形龛内雕博山炉和

河南佛教造像史

386　图205　佛时寺四面造像碑左面

图 206　佛时寺四面造像碑右面

第三章　北朝时期的单体造像

387

二供养比丘。龛下左右刻榜题。

方形碑座正面刻造像题记，正书24行，满行15字，部分字迹残泐不清，能识者近300字，记载武平三年，刘度率诸汲邑等一百人俱发菩提，敬造四面石像一区。

该碑雕刻于北齐武平三年（572），是北齐四阿顶方柱体造像碑的代表作，龛形突破了前期流行的尖楣圆拱龛的固定形式变为方形，龛楣多以飞天装饰，有的飞天手握华绳。龛柱以四角柱通连共用，并以菩提树进行装饰，枝干缠绕柱体，新颖别致，极富装饰效果。造像题材丰富，既有以佛为主尊的阿弥陀佛、释迦佛、药师佛、无量寿佛、交脚弥勒等，也有以菩萨为主尊的普贤菩萨、思惟菩萨等，还有以佛传故事为主的九龙浴太子、维摩经变、涅槃变等。尤其是左侧面上层龛中的弥勒与观世音二菩萨并坐的题材，在北朝造像中较少见，反映了当时弥勒信仰与观世音信仰同时盛行的情况。将众多的佛教题材集于一碑，使碑身造像琳琅满目，美不胜收，代表着造像碑艺术在此时达到了顶峰。[1]

二十、兴隆寺四面造像碑

兴隆寺四面造像碑（图 207），北齐武平至承光年间（570—577），通高1.6米，宽0.53米、厚为0.53米。原存沁阳市柏香镇冯桥村兴隆寺，现存沁阳市博物馆。[2] 石灰岩雕造，为四阿顶方柱体四面造像碑。由碑首、碑身、碑座构成，碑首为庑殿形屋顶，四角皆被凿掉。

碑身四面均竖列三龛，龛像均有不同程度的剥蚀，正面三龛均为尖楣圆拱形龛，上龛内雕一立佛与三童子，立佛身着袈裟，立于莲座上。左手屈肘于胸，右手持钵伸向右侧三个童子，三童子中一人跪伏于地，另一人立其背上，双手捧物施向佛钵，一人扶其身后，反映的是阿育王施土的佛传故事。龛楣上方线

---

[1] 河南博物院编，王景荃主编：《河南佛教石刻造像》，大象出版社，2009年，第284页。

[2] 河南博物院编，王景荃主编：《河南佛教石刻造像》，大象出版社，2009年，第21页。

第三章 北朝时期的单体造像

图 207 兴隆寺四面造像碑正面

刻听法菩萨和弟子数人。龛外左侧浅浮雕一立佛，身着双领下垂袈裟，手握花束，面右立于莲座上。与其相对的左侧浮雕一菩萨，手握一枝莲花伸向左侧，其左上部榜题"定光佛"三字。中龛造像为一佛二菩萨，主尊着双领下垂袈裟，内着僧祇支，右边袈裟甩向左臂绕肘下垂，手施无畏与愿印，结跏趺坐于长方形台座上，裙裾覆搭座前，衣纹繁缛重叠。二菩萨雕于龛外，宝缯垂肩，两肩饰圆形物，颈戴桃形项饰，帔帛绕肩沿身侧下垂，下着长裙，裙带结花，跣足立于圆莲座上。其外侧各雕一供养比丘，手托香炉面内而立。下龛龛楣上方线刻半身菩萨头像，龛内雕一立佛，着双领下垂袈裟，内着僧祇支，手施无畏与愿印，跣足而立。龛外两侧各雕一供养比丘，手托香炉面内而立。其上方左右分别雕一圆拱形小龛，龛内雕一菩萨，左龛榜题"观世音菩萨"，右龛榜题"大势至菩萨"。由此可见，此二小龛造像与大龛造像内容是一致的，大龛内立佛应为阿弥陀佛。

左侧面（图208）三龛均为方形圆拱龛，三龛内造像相同，均为一佛二菩萨。主尊两肩宽厚饱满，着双领下垂袈裟，内着僧祇支，手施无畏与愿印，结跏趺坐于长方形台座上，裙裾满覆座前，衣纹繁缛重叠。二菩萨颈戴桃形项饰，帔帛绕肩下垂至膝际后上扬穿肘外飘，下着长裙，或一手屈肘握花蕾上举于胸侧，一手下垂握善锁，或两手拱于身前，均跣足立于圆莲座上。

右侧面三龛，上龛内雕佛传故事"白马吻别"，中龛内雕一佛二菩萨，造像与左侧面基本相似。下龛内雕一佛二菩萨，主尊着圆领袈裟，两手施禅定印。二菩萨宝缯垂肩，上身赤袒，帔帛从身后绕肘下垂，下着裙，一手屈肘于胸侧，一手屈肘握善锁跣足而立。

背面三龛均为圆拱形龛，上龛内雕倚坐弥勒，头戴菩萨冠，宝缯垂肩，两肩上饰圆形物。颈戴桃形项饰，帔帛绕肩在身前交叉后上扬穿肘下垂，倚坐于方形台座上。龛外两边各雕一供养比丘，手执油灯侧身向内作跽跪状。其上各刻一飞天，体呈跪姿，天带飘荡在身后形成两个尖桃形。中龛内雕维摩诘与文殊菩萨对坐辩法，龛外左右各雕听法菩萨和弟子5人。下龛雕一佛四菩萨，其

图 208　兴隆寺四面造像碑左面

中二菩萨雕于龛外。主尊着双领下垂袈裟，内着僧祇支，手施无畏与愿印，结跏趺坐于方形台座上。裙裾满覆座前。四菩萨着装一致，双手拢于胸前，帔帛在两腿间交叉后上扬穿肘下垂，跣足而立。龛下中雕一博山炉，两旁各雕一护法狮子。

该造像碑无铭记，无雕凿年代，但其四面柱体造像形制，在河南现存的单体造像中多属于北齐武平后作品，而天统以前和唐代以后均未有方柱体四面造像碑出现。但其造像风格如主尊宽厚饱满的双肩，方形须弥座和满覆座前的衣纹繁缛的裙裾，以及菩萨垂肩的宝缯和肩上装饰的圆形物，是北齐武平以后石刻造像的共同特征，因此，兴隆寺四面造像碑应为北齐武平至承光年间（570—577）雕造。

二十一、宋始兴造像碑

宋始兴造像碑（图209），北齐武平七年（576），高1.48米，宽0.62米，厚0.19米。原存登封会善寺，1997年入藏河南博物院。[1] 会善寺，位于登封市城西北3公里太室山南麓积翠峰下，寺院坐北向南，左靠象鼻山，右据卧龙岭，两条小溪从其左右潺潺流下，寺周柏林茂密，山抱水绕，风景绚丽。原为北魏孝文帝的一所离宫，正光元年（520）改为闲居寺，隋文帝开皇五年（585）改为嵩岳寺，开皇中赐名会善寺。后兵乱焚毁，唐代重建，武后始幸嵩山至寺，拜道安禅师为国师，赐名安国寺，并送镇国金刚佛像置于寺内。高僧辈出，诸如元珪、净藏及著名天文学家一行（张遂）等皆出自该寺。五代时高僧于嵩山琉璃戒坛纳法，因栖封禅寺学新章律疏，又名封禅寺。北宋开宝五年（972）赐名嵩岳琉璃戒坛大会善寺，明末寺院废毁，清代重修，是嵩山一带的名寺。宋始兴造像碑就存于该寺禅房院内。[2]

---

[1] 河南博物院编，王景荃主编：《河南佛教石刻造像》，大象出版社，2009年，第289页。

[2] 〔清〕吴式芬：《捃古录金文》，北京市中国书店，1982年，第36页。

第三章 北朝时期的单体造像

图 209 宋始兴造像碑

393

该碑为螭首扁体造像碑，石灰岩雕造。碑首碑身一体，碑座已佚。碑首六龙盘绕，碑额雕一尖楣圆拱龛，龛内雕倚坐弥勒，头戴宝冠，宝缯垂肩。颈戴珠串项饰，帔帛绕肩在胸前交叉穿环后上汤绕肘下垂。下着长裙，倚坐于方形座上，足踏莲花。座之两侧刻长梗莲花与荷叶。龛柱上刻楷书榜题。

碑身分三层雕刻，上层正中雕一覆钵式塔，塔下饰覆莲瓣，方形塔身辟两龛，龛内各雕一尊坐佛，应为释迦多宝。塔左右相向雕二飞天，裸上体，帔帛向身后飘，下着长裙裹身，双足外露，上身直起，下身伸展作飞翔状，身下刻云纹。中层雕一大帷帐龛，龛楣刻莲瓣纹、三角纹和华丽的流苏装饰。龛内雕一佛二菩萨二力士。主尊身着双领下垂袈裟，内着僧祇支，下着裙。结跏趺坐于方形台座上，衣裾收于座之上部。座前刻二供养人，左男右女，手持长茎莲花胡跪供养。二菩萨头戴宝冠，宝缯垂肩，颈饰蚕纹，戴圆形项饰。袒上身，帔帛斜披，帔带在身前横穿两道绕肘下垂。下着长裙，腰束带打结沿两腿间下垂。身躯后仰，跣足立于圆莲座上。二力士头戴冠，宝缯上扬，裸上体，肌肉隆起，帔帛绕肩在腹前交叉，下着长裙，侧身弓步立于刻有山形纹的台座上。龛左右的边框上均刻有榜题。下层长方形龛内雕夜叉扛托博山炉和二供养比丘、二护法狮子。

碑阴碑额处雕一尖楣拱形龛，龛楣中部刻一火焰宝珠，龛内雕释迦多宝说法像。龛柱刻榜题。碑身上部刻造像记，正书17行，行15字，多剥蚀不清，文中记载此碑乃"邑师僧智、都邑主宋始兴合邑一百人等"所造。下部刻邑子姓名。另在碑右侧刻有"比丘尼巧御、比丘尼惠艳"；左侧刻比丘尼惠高等13比丘尼题名。从这些比丘尼题名可看出，当时的会善寺是一所僧尼共处的寺院。记文后面的刻碑落款已不可识，据清吴式芬《捃古录金文》载为"大齐武平七年（576）十一月廿三日"。

二十二、周荣祖造像碑

周荣祖造像碑（图210），北齐武平年间（570—576），高1.6米，宽0.72米，厚0.27米。原存地不详，新乡博物馆早年征集，1997年入藏河南博物院。[1] 石灰岩雕造，为螭首扁体造像碑，首身一体，保存完好。碑首雕六龙盘绕。圭形碑额处凿一圆拱龛，龛额阴线刻飞天二身，龛内雕一佛二弟子二菩萨，主尊着低胸通肩袈裟，内着僧祇支，手施禅定印，结跏趺坐。龛两侧阴线刻胁侍菩萨，均侧身向内跣足而立。

碑身用减地平雕法刻出上中下三列佛传故事，上列刻盝顶帷帐龛，顶部框格内刻飞天十身，姿态各异。龛内以立柱将整幅画面分成三幅，中间刻交脚弥勒及二胁侍菩萨，左右画面基本相同，均为一菩萨双手合十侧身向内踞跪，二手持琵琶和吹笙的伎乐天立于身后，其旁一人身马首和鸟首人身的天神跣足而立。形象地反映了弥勒在兜率天宫说法的场景。中列刻廊、阁、门等建筑物，右边阁中一佛交脚而坐，对面一人骑马而来，前有飞天导引，后有持华盖侍者随从，门内一人奔跑，中间一倚杖老者坐在藤座上，反映的是释迦太子出游四门的情景。下列刻山林树丛之间，右边马车上一人端坐，身后有华盖，中间一人骑马，一人持华盖紧随其后。左上方三人吹奏笙、箫、横笛；下方二人双手合十而跪，一人急步趋前准备迎接对面来的释迦太子，反映的是释迦前往檀特山修行的情景。

左右侧面各刻两幅画面，右侧面上部刻释迦为菩萨时曾骑迦楼罗（金翅鸟）游历人间；下部刻摩耶夫人梦见菩萨入胎的情景。左侧面上刻太子长大后在宫中听歌赏舞，下刻山林田园间悠闲的民间生活。

碑阴碑额处凿一圆拱龛，内雕一佛二弟子二菩萨，龛下刻莲花荷叶装饰的博山炉，炉旁刻二供养比丘。龛左刻一女性供养人，其身后有持团扇和障扇的侍从跟随，旁均刻榜题。碑身遍刻造像记，隶书19行，满行27字。文中记

---

[1] 河南博物院编，王景荃主编：《河南佛教石刻造像》，大象出版社，2009年，第299页。

河南佛教造像史

396　图 210　周荣祖造像碑

载：都维那周荣祖合邑一百人等，在天保年中共发善心，造钟一口。至武平年中，乃采石荆山之阳，造石碑像一区。由此可知，此碑雕刻于武平年间（570—576）。

二十三、常岳造像碑

常岳造像碑（图211），北齐时期（550—577），高1.04米，宽0.85米，厚0.21米。原存洛阳市孟津区翟泉村，1997年入藏河南博物院。[1]石灰岩雕造，为方形扁体造像碑，无碑座。碑阳上部刻帷幔，上饰璎珞流苏。下部雕佛龛两层：上层并列雕三个帐形龛，龛内均雕一佛二弟子二菩萨，造像面部均残泐不清。中龛主尊为善跏趺坐弥勒，着菩萨装，颈戴桃形项饰，双腿下垂，足踏莲花座。二弟子外着袈裟，袈裟一角覆搭胸前，双手袖于袈裟内。二菩萨跣足而立，束裙的腰带在两腿间下垂，腿前衣纹呈"U"形紧贴躯体，有"曹衣出水"之感。左龛主尊为一立佛，着右袒式袈裟，内着僧祇支，跣足立于覆莲座上，二弟子、二菩萨胁侍左右。右边龛内主尊为一菩萨，应为观世音造像，颈戴桃形项饰，上身袒，下着裙，帔帛绕肩在身前交叉穿肘下垂至座，跣足立于覆莲座上。二弟子二菩萨胁侍左右。下层并列三个尖楣圆拱龛，三龛之间以菩提树相隔，但龛内造像合为一铺，主尊为七佛，相间以胁侍菩萨。二护法天王续刻在龛之外沿的碑侧，手持宝剑，上身袒露，帔帛绕肩，下着长裙，形象威武。龛下刻博山炉和二护法狮子及二跽坐供养人，旁刻榜题。

碑左侧面上下雕二拱形龛，上龛雕一佛二菩萨，未雕完；下龛雕一佛结跏趺坐于方形束腰须弥座上，手施无畏与愿印，雕工不精。

碑阴刻造像记，正书14行，行22—24字不等，文中记载："佛弟子常岳率邑义一百余人，寄财于三宝，托果于娑婆，罄竭家珍，敬造石碑像一区。邑

---

[1] 河南博物院编，王景荃主编：《河南佛教石刻造像》，大象出版社，2009年，第305页。

河南佛教造像史

图211 常岳造像碑

师法建、都邑义等……遂临伊阙之右，断石岭之西，镌圣容一所。"后刻斋主、邑老、都邑主、劝化主、中正、都维那、维那、斋主、邑子、清信等题名。书法间有篆隶书体，记之结字，大小欹侧，不甚整齐；题名则宽博工整，略兼隶意。《八琼室金石补正》认为"书兼隶法，当是北魏手笔，决非齐刻"。

常岳造像碑的造像题材为弥勒和七佛，这种信仰在北魏时就很盛行，在北魏昙曜译的《大吉义神咒经》里除了谈到七佛外，也涉及七佛和弥勒菩萨的关系以及信仰七佛的利益。《魏书·释老志》更清楚地谈到七佛和弥勒菩萨的前后继承关系："释迦前有六佛，释迦继六佛而成道，处今贤劫，文言将来有弥勒佛方继释迦而降世。"也就是所谓释迦继承过去诸佛出现于人间世界，释迦入灭五十六亿七千万年后的将来，弥勒出现在人间世界普度众生。因此从七佛到弥勒菩萨的信仰是相互紧密联系的整体。从碑阴记文中可知，该碑为佛弟子常岳率邑义一百余人施财所造，故此碑当为寺院供奉之物。记文中还记载了"邑师法建、都邑义等……遂临伊阙之右，断石岭之西，镌圣容一所"。说明法建等人在龙门石窟曾开凿石窟或石龛造像，并标明其位置在"伊阙之右，断石岭之西"，即龙门石窟西山，其所造主尊亦为弥勒。碑中未有确切纪年，在此前的文献记录中均将此碑定为北魏时刻，根据碑阳造像题材及艺术风格来看，碑上层雕刻的璎珞流苏装饰，虽然在北魏晚期已经出现，但这种装饰却在北齐时盛行，如北齐天保八年（557）"刘碑寺造像碑"龛楣，北齐武平七年（576）的"宋始兴造像碑"龛楣等均为此种装饰。善跏趺坐的弥勒是北齐流行的造像题材，也是北齐弥勒菩萨的显著特征，而此前的弥勒坐姿多为交脚坐姿。七佛雕刻与北魏时不同，前者多刻于造像背光或龛楣上，且多为单体的禅定坐佛，而此碑则为七身立像，且每尊旁均有二胁侍菩萨，这种七佛组合可谓是北齐造像的新创造。另外，高高的方形须弥座也是北齐常见的佛座。人物躯体呈圆柱形，具有明显的北齐造像风格。因此，该碑应为北齐所造。

二十四、丁朗俊造像碑

丁朗俊造像碑（图212），北齐时期（550—577），高1米，宽0.47米，厚0.15米。1989年在新郑市薛店镇枣岗村出土，[1]1997年入藏河南博物院。石灰岩雕造。该碑出土时已断为两截，但造像基本完好，首身一体，无碑座。碑首雕六螭盘绕，碑额雕一菩萨二弟子，主尊戴冠，有桃形项饰，上身袒，下着裙，半跏坐于方形台座上，右足平放于左腿上，左足踏莲花。座下波涛汹涌，一只海兽在波浪中游走。

碑身下部雕一大圆拱龛，圆拱形龛楣似一道彩虹，龛内雕佛、弟子、菩萨、辟支佛、力士等，反映的是释迦说法场面。主尊释迦高肉髻，面相方圆，着双领下垂大衣，内着僧祇支，结跏趺坐于方形台座上，座下施覆莲瓣，裙裾覆座，手施无畏与愿印。左右共雕弟子、菩萨、辟支佛、护法力士十二人，座前雕博山炉和二供养人及二护法狮子。龛上正中雕一座莲花宝塔，塔内刻禅定坐佛四尊，塔外左右各刻一身材高大的立佛手指宝塔，有圆形头光，高肉髻，着右袒袈裟，跣足而立。其旁各有弟子菩萨五人，反映的是《法华经·见宝塔品》中释迦在灵鹫山说《法华经》时，安置多宝佛全身舍利的宝塔涌现在空中，赞叹《法华经》，释迦应众弟子之请用法力开启宝塔，与多宝佛论法的场景。

两侧面分三层雕刻龛像：左侧上层刻飞天二身，中层刻比丘四人，下层刻二比丘和一菩萨；右侧上层雕两个小圆拱龛，龛内各雕一禅定修行的比丘，旁有一比丘站立。中龛刻一佛二弟子，主尊结跏趺坐，座前刻二跪跪供养人。下龛刻二思惟菩萨半跏坐于两株菩提树下作思惟状。碑阴刻造像主题名。

该碑虽然形体不大，但内容却很丰富，在不到一平方米的范围内错落有致地雕刻出神态各异，栩栩如生的人物形象，布局密而不紊，主题突出，充分显示了雕刻匠师的娴熟技巧。形象表现以圆刀为主，线条浅显流畅。人物形象丰满，服饰衣纹简练，明显具有北齐造像特征。

---

[1] 乔志敏：《新郑发现南北朝造像碑》，《中原文物》，1992年第1期，第103、104、107页。

第三章 北朝时期的单体造像

图 212 丁朗俊造像碑

二十五、陈光四面造像碑

陈光四面造像碑（图213），北齐（公元550—577），通高1.68米，宽0.335厘米，厚0.205米。20世纪80年代在禹州市出土，1997年入藏河南博物院。[1]为螭首造像碑，石灰岩雕造。碑首为螭龙盘绕，碑额雕一菩萨立像，戴宝冠，宝缯垂肩，面方颈长。上身袒，帔帛绕肩穿肘下垂。手施无畏与愿印。碑身中部雕一圆拱形龛，内雕一佛二弟子二菩萨二辟支佛七尊组合。主尊阿弥陀佛高肉髻，着双领下垂式袈裟，右侧衣襟甩向左肘，在胸前形成"U"形衣纹。内着僧祇支，手施无畏与愿印。结跏趺坐于须弥座上，座下施覆莲。裙裾覆搭须弥座上部，衣褶繁缛细密。二弟子、二菩萨胁侍左右。二辟支佛跣足立于仰莲座上，螺旋式肉髻，外着袈裟，内着僧祇支，两手袖于袈裟内。主尊座下刻一夜叉双手托举博山炉，二护法狮子蹲坐两旁。其外侧各雕一力士，均一手持宝杵，一手握拳于胸，侧身而立。尖拱形龛楣上雕伎乐天人四身，手持乐器，或吹或弹。均头束高髻，袒露上身，天带绕肩后飘，在头后形成尖桃状。下着长裙，裙摆裹足向上飘荡，与身躯形成"U"形，似从天空飘舞而降，十分优美。龛楣上方雕维摩经变图，文殊师利端坐左侧，维摩诘坐右边，左手握麈尾，右手扶几面向文殊，其间有二弟子二菩萨听法。上部刻莲瓣流苏装饰的帷幔。龛下刻造像铭文，多已剥蚀不清。

碑阴碑身处上部雕一圆拱尖楣龛，龛内雕一佛二弟子二辟支佛，主尊弥勒菩萨头戴宝冠，宝缯垂肩，内着褊衫，帔帛绕肩在腹前交叉上扬绕肘外飘。手施无畏与愿印，倚坐于须弥座上，座下沿满饰覆莲瓣。二弟子、二辟支佛分立左右。龛下刻造像人题名，均为陈氏邑子。

左侧面上端凿一圆形龛，内雕佛传故事"阿育王施土"，释迦高肉髻，穿双领下垂式袈裟，右侧衣襟甩向左肘，在胸前形成"U"形衣纹。内着僧祇支，左手持钵，右手握净瓶，跣足立于仰莲座上。其旁刻三人，弟子阿难袖手而立，

---

[1] 河南博物院编，王景荃主编：《河南佛教石刻造像》，大象出版社，2009年，第315页。

图 213 陈光四面造像碑

一童子骑在另一童子肩上,双手捧物递向释迦。

右侧面上部雕一圆拱形龛,内雕释迦多宝二佛并坐,佛着双领下垂式袈裟,内着僧祇支,结跏趺坐于束腰须弥座上,裙裾重叠覆搭座之上部。手施无畏与愿印。龛下刻造像人题名,多剥蚀不清。

关于该碑的雕刻年代,由于题记剥蚀较甚,不能识读。但这种螭首碑的造型是东魏至北齐时流行的造像碑形制,龛楣装饰和造像题材也是北齐造像中较常见的,衣纹表现也是北齐时常见的双勾线纹,隶书写就的造像题记,是北齐造像中流行的书体,与北齐张伏惠造像碑的书写风格极为相似,因此,该碑当为北齐时雕造。

二十六、灵山寺四面造像碑

灵山寺四面造像碑(图214),北齐时期(550—577),高1.05米,宽0.46米,厚0.36米。原存鹤壁市淇县灵山寺内,1984年运至县城摘心台保存,现藏于淇县博物馆。[1] 石灰岩雕造,为四阿顶方柱体造像碑,碑身每面原应有三龛造像,惜上层龛已残毁,仅余两层。除正面和右侧面保存完好外,左面已剥落,背面剥蚀严重。碑首为九脊四阿式屋形顶。

碑身正面上层方形龛内,雕"释迦涅槃变"。由两株菩提树组成的圆拱形龛内,释迦着右袒袈裟,侧卧于床榻上。阿难和迦叶二弟子分立两端,两侧分别有7个弟子在号啕大哭,有的双手捂面,有的两手触地,有的双手上举,有的相互拍打,有的长发披散,姿态各异,表现了释迦涅槃时弟子悲痛欲绝的场景。树干外侧各刻一菩萨立于长茎莲座上,其上刻一飞天。树枝上刻两个莲花化生。龛下正中刻博山炉,两边各雕三个比丘禅定而坐。下层方形龛内雕阿弥陀净土变。中间尖楣拱形龛内雕一佛结跏趺坐,着圆领通肩袈裟,手施禅定印,衣裾覆搭座前。龛外左右圆拱形小龛内雕伎乐跪弹箜篌。其外侧分别竖雕三个方形

[1] 河南博物院编,王景荃主编:《河南佛教石刻造像》,大象出版社,2009年,第375页。

第三章 北朝时期的单体造像

图214 灵山寺四面造像碑

405

小龛，每龛内雕二供养比丘。龛上部并列刻七佛，龛楣左右刻莲花化生和水鸟以及两身供养天人，反映的是阿弥陀净土变中的"莲花池"。龛下横列三个方形龛，中间龛内雕一人首怪兽和两只护法狮子，两边龛内各雕二神王，从手中持物看，有珠神王、风神王、山神王等。

右侧面上层方形龛内，雕"太子须大拏"故事。画面山峦起伏，野兽奔走。一株高大的菩提树下，太子须大拏头戴冠，着宽袖长袍，肩负小儿前行，其妻上着宽袖短襦，下着长裙，肩负一子跟随。左上角雕二裸体长发着短裤的婆罗门，左下角山洞内一僧人坐于高足床榻上修行。此图表现了太子须大拏施舍尽一切后，最后割舍下妻子儿女，在深山丛林中忍受苦难修成正果的故事。下层方形龛内上部雕释迦多宝二佛并坐，二弟子、二菩萨胁侍左右。座下中雕莲花荷叶装饰的博山炉，二供养人跽坐左右。其下并列刻十个比丘，为释迦牟尼的十大弟子。再下刻二护法狮子，其后各刻一朵盛开的莲花。其外侧各雕一力士，宝缯上扬，上身袒，下着裙，帔帛绕肩沿身侧下垂，腕戴镯，弓步而立。

背面造像剥蚀较甚，具体形象模糊不清，隐约可看出上龛内造像为"释迦出游"，一人骑在马上，其旁有伞盖和团扇，上部有二身飞天。下层龛内雕二立佛，右边佛旁刻三童子，一童子跪匍于地，一童子立于其背上，手中握物伸向佛主，另一童子在其后扶其背，反映的是"阿育王施土"的故事。龛下刻博山炉和供养人像。

该造像碑无纪年铭文，其四面柱体的碑体造型，是北齐武平年间流行的造像形式。造像采用弧面浮雕与阴线刻相结合的技法，衣纹采用双线勾勒，线条细密流畅。"太子须达拏"故事画面继承了北魏石棺线刻画中常用的山峦勾勒技法，近似平雕。人物丰满，身躯浑厚，肩部饱满。外着短裙的菩萨装束，也是北齐造像中较多出现的菩萨装束，从整体风格看，当属北齐时期雕造。

二十七、新安北齐四面造像碑

新安北齐四面造像碑（图215），北齐时期（550—577），高1.43米，宽0.37米，厚0.24米。原存地不详，现存洛阳市新安县千唐志斋博物馆。[1] 石灰岩雕造，为螭首造像碑。无座，首身一体，三面雕龛像，碑阴刻造像记。碑首雕六螭盘绕，碑身上下雕三龛，上龛为尖楣圆拱龛，内雕一佛二弟子二辟支佛二菩萨。主尊高肉髻，削肩平胸，着双领下垂袈裟，内着僧祇支，胸前束带打结，右侧袈裟甩向左臂下垂，手施无畏与愿印，结跏趺坐于方形束腰须弥座上。裙裾覆搭座前，衣纹繁叠，座下饰覆莲。二弟子袖手立于左右。二辟支佛有螺旋式高肉髻，面相方圆，颈佩圆形项饰，帔帛绕肩下垂在腹前交缠后下垂，这种新式的辟支佛装在同时期造像中很少出现。双手相握于胸前，跣足而立。二菩萨上身着交领内衣，披发垂搭两肩，下着长裙，帔帛下垂至膝际后上扬绕肘下垂，一手托宝盒，一手握善锁，跣足立于覆莲座上。中龛为四株菩提树组成的圆拱形龛，龛内雕释迦多宝二佛结跏趺坐于须弥座上，裙裾覆搭座前，裙褶繁缛重叠三层，座下饰仰莲瓣。二弟子立于龛柱外。下龛为尖楣圆拱形龛，龛楣上方刻山林。龛内雕弥勒菩萨及二弟子二菩萨，主尊结跏趺坐于须弥座上，裙裾覆搭座前，座下饰覆莲。二弟子二菩萨侍立左右。座下雕博山炉和二护法狮子。

左侧面上下雕三龛，上龛为尖楣圆拱龛，龛楣上方刻二飞天。龛内雕一佛二弟子，主尊弥勒菩萨，交脚坐于须弥座上，足踏莲花，座下饰莲瓣。两臂屈肘于胸前，手施无畏印。二弟子着交领袈裟，两手袖于衣内，立于圆莲座上。中龛为帐形龛，帐顶饰山花蕉叶。龛内雕维摩诘及二弟子。下龛为菩提树龛，龛内雕一佛二弟子二菩萨，主尊着通肩袈裟总覆两臂，跣足立于圆莲座上。二弟子二菩萨侍立左右。

右侧面上下雕三龛，上龛为菩提树龛，龛内雕半跏思惟菩萨，座前一人匍匐于地，左侧一菩萨侍立其旁；右侧刻二比丘一力士，其上刻一龙。中龛为帐

---

[1] 河南博物院编，王景荃主编：《河南佛教石刻造像》，大象出版社，2009年，第329页。

图 215　新安北齐四面造像碑

幔龛，龛楣饰莲瓣、垂幔流苏。龛内雕一佛二菩萨二弟子，主尊着双领下垂大衣，结跏趺坐，裙裾分三层覆搭座前，繁缛细密。二菩萨二弟子侍立其旁。下龛为方形龛，内雕一立佛二弟子，主尊着双领下垂大衣，手施无畏与愿印，立于莲座上。二弟子侍立左右。

碑阴刻造像记，由于在安放时造墙太近，无法看清原貌。关于该碑的雕刻年代，根据该碑的造型和雕刻内容以及艺术风格，都与北齐时期的造像相似，衣纹出现了双阴线勾勒，与北齐时期的邯郸响堂山石窟、水浴寺石窟中的表现手法相同，故可推知该碑亦应为北齐时所造。

二十八、嵩阳书院北齐造像碑

嵩阳书院北齐造像碑（图216），北齐时期（550—577），残高1.65米，宽0.69米，厚0.25米。原存地不详，今存登封嵩阳书院先圣殿东侧。[1] 石灰岩雕造，为螭首扁体造像碑，首身一体。碑首八龙盘绕，碑额雕一尖楣圆拱龛，龛内雕一佛二菩萨，主尊弥勒着通肩袈裟，施说法印，倚坐于方座上，足踏莲花。碑身上部雕一帷帐龛，上刻帷幔、流苏等装饰。龛内雕一佛二弟子二菩萨，主尊高肉髻，身披通肩袈裟，结跏趺坐于须弥座上，手施说法印。二弟子、二菩萨均跣足立于圆莲座上。主尊座前雕博山炉和二供养人，外侧各雕一护法狮子。龛下刻造像碑铭，由于剥蚀较甚，不可辨认。

碑阴圭形碑额上部雕一圆拱龛，龛内雕一佛二弟子。主尊身着通肩袈裟，结跏趺坐于方形须弥座上，座下沿饰莲瓣一周。二弟子胁侍左右，跣足立于圆莲座上。碑身无雕刻。

左侧面上下雕二圆拱龛，上龛为菩提树龛，内雕一佛二菩萨。主尊着通肩袈裟，半跏趺坐于束腰圆莲座上，足踏莲花，手施说法印。二菩萨头戴宝冠，宝缯下垂，裸上体，下着长裙，双手合十于胸前，跣足立于圆莲座上。下龛龛

---

[1] 河南博物院编，王景荃主编：《河南佛教石刻造像》，大象出版社，2009年，第334页。

图216 嵩阳书院北齐造像碑

楣上方刻二飞天。龛内雕一佛二菩萨。主尊高肉髻，着通肩袈裟，结跏趺坐于束腰圆莲座上。

右侧面上下雕二尖楣圆拱龛，龛楣上方对称刻二身飞天。上龛雕一佛二菩萨立像。下龛内雕释迦多宝二佛并坐。

该造像碑因残断及剥蚀严重，造像碑铭及题记均不可识，故难以确定其准确年代。但从该碑的碑体造型、龛楣装饰以及造像题材和组合形式等，均为北齐时期所常见，应为北齐时雕造。

二十九、嵩阳书院四面造像碑

嵩阳书院四面造像碑（图217），北齐时期（550—577），残高0.69米，宽0.39米，厚0.32米。原存地不详，现存登封嵩阳书院。[1]石灰岩雕造，碑首碑座残缺，仅存方柱体碑身，四面环雕。正面雕尖楣圆拱形龛，龛楣上沿左右各雕一条露出半身的龙，龙首向外。上部雕三身飞天，中间飞天头戴宝冠，双手合十胸前，帔帛绕肘上飘在体侧形成两个尖桃状，下着长裙，两腿伸直，露足，作正面飞翔状。两旁二飞天身躯呈"U"字形，双手拢于胸前，作侧身飞翔状。龛内雕一佛二弟子二菩萨二力士。主尊高肉髻，着右袒式袈裟，身躯修长，结跏趺坐于须弥座上。座前雕一博山炉。二弟子雕于主尊身后，露出半身。二菩萨戴宝冠，宝缯垂肩，上身袒，帔帛绕肩沿体侧下垂至座。下着长裙，裙腰外翻，腿上的衣纹呈"U"形，有"曹衣出水"之感，跣足立于仰莲座上。其外侧的二力士，宝缯上扬，颈戴项饰，上身赤袒，下着长裙，裙带在两腿间下垂，手持金刚杵，跣足立于云纹方座上。

背面亦为尖楣圆拱形龛，龛楣及龛上部雕饰与正面相同，龛内雕思惟菩萨及二弟子二菩萨二力士，主尊半跏思惟坐于须弥座上，左手下垂置于左膝，右手屈肘托于颔下，作思惟状。弟子菩萨的装束同正面基本相似，左侧力士座下雕一夜叉托举其座，右侧力士腿部以下残缺。

---

[1] 河南博物院编，王景荃主编：《河南佛教石刻造像》，大象出版社，2009年，第334页。

图 217 嵩阳书院四面造像碑

右侧面为一帐形龛，帐顶为半圆形，顶饰山花蕉叶。帐幔上饰莲瓣纹、三角纹、悬铃纹、水波纹等。龛内雕一佛二菩萨。主尊结跏趺坐于须弥座上。二菩萨侍立左右，左菩萨手持净瓶。

左侧面为一帐形龛，帐顶饰山花蕉叶，帐幔装饰同右侧。龛内雕一佛二弟子二菩萨，主尊大部分残缺，二弟子二菩萨侍立左右。

该造像碑虽无明确纪年，首座缺失，细部雕刻多剥蚀不清，但四方柱体的碑体造型，尖楣圆拱形和帷幔式帐形龛以及一佛二弟子二菩萨二力士组合形式均为北齐时所常见，饱满丰厚的双肩和修长的身躯均为北齐造像中最明显的特征；尤其那宽肩、细腰、腹部微凸的菩萨，跣足外露呈"U"形飞翔姿态的飞天，还有那宝缯上扬，手持金刚杵的力士，在北齐石窟和石刻造像中常见。因此，这件四面造像碑应为北齐时雕造。

三十、嘉禾屯造像碑

嘉禾屯造像碑（图218），北齐时期（550—577），高1.27米，宽0.63米，厚0.125米。20世纪70年代在焦作市嘉禾屯村群众家中发现，现存于焦作市博物馆。[1]石灰岩雕造，竖长方形，平顶抹角。碑阳上下雕刻两龛，上龛为尖楣圆拱形，龛梁两端雕刻回首龙头，龛楣中部浅刻一化佛。龛内雕一佛二弟子二菩萨，主尊高内髻，着右袒式袈裟，内着僧祇支，结跏趺坐于须弥座上。龛之两侧各雕一龙口衔三茎莲花，一茎平伸主尊座下，莲花上禅坐化佛，另两茎伸向上方，成为弟子菩萨座。弟子身躯瘦长，着双领下垂式袈裟。二菩萨头戴花冠，颈戴圆形项饰，上身袒，帔帛绕肩沿体侧下垂，下着长裙，跣足而立。右侧菩萨左手持净瓶。龛柱外侧各雕一株高大的菩提树，主干随着龛之外形向上攀伸，在楣尖之上交缠，枝叶繁茂，布满碑额。

下龛为菩提树龛，拱尖处刻一莲花化生，龛楣枝叶间刻四个莲花化生，有

---

[1] 郭建设、索全星：《山阳石刻艺术》，河南美术出版社，2004年，第16-17页。

河南佛教造像史

图 218　嘉禾屯造像碑

莲茎与树干相连。一比丘蹲坐在树枝上，身上肌肉凸起，应为护法神阿修罗。龛内雕一佛二弟子，主尊弥勒菩萨头戴宝冠，宝缯垂肩，身着菩萨装，倚坐于长方形座上。裙裾覆搭于座前。二弟子着右袒式袈裟，身躯修长，双手合十，跣足立于莲台上。

碑阳刻有造像铭记，但多剥蚀不清，从残存字迹可看出有"修武县嘉禾屯施主……张村"字样。可知该造像碑原存地应在嘉禾屯附近。关于嘉禾屯造像碑的雕刻年代，从碑体形制、造像内容、雕刻风格可看出，这是一件具有浓厚北齐风格的作品。尖楣圆拱龛以及双龙连尾龛梁、一佛二弟子二菩萨组合、着菩萨装的倚坐弥勒、方形须弥座以及座两侧的龙衔莲台、菩提树等是东魏、北齐造像中常见的雕刻内容。人物造型比例及装束也均符合北齐造像规范。因此，嘉禾屯造像碑无疑是一件北齐时期的作品。

三十一、浚县四面造像碑

浚县四面造像碑（图 219），北齐时期（550—577），残高 1.89 米，宽 0.54 米，厚 0.37 米，原存地不详，现存浚县博物馆（浮丘山碧霞宫）。[1] 石灰岩雕造，为四面柱体造像碑。碑首已佚，碑身上部残，下有方形抹角覆斗式碑座。碑身四面环雕龛像，碑阳及左右侧面龛像保存较好，碑阴龛像损毁严重，造像多不能辨。

碑阳上下雕三龛，上龛顶部残，从龛侧下垂的帷帐可知此龛为帐形龛。龛内雕一佛二菩萨，主尊颈部以上残缺，着通肩袈裟总覆两臂，手施禅定印，结跏趺坐于矮座上，裙裾覆搭座前，衣纹用双阴线勾勒。菩萨颈佩圆形项饰，帔帛绕肩穿肘下飘，下着长裙，裙腰外翻。其前方各雕三个跽跪弟子和二蹲卧的鹿，表明佛在鹿野苑说法。中龛为方形龛，龛内分两部分雕"小儿施土"和"买花供佛"佛传故事。龛右雕一立佛，着双领下垂袈裟，左手握衣襟，右手托

---

[1] 河南博物院编，王景荃主编：《河南佛教石刻造像》，大象出版社，2009 年，第 349 页。

图 219　浚县四面造像碑

一钵,下身着裙,跣足而立。其身后有一弟子一菩萨跟随;其前有三童子,一人四肢跪地,一人立其背向佛递土,一人在其后,形象地反映了释迦游化路遇小儿施土的故事。龛左一形象高大者,着褒衣博带,下着长裙,着云头履,手持莲花屈肘前伸,面佛而立。身后刻二随侍,反映的是善慧"买花供佛"的故事。下龛为方形龛,分两层雕刻,上层帷帐后雕5个伎乐人一字排列,均头梳丫髻,上穿交领宽袖短襦,下着裙,演奏乐器。帷帐前似在作驯兽表演,一人牵狮子,一人驯导,一滑稽演员在作表演,其旁4人分别击腰鼓、吹笛、作抃、击板,均着圆领长袍,其形象装束与西域人相似,整幅画面反映出欢乐的演出场面。龛下线刻四组礼佛图,每组三人,主人身材高大,面饰胡须,戴冠,着褒衣博带、云头大履,手持莲花荷叶前行。二侍者身材矮小,头梳丫髻,上穿圆领短襦,下着束口长裤,外穿短裙,一人执伞盖,一人执障扇紧随主人身后。

碑阴剥蚀残损严重,造像内容多不能识,从残存部分看,上部为一大龛,内雕一佛二弟子二菩萨,主尊结跏趺坐于须弥座上,座前二婆薮仙人相向而坐,其左右各有一力士。其下长方形龛内雕夜叉托举博山炉和护法狮子。下雕维摩经变。综观此面造像,其内容与图像组合与现藏美国纽约大都会艺术博物馆的东魏武定元年"石佛碑像"基本相似。[1]

左侧面残存三龛,均为方形,上龛龛楣残缺,龛内雕一佛二弟子二菩萨。主尊着右袒式袈裟,结跏趺坐,裙裾分两层覆搭座前,呈波浪式排列有序。中龛雕阿修罗手托日月,身下雕二龙交缠,龙口吐云,右侧龙首下一佛结跏趺坐于山巅,山中动物行走其间。山前两个圆形龛内各雕一坐禅僧人,头戴风帽,着双领下垂袈裟,禅定而坐。下龛雕阿弥陀净土变之莲花海,海中一只小船上三人摇桨划船,一佛禅定而坐,二弟子恭立左右。海水中水鸟戏游,愚人泅渡,长茎莲花上坐着伎乐人,手执乐器或吹或弹,图像内容与南响堂第一窟前壁上方浅浮雕阿弥陀净土变莲花海相似。龛下线刻礼佛图两组,形象与碑阳礼佛图相同。下刻造像记和邑子题名,惜造像记剥蚀严重,多不能辨识。

---

[1] 金申:《中国历代纪年佛像图典》,文物出版社,1994年,图168。

右侧面雕三龛，上龛龛楣残，龛内雕佛传故事"乘象入胎"，善慧菩萨结跏趺坐于六牙白象上，裙裾覆搭象背。象足下有四身天人托举。二弟子二菩萨侍立左右。中龛雕释迦涅槃像，龛之上部雕两株菩提树，茂密的树枝组成龛楣，斜出的树枝上悬挂一钟，其旁立二比丘。下雕"释迦涅槃"，十大弟子扶躯痛哭。下龛雕佛传故事"牧女献糜"，图中释迦太子坐在藤座上，一侍者持伞盖立于身后，其前方刻一头肥壮的母牛和一头牛犊，在母牛身下，一人在挤取牛乳，二弟子立于其旁。龛下刻邑子题名，多剥蚀不清。

碑座抹角处线刻忍冬纹，座之四面各雕一圆拱形小龛，龛内各雕一禅定坐佛，应为四方佛，即东方阿閦佛、南方宝相佛、西方无量寿佛、北方微妙声佛。

三十二、洛阳北齐四面造像碑

北齐四面造像碑，北齐时期（550—577），碑身高 1.4 米，宽 0.43 米，厚 0.42 米，原存地不详，现存洛阳博物馆。砂岩雕造，为四方柱体，碑首、碑座已佚。除碑阴剥蚀较甚，未雕造像外，碑阳及左右侧面均雕造像。[1]

碑阳（图 220）上下雕两龛，上龛为帷幔龛，龛楣饰帷幔流苏，两侧刻串珠式金铎，顶饰山花蕉叶。龛内雕一佛二弟子二菩萨，主尊弥勒头戴高冠，宝缯垂肩，有莲瓣形头光，善跏趺坐于方台座上，足踏莲台。二弟子二菩萨胁侍左右，左菩萨右手持净瓶，均跣足立于莲花座上。在上下龛之间刻"维摩经变"故事，左侧伞盖下维摩诘居士手握麈尾斜坐于床榻上，床榻前卧一狗。右侧帷幔龛下，文殊菩萨手持如意结跏趺坐方台座上。在维摩文殊之间刻一比丘撞钟，另刻听法比丘 15 人。下龛为尖楣圆拱形龛，龛内雕一佛二弟子四菩萨。主尊着双领下垂袈裟，右边衣襟甩向左肘下垂，手施无畏与愿印，结跏趺坐于须弥座上，裙裾覆搭座前，座下饰覆莲瓣一周。弟子、菩萨面部均残，跣足立于长茎莲蓬上。龛下雕博山炉和二力士。

[1] 宫大中：《洛阳魏唐造像碑摭说》，《文物》1984 年第 5 期，第 44-56 页。

图 220　洛阳北齐四面造像碑正面

第三章　北朝时期的单体造像

碑左侧（图221）刻造像龛3个，上下排列。上层方形龛内雕两组内容，龛之左半边刻一主尊和三胁侍。主尊头戴冠，着双领下垂袈裟，跣足立于两枝莲蓬上。身后刻幡五支，前方一供养人持幡，幡叶飘扬于造像上部。一飞天由远方飞至，一供养人持炉躬身跪拜。龛之右下角刻3人着胡服，双手持锄铲正在躬耕，似为佛传故事里的"树下观耕"。中龛为尖楣圆拱龛，龛梁两端饰凤首回顾。龛楣两侧各刻一身飞天手执长茎莲花在空中飞翔，龛内雕一菩萨二弟子二天王，主尊为头束发髻，身披璎珞的菩萨。旁有二弟子二天王胁侍。天王头戴兽面冠，左侧天王肩头露出兽爪，手捧莲花，均立于莲座上。这种头戴兽面盔，身披人面护和兽面护的天王形象，在龙门石窟宾阳中洞洞口过道中可见到。龛外两侧自上而下各有3个小龛，上两龛内均雕一禅定坐佛，下龛内雕坐禅比丘。下龛为尖楣圆拱龛，龛楣上方刻六个比丘头部，龛内雕一佛二弟子二菩萨。主尊戴冠，冠前饰化佛，着双领下垂大衣，两手袖于衣内，结跏趺坐于须弥座上，座下层饰覆莲瓣一周。

碑右侧上下雕三龛，上龛由四株菩提树构成圆拱形龛，龛楣中间刻一禅定坐佛。龛内雕释迦多宝二佛并坐，两边有弟子菩萨胁侍。主尊高肉髻，着双领下垂袈裟，结跏趺坐于须弥座上，裙裾覆搭座前，座下层饰仰莲瓣。二弟子二菩萨胁侍左右。中龛较小，内雕主尊为半跏思惟菩萨。龛之上方及左右刻佛经故事：龛之上方刻在山石丛林中，一人蹲跪挤取鹿乳，鹿回首舔其脊背，在不远处的山石洞穴中一僧人在静修坐禅，反映的是释迦在耆阇崛山石室苦修时，"牧女献糜"的故事。龛左侧的悬崖峭壁上，一人倒挂其间，下方一只骨瘦如柴的老虎卧于地上，数只小虎在其身上争抢吸奶，反映的是佛经故事"舍身饲虎"。龛右刻一株大树，一人抱树上爬，树下置一缸，一人立于缸旁向爬树者招手，似为佛本生故事"果子本生"。下龛为尖楣圆拱龛，龛楣中间刻一兽首，两边各刻一飞天。龛内雕一佛二弟子四菩萨，主尊戴冠，着双领下垂大衣，结跏趺坐于须弥座上，座下饰覆莲瓣。龛下中刻一炉，周刻莲花荷叶，左右刻护法狮子和4个供养人，二人俯首跪拜，二人持香炉半跪供养。

此碑无造像年代，从其造像内容和雕刻风格看，应为北齐时雕造。

图 221　洛阳北齐四面造像碑左面

三十三、开封北齐四面造像碑

北齐四面造像碑，北齐时期（550—577），现存高 0.9 米，下宽 0.47 米，上宽 0.45 米，厚 0.31 米。原存地不详，现存开封市博物馆。[1]石灰岩雕造，碑为四面环刻，碑顶部刻帷幔一周，上饰莲瓣形、三角形、悬铃形图案。

正面雕一竖长方形大龛（图 222），分三部分雕刻：上部雕一佛二弟子二菩萨。主尊面部剥蚀不清，有圆形头光。肩部饱满浑厚，着右袒式袈裟，衣纹用双线勾勒。内着僧祇支，右手屈肘于胸，手指向上施说法印，左手下垂，手掌平放于右足上。结跏趺坐于方形束腰须弥座上，座外侧左右各雕一龙，躬身回首飞奔而下，龙爪托举主尊须弥座，二弟子头部残，有圆形头光，着双领下垂式大衣，双手袖于衣内，下着长裙，立于长茎莲蓬上；二菩萨头戴冠，宝缯垂肩，有圆形头光，面相方圆，上身赤袒，帔帛绕肩沿体侧下垂至座，下着裙，腰束带打结，跣足立于长茎莲蓬上。中部雕二夜叉扛托莲花荷叶装饰的博山炉，两边各雕一身供养人，拱手面内跪坐。下部中雕一博山炉，炉两边各雕一狮子，均残泐不清，其外侧各雕一护法力士，面部剥蚀不清，宝缯上扬，颈戴项饰，袒上身，着长裙，裙带打结下飘，显出一副威武之势。

右侧面帷幔下雕三个方形龛（图 223），无龛柱。上龛内雕释迦多宝二佛并坐，头部均残损，着双领下垂式袈裟，两手拱于胸前，结跏趺坐于方形束腰须弥座上。裙裾覆搭座之上部。裙褶较密，衣纹用双线勾勒。中龛为圆拱形龛，龛柱为两株菩提树干，茂密的菩提树枝叶装饰龛楣。龛内雕一佛二弟子二菩萨，主尊高肉髻，面部残泐不清，着开领式通肩大衣，手施无畏与愿印，结跏趺坐于方形束腰须弥座上，裙裾覆于座之上部。二弟子着开领式通肩袈裟，两手拱于胸前，立于仰莲座上。左侧菩萨头戴冠，宝缯垂肩，饰圆形项饰，上身袒，帔帛绕肩穿肘沿体侧下垂至座。下着长裙，裙带打结在两腿间垂下，一手握长

---

[1] 河南博物院编，王景荃主编：《河南佛教石刻造像》，大象出版社，2009 年，第 365 页。

图222 开封北齐四面造像碑正面

第三章 北朝时期的单体造像

河南佛教造像史

图 223　开封北齐四面造像碑右面

梗莲蕾，一手握善锁，跣足立于仰莲座上。右侧菩萨大部残损，残存的装束与左侧菩萨相同。龛下正中刻一长方形供案，两边各刻一狮子首向内作卧伏状。下龛为一方形龛，内雕佛传故事"白象入胎"，一菩萨手执长梗莲花乘坐在奔跑的白象背上，身后有曲杆伞盖，前方刻一莲花化生。

左侧面帷幔下雕三个方形龛，上龛雕一佛二菩萨，主尊为交脚弥勒，头部残损不清，有圆形头光，着开领式通肩大衣，内着僧祇支，足踏莲花，交脚坐于方形须弥座上，衣裾覆搭座之上部。二菩萨面部均残，有圆形头光，宝缯垂肩，有桃形项饰。上身赤袒，帔帛从身后绕肘沿身侧飘下，下着长裙，腰带打结下垂。一手握莲蕾屈肘于胸前，一手握善锁下垂，跣足立于仰莲座上。中龛雕佛传故事"阿育王施土"，释迦头部残损，有圆形头光，着开领式通肩袈裟总覆两臂。身旁三童子均残，从残迹可看出左边一童子手持一钵土坐在地上，右边一童子四肢着地，一童子立于其背，双手捧土递向释迦的钵盂。下龛内雕佛传故事"白马吻别"，一株高大的菩提树下，释迦善跏坐在藤椅上，右手支托着下额作思惟状。白马犍陟跪于其前甜吻释迦足部，车匿立于其旁，一天人双手捧物在上方飞翔，反映的是释迦太子在山林修道，侍者车匿和白马犍陟与之惜别的场景。

背面帷幔下雕二个圆拱形龛，上龛内雕维摩经变，虽然残损较甚，仍能看出手持羽扇的维摩诘居士与文殊菩萨对坐辩论的姿势。其间雕三个弟子拱手而坐，悉心听法。下龛为尖楣圆拱龛，龛梁正中刻一兽面。龛内雕一佛二弟子二菩萨，主尊头部残，着开领式通肩袈裟，内着僧祇支，手施说法印，结跏趺坐于圆形束腰须弥座上，座上端覆盖缀有圆铃的台布，下端饰覆莲。二弟子头部残，着通肩袈裟，内着僧祇支，手持长茎莲花立于仰莲座上。二菩萨头部亦残，宝缯垂肩，有桃形项饰，上身赤袒，帔帛绕肩沿体侧下垂，下着长裙，裙腰外翻，一手握善锁，一手持莲花跣足立于仰莲座上。

三十四、荥阳北齐残造像

荥阳北齐残造像（图224），北齐时期（550—577）造，残高0.98米，宽0.78米，背屏厚0.11米。原存地不详，在交通部门拓宽三一〇国道荥阳城区路段时从老路基下出土，现存荥阳市博物馆。[1] 石灰岩质。上部残缺，从残存现状看，应为背屏式一佛二弟子二菩萨造像，其中下端榫高0.18米，宽0.19米，厚0.16米，可知原来应有造像座。

主尊跣足而立，头顶呈馒头形螺髻较低，面相长圆丰满，有圆形头光，头光内刻缠枝忍冬。身披开领式通肩袈裟，内着僧祇支，大衣轻薄贴体，身体表面的衣纹用直平刀法刻出，流畅自如地呈"U"形从右肩处向下分布，手施无畏与愿印，右手手指残缺。宽大的衣袖沿体侧下垂至膝下，体形显得清秀潇洒，显示出北齐新风尚与北魏晚期传统的秀骨清像风格的结合。从主尊足外两侧各伸出两枝长茎莲蓬，并饰以忍冬纹，二弟子二菩萨皆立于莲蓬之上。左弟子保存完好，右弟子头部残缺较甚，均有圆形头光，身着袈裟，内着僧祇支，袖手而立。二菩萨均有残损，左侧菩萨从左肩至右肘以上残缺，上身赤袒，帔帛绕肩在腹前交叉下垂至膝下，然后上扬穿肘沿体侧下垂至座上，华绳式珠串璎珞绕肩在胸前交叉下垂，交叉处饰圆形璧环，下着长裙，腰前的坤带垂至足上，带上饰方格，方格内饰圆形图案。左手握桃形物屈肘上举，右手握善锁下垂，腕戴环。左侧菩萨面部残损，有莲瓣形头光，宝缯垂肩，有圆形项饰，装束与右菩萨同，双膝以下及座残损。两侧面及背面无雕刻。

该造像无论其造像形式还是艺术风格都与河南北齐时的造像多有不同之处，这种带有莲瓣形背屏的一佛二弟子二菩萨组合，在河南地区北齐造像中极罕见，而人物造型及装束则更多地体现着青州造像特征，主尊低馒头形螺髻、长圆丰满的面相、开领式的通肩袈裟以及菩萨的装束，都与青州出土的北齐时期的造像相似，因此，将其时代定为北齐较为合适。

[1] 河南博物院编，王景荃主编：《河南佛教石刻造像》，大象出版社，2009年，第367页。

图 224 荥阳北齐残造像

第三章 北朝时期的单体造像

第四章

隋唐及宋代以后的石窟及摩崖造像

隋唐时期，佛教艺术经过南北朝长时期的发展，随着隋唐国家的统一、政治经济的强大和佛教的高度发展进入了鼎盛时期。隋代统治者十分重视佛教，下诏复兴佛教。在皇室积极推行佛教的政策下，开窟、建寺、写经和造像等活动非常兴盛。佛教造像不再亦步亦趋于外来模式和手法，而是向着个性化、理想化、现实化的新模式发展，呈现出崭新的时代风貌。

河南隋代的石窟及摩崖造像主要分布在豫北地区的安阳、焦作等地，石窟造像以安阳灵泉寺大住圣窟为代表，摩崖造像以焦作博爱石佛滩摩崖造像最为集中。黄河以南的石窟中却鲜见隋代造像。这些石窟和摩崖造像虽不像北魏和唐代以皇室为中心开凿的规模宏大，但由于民间佛教的兴盛，隋代中小型窟龛的雕凿较兴盛，雕刻也很精湛，反映了当时民间的宗教信仰和民间工匠的雕刻水平。

河南唐代的石窟造像主要集中在以洛阳为中心的豫西地区和以浚县为中心的豫北地区。主要分布在豫西的龙门石窟、巩义石窟寺、陕州温塘摩崖造像；豫北的浚县浮丘山千佛洞石窟和浚县大伾山摩崖大佛以及安阳灵泉寺摩崖龛像等。龙门石窟在唐高宗、武则天、唐中宗、唐玄宗时期迎来了佛教造像的高峰。在龙门唐代洞窟中，纪年最早的铭记是贞观十一年（637）正月廿一日的"洛州乡城老人佛碑"，最晚的是贞元七年（791）二月八日户部侍郎卢征的"救苦观世音菩萨石像铭"。这150余年间，是龙门石窟造像的黄金时代。据不完全统计，龙门唐代窟龛数量在1260个左右。主要分布在龙门西山古阳洞及其以北地段，是唐太宗、唐高宗和武则天时期开凿的；古阳洞以南，是武则天、唐中宗和唐玄宗时期开凿的；龙门东山香山寺下部、老君耙沟、看经寺后山、万佛沟、擂鼓台和头道桥沟等处，也都是武则天、唐中宗、唐玄宗及其以后时代开凿的。开凿这些洞窟的功德主主要有皇室、百官、僧尼、行会、街坊、奴婢和庶民，甚至还有外国人的营造。[1] 巩义石窟寺的唐代造像，主要分布在整个石窟的外壁和第2窟全窟及以优填王为中心的千佛龛，约有250个，其中有唐代纪年的造像铭记85则，是巩义石窟寺继北魏后的又一个造像高峰。陕州温塘摩崖造像，是唐代长安与洛阳之间一处重要的摩崖造像，现有造像龛6个，造像36尊，最大龛高1.75米，保存完好，是丝绸之路上保存较为完好的唐代造像遗迹。

浚县浮丘山千佛洞，是豫北地区唐代造像最集中的石窟，现存洞窟2个，两窟内雕龛935个，造像1027尊，题记13则，另有西壁中下部壁面摩崖造像76龛，题记20则。而与此山相对的大伾山东麓的大倚坐弥勒佛像，通高22.29米，据专家研究，该像开凿于北齐，完工于唐代，是中国北方最大的摩崖弥勒佛像。另外，安阳灵泉寺隋代大住圣窟周围及窟外壁，开凿有唐代造像龛10余个。这些石窟及摩崖造像，虽不及豫西地区的数量多，但也反映了隋唐时期豫北地区佛教的兴盛和石窟造像的繁荣。

在河南石窟造像中，宋以后的石窟寥寥无几，不仅洞窟开凿越来越小，而且造像题材也较简单，可以说是石窟造像的尾声。淇县青岩石窟堪称河南宋代石窟的代表作，窟之形制仍沿用前期的殿堂窟，平面方形，穹窿顶，正壁雕释迦说法像，窟之内壁遍刻千佛，与沁阳悬谷山窄涧谷石窟的千佛洞有相似之处，但其造像风格却有明显的宋代特征。造像面相方圆，躯体肥胖，不如唐代刚健有力；衣褶宽大流畅，写实逼真，呈现出浓郁的世俗审美情趣。

---

[1] 温玉成：《龙门石窟排年》，载龙门文物保管所：《中国石窟·龙门石窟》第二卷，文物出版社、株式会社平凡社，1992年，第172—216页。

第一节　隋代石窟及摩崖造像

隋代祚短，虽然佛教在此时得到一定程度的发展，造像之风盛行，但大型的开窟造像却不多见，在河南的石窟造像中，安阳灵泉寺大住圣窟是此期的代表作。该窟开凿于隋开皇九年（589），为齐隋名僧灵裕创始。是一座平面为方形，三壁三龛式殿堂窟，覆斗式窟顶中刻莲花，周围六身飞天环绕。正壁和左、右壁龛中主尊分别为卢舍那佛、弥勒佛和阿弥陀佛，且均有榜题，与大留圣窟、小南海石窟的题材一致，该窟大龛旁还雕有三十五佛和七佛，镌刻《五十三佛名》《廿五佛名》《卅五佛名》等经，显受三阶教的影响。尤其前壁线刻24尊"世尊去世传法圣师"像，是国内石窟中的首创。按昙曜在平城首译佛教历史《付法藏传》，叙及释迦传法于迦叶后二十三祖事迹。大住圣窟二十四祖线刻，是昙曜这一思想的继续和发展，不仅列出佛教传承法统，而且刻画出传法高僧形象，是反映当时佛教史的生动资料。正壁座下所刻8身神王像，与安阳灵泉寺大留圣窟、安阳小南海石窟及邯郸南响堂石窟相似，仍延续着北魏以来的做法。此外，博爱石佛滩摩崖造像也是一处具有代表性的摩崖造像，开凿于隋大业十一至十二年（615—616），唐开元年间曾有少量续凿，是河南现存的唯一一处以隋代造像为主的摩崖造像。共有造像59龛，造像题记10方。在艺术风格上，佛像面相方圆，广额丰颐，躯体敦实，脖颈粗长。外着双领下垂式袈裟，内着僧祇支，仍为北朝晚期的样式，菩萨像躯体扁平，腹部挺起，面容恬淡。宝缯沿两肩垂下，上身袒露，下着长裙，项佩圈饰，胸缀璎珞，帔帛自两肩齐垂体侧，仍保留着北齐造像的余韵，但风格渐趋于繁复，尤其突出的是身前披挂的璎珞，具有极强的装饰感。衣饰的表现技法也有较大的发展，在继承北朝直平刀法的基础上，发展出表现衣质薄透贴体的凸起阳线刻法，使人物内在的生机通过肌肉的起伏得以流露和表现出来。已明显向着追求装饰、变化、动感的趋势发展，为唐代造像风格的成熟作了充分的准备。

一、安阳灵泉寺大住圣窟

灵泉寺大住圣窟（图225），位于安阳灵泉寺西0.5公里宝山南麓石灰岩断壁上，是灵泉寺石刻群中雕刻最精美，保存最完好的代表作品。石窟开凿于隋开皇九年（589），为齐隋名僧灵裕创凿。坐北向南，为三壁三龛式窟，窟门为尖楣圆拱形，门楣上方隶书"大住圣窟"4字。门左右各浅浮雕一护法神王像，左侧神王高1.74米，头戴盔，盔前嵌宝镜，盔带自两侧向上飘卷。双目微合，两颊长须飘洒至胸前，表情温和而虔诚。上身赤袒，颈饰项圈，肩上帔帛绕两臂后垂于身侧，左手持剑，右手握三股叉，下着战裙，跣足踏于卧牛之上。龛左上方隶书题刻"那罗延神王"。右侧神王通高1.78米，头戴盔，上身着甲胄，下着战裙，跣足弓步立于卧鹿之上。龛右上方隶书题铭"迦毗罗神王"。"那罗延神王"与"迦毗罗神王"是佛教中的护法神。（按：那罗延窟见于《大集经·月藏分·建立塔寺品》，在《华严经》中那罗延窟为震旦国菩萨住处；《大集经·月藏分·分布阎浮提品》中迦毗罗神王为护持震旦国的天部）窟门外两侧刻佛经多部，主要有《叹三宝偈言》《法华经·分别功德品》《胜鬘经》《大集经·月藏分·法灭尽品》《妙法莲花经偈言》以及《二十五佛名经》《三十五佛名经》《五十三佛名经》等。窟门上方刻有大隋开皇九年的开窟纪年、用工数目、窟内造像内容及佛名等摩崖题记。[1]

窟内平面呈方形，高2.6米，宽3.43米，进深3.4米。窟顶为穹窿形，中刻莲花藻井（图226），周围刻飞天六身，头梳发髻冠，上身袒，下着裙，足外露，天带飘荡，体态轻盈。东、西、北三壁各开一圆拱龛，北壁（正壁）龛内

---

[1] 河南省古代建筑保护研究所：《宝山灵泉寺》，河南人民出版社，1991年，第62-63页。

图 225　灵泉寺大住圣窟外景

图 226　灵泉寺大住圣窟藻井线图

雕一佛一弟子一菩萨（图227），头部皆残。主尊为卢舍那佛，着双领下垂式袈裟，内着僧祇支，胸前及袈裟上刻有飞天、骷髅和动物图像，是为地狱、饿鬼、畜生、阿修罗、人间、天上等六道轮回。右手残缺，左手扶膝，结跏趺坐于方形束腰须弥座上，圆形头光左边有"卢舍那佛"榜题。弟子居左，有圆形头光，双手于胸前托一物，跣足立于仰莲座上；菩萨居右，头戴宝冠，宝缯垂肩，颈戴圆形项饰，帔帛绕肩在身前横穿两道穿肘下垂，一条珠串璎珞从右肩斜披而下横穿于膝际，下着长裙，裙带在两腿间下垂，右手屈肘于胸，左手残缺，跣足立于仰莲座上。龛外两侧各竖刻小佛龛7个，内雕坐佛一尊，均有题名，除右边上两尊释迦牟尼佛、金刚不动佛外，其余佛名均磨泐不清。龛下壁脚中刻莲花荷叶装饰的博山炉，左右各刻神王4身。

东壁龛内雕一佛一弟子一菩萨（图228），头部皆残，主尊的桃形头光上部镌刻"弥勒佛"榜题，着圆领低胸通肩袈裟，右手屈肘于胸前，左手下垂放于腿上，结跏趺坐于方形束腰须弥座上。弟子居左，双手合十于胸前，恭立于仰莲座上。菩萨居右，宝缯垂肩，颈戴圆形珠串项饰，一条珠串璎珞从胸部垂下分作两股成人字形绕于身后，帔帛绕肩沿身侧下垂，下着长裙，裙带沿两腿间垂下，右手屈肘于胸前，左手残缺，跣足立于仰莲座上。佛龛两边各雕坐佛7尊，均有佛名。

西壁龛内雕一佛二菩萨（图229），头部皆残，主尊圆形头光上部镌刻"阿弥陀佛"榜题。着双领下垂式袈裟，内着僧祇支，右手屈肘于胸前，左手下垂放于腿上，结跏趺坐于圆形束腰仰覆莲座上。二菩萨皆有圆形头光，宝缯垂肩，颈戴珠串项饰，帔帛绕肩沿身侧下垂，珠串璎珞斜挂左肩，下着长裙，裙带在两腿间下垂，跣足立于仰莲座上。龛外两侧各刻7个小佛龛，内雕坐佛，均有题名。

南壁窟门右侧减地线刻二十四尊"世尊去世传法圣师"像（图230），这是国内石窟中的首创。按昙曜在平城首译佛教历史《付法藏传》，叙及释迦传法于迦叶后二十三祖事迹。大住圣窟二十四祖线刻，是昙曜这一思想的继续和发展，不仅列出佛教传承法统，而且刻画出传法高僧形象。沁阳悬谷山石窟的千

图227 灵泉寺大住圣窟正壁

图 228　灵泉寺大住圣窟东壁

第四章　隋唐及宋代以后的石窟及摩崖造像

河南佛教造像史

图229 灵泉寺大住圣窟西壁

图230 灵泉寺大住圣窟南壁世尊去世传法圣师像

佛洞25尊传法弟子像亦来源于大住圣窟，其后影响到龙门武周时期看经寺窟中的禅宗二十九祖浮雕像。这一题材本身包含了末法思想，还多有强调护法的思想，昙曜的这种思想后来很快被地论学派所吸收，并把传法圣僧像刻在石窟里，隋代传法圣僧像是护法思想的发展，而且是以末法思想的流行为背景的。[1]大住圣窟世尊去世传法圣师像画面上下共分六层，每层两组4人，共12组，皆为双人对坐的形式，画面下均刻题名。自上而下为："第一摩诃迦叶，摩羯国婆罗门尼拘律陀子；第二阿难，迦维罗卫国净饭王子；第三摩田堤，□宾国人；第四商那和修，王舍城人；第五优波毱多，摩突罗国毱多之子；第六提多迦，摩突罗国大长者子；第七弥遮那；第八佛陀难提；第九佛陀蜜多；第十胁比丘，胁不著席，在胎六十年生即突白；第十一富即奢；第十二马鸣菩萨；第十三比罗化，在南天竺造无我论；第十四龙树菩萨，南天梵志种，生在树下，因龙克道；第十五迦那提婆菩萨，南天梵种，与神眼遂无一目；第十六罗睺罗；第十七伽难提；第十八僧伽那舍；第十九鸠摩罗驮；第廿阁夜多，持戒第一名，最后律师；第廿一解大乘□□多罗义；第廿二摩奴罗，善解三藏义；第廿三鹤勒那夜舍；第廿四师子比丘，于□宾国大作佛事，为王所绝。"窟门两侧刻《大集经·月藏分中言》和《摩诃摩耶经中言》两部佛经，隶书体，苍劲有力。

大住圣窟的开创者灵裕，《续高僧传·灵裕传》载："释灵裕，俗姓赵，定州巨鹿曲阳人也。……年始弱冠，闻慧光律师英猷邺下，即往归禀。……自此专业《华严》、《涅槃》、《地论》、律部，皆博寻旧解，穿凿新异……遂号为裕菩萨也。"安东王娄睿造宝山寺使裕居之，隋文帝开皇十一年（591）灵裕到长安，为帝、后授菩萨戒，诏为国统。帝且勅营宝山寺，改号灵泉寺。大业元年（605），灵裕终于相州演空寺（净明寺），享年88岁，葬于灵泉寺侧。灵裕经过周武帝的法难，为了防止佛法被灭，于开皇九年入宝山开凿石窟，"名为金刚性力那罗延窟"。在窟内雕造卢舍那、阿弥陀、弥勒三佛坐像，并镂刻释迦牟尼佛等三十五佛及过去七佛。又在入口的外壁刻迦毗罗及那罗延神王，并镂

---

[1]［韩］梁银景：《隋代佛教窟龛研究》，文物出版社，2004年，第110-120页。

刻多部佛经。这些造像和佛经大都保存完好，对我国佛教史的研究有重要价值。

二、博爱石佛滩摩崖造像

石佛滩摩崖造像（图231），位于博爱县许良镇下伏头村附近丹河东岸的石灰岩峭壁上。丹河源于山西南部，穿太行流经河南北部的河内地区，沿丹河而修筑的丹道，是古代由山西至河南的官道之一，北魏迁都洛阳就由此道进入中原腹地。该地区自北魏以后，佛教盛行，沿太行山保留有许多佛教遗迹，如寺院、石窟、造像、摩崖等。特别是该地区保留的隋代造像，更给我们研究这一时期的佛教艺术留下了宝贵的实物资料。博爱石佛滩隋代摩崖造像便是其中最重要的作品之一。石佛滩摩崖开凿于隋大业十一至十二年（615—616），唐开

图231　博爱石佛滩摩崖造像全景

元年间（713—741）曾有少量续凿，是河南现存的唯一一处以隋代造像为主的摩崖龛像。造像自北向南分布在长约60米的崖面上，崖面陡直。龛像最低处沿于丹河水面，最高处距水面10米。整个造像区按其分布状况，可分为三个自然区，共有造像59龛，造像题记10方。[1] 2006年公布为全国重点文物保护单位。

　　北区造像位于造像区的北端，共有5龛，分上下两层排列，下层3龛由于长期淹没在水中，不易看见，只有在枯水期方显露出来。五龛形制相同，均为尖楣圆拱形龛，龛楣刻三朵莲花装饰，花蕊垂至龛楣，涡角装饰忍冬，龛立颊雕成束莲柱式。龛内雕像除下层最北侧龛内雕一立式菩萨外，余均为一佛二菩萨三尊式造像。上层龛左侧及下层龛南侧各有一方"大隋大业十一年……同义寺……敬造阿弥陀像二铺"造像题记（图232）。

图232　博爱石佛滩阿弥陀佛造像龛及弥勒造像龛

---

[1] 陈平、牛宁、杭侃、张英钊：《博爱县石佛滩隋代摩崖造像调查简报》，《中原文物》1992年第1期，第6页。

中区位于整个造像群中部，为该摩崖造像的集中区。在南北长约15米，高约10米的崖面上，雕凿像龛50个，另有2个未成龛。龛像自上而下分为六层：第一层，并列两个尖楣圆拱龛，龛楣刻莲花装饰，立颊作方柱形，龛内均雕一佛二菩萨；第二层雕15个龛，为一大一小相间排列，均为尖楣圆拱形龛，龛楣饰莲花与忍冬。7个大龛内均雕一结跏坐佛，是为七世佛，8个小龛内各雕一立姿菩萨，为佛之胁侍；第三层共24龛，分南北两段，北段15龛，均为圆拱形小龛，龛内各雕一坐佛，南段一列9龛，龛形与北段相同，龛内造像亦为一坐佛，应是千佛题材的表现；第四层龛位于上层龛南段下方，靠北的一龛为尖楣圆拱龛，龛形与龛楣装饰基本与第一区相同，龛内雕一立姿菩萨。龛右侧有"隋大业十一年四月八日敕赐同义寺记"一方，字迹清晰。该龛南侧3米处并列雕2个尖楣圆拱龛，内雕一佛二菩萨，此二龛的北侧有一未成龛；第五层有一龛，位于第三层龛北段列龛下方2米处，龛形与第四层龛相同，内雕一佛二菩萨，龛右刻"大业十一年甲申月"题记一方；第六层有5龛，最北端一龛内雕一立菩萨，其旁一小龛内雕二立姿菩萨，剥蚀较甚。其南边一小龛内雕一菩萨。该层南侧并列雕二尖楣圆拱龛，龛楣雕刻较好，特别是两龛龛楣相交处的石榴花与忍冬图案雕刻尤为精美，两龛内均雕一佛二菩萨，其右侧有"大业十一年……敬造阿弥陀像一铺"造像题记。

南区造像靠近崖壁尽头，该区北部上方雕有1龛，龛内雕一佛，形制粗糙，为后世所为。崖壁北部尽头有3个尖拱龛，正中一龛雕一尊坐佛，余二龛内雕一佛二菩萨。龛旁"唐开元廿一年……敬造阿弥陀像"题记一方。

从造像内容和题材可以看出，博爱石佛滩摩崖造像与太行山北段的邯郸响堂山石窟及安阳灵泉寺石窟中的同时代造像同属一个体系，在造像内容上，有一佛二菩萨、单身坐佛、单身立佛、单身菩萨、七世佛、千佛等不同形式的造像。从题材上看，凡造像题记中所提到的均为阿弥陀佛以及观世音造像，说明阿弥陀净土信仰在此时已很盛行。因此，石佛滩造像可谓是唐代净土宗信仰广泛传播的肇始。

三、沁阳悬谷山窄涧谷石窟

沁阳悬谷山窄涧谷石窟，位于沁阳市西北30公里的悬谷山中，是豫北重要的佛教遗迹之一。1963年公布为第一批河南省文物保护单位。沁阳市位于河南省西北部沁河下游，东靠丹水与博爱接壤，西眺王屋与济源相邻，南望黄河与温县、孟州毗连，北依太行与山西交界。太行山从北到南纵卧腹地，沁水自西向东横贯全境。这里不仅历史悠久，也是佛教盛行之地，佛教遗迹众多。

石窟开凿于悬谷山之半山腰，上为千尺绝壁，下临百米深涧，山势环护雄峻，涧谷清奇幽险。自北魏在此创建太平寺后，历经隋唐乃至明清，寺院几经兴废，先后易名开化寺、真谷寺等。现存3窟6龛，分布在东西长100多米的崖壁上，又称悬谷山摩崖造像。[1] 第1窟位于崖壁西端，窟门朝南，内壁呈天然状态，窟内有一高0.5厘米，宽0.6厘米的佛坛，原供有佛像，今已不存，据记载此窟应是河内龙兴寺僧肃然的禅室。第2窟千佛洞位于崖壁中部（图233），窟门朝南，平面呈方形，穹窿顶。宽2.8米，进深2.3米，高约2米。四壁遍雕千佛龛，只在正壁下部凿一圆拱形龛，内雕一佛二菩萨。主尊头部残，有圆形头光，着双领下垂袈裟，内着僧祇支，结跏趺坐于束腰仰覆莲座上，左手下垂置于腿上，右手屈肘于胸侧。二菩萨保存完整，头戴宝冠，有尖桃形头光，面相方圆，颈佩桃形项饰，上身袒，下着裙，帔帛绕肩沿体侧下垂，跣足立于长茎莲座上。其造像风格与南响堂山石窟隋代造像一致，应为隋开皇年间重修时所造。正壁及左右壁壁脚中雕护法狮子和博山炉，两端刻雕供养比丘。整个窟内共雕千佛1012尊，供养比丘25身，且每个小佛龛的立颊上均刻出佛名，在千佛造像中较为罕见，此种形式仅见于现存登封嵩阳书院的东魏天平二年（535）"嵩阳寺造像碑"，该碑碑阴雕千佛龛12排共94尊，龛旁均刻佛名。据"唐窄涧谷僧肃然造像记"载：肃然禅师于唐大历二年（767）来到"窄涧谷

---

[1] 王景荃：《中原文化大典·文物典·中小型石窟与石刻造像》，中州古籍出版社，2008年，第222页。

图 233　沁阳悬谷山窄涧谷石窟千佛洞正壁

第四章　隋唐及宋代以后的石窟及摩崖造像

□魏太平寺千佛崖下，住经十四年，敬造阿弥陀佛像一龛"。可知千佛洞应开凿于北魏时期。隋代对其进行过重修，正壁大龛应是隋开皇年间重修时所造。第3窟为清代开凿，内置隐真和尚圆雕像。

唐代摩崖造像6龛，分布于3窟之间，第1龛位于最西端，为一边长1.45米的圆拱形龛，龛内雕倚坐弥勒及二菩萨，主尊弥勒佛倚坐于方形束腰须弥座上，肉髻扁平，面相长方，丰润饱满。两肩宽厚，胸部丰壮敦实。着双领下垂袈裟，胸前束带打结，裙裾覆搭座前，衣纹呈"U"形排列有序，两腿下垂，足踏莲花，左手置于腿上，右手屈肘于胸侧。二菩萨上身袒，下着裙，帔帛绕肩在身前横贯两道穿肘下垂，跣足立于从佛座下伸出的仰莲座上。龛下有一方长1米，宽0.5米的造像题记，字迹磨泐较甚，不易辨识。

第2龛位于第1龛东约8米处，为一边长0.9米的方形龛，内雕阿弥陀佛及二菩萨。主尊阿弥陀佛结跏趺坐于须弥座上，两侧为观世音和大势至二菩萨，造型和装束与大历九年龛相似。此龛应是沙门萧然于建中元年所造阿弥陀佛龛。据"唐窄涧谷僧萧然造像记"载："唐建中元年二月十日，河内龙兴寺僧萧然，先天宝十四年冬至乾元初，顷遭艰难，所愿蒙大悲加备，至大历二年春，发愿不留僧房，不食常住，不同僧利，养头陀出居于窄涧谷□魏太平寺千佛岩下，住经一十四年……敬造阿弥陀像一龛。"[1]准确地记载了窄涧谷千佛洞开凿时间。

第3龛最大，高3.38米，宽1.26米，圆拱形，内雕药师佛立像，螺髻，面相方圆丰润，上着敞领袈裟，下着长裙。右手持短锡杖，杖头雕佛像；左手持药钵置胸前，跣足立于仰莲座上。龛右侧上方有唐咸通二年刻"药师像赞并序"。

第4、5龛位于千佛洞东2米处，两龛为并列双龛，均为方形龛，规格相同，两龛通宽1.36米，高0.6米。龛内均雕一铺五尊像，第4龛内雕一佛二弟子二菩萨，第5龛内雕一佛二菩萨二力士。主尊肉髻扁平，有圆形头光，面相丰满圆润，着双领下垂式袈裟，内着僧祇支，下着裙，结跏趺坐于圆形束腰仰

---

[1] 郭建设、索全星：《山阳石刻艺术》，河南美术出版社，2004年，第20-24页。

莲座上，束腰处饰3个莲苞。左手置于腿上，右手屈肘于胸侧。二菩萨头戴宝冠，宝缯垂肩，面相与主尊同，上身袒，下着裙，裙带沿两腿间下垂。帔帛绕肩在身前横贯一道穿肘下垂，左菩萨右手握莲蕾置于胸前，左手下垂握帔帛，右菩萨双手捧花于胸前，均跣足立于从主尊座下伸出的长茎莲座上。身姿略呈"S"形，尚存盛唐菩萨像遗韵。二力士上身赤袒，下着短裙，帔帛绕肩沿体侧下垂，凸胫暴骨，一手上举，一手下垂，弓步而立，彰显威武勇猛之气。整体造像在风格上与龙门同时期造像相同，明显受龙门影响所致。龛下有大历九年（774）造像记1方，记载造像之因由。

第6龛位于最东端，为尖楣圆拱龛，高1.55米，宽1.25米，内雕一佛二菩萨，主尊为倚坐弥勒。龛左上方有题记1方，字迹漫漶不清。除以上3窟6龛外，在双龛和第6龛之间的崖壁上粗线阴刻"唐肃然禅师影塔"1座，塔为单层，通高3.03米，塔身上部刻一圆拱形龛，龛内雕像不清，塔身之上有10层叠涩檐，檐下悬风铎。塔檐正中刻"唐故大和尚肃公影塔铭"。另在药师像龛左侧的崖壁上还有五代后晋天福二年（937）的摩崖刻《金刚经》，高2.5米，宽1.8米，是河南现存面积最大的摩崖刻《金刚经》，虽然经文多漫漶不清，由于五代祚短，仅存10年，所留佛教遗存极少，故此处刻经对研究五代佛教史具有十分重要价值。

第二节　豫西地区唐代石窟造像

豫西地区唐代石窟造像，主要有龙门石窟唐代洞窟、巩义石窟寺唐代龛像以及陕州温塘摩崖造像等。龙门石窟唐代洞窟主要分布在龙门伊河两岸的东、西两座山上。在这些唐代洞窟中，现存较大的窟龛计有35个，其中有7个洞窟是利用唐代以前的洞窟改造而成，即宾阳南洞、宾阳北洞、老龙洞、赵客师洞、破窑、唐字洞和药方洞等。唐代新开凿的洞窟主要有西山的潜溪寺、敬善寺、摩崖三佛龛、三佛下洞、新罗像龛、双窑、万佛洞、惠暕（简）洞、千佛壁、奉先寺、奉南洞、火下洞、北市丝帛行净土堂、八作司洞、宝塔洞、龙华寺洞、极南洞等；东山的香山寺下洞、四雁洞、二莲花北洞、二莲花南洞、看经寺、擂鼓台三洞（南、北、中）以及万佛沟北崖的弥勒洞、高平郡王洞等。在龙门唐代窟龛中，纪年题记最早的是贞观十一年（637）的"洛州乡城老人佛碑"，最晚的是贞元七年（791）户部侍郎卢征的"救苦观世音菩萨石像铭"。但贞元七年龛只是一个孤例，连续营造时间，有纪年的仅至天宝十载（751），因此，自贞观至天宝的一百二十余年间，可以说是龙门开窟造像的黄金时期。[1]

---

[1] 温玉成：《龙门石窟排年》，载龙门文物保管所：《中国石窟·龙门石窟》第二卷，文物出版社、株式会社平凡社，1992年，第172-216页。

一、宾阳南洞

宾阳南洞（图234），位于龙门西山北半部，是在北魏未完工的基础上续建的洞窟。隋代开始在宾阳南洞补凿像龛，但数量很少。龙门石窟有确切纪年的隋代造像龛，只有3个，皆分布在宾阳南洞内外。

其一为开皇十五年（595）造像龛，位于"伊阙佛龛之碑"北侧上方，此龛残毁较甚。其二位于宾阳中洞窟门外北侧的观音像龛，题记："蜀郡成都县募人□□□李子斌□□□敬为亡夫见在母兄弟自身得早还相见，造观音像一躯并及六道四生同沾斯福。大业十二年廿五日。"[1] 其三位于宾阳南洞北壁中层的一组

图234 宾阳南洞正壁

---

[1] 龙门石窟研究所，刘景龙、李玉昆主编：《龙门石窟碑刻题记汇录》上卷，中国大百科全书出版社，1999年，第15页。

双龛,尖拱形,保存较好,龛内皆为一坐佛二菩萨造像,双龛中间刻螭首造像碑,碑文载:"大业十二年七月十五日,河南郡兴泰县人梁佩仁为亡男世记大寿二男敬造释迦像二龛并四菩萨香炉师子。并上为皇帝陛下,又为一切仓生同登正觉。"

宾阳南洞平面呈方形,后部为椭圆形,穹窿顶。高9米,宽8.3米,进深9.07米。除顶部的莲花藻井周围的供养天人和伎乐天人和洞口内壁两侧壁基部分的十神王浮雕像为北魏遗存外,其余均为唐代造像。外壁窟额及右侧窟口崩坍,正壁造像一铺五尊,主尊阿弥陀佛结跏趺坐于叠涩方台座上,通高8.2米。高肉髻,螺旋纹,面相方圆饱满,颈刻三道蚕纹,内着僧祇支,外披双领下垂式袈裟,衣纹简练,裙摆覆搭座前,手施无畏印。莲瓣形火焰纹背光直达窟顶。佛座前左右侧刻护法蹲狮。二弟子二菩萨侍立左右。菩萨头戴宝冠,冠前有化佛及宝瓶,表明观世音菩萨和大势至菩萨的身份。据温玉成先生对"伊阙佛龛之碑"的研究,这五尊大像应是唐太宗四子魏王李泰为追悼亡母长孙皇后所造,完工于贞观十五年(641)。

北壁龛像密布,以贞观二十二年(648)思顺坊老幼造像碑为中心雕凿了较大的壁龛,在弟子迦叶下方,有麟德二年(665)四次出使印度的王玄策造像记。思顺坊老幼造像碑上方有一较大的方形龛,内雕阿弥陀佛及二弟子二菩萨像。碑右侧为一圆拱形立佛龛,龛高3.3米,立佛高2.5米,高肉髻,着通肩式袈裟,衣纹从肩部至足部呈波浪状。双手下垂,跣足立于覆莲座上。碑下方圆拱形龛内雕倚坐弥勒佛及二弟子二菩萨二力士像,佛龛前有二力士托举香炉,龛外两侧各有两个跪状供养人。碑左侧上方一方形龛内雕阿弥陀佛及二菩萨像。北壁除此五个较大的造像龛外,其余密布的小龛一般造像为一佛二菩萨、一佛二弟子二菩萨、单身坐佛和成排的坐佛以及佛塔等。其中有纪年的造像记有:贞观二十年(646)的韩文雅及妻唐赵造像记、二十二年(648)的思顺坊老幼造像记、二十三年(649)的佛弟子崔贯本佛弟子赵才造像记;永徽元年(650)的朱胤及姊磨利造像记,三年(652)的陈通妻张氏造阿弥陀像记,四年(653)

的佛弟子孟为亡夫亡女造像记；显庆元年（656）的弟子张君道造像记，四年（659）的清信女孟为亡夫刘二方造像记，五年（660）的昭觉寺僧善露宿民；龙朔二年（662）的造阿弥陀像及周王府户曹刘元礼等造像记；乾封元年（666）的东台主书牛懿德造像记等。值得注意的是思顺坊老幼造像记中涉及姓氏有：鲜卑达奚氏、单氏、西域毕氏、罗氏、乌丸郝氏、羯人盖氏等，是研究唐初民族史的重要资料。

南壁正中开一大龛，高5.5米，宽3.1米。龛内造像为一佛二弟子二菩萨，主尊阿弥陀佛结跏趺坐于束腰仰覆莲座上。面相与正壁主尊同，低肉髻，胸部隆起，身着双领下垂袈裟，内着僧祇支，左手扶膝，右手前伸施无畏印。二弟子二菩萨均立于带梗圆形莲座上。佛座两侧雕二力士，中间雕香炉和二持钵踞跪供养人，下刻造像题记。大龛左上方有一圆拱形小龛，内雕倚坐弥勒佛及二弟子二菩萨一铺五尊，龛下刻香炉和二狮子二供养人。大龛的右侧密布小龛，有贞观十五年（641）的豫章公主、岑文本、魏王□监陆、□妙光、郁久闾造像龛；贞观十六年（642）韩方□、石坦妃造像龛；贞观十八年（644）的杨僧威、张君尧造像龛；贞观二十年（646）的阎武盖、石静业造像龛；贞观二十三年（649）的合十父造像龛；永徽元年（650）的汝州刺史刘立意等人造像龛；显庆四年（659）的比丘尼石静造像龛；乾封三年（668）的雍州栎阳县东面副监孟乾绪等造像龛等。

前壁左侧上方有一圆拱形龛，内雕倚坐弥勒佛及二弟子二菩萨，龛基刻香炉和二力士。龛下方为造像小龛，布局一般是一铺五尊像或一铺三尊像，龛基部分刻香炉、狮子、力士或供养人等。右侧上方为一圆形龛，内雕一佛二菩萨像，主尊阿弥陀佛结跏趺坐于束腰圆莲座上。该龛下方造像小龛多个，内雕单身坐佛、一佛二菩萨等。前壁刻有纪年的造像有：贞观二十年（646）杨叔察妻王氏造像龛，二十一年（647）的嵩阳山慕容造像龛，二十二年（648）的贾君才造像龛和赵才为亡妻公孙造像龛，二十三年（649）的清信女张某造像龛；永徽元年（650）的汝州刺史刘立意造像龛，三年（652）的清信女乐婆、佛弟子范满才、刘解妻杨造像龛,四年(653)的佛弟子鲁宝师、杨南德、孙和生为亡妻董等造像龛;乾封元年(666)的魏通造像龛,二年(667)的东台主书许师言造像龛等。

二、宾阳北洞

宾阳北洞(图235),位于龙门西山北半部,窟外门楣浮雕为北魏雕造。窟内造像多为唐贞观末年(649)至永徽初年(650)造像。窟平面呈长方形,后部为椭圆形,穹窿形窟顶雕莲花宝盖,围绕11身伎乐天人。外层饰莲瓣一周,边沿饰鳞纹、锯齿纹。正壁造像为一佛二弟子二菩萨,主尊阿弥陀佛,高7.25米,头饰肉髻已毁,面相方圆,颈饰三道蚕纹,胸部浑圆。身着双领下垂袈裟,衣褶疏朗。结跏趺坐于方形叠涩须弥座上,座前刻三身夜叉扛托佛座。二弟子

图235　宾阳中洞正壁

二菩萨分立左右。菩萨面相、姿势、服饰比南洞大菩萨更精美。主尊身后的莲瓣形火焰纹背光直达窟顶宝盖中,因此可知此佛石胎及背光原是北魏遗留而唐人加以改造的。北壁壁面中央为优填王像龛。上方为一方形龛,造像为一佛二菩萨。主尊阿弥陀佛身着双领下垂袈裟,左手扶膝,右手向前平伸,结跏趺坐于束腰圆莲座上。二菩萨侍立左右。南壁上层较大的造像龛有5个,造像多为一铺五尊像。南北两壁的壁脚各浮雕神王像5身,由于风化过甚,面目不清。前壁窟门左右浮雕天王像,左侧保存较好,高4.15米,头束高髻,身披两裆甲,颈饰顿项,下着战裙,腰间束带,双足踏夜叉。右侧天王像残损严重。

三、潜溪寺

潜溪寺(图236),位于龙门西山北半部,南临宾阳北洞,是唐初开凿的一个大窟,平面呈方形,穹窿顶,高9.7米,宽9.45米,深6.72米。窟顶雕刻莲花藻井。正壁主尊阿弥陀佛结跏趺坐于高方台座上,身着双领下垂袈裟,内

图236 潜溪寺正壁

着僧祇支。胸前束带作结,衣褶垂于方台座前。螺纹高肉髻,面相长圆,方额广颐,颈部有三道蚕纹,胸部隆起。左手平伸置于膝上,右手上举,施说法印。二弟子侍立左右。二菩萨处于左右壁的中心位置,雕刻精美,形象端丽,奠定了唐代菩萨的新风格。头戴花冠,面相丰满,颈饰璎珞,自双肩下垂经腹部穿一璧后向左右分开。帔帛自颈披于两肩头绕肘下垂,左菩萨左手提净瓶,右手持麈尾,是为观世音菩萨。右侧菩萨左手持宝珠,右手提善锁,是为大势至菩萨,均跣足立于束腰圆莲座上。

在左右壁靠近窟门口处雕二天王像,高5.35米。头束冠,面部风化严重,上着铠甲,下着战裙,双足着靴,下踏夜叉,手中均不持武器。左壁下层靠近窟口处有武周圣历二年(699)佛弟子裴怀秀造观音菩萨像一龛,前壁左右两侧无雕刻。潜溪寺窟在布局和雕刻技艺、形象处理上都比宾阳南、北二洞正壁大像大有进步。这铺大像的雕造时间约在贞观末至显庆年间(655—661)。经过"贞观之治",唐代经济繁荣,艺术事业也掀开了辉煌的一页。[1]

四、敬善寺

敬善寺(图237),位于龙门西山北半部,宾阳南洞南侧。因前室刻有《敬善寺石像铭》而得名。为唐太宗李世民之妃韦氏出资所造。开凿于唐显庆后期,龙朔年间完工,时间约在公元661—663年。窟内构造为前廊后室,高3.5米,宽3.7米,深3.52米,总深6.3米。窟门左右各刻一金刚力士像,窟口上方两侧分别浮雕一身飞天。再外侧,南北壁各刻一身菩萨像,在左侧的菩萨与力士之间刻宣德郎、守纪室参军事李孝伦撰《敬善寺石像铭》。力士头戴宝冠,颈饰项圈,上体赤裸,璎珞自双肩下垂经腹部穿璧后左右分开,下着战裙,上体后倾,双腿弓步,跣足立于方台座上。菩萨头戴高冠,面相长圆。胸前饰璎珞,肩饰圆形饰物,斜披络腋,跣足立于仰覆莲座上。通道北壁上层刻成排的小千佛,

---

[1] 温玉成:《中国石窟与文化艺术》,上海人民美术出版社,1993年,第299-300页。

图237 敬善寺外景

中层残,均为垂拱年间造。南壁自上至下雕造三个像龛,是杜法力分别为阎罗大王、阴曹地府、牛头狱卒和五道将军、泰山府君等各类神鬼造的小龛,或单身坐佛,或三身坐佛和千佛等。从造像可以看出杜法力所供奉的不仅有佛教中的诸神,还出现了民间所流传之神,反映出部分民众信仰的多元化。[1]

　　窟内造像是一种全新的布局,窟顶为莲花藻井,周围绕以七身飞舞的天人,形象生动。正壁刻阿弥陀佛,结跏趺坐于八角束腰莲座上,身后有莲瓣形高浮雕身光及圆形头光。头残,胸部隆起,着双领下垂袈裟,衣褶覆搭座前。身光下部左右各刻一身供养菩萨立于带梗莲座上。正壁左右转角处刻二弟子像,左右侧壁分别刻一圆雕菩萨及一持剑踏夜叉的神王像。值得注意的是,该神王像脚上穿的不是战靴,而是结带鞋,此类结带鞋,或是古希腊文化影响的结果。在弟子与菩萨之间,浮雕比丘和比丘尼立于带梗莲花座上作供养状。这种把供

---

[1] 伴游中国石窟丛书编纂委员会:《伴游中国石窟之洛阳龙门》,中州古籍出版社,2019年,第38页。

养人物组合到一铺造像中的新做法，在唐高宗造大卢舍那像龛中也可看到。前壁左右两侧各有一个一铺三尊像和一铺五尊像的造像小龛，以及一身观音菩萨像。另外，在窟内四壁间，穿插雕刻数十身姿态各异的菩萨像，或坐姿或站立，并以莲梗串联成组。

以该窟为中心，形成了一个石窟群，成排的小窟密集分布，都是造于唐高宗前期，如韩氏洞（龙朔元年，661）、梁文雄洞、袁弘绩洞、沈囊洞（龙朔元年，661）、前豫州司功参军事、上骑都尉王君洞（显庆四年，659）、高二娘造优填王像洞（显庆四年，659）、刘子道洞、武上希洞（显庆四年，659）等等。在这些造像中出现了大批量的优填王造像，有百余身，并集中在宾阳洞至敬善寺区域，雕刻于唐高宗时代（650—683）。这些优填王像形式统一，皆身着贴体的袒右肩式袈裟，左手置于左膝上，右手前伸上举于胸前方，闭目冥思，倚坐于方台座上，跣足踏于圆莲台上。优填王像又称"桥赏弥国出爱王思慕如来刻檀写真像"，桥赏弥国为古印度十六国之一，出爱王又称优填王。佛经记载：释迦牟尼悟道成佛后，曾上升天宫，为其母摩耶夫人讲经说法，一去三月不回，优填王思慕佛祖，于是请释迦牟尼的弟子目犍连，以神通力接工匠上天宫，看到了佛的相貌，回来后用旃檀木刻成释迦像。这种由优填王造的释迦牟尼像也被称为优填王像。优填王像被认为是摹写释迦牟尼的第一尊佛像，受到了世人的敬仰。唐贞观十九年（645），玄奘取经归来，带回佛经657部，写真像7尊，其中一尊就是"桥赏弥国出爱王思慕如来刻檀写真像"，龙门石窟优填王像在此时盛行，应与玄奘带回的这尊像有关，之后这种现象不再出现，除龙门石窟外，仅在巩义石窟寺中雕刻有优填王像。

五、摩崖三佛龛

摩崖三佛龛（图238）位于龙门西山敬善寺南部，龛高7.75米，宽17.78米，深10.14米。龛内造像七尊，中为倚坐弥勒佛，左右为迦叶佛和释迦牟尼佛。通常所见的三世佛，都是释迦牟尼佛居中，而此龛中的三世佛却以倚坐弥

图 238　摩崖三佛龛

勒佛居中，说明弥勒信仰在此时得到了加强。这种倚坐弥勒像大量出现，似与武则天的政治需要不无关系。唐高宗初年，就有"天女受记"的谶言流传；垂拱四年（688），武则天的侄子武承嗣造"瑞石"；载初元年（690），僧法朗与白马寺住持薛怀义等人撰《大云经神皇授记义疏》四卷，上奏武则天，言"天后乃弥勒佛下生，当代唐为阎浮提主"。武则天曾下令在全国各州各建一"大云寺"，寺内各藏一部《大云经神皇授记义疏》，并派出高僧讲解《大云经神皇授记义疏》，推崇弥勒信仰。摩崖三龛便是在这样的背景下开凿的。但工程半途而废，其中停工的原因，据温玉成先生研究推测，此龛可能开凿于薛怀义等表上《大云经神皇授记义疏》的公元 689 年，辍工于薛怀义被杀的公元 695 年。不久，武则天的封号"慈氏越古金轮圣神皇帝"中也"罢慈氏越古号"，慈氏就是弥勒，则武则天不再称弥勒下世了。

六、新罗像龛

新罗像龛（图239），位于龙门西山敬善寺以南明代"观澜亭"遗址旁。高1.78米，宽1.81米，深1.5米。平面呈方形，顶亦平整，内部造像全部佚失。仅存窟门上方正书"新罗像龛"四字。依窟形推断，该龛开凿于武周时代前后。洛阳作为当时的国际大都市，不仅云集众多的西域胡人，还有朝鲜半岛的新罗人。新罗与唐朝关系友好，有大批留学生和僧人来唐。新罗僧人惠超曾是少林寺法如的大弟子，西行求法，曾著有《往五天竺国传》三卷。长庆初年（821）新罗使臣金柱弼及从者沙门无染，曾到龙门香山寺向如满求教禅法。此外，还有新罗僧慧伦与玄照一起西行求法。唐朝允许新罗留学生参加科举考试甚至担任官职，新罗像龛就是当时在洛阳的新罗人出资开凿的佛龛。

图239 新罗像龛

七、双窑

双窑，位于龙门西山中部，是唐高宗时期统一规划的一组双窟，大约开凿于麟德、乾封之间。南北并列，北洞（图240），高3.5米，宽3.62米，深4.23米。平面呈圆角长方形，正壁造一坐佛并二弟子，两侧壁各造一立佛并二菩萨；窟门内左右各雕一身天王像。穹窿形窟顶雕有莲花与八身飞天。该窟造像反映的是三世佛题材。南洞（图241），高3.1米，宽2.46米，深4.39米。平面呈前方后圆形，正壁造一倚坐弥勒并二弟子二菩萨，两侧壁及前壁造贤劫千佛。前室窟门左右各雕一身力士像，身披甲胄，下着战裙，足踏夜叉，形象十分威猛。

图240 双窑北洞

图 241　双窑南洞

八、万佛洞

万佛洞（图 242），位于龙门西山中部，双窑南洞南，因窟内南北两壁雕刻有 15000 尊小佛像而得名。平面呈方形，平顶，分前后室，后室高 5.8 米，宽 5.87 米，深 6.85 米。前室高 5.3 米，宽 4.9 米，深 4.28 米。窟口两侧为力士像，前室南、北两壁各雕一狮子龛并密布小龛，其中有纪年的造像龛有调露、永隆时期的小龛四个。窟门高 4.2 米，宽 2.57 米，通道深 0.67 米。通道北侧壁上层有该窟的造像题记："沙门智运奉为天皇、天后、太子、诸王敬造一万五千尊像

图 242 万佛洞外景

一龛。"其下有八层造像龛，内容有：一佛二菩萨像、单身或数身观音菩萨像。其中一龛为供养比丘像，半跪于带梗莲花座上。其下有二身供养比丘立像。下层有垂拱二年（686）张师满造一佛二菩萨像龛，该龛右侧有乾封三年（668）"许州仪凤寺比丘尼真智敬造观世音菩萨一区"。该菩萨衣着华丽，帔帛环绕，左手提净瓶，右手执麈尾，身体呈"S"形站姿，十分优美，被称为龙门最美菩萨像。（图 243）最下一排为方形龛，左侧一比丘持香炉，右侧一龛内中间为三身观音像，两侧各一半跏趺坐的地藏菩萨，下层为一观音像龛。通道南侧壁上层为一半跏趺坐佛像龛，中间一龛内雕一倚坐弥勒并二弟子二菩萨，及五十一

图 243　比丘尼真智造观音像龛

排千佛龛,都是善跏趺坐的弥勒像。旁刻题记:"大唐永隆元年庚辰九月三十日处贞敬造弥勒像五百区……"最下层有线刻的供养比丘及菩提树,两侧为力士像。

正壁造像为一佛二弟子二菩萨二供养人(图244)。主尊阿弥陀佛头饰波状发髻,面相丰满圆润,神情安详肃穆。着双领下垂袈裟,内着僧祇支,左手扶膝,右手前伸施无畏印,结跏趺坐于八角束腰莲花座上,座之束腰处雕刻4尊

图244 万佛洞正壁

浮雕力士。束腰处外侧左右各雕一身观世音像。主尊身后有莲瓣形背光及背光两侧的52个带梗莲座，每一莲座上各有一姿态不同的供养菩萨。据道宣著《集神州三宝感通录》云，五十二身菩萨像，"又称阿弥陀五十二尊曼陀罗，原为印度鸡头摩寺五通菩萨感得之瑞像"。主尊左右二弟子二菩萨分立于束腰圆莲座上，在弟子与菩萨之间，刻一供养人，头梳云髻，身着唐代贵族女子盛行的服饰，足穿云头履，双手合十立于束腰莲座上。此外，还有永隆元年（680）雕的造像小龛，有观音像、善跏坐佛、半跏菩萨、结跏坐佛等。

在南北两壁满刻千佛，北壁自上而下共有85排，每排75身，中间刻一优填王像龛，题记："大唐调露二年岁次庚辰七月十五日，胡贞普为法界父母无诸敬造。"该壁外侧上层有一龛，内雕一佛二弟子二菩萨及香炉、狮子、天王、力士等，其下为一半跏坐佛龛及一观音像。最下层一龛，中为倚坐弥勒，两侧各一半跏菩萨像。壁脚刻伎乐人像6身。南壁千佛与北壁同，自上而下共有88排，每排73身，正中与北壁对称有一优填王像龛，题记："大唐调露二年岁次庚辰七月十三日奉为真宝师敬造毕功。"壁脚亦刻伎乐人6身，形象生动。前壁遍刻千佛及二天王像。另有北齐兰陵王之孙高元简造像龛，内雕一半跏趺坐菩萨和一身观世音像。

窟顶中央为莲花藻井（图245），四周环绕飞天8身。在藻井周围有一圈造像题记："大唐永隆元年十一月卅日成，大监姚神表，内道场运禅师，一万五千尊像龛。"与前述窟门北侧题记互为补充，将功德主、主持人及完工时间等信息交代得十分清楚。从这两则题记可知，该窟的功德主为宫中的二品女官姚神表和沙门尼姑智运禅师，两位女性奉命为唐高宗和武则天及太子、诸王做功德而营造此窟，于唐永隆元年（680）完工。该窟的万佛题材体现了大乘佛教"普度众生，万众成佛"的思想。

第四章　隋唐及宋代以后的石窟及摩崖造像

图 245　万佛洞窟顶藻井

九、清明寺

清明寺（图246），又名双狮洞，位于龙门西山中部万佛洞下方，因窟内有清明寺比丘尼八正造像而得名。唐咸亨年间（670—674）营建。窟平面呈方形，窟顶为平顶饰小莲瓣藻井。高2.45米，宽2.3米，深2.8米。前廊长方形，宽3.2米，深2米。窟口左侧雕五层小龛，造像分别是一铺三尊像或一铺五尊像。窟口上方有若干造像小龛，形制与左侧同。右侧壁雕小龛数十个，最大者为一铺五尊像。前廊右侧有一座圆雕五层密檐石塔，塔身下层正面有造像题记。窟门通道有小龛若干及单身坐佛、菩萨像。其中有上元二年（675）、开元二年（714）、先天二年（713）、长安四年（704）的纪年题记。通道右侧造像龛布满壁面，题材丰富，造型多样。其中比丘尼八正造像龛内的二菩萨像最为精美，二菩萨薄衣贴体，恰如"曹衣出水"，其丰腴的体态尽显无遗。身姿曼妙，动态感强，雕刻细腻，是龙门唐代菩萨造像之精品。

图246 清明寺外景

正壁为一铺三尊像，主尊阿弥陀佛结跏趺坐于束腰莲座上。二菩萨胁侍左右。在主尊与菩萨间有圆拱形造像小龛数个，其中有如意元年（692）造像题记。北壁造像龛密布，正中一大龛为观音菩萨像龛，其下的屋形龛内雕一铺七身像，主尊结跏趺坐于束腰莲座上，二弟子二菩萨二力士分立左右莲座上。南壁亦布满造像龛，其中较大的一铺三尊造像龛8个，中间穿插单身、三身、七身、十身坐佛及半跏趺坐的地藏菩萨像，并有造像题记多方。据统计，全窟共有造像题记67方。

十、惠暕（简）洞

惠暕（简）洞（图247），位于龙门西山中部万佛洞南，是西京（长安）法海寺僧惠暕（简）法师为唐高宗、武则天等祈福所造，唐咸亨四年（673）完工。高4.46米，宽3.81米，深2.57米。窟内正壁佛坛上造一佛二弟子二菩萨五尊像，左侧弟子像不存，后补刻造像小龛数个，两侧壁造二天王、二力士。主尊为善跏趺坐弥勒佛，高肉髻上刻以波纹，额方颐丰。面相丰满圆润，眉宇舒展秀丽，显示出女性的仪态之美。与奉先寺卢舍那大佛有神似之处。颈有三道蚕纹，着双领下垂式袈裟，内着僧祇支，两手置于膝上，善跏趺坐于带有靠背的方座上，裙裾覆搭座前。佛座四周刻造像小龛若干。关于该窟的营造年代，南壁有造像记云："大唐咸亨四年十一月七日，西京法海寺僧惠暕奉为皇帝（唐高宗）、皇后（武则天）、太子（李弘）、周王（李显）敬造弥勒像一龛，二菩萨、神王等，并德成就，伏愿皇业圣化无穷，殿下诸王福延万代。"由此可见，惠暕（简）洞的营造当在咸亨四年（673）之前。且造像主惠暕（简）附见于《宋高僧传·道英传》，也是检校大卢舍那像龛的高僧之一。因此，惠暕洞也被称为"小奉先寺"。

图 247 惠暕（简）洞

十一、老龙洞

老龙洞（图 248），位于龙门西山中部莲花洞北，营造于唐贞观至永淳年间（627—683），是利用自然溶洞开凿的洞窟，高 8 米，宽 6.4 米，深 9.2 米。平面呈不规则形，穹隆顶，洞内的壁基和地面还保留原有的自然形态。洞内壁面像龛密布，数量达两百多个。正壁上方有一永徽元年（650）洛州净土寺智傅造阿弥陀佛像龛。内雕一佛二弟子二菩萨，主尊头部残，着双领下垂袈裟，结跏趺坐于束腰座上，弟子、菩萨胁侍左右。龛下中间刻造像题记，左右刻供养比丘跪状供养。外侧刻二护法狮子。在龛右侧有一与永徽龛风格相同的造像龛。龛基中间是香炉，左右为二身世俗供养人。其下一尖拱龛内雕结跏趺坐佛。正

图 248　老龙洞内景

469

壁下层为一较大的圆拱形龛，内雕一坐佛并二弟子二菩萨五尊像，龛基部位雕香炉、狮子、力士像等。该龛右侧一方形龛内雕一立佛并二菩萨三尊像。北壁（自内而外）上方雕一坐佛龛，其下有一圆拱形大龛，内雕一佛二弟子二菩萨五尊像，主尊阿弥陀佛结跏趺坐于束腰莲座上，着双领下垂式袈裟，内着僧祇支，左手抚胸，右手置于膝上。二弟子二菩萨胁侍左右。龛基雕扛托力士、狮子和天王。北壁上方另一个方形龛内雕一身菩萨立像。该龛左侧有一较大造像龛，内雕一佛二弟子二菩萨五尊像，龛内雕香炉、力士、狮子和男女供养人等，左侧供养人前刻造像题记。北壁正中稍下为一圆拱形大龛（图249），内雕一佛二弟子二菩萨，主尊为阿弥陀佛结跏趺坐于束腰莲座上，弟子菩萨胁侍左右。龛基雕香炉及男女供养人像。北壁外侧一龛内雕一佛二弟子二菩萨五尊像，佛座

图249　老龙洞北壁大龛

束腰处刻香炉和护法狮子。南壁一尖拱形大龛内雕一立佛并二菩萨。该龛右侧一圆形龛内雕一佛二弟子二菩萨五尊像，龛基中央雕一力士托举香炉，两侧各一供养人像，其外侧雕二力士。此龛下有两个稍大的像龛，左侧龛内雕二立佛，右侧龛内雕一佛二弟子二菩萨五尊像，龛基刻香炉、供养人、力士及狮子等。壁面其他造像同于北壁。

十二、赵客师洞

赵客师洞（图 250），位于龙门西山中南部普泰洞南侧，因洞中有赵客师造像记而得名。该洞始凿于北魏晚期，唐显庆年间（656—661）续修内部，并重新凿龛造像。洞门高 1.9 米，宽 1.33 米，窟楣刻有尖拱火焰纹，门外两侧有未完工的金刚力士。通道左侧有显庆三年（658）赵客师造像记。题记下方有三排独立的观音菩萨像，通道右侧有三排造像小龛，内雕一佛二菩萨像。窟顶莲花藻井由莲蓬及三层覆莲瓣组成，两侧为二身伎乐天人。正壁造像为一铺五尊像，

图 250　赵客师洞

主尊阿弥陀佛通高 2.28 米，头残，着双领下垂袈裟，内着僧祇支，手施说法印，结跏趺坐于方台座上，袈裟下摆覆搭于座前。二弟子二菩萨胁侍左右。北壁刻一优填王像龛，造像头部残，着袒右袈裟，坐于方台座上，双足踏束腰圆莲座。该龛左侧有一龛，内雕一佛二弟子二菩萨五尊像。龛基刻香炉、狮子和男女供养人像。南壁一大龛，内雕一铺五尊像。主尊着双领下垂袈裟，结跏趺坐于叠涩八角束腰莲座上。二弟子二菩萨胁侍左右。另有造像小龛六个，其中三个龛有纪年题记。前壁左侧有四层造像龛，龛内雕一佛二菩萨像，右侧上部两层为唐代造像小龛。下部一龛为北魏永熙二年（533）樊道德所造释迦牟尼像龛（图 251），龛形为盝顶帷帐形，顶上左右刻维摩文殊对坐辩法及听法弟子。龛内雕一佛二弟子二菩萨，主尊着双领下垂袈裟，内着僧祇支，施无畏与愿印，结跏趺坐于佛坛上，裙裾分三层覆搭于座前。二弟子二菩萨分立于左右。座前刻香炉和二护法狮子。此龛是该洞中唯一的北魏遗存。

图 251　赵客师洞前壁小龛

十三、破窑

破窑（图252），位于龙门石窟西山中南部赵客师洞南侧，是利用天然溶洞开凿而成的洞窟。开凿于唐贞观十一年（637）至武则天时期。洞窟平面呈不规则椭圆形，穹窿形顶，无装饰。窟高6.2米，宽5.45米，深8.85米。窟内造像没有统一规划，雕刻了上百个小龛密布壁面，错落不齐。该窟主要的造像龛有正壁一圆拱形龛，高1米，内雕善跏趺坐弥勒，龛右侧有唐太宗贞观十一年十月五日道国王母刘氏造弥勒像记一方。北壁接近窟顶处有一龛，内雕一佛二弟子二菩萨像。龛基刻香炉、狮子、男女供养人像及造像题记。此像龛的左侧有一观音菩萨像龛，菩萨头戴宝冠，璎珞严身，左手置胸前，右手提净瓶，跣足立于莲花座上。该龛左侧为一较大的像龛，内雕一佛二菩萨像，主尊阿弥陀佛结跏趺坐于束腰须弥座上，二菩萨胁侍左右。南壁有一圆拱形龛较大，高

图252 破窑内景

1.75 米，内雕一佛二弟子二菩萨五尊像，主尊结跏趺坐于束腰须弥座上。二弟子二菩萨胁侍左右。龛基中央刻造像记，左右两侧浮雕天王、力士像。其余壁面布满小龛。该窟最早的造像纪为贞观十一年（637），最晚的为武则天初年（690），时间延续50多年。

十四、唐字洞

唐字洞（图253），位于龙门西山奉先寺北下侧，因洞内保存有较多的唐代造像题记而得名。洞窟高4.3米，宽4.5米，深4.12米。该窟北魏开凿后被废弃，主像于唐贞观十年（636）前后完工。洞外上方有屋形窟檐，屋脊正中有只

图253 唐字洞外景

迦楼罗鸟（大鹏金翅鸟）。前壁及窟门通道密布造像小龛，均为唐代雕造。正壁造像一铺三尊，主尊阿弥陀佛结跏趺坐于方形高台座上，隆胸圆肩，体型丰满，着双领下垂袈裟。裙裾呈圆弧形垂于座前。二菩萨胁侍左右。其余壁面布满造像小龛。在该壁上层有一唐代阿育王像龛，阿育王像面部残，高肉髻，着通肩式袈裟，跣足立于莲台座上，正下方有题记："景福寺净龛为亡和上敬造阿育王像记。"此阿育王像龛是龙门唯一一处有明确题记的阿育王像龛。南北两壁均布满龛像，前壁除左侧三个魏龛外，其余均为唐龛。在三个魏龛中有一个小型释迦多宝像龛，从龛下造像题记中有"洛州灵岩寺沙门僧粲敬造石像一龛"字样，可知此龛是当时著名高僧僧粲所造。僧粲，中土禅宗三祖，对禅宗的发展和传播贡献很大，被唐玄宗追谥为"智鉴禅师"。

十五、奉先寺卢舍那大佛龛

奉先寺卢舍那大佛龛（图254），位于龙门西山中段，后代称九间房。摩崖像龛面向东方，南北宽30—33米，进深约40米，高约35米，为一巨型露

图254 奉先寺外景

天窟龛。正壁一铺五尊像，主尊为卢舍那佛（图255），是"三身佛"中的报身佛，是表示证得了绝对真理，获得佛果而显示佛智的佛身，为华严宗与天台宗所尊奉。佛像通高17.14米，头高4米，耳长1.9米。高肉髻，波状发纹，头部略前倾，作俯视状。着通肩袈裟，袈裟纹褶概括简练。结跏趺坐于叠涩束腰莲座上，座高4.2米。束腰处自北侧起有唐开元十二年（724）补刊的"河洛上都龙门山之阳大卢舍那像龛记"，碑文右起共有13身神王像，大都残毁，右侧三身较完整，着武士装。壁角处刻千佛11排，每排13身。二弟子二菩萨均立于束腰莲座上。弟子高10.65米，左胁侍弟子迦叶头部及身体大部已残毁，袈裟下部衣纹清晰。右胁侍弟子阿难保存完好，面相丰满，眉目疏朗，文静虔诚，善良和蔼。颈饰三道蚕纹，身披袈裟，左手前伸，右手下垂，二菩萨通高13.3米，头戴花蔓宝冠，宝缯垂肩，面相丰满端丽，双目微睁，颈饰三道蚕纹，耳饰圆形饰物，斜披络腋，身挂璎珞宝珠。披巾自双肩下垂绕肘横于胸前两道。上体裸，下着裙，跣足立于束腰八角莲花座上。菩萨体态丰盈，腰肢微侧，静中含动，仪态轩昂。

莲瓣形背光外层为飞舞的伎乐天人及流云纹。自上而下能辨识的有：左侧为琵琶、横笛、铜钹、排箫、竖笛；右侧为笙、琵琶、排箫、竖笛等。中层为缠枝牡丹图案。内层为火焰纹饰。头顶处一圆形小龛内刻一佛二菩萨。左弟子像的上方，有一圆拱形大龛，内雕四尊立佛，左右两侧立佛着双领下垂袈裟，中间两尊着通肩袈裟，一手上举一手下垂，立于束腰莲座上。弟子与菩萨像之间有四尊立佛，分立上中下三龛，上下龛内各一身，中间龛内两身，除上龛造像完整外，头部均残。主佛左侧弟子间有一龛，内雕三尊立佛，均残毁。主佛右侧弟子间有一圆拱龛，内雕三尊立佛，左侧一佛头饰螺纹发髻，身着双领下垂袈裟，双手残。右侧立佛着通肩袈裟，头部残。弟子与菩萨间有一圆拱帷幕形像龛，内雕一佛二弟子二菩萨像，主尊结跏趺坐，二弟子二菩萨持物面各主像侍立左右。其下一龛形同上龛，内雕三身菩萨立像，头均残，左手提净瓶下

第四章 隋唐及宋代以后的石窟及摩崖造像

图 255　奉先寺卢舍那大佛

垂，右手持物上举。[1]

在开阔的左（北）右（南）两壁，各造一天王一力士。天王通高10.5米，头束高髻，戴三珠宝冠，面相长圆，深目高鼻。颈护顿项，系有护膊，身穿甲胄，胸前两个圆护胸镜，腹部一铺首。甲身下缘有鹘尾护着下腹和前裆。左手叉腰，右手托举宝塔，左腿直立，右腿稍屈，双足踏一夜叉。天王外侧力士，高9.75米，头束发髻，戴宝珠冠，面目狰狞，凸筋暴骨，威武勇猛。胸前饰璎珞，帛带绕肩在身前横穿两道，下着战裙，左手举掌于胸，右手握拳下垂于胯，左腿前跨，右腿直立，呈侧姿站立。天王、力士均有圆形头光。在二天王像内侧，南北各有一身侧身面向卢舍那佛的供养人，通高6.4米，头饰丫髻，身着长袍，足穿云头履，立于仰莲座上。在北壁内侧供养人与正壁左菩萨之间有上下三个圆拱形龛，龛内刻立佛，上龛刻5尊，下两龛各刻4尊。北壁外侧上下刻两个圆拱形龛，内雕立佛各3尊。另在天王、力士周围雕单身立佛龛4个，双身立佛龛2个，整个北壁共雕立佛27尊。南壁造像与北壁同，只是南壁立佛龛较北壁少，只在供养人与天王之间刻1尊立佛，天王与力士间刻2尊立佛，力士外侧上刻1尊立佛，下刻2尊立佛，计6尊立佛。这些立佛服饰有通肩式和双领下垂式两种。高1.8—1.9米。从这些立佛龛的分布和打破原壁面关系看，应是在卢舍那大佛龛开凿完工后补刻的作品。奉先寺大佛龛北壁东侧壁上的"大唐内侍省功德之碑"中有内侍省高力士、杨思勖等106人为唐玄宗造阿弥陀四十八尊的记载[2]，经研究确认，这四十八尊阿弥陀佛像就是穿插于奉先寺大佛龛十一身大像间壁面上的立佛。雕造时间是唐开元十八年（730）二月，检校僧是大奉先寺沙门道杰、文济。[3]

关于卢舍那大佛龛的开凿年代，在正壁主尊佛座北侧刻有唐开元十年

---

[1] 顾颜芳、李文生：《龙门石窟主要唐窟总叙》，载龙门文物保管所：《中国石窟·龙门石窟》第二卷，文物出版社、株式会社平凡社，1992年，第254-274页。

[2] 王昶：《金石萃编》卷84，北京市中国书店，1985年，第13-14页。

[3] 温玉成：《中国石窟与文化艺术》，上海人民美术出版社，1993年，第318页。

(722)补刻的"河洛上都龙门山之阳大卢舍那像龛记"载：

> 大唐高宗天皇大帝之所建也。佛身通光座高八十五尺，二菩萨七十尺，迦叶、阿难、金刚、神王各高五十尺，粤以咸亨三年壬申之岁四月一日，皇后武氏助脂粉钱二万贯。奉敕检校僧：西京实际寺善导禅师、法海寺主惠暕法师；大使：司农寺卿韦机；副使：东面监上柱国樊玄则；支料匠：李君瓒、成仁威、姚师积等。至上元二年乙亥十二月卅日毕功。调露元年己卯八月十五日，奉敕于大像南置大奉先寺，简召高僧行解兼备者二七人，阙即续填，创基住持。范法、英律而为上首。至二年正月十五日，大帝书额，前后别度僧一十六人，并戒行精勤，住持为务。恐年代绵邈，芳纪莫传，勒之颂铭，庶贻永劫云尔。
>
> 佛非有上，法界为身。垂形化物，府迹同人。有感即现，无罪乃亲。愚迷永隔，唯凭信因。实赖我皇，图兹丽质。相好希有，鸿颜无匹。大慈大悲。如月如日。瞻容垢尽，祈诚愿毕。正教东流，七百余载。佛龛功德，唯此为最。纵广今十有二丈矣，上下今百卅尺耳。

从碑文记载可知，卢舍那大佛龛是唐高宗李治所建，似是为追悼先皇唐太宗李世民而造。但开凿时间起于何时却不得而知，由于工程浩大，皇后武则天于咸亨三年（672）四月一日，为该工程捐助脂粉钱二万贯，至上元二年（675）完工。后于调露元年（679）敕建奉先寺用作追荐，调露二年（680）完工，皇帝敕额，并度僧16人住持该寺。奉先寺在卢舍那大佛龛南西岗，今魏湾村北埠，杜甫有诗《游龙门奉先寺》，即此处也。奉先寺遗址总面积7万平方米，目前尚存1万多平方米，1997年至2000年龙门石窟研究院对奉先寺遗址进行了考古发掘，发现大型寺院殿堂遗址和10余件石刻造像（图256），出土的部分石碑和经幢上刻有"奉先寺"的字样。

图 256 奉先寺遗址出土菩萨像

十六、奉南洞

奉南洞（图257），位于龙门西山奉先寺南壁外侧，唐天授初年（690）完工。洞窟平面呈方形，三面设坛，穹窿形窟顶。高4米，宽3.6米，深3.7米。窟门两侧雕力士像，残损较甚。窟顶饰莲花藻井，周围刻飞天和大雁环绕。正壁雕一佛二弟子三尊像，二菩萨二天王分立于东西两壁。主尊阿弥陀佛着通肩袈裟，结跏趺坐于方台座上，衣裾覆搭台座一周。座前刻香炉和二跽跪供养人像。三壁壁脚坛基开壸门龛，正壁二个，东壁四个，西壁五个，龛内雕伎乐人像。

图257　奉南洞正壁

十七、北市丝行像龛

北市丝行像龛（图258），位于龙门西山南部奉先寺南，原名"王祥洞"。唐垂拱四年（688）前后开凿。平面前窄后宽，略呈方形，后半部凿作佛坛，覆钵顶。高1.9米，宽2.2米，深2米。前室方形平顶，窟额刻"北市丝行像龛"六字。窟门两侧刻二力士，右侧力士被盗凿。前室正壁及南北两壁密布唐代造像小龛，其中有纪年题记的有北壁"秦弘等奉为皇太后、皇帝、皇后、七世父母敬造，垂拱四年三月廿一日造""大历十三载四月廿□日"；南壁"天授

图258　北市丝行像龛

□□□□□□"等。窟顶刻莲花藻井及四身供养飞天。正壁设佛坛，佛坛正面凿五个壸门龛，龛内刻伎乐人像。佛坛上原有一佛二弟子二菩萨五尊像，以及南北两壁的二天王圆雕像，今仅存正壁主尊像。北壁内侧上方有一圆拱形龛，内雕一佛二弟子二菩萨五尊像，龛基左侧线刻一僧人像，旁刻"僧善□"，另附题记："永昌元年九月十五日，比丘惠澄、善□敬造释迦像一铺……"与之相对应的南壁内侧上方亦刻一圆拱形龛，内雕一铺二尊像，左为善跏趺坐佛，右为半跏趺坐菩萨像。另有三个小龛，一雕菩萨像，一雕一佛二菩萨像，一雕结跏趺坐佛像。

十八、北市香行像龛

北市香行像龛（图259），位于龙门西山南部古阳洞北，唐永昌元年（689）开凿。平面方形，顶大部崩塌。高约1.6米，宽1.63米，深1.5米。正壁造一佛二菩萨三尊像，主尊释迦牟尼头部被盗凿，着双领下垂袈裟，内着僧祇支，结

图259 北市香行像龛正壁造像

跏趺坐于束腰莲座上。二菩萨上身袒，斜披络腋，下着长裙，肩搭披巾，跣足而立。北壁外侧摩崖刻造像题记："北市香行社社官安僧达、录事孙香表、史玄荣……永昌元年三月八日起手。"周围遍刻小龛。南壁崩塌。

十九、北市丝帛行净土堂

北市丝帛行净土堂（图260），位于龙门西山南部，唐武则天光宅元年至景云元年（684—710）开凿。平面呈方形，长方形顶，三壁设坛。坛上原有十一尊造像，全佚。高2.26米，宽3.08米，深1.77米。前室方形，平顶无饰。窟楣上刻"北市丝帛行净土堂"，门两侧各刻一狮子，左侧狮子被盗。前室三壁遍刻唐代造像小龛及九品往生图，今存"下品上生""下品中生""下品下生"及莲花童子、伽陵频伽鸟、坐佛、立菩萨、裸体童子、舍利鸟等，其中一龛刻有唐景云元年（710）的造像题记。净土堂系唐东都洛阳北市的丝帛行出资营造的。正壁左侧题记为："……阿弥陀佛三铺……年岁次甲午八月壬子朔……"根

图260　北市丝帛行净土堂

据该题记，结合洞内三壁坛上 8 个圆孔痕迹来看，正壁坛上造像可能为一尊圆雕阿弥陀佛，左右两侧的圆孔应为安装观音菩萨和大势至菩萨像座的石榫孔，由此推断，该窟造像可能是西方三圣像。另在正壁右侧刻有秦·鸠摩罗什译的《菩萨诃色欲法经》，左侧刻有延载元年（694）"王宝泰、赵玄绩等造西方净土佛龛记"。

二十、八作司洞

八作司洞（图 261），位于龙门西山南部，唐武则天光宅元年至景龙四年（684—710）开凿。平面呈方形，穹窿形顶，三壁设坛。高 4.42 米，宽 4.62

图 261　八作司洞正壁

米，深4.5米。前室方形，平顶无饰，窟檐部分脱落，窟门北侧崩塌，门两侧各雕一力士像，剥蚀较甚。正壁佛坛上造像一铺三尊，主像螺髻，面相丰圆，额中刻白毫相，着通肩袈裟，结跏趺坐于束腰须弥座上，束腰处雕力士支撑。下层佛座束腰处刻四天王承托。二弟子胁侍左右。佛坛正面刻壸门龛四个，内雕伎乐人像。南、北两壁佛坛上分别雕一菩萨一天王像，天王外侧雕一护法狮子。佛坛正面各刻壸门龛三个，内刻伎乐人像，手持乐器，或筝，或笛，或箫，或排箫，或瑟，或鼓。在北壁佛坛正面刻有"东京八作司石匠一十人"题记。

二十一、龙华寺洞

龙华寺洞，位于龙门西山南端，武周时期（690—704）开凿。洞窟平面呈方形，穹窿形顶，三壁设坛，坛上各造像一铺。前室方形，平顶，已崩塌。门两侧雕二力士二狮子。三壁遍刻造像小龛。其中有长安年间的造像龛三个，神龙年间造像龛一个。窟顶刻莲花藻井及飞天，剥蚀严重。地面刻十二朵宝相花，较为罕见。正壁造一坐佛二弟子二立佛（图262），主尊头部残，着通肩袈裟，结跏趺坐于八角束腰须弥座上，衣裙覆搭座前。束腰处每面刻一壸门，内雕天王像。二弟子二立佛侍立左右。东壁造一善跏趺坐弥勒佛并一菩萨一天王三尊像，弥勒头部被盗凿，着双领下垂袈裟，善跏趺坐于束腰须弥座上，足踏并蒂莲。弥勒内侧为一菩萨像，外侧为一天王像。西壁造一结跏趺坐佛并一菩萨一天王像三尊。主尊头残，着双领下垂袈裟，结跏趺坐于束腰八角须弥座上。束腰处刻五个壸门，内各造一天王坐像。主尊内侧雕一胁侍菩萨，外侧雕一天王像。正壁及两侧壁佛坛正面各刻四个壸门，每个壸门内雕伎乐人像，或起舞，或奏乐。所执乐器有箫、长鼓、鸡娄鼓、琵琶、钹、排箫等。

图 262　龙华寺洞正壁

二十二、极南洞

极南洞（图263），位于龙门西山最南端，从洞外南壁造像碑记中可知，该洞是唐代三朝宰相姚崇的母亲刘氏带领子女为家人做功德所建，开凿于唐神龙二年（706）至景云二年（711）完工。为武周之后，开元之前唐中宗时期的作品。平面呈方形，三壁设坛，平顶无饰。高4.2米，宽3.4米，深4.46米。前室方形，窟檐崩坍严重。窟额并刻三龛，均内雕一坐佛并二弟子二菩萨五尊像。窟门两侧各刻一力士。前室东壁下部存一三壁三坛式龛，内雕一铺七尊像，剥蚀严重。前室西壁内侧上部存一三壁三坛式龛，内雕一佛二弟子二菩萨二天王二力士九尊像。外侧摩崖刻一碑，记载了该窟的开凿时代及功德主。碑外侧一

图263　极南洞正壁

龛内刻一佛二弟子二菩萨二力士像七尊。后室窟顶刻莲花藻井，周围有六身飞天围绕飞翔。正壁雕一佛二弟子三尊像，主尊弥勒佛，肉髻刻波状发纹，面相丰腴，着通肩袈裟善跏趺坐于须弥座上，双足踏并蒂莲花。二弟子侍立左右。该壁上方两侧各雕一龛，内雕一佛二弟子二菩萨五尊像。两侧壁各造像三尊，内侧为菩萨像立于束腰圆莲座上。中间为天王像足踏坐式夜叉。外侧为人面兽身怪兽作半蹲坐式。三壁佛坛分别开凿四个小龛，每龛内雕伎乐人像，除两身作舞蹈状外，其他皆作奏乐状。伎乐人像饰双丫髻，颈佩桃形项饰，上裸。所持乐器有箜篌、琵琶、钹、排箫、筚篥、筝、笙、长鼓等。

二十三、擂鼓台南洞

擂鼓台南洞，位于龙门东山南端擂鼓台，平面呈方形，中央设坛，四壁直立，覆斗形顶。洞窟高 6 米，宽 7.88 米，深 7.9 米。窟顶崩坍剥落，残存莲花藻井。中央佛坛上雕一尊大日如来像（图 264），高 2.15 米，头刻螺髻宝冠，胸乳突起，细腰，身着袒右肩袈裟，胸前五道衣褶，由下至上搭左肩上。左臂下垂，五指平伸置于左足上，右臂下垂，掌心向下扶右膝，结跏趺坐于方形束腰须弥座上。座下缘雕覆莲瓣一匝，束腰处四角及前后面中央各雕一足踏夜叉的天王。洞窟四壁及窟顶四坡遍刻结跏趺坐于短梗莲座上的菩萨像。这些菩萨像大多在 0.34—0.36 米之间，面部残，戴宝冠，或尖顶，或圆顶，缀饰宝珠。佩项圈、璎珞、臂钏。或肩披帔巾，或斜披络腋，姿态各异，据统计，现存（包括残破、被盗和尚存遗迹的）菩萨坐像 765 身。关于该洞窟的开凿年代，洞窟内无造像题记明确记载，温玉成先生在《龙门石窟排年》一文中将其与擂鼓台北洞北侧的刘天洞作比较，推断其完工时间与刘天洞相近。刘天洞是一个上下两层楼式的洞窟，上层高 1.2 米，下层高 1.1 米，中间隔梁高 0.29 米。洞窟平面方形，三壁环坛，宽 1.5 米，深 1.65 米。上层佛坛上造像为一佛二弟子二菩萨二天王，门外两侧刻二力士，主尊和右侧菩萨无存。隔梁上刻护法狮子和供养人像。下层正壁为大日如来，头残，颈戴桃形项圈，斜披右袒式袈裟，手施禅定印，结跏趺坐于束腰圆莲座上。左右胁侍无存，两侧壁上各刻 10 身菩萨像，分上下两排，每排 5 身，菩萨头饰发髻冠，冠上缀饰宝珠，颈戴项圈，斜披璎珞，结跏趺坐，与擂鼓台南洞两侧壁菩萨相似。在该窟前室北壁上有一小龛，龛旁题记"佛弟刘天愿行□平安，敬造阿弥陀佛二躯，一心供养。天授三年三月八日"。由此可见刘天洞的完工时间应在天授三年（692）之前。从上述刘天洞与擂鼓台南洞相似的坐式菩萨像可以推断，擂鼓台南洞的完工时间也应在天授年间（690—692）。[1]

---

[1] 温玉成：《龙门石窟排年》，载龙门文物保管所：《中国石窟·龙门石窟》第二卷，文物出版社、株式会社平凡社，1992 年，第 206-207 页。

图 264　擂鼓台南洞主尊

二十四、擂鼓台中洞

擂鼓台中洞（图 265），位于龙门东山南端擂鼓台，又名"大万五千佛龛"，平面呈马蹄形，中部设佛坛，后部倚岩凿一月牙形佛坛，其上摩崖造像一铺。四壁直立，穹窿形顶。高 5.78 米，宽 6.3 米，深 7.7 米。窟门高 4.1 米，宽 2.45 米，厚 0.85 米。门两侧各刻一力士像，门额题刻"大万五千佛龛"，题榜左右及力士周围遍刻千佛。窟顶中央刻一八瓣大莲花，莲花周围镌刻隶书"上方一切诸佛"六字，其间散刻飞翔的钹、鼓、筝、长鼓、琵琶、曲颈琵琶、摩尼宝珠以及飞翔的裸体童子、舍利鸟以及四坡顶建筑物和祥云宝塔等。在窟顶和壁面衔接处刻有榜题 7 处，分别是"东方一切诸佛""南方一切诸佛""东南方一切佛""西南方一切佛""北方一切诸佛""东北方一切佛""西北方一切佛"等。正壁倚岩起坛，坛上雕倚坐弥勒并二侍立菩萨，主尊头部残毁，仅存身躯，着通肩袈裟，双腿下垂，倚坐于须弥座上，足踏莲花。有背椅形背光，背光两侧下部刻骑象和骑羊的童子，上部刻伎乐人各三身，左侧三身分别持箫、曲颈琵琶、钹；右侧三身分别持笙、笛、排箫。二菩萨侍立于主像两侧之莲座上，下有莲茎与主像座相连。头部残，颈戴项饰，上身赤袒。下着长裙，斜披络腋，身佩璎珞，在腹部相交后向两侧贴身下垂。洞内四壁中部至藻井周围遍刻小坐佛，正壁和南北两侧壁下部雕刻西土传法弟子像二十五尊，旁刻《付法藏因缘传》部分文字。在窟门之内南侧下方刻有《佛说阿弥陀经》《金刚般若波罗蜜经》《六门陀罗尼经》《般若波罗蜜多心经》等经文。关于该窟的开凿年代，从窟内所刻经文中多次出现武则天创制的囝（日）、囝（月）、而（天）、埊（地）、恶（臣）、甴（正）等文字看，该窟应开凿于武则天时代（684—704）。另在窟外力士左侧的造像记残文中有武氏造字"圣囗"字样，即是武周"圣历"年号（698—700），这当是该窟时间的下限。

图 265　擂鼓台中洞外景

二十五、擂鼓台北洞

擂鼓台北洞，位于龙门东山南端擂鼓台，平面呈马蹄形，高 4.31 米，宽 5.18 米，深 4.76 米。窟顶刻大莲花，周围环绕四身飞天，均为高发髻，戴桃形项圈，上身裸，下着裙，双臂张开作舞蹈状。三壁设坛，造像为三壁三尊式。三佛应为法身佛毗卢遮那佛（大日如来）、报身佛卢舍那佛、应身佛释迦牟尼佛。正壁毗卢遮那佛（大日如来）（图 266），头戴宝冠，面部残损，颈有桃形项圈，饰璎珞、臂钏，袒右肩，结跏趺坐于束腰方形莲座上。该像为典型的唐代密宗造像，以大日如来为主尊的洞窟在中原北方地区石窟中较为少见。南壁仅存束腰八角莲座，佛像无存。北壁佛像螺发，着通肩袈裟，结跏趺坐于八角束腰莲座上，身后有舟形背光。窟内壁还雕有菩萨坐像，现存 17 身。这些菩萨都佩戴项圈，斜披络腋，披帛，下着长裙，上身赤裸，双乳及小腹表现突出，

第四章 隋唐及宋代以后的石窟及摩崖造像

图 266 擂鼓台北洞正壁

均游戏坐于仰莲座上。窟门内南侧雕八臂菩萨立像，北侧雕四臂菩萨立像。窟门外北侧有一比丘残像，南侧比丘无存，圆拱形窟门上方刻尖拱楣，有开元六年（718）十月十五日完工的崔山龛，打破了尖拱楣，可证擂鼓台北洞的完工时间应在开元六年（718）之前。

二十六、二莲花洞南洞

二莲花洞南洞（图267），位于龙门东山中部二莲花北洞南侧，洞窟平面呈方形，三壁设佛坛，顶为弧面状。高4.2米，宽4.9米，深4.3米。窟门外两侧雕二力士，左侧力士无存。窟楣刻二身飞天，高髻，上身裸，帔帛后飘，面相丰满，露足，皆手托一盘。前室南壁中部凿一方形龛，内雕三身坐佛像。北壁

图267　二莲花洞南洞正壁

上部上下各刻一方形龛，内雕一佛二弟子二菩萨二力士七身像，龛下方中央雕一香炉，两侧相对刻二狮子和供养人。窟顶中央刻八瓣莲花，周围四身飞天环绕，飞天皆袒上身，下着长裙，赤足。双手上举作飞舞状，姿态优美，造型与极南洞的飞天相似。三壁佛坛上造像布局是一佛二弟子二菩萨二天王像，天王像均失。主尊头作波状发髻，着通肩袈裟，结跏趺坐于束腰八角莲花座上，有舟形火焰纹背光。弟子、菩萨侍立左右。南壁弟子与菩萨之间刻一释迦像，旁有榜题："河南府兵曹参军王良辅，敬造释迦牟尼像一躯。"在北壁弟子与菩萨间刻一药师佛像，榜题："河南府兵曹参军王良辅妻□，敬造药师佛像一躯。"三壁坛基正面雕半圆形壶门龛，内雕伎乐人像，正壁下二身跪姿舞者，头梳丫髻，上身袒，下着裙，张开双臂持帛起舞。左右壁各有四个坐式伎乐人。该洞主像、飞天均与极南洞相似，推断其完工时间应在唐中宗时代（705—710）前后。

二十七、二莲花洞北洞

二莲花北洞（图268），位于龙门东山中部，武周时期（690—704）开凿。平面呈方形，三壁设佛坛。窟高4.7米，宽5.2米，深4.8米。窟前室方形平顶，窟楣相对刻二身飞天，窟门两侧各刻一力士像，前室南壁上下各刻一龛，龛内雕一佛二弟子二菩萨二力士像。前室北壁中部雕一半跏趺坐菩萨像龛，此龛旁雕三龛，上龛内雕一坐佛，左侧存造像题记："先天二年七月十五日，张庭之为父母造佛一躯。"窟顶中央刻重层八瓣莲花，周围四身飞天环绕。正壁佛坛上造像三尊，中间主像被盗，二弟子胁侍左右。南壁佛坛上雕一菩萨一天王，菩萨被盗，仅存天王足踏夜叉。北壁佛坛上的一菩萨一天王皆被盗。三壁坛基上所雕的壶门龛已模糊不清，龛内伎乐人像无存。

图 268　二莲花洞北洞外景

二十八、看经寺

看经寺（图 269），位于龙门东山中部，是龙门东山石窟中规模较大的洞窟。外立面为长方形，中间为圆拱形窟门，左右刻二力士像，南侧力士无存。窟门上方窟楣相对刻二身飞天，今已漫漶无存，唯存右侧飞天的飘带。窟内平面呈方形，高 8.25 米，宽 11.16 米，深 11.7 米。窟内壁面没有主像，正壁及左右壁下部刻罗汉像 29 身，高 1.7—1.75 米。正壁 11 身，南北两壁各 9 身。此系西土二十九祖的形象。据费长房《历代法宝记》，西土二十九祖传法谱系，

图 269 看经寺外景

即摩诃迦叶至普提达摩二十九人。前壁南侧下部凿一方形龛,内雕一佛二菩萨。北侧下部凿一圆拱龛,内雕一佛二弟子二菩萨,龛外雕二力士。窟顶为四面起坡的平顶。中央刻重层八瓣莲花,周绕六身飞天,头饰发髻冠,上身袒,下着裙,跣足外露,面相丰腴,或一手托盘一手挥舞,或一手持花一手振臂。前呼后应,作左旋飞舞状。据飞天的造型可以推断,看经寺约完工于开元十年后到十五年(722—727)。

二十九、高平郡王洞

高平郡王洞（图270），位于龙门东山万佛沟北崖东段上方，是龙门东山石窟中规模较大的洞窟。平面呈长方形，三壁设坛，高6米，宽9.96米，深7.6米。窟门高4.31米，宽3.08米，厚0.88米。门两侧各雕一身力士像，高发髻，袒胸露臂，筋肉突起，上身赤裸，下着战裙，腰系带，帔帛呈八字形在两腿间向外飘扬。一手握拳上举，一手握拳下垂，跣足立于平台上。窟顶无雕饰。正壁佛坛上造像一排10身，着通肩袈裟或袒右肩袈裟，凸胸束腰，均结跏趺坐于莲座上。中部造一佛二弟子二菩萨像，主尊阿弥陀佛头部残，着通肩袈裟，结跏趺坐于莲座上，二弟子二菩萨侍立左右。西壁及前壁西侧均刻上、中、下三排坐佛，大小、衣饰、坐姿与正壁相似。东壁及前壁东侧尚未刻出佛像。洞内

图270 高平郡王洞正壁

原有圆雕佛像座 12 个，发现有造像记 10 则，其中有唐代龙门香山寺上座慧澄法师造像记两则，文中记载了该洞营造的经过。其一："大周之代高平郡王图像尊仪躯有数十，厥功未就，掩归四大。自兹零露，雨洒尘沾。遂使佛日沉辉，人天福减。惟我香山寺上座慧澄法师，伤之叹之，惭之愧之，爰微巧匠，尽取其□，饰雕翠石，焕然紫金，即身之弃……"其二："大唐开元十六年二月廿六日，香山寺上座比丘慧澄检校此龛庄严功德记，同检校比丘张和上，法号义琬。刻字人常思。"由此可知，此洞是武则天执政时期，高平郡王武重归出资开凿。武重归是武则天伯父之孙，其事迹见《新唐书》卷二一五上，天授元年（690）受封高平郡王，神龙元年（705）降封邠国公。神龙年间武重归去世后，此洞辍工。开元十六年（728）香山寺僧慧澄法师看到该洞未完工的佛像，十分伤感，于是发愿续凿该洞。

三十、千手千眼观音像龛

千手千眼观音像龛（图 271），位于龙门东山万佛沟东段，龛高 2.41 米，宽 1.75 米，深 0.44 米。内刻一身十二臂千手千眼观音菩萨像。头饰波状发纹，高髻，宝冠正中刻一尊化佛。菩萨面相方圆，端庄慈祥，额头正中竖刻一目，颈饰三道蚕纹，身披珠串璎珞，下着长裙紧贴双腿。跣足而立。胸前刻有四臂，腹前刻二臂，身两侧各刻三臂，左上臂手持"梵夹"，其余手上持物不明，十二臂均戴有手镯，在身侧膝部以上，围绕菩萨上身遍刻千手，每手心出一目。此身菩萨像似根据唐菩提流志所译《千手千眼观世音菩萨姥陀罗尼身经》而造出，经文中所谓的观世音菩萨面具三眼、体具千臂、掌中各有一眼的说法，与此身造像完全吻合。目前全国现存唐代石刻千手千眼观世音菩萨像极少，此处遗存十分珍贵。

图 271　千手千眼观音像龛

三十一、巩义石窟寺造像

巩义石窟寺第 1 窟外壁西侧力士像龛壁雕唐代小龛 12 个，多为咸亨、永隆年间（670—681）雕造。窟门的门道西壁开凿 14 个小龛，除 1 个宋代小龛外，其余均为唐代开凿。据题记可知，有延载元年比丘道贞造观世音像龛、久视元年程基造像龛、咸通八年苏氏造像龛、咸通八年李氏造像龛等。

第 2 窟内除东壁凿 1 东魏的大龛外，其余 10 龛均为唐代所凿。中心柱南面自上而下开凿 3 个龛，最上一龛，刻一佛二弟子二菩萨二力士像。龛下刻 7 尊小坐佛，左右各刻一身供养人像。其下刻唐龙朔三年比丘法祥造像记。此龛之下凿有与其大小相近，造像题材和艺术风格相同的佛龛，龛下刻有 12 身供养人像，下有唐龙朔二年魏处旻造像记。下层的佛龛较大，内刻一佛二弟子二菩萨二力士像，除主尊坐在仰莲座上，其余分别立于莲座上。龛楣刻七佛，两侧刻飞天，龛下刻对狮，龛外两侧刻二菩萨立像，龛下刻《三皈依经》。东辟开 4 个龛，除一个大龛为东魏开凿外，其余 3 个为唐代开凿。西壁 4 个龛全属唐代开凿，龛内雕一佛二弟子二菩萨或一佛二弟子二菩萨二天王。其中上龛为唐乾封二年比丘法祥所刻，下龛为咸亨八年张法善所造，还有一龛为法秤所造。

1979 年在第 3 窟门西发现 4 个小龛，其中有 3 个小龛为唐代开凿，龛内残存有一佛二弟子二菩萨像，并有一龛刻"乾封二年九月"造像题记。另在第 3 窟门道东西两侧雕有唐代小龛 20 余个，多为龙朔至乾封年间（661—668）雕造。其中刻有造像记的有乾封二年张士妻造像、乾封二年比丘法秤造像、龙朔二年种海云妻王氏造像、乾封元年刘孝□的母亲造像、乾封元年苏洪道造像、麟德二年魏弁忿造像、麟德二年杨四郎造像等。

第 4 窟紧靠第 3 窟的东侧。窟门门道内刻有唐龛，西侧龛有 4 个，龛内多雕一佛二弟子二菩萨。有麟德二年和乾封元年造像题记。窟门东侧上方有 5 个小龛，其中最上龛内雕一佛二弟子二菩萨像，龛下有麟德二年造像记。窟门的上方刻有 3 个唐龙朔年间的小龛，龛楣皆刻莲花，龛内刻一佛二菩萨像，下刻供养人像。龛下有龙朔二年比丘尼惠严造像记、曾廓仁母造像记、史行威造像

501

记等。这些小龛龛楣、造像和供养人的风格相同，似乎是巩义石窟寺唐代龙朔年间造像的特征。此外还有龙朔二年（662）慕容怀安、贾节造像；龙朔三年（663）左禅师妻马和雍子华造像；麟德二年（665）比丘怂惠、孙奉义妻靳氏和孙承叔造像；以及总章二（669）年田□瓒造像、乾元□年马师造像等。

在此值得注意的是巩义石窟寺119龛（图272），该龛内雕一佛二弟子二菩萨二天王二力士。其中佛坐于莲座上，其余皆立于莲蓬、莲叶和莲花上，并用莲梗与佛座相连。龛楣刻12身伎乐天，分为3组，中间一组6人，皆立于用莲梗连接的莲花上，当中2人作舞蹈状，其余4人奏乐，可辨认者有击腰鼓及吹排箫；左侧一组3人，分别为击铜钹、吹笙、弹琵琶；右侧一组3人，分别为

图272　巩义石窟寺119龛

弹琵琶、吹法螺等。龛下刻有一排栏杆,在每个栏杆格内各刻一身力士像,双手承托横栏。龛底刻一排6身怪兽。龛的最下部刻一排跪着的供养人像。在这个小龛的下面即是唐龙朔二年刻的"后魏孝文帝故希玄寺之碑",高36厘米,宽94厘米,正书41行,行15字。该碑明确地指出,希玄寺(即巩义石窟寺原称,唐代改为净土寺)是北魏孝文帝元宏所建。有学者又据此文和唐代"重建净土寺碑"推断,巩义石窟寺的开凿,可能在北魏宣武帝元恪当政时期,即公元500—515年。在该碑的东端并列刻一块《佛说盂兰盆经》。[1]

第5窟的窟外东西两侧和窟门上方,也刻有大小不同的许多唐代小龛。其中有题记的小龛有唐乾封二年(667)苏冲生造像龛、乾封三年(668)赵妾造像龛、总章元年(668)卢赞府造像龛、总章元年李光嗣妻王氏造像龛、总章二年(669)田□瓒妻造像龛、总章二年魏师妻张氏造像龛、咸亨元年(670)种行高妻朱氏造像龛、咸亨三年(672)魏师德妻田氏造像龛等。另外,在门道的西侧壁上有乾封三年的造像龛1个,窟内北壁佛龛龛楣上有唐代雕刻的小龛5个。

除以上唐代雕刻的小龛外,在巩义石窟群的最东边,还有一个唐乾封年间(666—668)所凿的千佛龛(图273),龛额作圆拱形,高1.5米,宽2.12米。后壁平直,除中间刻一较大的优填王像外,其下还刻有乾封年间比丘僧思察造像记。后壁及两侧壁满刻整齐的小佛龛,共计999个,加上中间的优填王像共计1000尊。在两侧的外壁,有4个竖长方形龛,龛内各刻1身菩萨像,洞口两侧角处各雕一身天王像。另在千佛龛东侧壁有唐代雕造的小佛龛9个,均为唐乾封年间雕造。

巩义石窟寺窟外唐代开凿的许多小龛,虽然规模皆不算大,但多刻有造像题记,几乎可以编年,其中以龙朔至乾封年间的最多,这些材料可以证明龙朔年间(661—663)及其稍晚的咸亨年间(670—674),是巩义石窟寺第二个比较繁荣的时期。

---

[1] 河南省文物研究所:《中国石窟·巩县石窟寺》,文物出版社、株式会社平凡社,1989年,第283页。

图 273　巩义石窟寺千佛龛

三十二、陕州温塘摩崖造像

温塘摩崖造像，位于三门峡市陕州区温塘村南的石壁上，距三门峡市区 15 公里。现有造像 36 尊，造像龛 6 个，较大的龛 4 个。由东向西第 1 龛高 1.75 米，深 0.6 米，有尖拱火焰状龛楣，内雕有一佛二菩萨立像（图 274）。主尊阿弥陀佛，高 1.35 米，头梳波状发髻，面相丰满圆润，与龙门石窟唐代流行的风格相似，着双领下垂袈裟，手施无畏与愿印，跣足立于莲台座上。有火焰纹背光。右侧为观世音菩萨手持净瓶，左侧为大势至菩萨，均跣足踏于莲台上，莲台下有莲梗相连。龛外两侧凿有供养人像，并有唐雍州高陵县尉成克沟、唐果州相如县令王希昶的题记。第 2 龛为菩萨像龛，高 1.64 米，右侧刻有北宋宣和时游人题记一方。第 3 龛较大，高 2.25 米，有尖拱火焰纹龛楣。龛内雕观世音

图 274 陕州温塘摩崖造像第 1 龛

菩萨立像，造型优美，头戴宝冠，宝冠正中雕有一化佛。菩萨面部稍残，丰满稍长，身躯微倾，上身袒露，下着长裙，跣足而立。龛内涂有朱、绿、青颜色，龛下刻有唐大历九年（774）陕虢观察防御转运使皇甫温的题记。第 4 龛高 0.88 米，宽 0.58 米，内雕一观世音菩萨立像，像的面部及手皆残，面相丰满而稍长，两耳垂肩，上身袒露，下着长裙，身前饰璎珞，帔帛在身前结带，跣足立于圆形莲台上。龛右方刻唐大周长安二年（702）承务郎陕州博士骑都尉徐义节撰文，郭元亨书的"温塘古寺铭并序"。

第三节　豫北地区唐代石窟及摩崖造像

唐代随着国力的强盛和佛教的空前繁荣，佛教艺术的发展达到鼎盛，进入了艺术发展的真正成熟期，除了在龙门雕造卢舍那大佛外，还开凿了众多的石窟。唐代的石窟造像多集中在东都洛阳周围，而豫北地区的唐代石窟则很少，其中的浚县大伾山摩崖大佛和浚县浮丘山千佛洞石窟堪称唐代豫北石窟的代表作。千佛洞石窟现存两窟，均为中小型洞窟，其中1号窟较大，为穹隆顶式佛殿窟，平面呈方形圆角，与龙门潜溪寺相同。以三佛为主体的三壁三铺式造像，仍延续北魏以来的三壁三龛式，一佛二弟子二菩萨五尊式组合也是北朝旧制。佛的右直领式袈裟与龙门惠暕（简）洞主尊相同，菩萨的身姿、衣饰、莲台也与惠暕（简）洞菩萨相似。从壁面小龛题记中有调露二年（680）题记可知，该窟应开凿于唐高宗前期无疑。第2窟为三壁一铺式佛坛窟，穹隆式顶。窟之平面与龙门八作司洞同，窟内造像一佛二弟子二菩萨二力士的做法也与前者一致。较之第1窟大像，菩萨的帔帛和裙腰扎结出现了新样式，短上衣及两肩圆形饰物消失。这些风格与龙门极南洞菩萨接近。第1窟的壁面小龛与第2窟大像的风格基本一致，当晚于第1窟大像而雕造。在第2窟的壁面小龛题记中最晚的是开元二十五年（737），因此，两窟的开凿时间当在唐高宗至玄宗开元时期（650—741）。从造像风格看，佛之面相丰满圆润，躯体浑厚，肌肉结实而富有张力，胸部明显可见两块凸起的肌肉。天王力士全身肌肉膨胀尤为突出。造像姿势优美，结跏趺坐，庄重大方，毫无北朝、隋代造像呆板凝重之感。菩萨三折枝式的站姿，丰腴的躯体上下扭动，妩媚动人，热情奔放，但又存有不容亵渎的神圣感。造像服饰与隋代几无区别，佛像内着僧祇支，外着直垂领式袈裟或圆领通肩袈裟。菩萨上身袒露，下着长裙，帔帛绕肩在身前横贯两道（第1

窟），或沿体侧呈"S"形飘荡（第2窟），胸前饰挂璎珞，较前期更加繁复，装饰感极强。因此可以说，浚县千佛洞石窟是豫北地区盛唐时期石窟造像的杰作。

一、浚县大伾山摩崖大佛

浚县位于河南省北部，是中国古代文化底蕴丰厚的地方。早在战国时代，黎侯即封于此。西汉时始置黎阳县，属冀州魏郡。东汉刘秀征王朗凯旋，在大伾山设"青坛"，祭祀天地山川。黎阳地扼黄河渡口，居水路四方交通之要冲，自古为兵家必争之地。金代明昌五年（1194），黄河改道，南徙数十里。故道水泽，至元代渐渐枯竭。这里历代佛教、道教盛行，宗教文化底蕴丰厚，著名的风景名胜区大伾、浮丘二山就位于县城之东、西。

浚县县城东南的大伾山，紧邻黄河故道。南北长1.75公里，东西宽近1公里，海拔135米。在大伾山东面的中心位置，倚山雕造一尊巨大的倚坐弥勒佛像，坐西面东，俯视着滔滔黄河。佛像通高22.29米，为依山摩崖雕造的弥勒佛像（图275）。螺发，面相方圆，额间有"毫相"，眉脊突起呈圆弧形分向两鬓，鼻高且修直。两耳已毁，属后来补修。目平视，唇紧闭，表情庄重。颈有三道蚕纹，脖子略长。双眉平齐，着双领下垂式袈裟，内着僧祇支。衣纹疏简，呈阶梯状。善跏趺坐于方形座上，左手抚膝，施与愿印，右手上举，掌心向外，施无畏印。足踏仰莲，双足低于地面丈余，巍然倚坐于明正统十年所修的七丈高的大佛楼内，故有"八丈佛爷七丈楼"之称（图276）。据五代后周显德五年（958）《黎阳大伾山寺准敕不停废记》碑文中载："以兹山之足为佛足矣，以兹山之顶为佛顶焉。有缺落碑铭载，相续月日，俨三十二相，亦四五百年。""三十二相"是佛之三十二种妙相，在此即指弥勒佛像，可知此佛应雕造于北齐天保九年（558）之前，唐代及明代有局部改造。是中国现存最早最大的弥勒佛像，堪称中国八大弥勒佛之首，十分珍贵。2001年公布为全国重点文物保护单位。

图 275　浚县大伾山摩崖大佛

图 276　浚县大伾山摩崖大佛正面、侧视图

  中国的弥勒信仰，自佛教传入后不久的东汉晚期即已开始，并创作了"仙佛模式"的弥勒佛，大约在北魏末至东魏年间，龙门石窟开始出现倚坐式，两侧有狮子的弥勒佛。北齐至隋唐时期，这种倚坐式弥勒开始盛行，直至元明时期仍有雕造。据温玉成先生考证，"浚县大伾山摩崖大佛，雕造于北齐或稍前，即主体部分完工于公元550—577年，唐代有局部改造。它与太原西山北齐倚坐大弥勒佛，最终确定了倚坐式弥勒佛的模式，影响隋唐以后的弥勒造像达八百年之久。是中国现存最早最大的倚坐弥勒佛"。[1]

---

[1] 温玉成：《浚县大弥勒佛及相关问题研究》，载浚县文物旅游局编，班朝忠主编：《大伾文化》一，文物出版社，2004年，第78-100页。

二、浚县浮丘山千佛洞石窟

大伾山西去 0.5 公里有浮丘山与之遥相对峙，山巅有一座创建于明嘉靖年间的道观——碧霞宫，是碧霞元君的行宫，俗称奶奶庙。千佛洞石窟开凿在碧霞宫后一块凸起的石灰岩崖壁上。四壁峭直，高 4.5 米，顶平坦，上有部分石栏杆遗存，北壁有石阶可登临崖顶。在崖石的西壁和西壁南部开凿二窟，两窟内雕龛 935 个，造像 1027 尊，题记 13 则，另有西壁中下部壁面摩崖造像 76 龛，题记 20 则。[1]（图 277）

图 277　浚县浮丘山千佛洞石窟外立面示意图

第 1 窟位于山崖西壁南部（图 278），窟前有清代卷棚顶抱厦一间，窟门上方刻清代书法家程涝书"佛国"二字，门楣刻元至正六年（1346）八思巴文题记。圆拱形窟门高 1.53 米，宽 1.1 米，厚 0.4 米。窟平面方形圆角，宽 3.5 米，进深 3.14 米，高 2.54 米，穹隆式顶。窟内造像为三壁三铺式，正壁一佛二弟子二菩萨（图 279），左壁一佛二弟子一菩萨，另一菩萨位于左前壁，右壁一佛二弟子一菩萨，另一菩萨位于右前壁。除左前壁一菩萨保存完好外，其余头部已全部被毁。在四壁主像的周围密布大小龛像 890 余身，题记 8 则。壁面涂有金粉，造像均施彩绘，虽脱落大半，仍可见红、绿、蓝、黑诸色。

---

[1] 陈平、杭侃、田凯、刘家任、王东：《浚县千佛洞石窟调查》，《文物》1992 年第 1 期，第 31-39 页

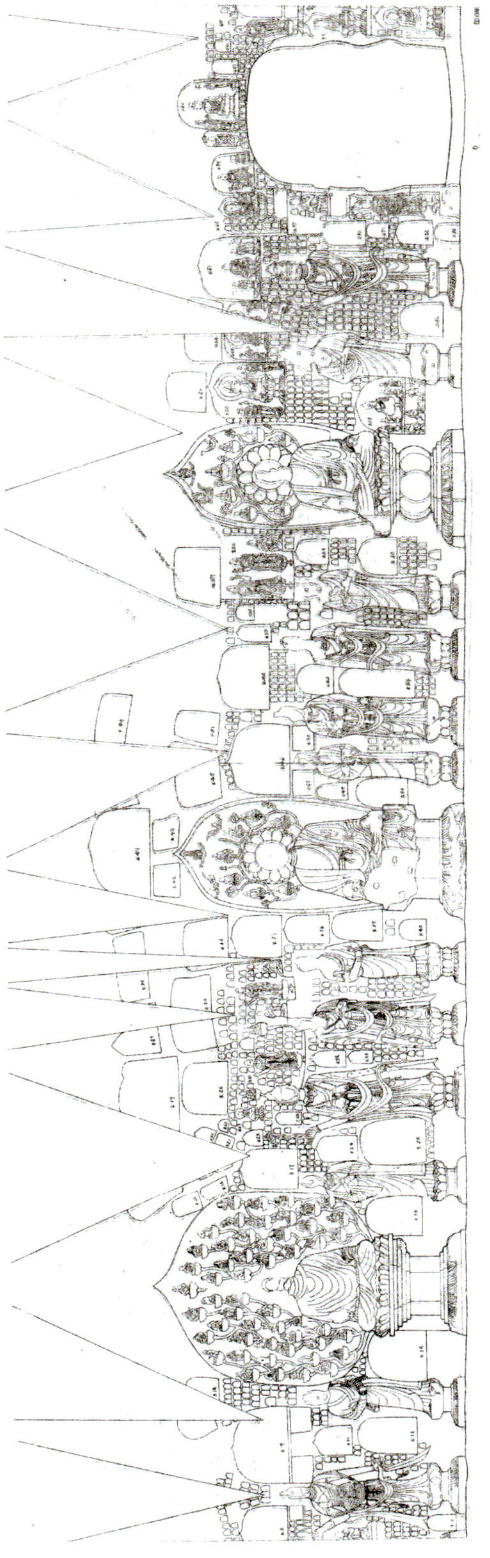

第四章 隋唐及宋代以后的石窟及摩崖造像

图278 浚县浮丘山千佛洞石窟第1窟立面展开图

图 279　浚县浮丘山千佛洞第 1 窟正壁

　　主尊佛像着双领下垂式大衣或通肩大衣，内着僧祇支，胸部丰满，颈饰项线，有身光和项光，结跏趺坐于六棱束腰莲座上。两侧弟子均跣足立于束腰圆莲台座上。左侧者较瘦，袒胸，锁骨突出，胸骨嶙峋，身微前倾，为老年迦叶；右侧者丰满适中，为青年弟子阿难。他们或手持串珠，或双手合十于胸前。着敷搭双肩式大衣，内着交领僧祇支。外衣内皆着长裙。胁侍菩萨高发髻，束小花冠，面相方圆，身躯高而有曲线，姿态优雅端庄，颈有项线，佩戴项圈、臂钏、腕钏。着短上衣，有无褶、多褶两种，袒右肩，胸部乳线明显，璎珞长挂于身，在腹前交叉后分挂两侧。帔帛绕肩在身前横贯两道，穿肘外扬。下部长裙与短裙套用，长裙束腰，裙腰翻转如扭绳，正中反出一带系佩环垂至膝下，环下饰花结。跣足立于莲台上，均有头光和项光。

　　窟内四壁雕凿小龛近百个（千佛龛除外），由题记可知，有59个龛像的凿刻时间在唐高宗调露二年至永淳二年（680—683）前后。其中圆拱顶龛19个，尖拱顶龛24个，方形龛1个，此外还有一类壁龛，形制模仿前三种，龛内造像形体粗劣，仅刻出粗坯，此类当属后人扰凿之列。造像内容主要有一佛二弟子二菩萨四力士、一佛二弟子二菩萨、一佛二菩萨二力士、一佛二菩萨、一佛、二佛、一菩萨、二菩萨、七佛以及千佛等。雕刻认真，造型规整。佛像以结跏趺坐式为主，有少量的善跏趺坐式。佛装有直领式、通肩式、袒右肩式三种。前两种佛装与本窟大像相同。手势主要有降魔、禅定两种，也有少量的说法印。佛座主要有圆形束腰莲花座和方形束腰须弥座两种。佛像均无身光，桃形头光和圆形头光并用。菩萨有立式和舒相坐式两种，立式菩萨像的着装或与本窟大像相同，着短上衣，长裙，帔帛交于腹前两道，戴项圈，挂长璎珞。或袒上身，斜披络腋，帔帛垂至体侧，裙腰宽大。装束趋于简化，戴项圈，有的不挂璎珞。菩萨足下莲台以带短茎单层仰莲台为主。

第2窟位于第1窟的北边（图280），窟门已残，呈不规则拱形，高1.5米，宽1.1米，窟平面呈方形，宽2.1米，进深1.6米，高1.8米。左中右壁下部设低坛，穹窿式顶。窟内造像为三壁一铺式，在低坛上高浮雕一佛二弟子二菩萨二力士七尊式组合（图281）。除右壁力士外，头部均残毁。主尊结跏趺坐，上半身残，佛座与第1窟正壁相同，有莲瓣形火焰纹身光和双层莲瓣头光。弟子形象装束与第1窟相同。菩萨与第1窟相比有明显变化。头部残，宝缯束发垂肩，颈有项线，身躯婀娜，乳部突出，有腹线，肌肤丰满圆润。帔帛绕肩穿臂沿体侧呈"S"形下飘。袒上身，裙腰宽大，中间翻转结带。长裙覆足，衣纹贴腿作出水式，裙摆紧窄，透体感强，短裙已消失。装饰比第1窟菩萨简化，项圈变为单层，由单珠组成。璎珞亦由单珠穿连而成，两肩无圆形饰物。左壁力士像残毁较甚，右壁保存较好，造型及装束与龙门石窟同时期力士像相似。

窟内四壁遍雕小龛，由题记可知，有29个龛凿刻于武则天如意元年至玄宗开元二十五年（692—737）。其中圆拱顶龛21个，尖拱顶龛12个，方形龛4个，其余龛形不清。造像内容有一佛二弟子二菩萨、一佛二菩萨、一佛、二佛、一菩萨、骑狮象的文殊普贤菩萨以及莲花化生等。龛像雕造技法粗简，与本窟

河南佛教造像史

图280 浚县浮丘山千佛洞石窟第2窟立面展开图

514

图281　浚县浮丘山千佛洞第2窟正壁

大像作风截然不同，显示出退化衰落的迹象。佛像仍以结跏趺坐式为主，立式类仅见一例。袈裟有右直领式和通肩式两种样式，衣纹趋于简化，右直领式袈裟左领作单线上旋至肩臂，胸臂间无衣纹。胸前皆无结带。通肩式袈裟衣纹稀疏，宽细不匀。手势多作双手扶膝，少数作禅定印或双手袖于衣内。佛座仍以束腰莲花座为主，莲瓣雕刻简单，有的将上层仰莲省去不刻，有的为半圆形单层仰莲座。菩萨多为立式，身躯已无曲线，帔帛已无飘逸感，下裙紧窄贴腿，璎珞趋于消失。双手皆执帔帛，一臂上举，一臂下垂体侧。所踏莲台以带短茎半圆形仰莲式为主，圆形束腰莲台仍可见到。龛像之间刻题记5则。

第四章　隋唐及宋代以后的石窟及摩崖造像

在两窟外壁面上，满布浅浮雕摩崖龛像和题记，惜大部分剥蚀殆尽，所剩者无一完整。龛的形制可辨识者主要为圆拱形，造像组合有一佛二弟子二菩萨、一佛二菩萨、一佛二弟子，以及骑狮文殊菩萨、力士、七佛等。佛像造型有结跏趺坐、善跏趺坐、立式等三种。弟子、菩萨形象多残蚀莫辨。崖壁上多见骑狮象菩萨残迹，同时还出现浅浮雕密檐式塔，塔上刻壶门、坐佛等，皆属唐代作品。另有摩崖题记20则，可识者皆元、明、清时期所刻，有两则明代题记记述了千佛洞的兴衰，其余多为游人瞻洞礼佛之作或发愿人姓名等。

千佛洞石窟的开创年代无题记与文献记载，根据小龛造像题记，结合窟龛形制、造像特点等分析，千佛洞石窟唐代造像经历了三个明显变化阶段。从第1窟小龛有调露二年（680）题记表明，第1窟应开凿于唐高宗前期，即公元680年之前，是千佛洞石窟的初创期。第1窟小龛与第2窟大像当雕凿于唐高宗后期至武周前期，即680—690年。而第1窟千佛龛与第2窟小龛则开凿于武周后期至玄宗开元时期，即692—737年。因此，千佛洞石窟是豫北地区保存相对较好的一处盛唐时期的洞窟。

三、卫辉香泉寺石窟

香泉寺石窟（图282），位于卫辉西北20公里太行山东麓的霖落山香泉寺内，前有湍湍流水，后有青山环绕，环境优雅，景色秀丽。石窟开凿在山崖上，唐开元（713—741）年间建，平面呈方形，高2.5米，宽2.5米，深3米。正面雕一佛二弟子，主尊结跏趺坐于莲花座上，二弟子侍立左右。左右壁各雕一佛和二力士。内侧各雕一龛，内雕一佛二菩萨。另外在左右两壁的余面凿有许多小龛，龛内雕坐佛一尊，北壁为184尊，南壁71尊，故称"千佛洞"。

香泉寺始建于北齐天保七年（556），为著名高僧僧稠禅师在魏离宫旧址上所建。隋大业五年（609）重修，唐、宋、金、元、清历朝均有石刻和石窟造像。素有"豫北第一古刹"之称。

图282 卫辉香泉寺石窟

四、方城佛沟摩崖造像

方城佛沟摩崖造像,位于河南省方城县县城东南60公里小史店镇东南8公里姚林村南桐柏山余脉香山之半山腰处。据民国三十三年的《方城县志》记载:"《宋志》载香山在州(方城县城)东南120里,上有香山寺,摩崖造像,大者二尺余,小者尺余,背有千手千眼菩萨,盖仿龙门石窟而为之。"山上原建有香山寺,现已荡然无存。这里是南阳盆地与黄淮平原、伏牛山脉与桐柏山脉的分界线,素以"南襄隘道"著称,为南北交通要道,也是唐代后期中原佛教南传川渝的必经之路,佛沟摩崖造像,就是这条古道上的重要佛教遗存之一。

佛沟摩崖造像主要分布在两块巨大的天然巨石上(图283),两石南北相距约0.3厘米,南石高3.6米,宽2.7米,厚1.5米。四壁环刻造像18龛66尊。[1]南石东壁(图284)满雕龛像,分四层雕造。上层雕一尖拱形大龛及两个圆拱形

---

[1] 王景荃:《方城佛沟摩崖造像调查与研究》,《中原文物》2009年第1期,第66-72页。

图 283　方城佛沟摩崖造像全景

图 284　方城佛沟摩崖造像东壁

小龛，内雕一佛二弟子。主尊头部残，从残迹看应为地藏菩萨，结跏趺坐于方形束腰须弥座上，裙裾覆搭座前，衣纹及手印均剥泐不清。二弟子雕于龛外两个圆拱形小龛内，均双手合十而立。

在左弟子龛下有一方形小龛，内雕一主尊及二胁侍，形象及衣饰剥泐不清。中层为两个横长方形龛，上下排列，两龛雕刻内容相同，每龛造像三组，每组均为一主尊及二胁侍。最下层造像多剥蚀不清，从中间图像可看出有二小鬼在推磨，应属地狱变内容。不难看出，此壁七个方形龛内雕刻的内容应是十帝阁君造像。另有三龛由于石面的限制，刻于南石南壁及南石北壁。

南石南壁（图285）造像分两层，上层并列雕两个尖拱龛，右龛稍大，内雕宝冠佛结跏坐于束腰须弥座上，右手屈肘上举，左手下垂，衣饰不清。左龛内

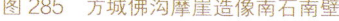

图285　方城佛沟摩崖造像南石南壁

雕一佛结跏趺坐于仰莲座上,头部残,着双领下垂袈裟,手施禅定印。下层靠右为三个尖拱形龛组成的一佛二弟子造像,中龛稍大,内雕弥勒倚坐于束腰须弥座上,面部残,着双领下垂袈裟,右手上举于胸侧,左手下垂抚膝上。二弟子雕刻于左右两个小龛内,双手合十而立。左边靠近边缘雕一方形小龛,从龛形看应与南石东壁龛相连。龛内造像三身,右边两身剥蚀不清,左边一身肩帔帛带,双手下垂在身侧紧握。此龛下方有一龛形浅槽,但未雕成龛像。

南石西壁(图286)分三层雕刻,上层雕一尖拱龛,龛内无像。中层两龛,均为尖拱形,右龛内雕一佛二弟子二菩萨,主尊高肉髻,面相丰圆饱满,颈饰

图286 方城佛沟摩崖造像南石西壁

三道蚕纹，着双领下垂袈裟，内着僧祇支，下着裙，胸前束带打结。右手屈肘上举，左手下垂扶膝，结跏趺坐于束腰高座上，座前覆搭裙裾，束腰处饰莲苞。二菩萨戴宝冠，结跏趺坐于莲座上，座下左为大象，右为狮子，此二菩萨为普贤菩萨与文殊菩萨。表现的主题应是华严三圣。在主尊与菩萨之间刻二弟子双手合十而立。左龛内雕一佛二弟子，主尊及左弟子残损。主尊结跏趺坐于束腰须弥座上，头部及身躯残毁，右侧弟子着交领僧衣，右手屈肘于胸侧，左手提一物侧身而立。下层长方形浅龛内雕十六罗汉像，分4层排列，每层4尊，其中上三层罗汉结跏趺坐于仰莲座上，下层罗汉端坐于案后。造像面部多剥泐不清，上数第三排右边第一尊和第四排左边第二尊残损。

南石北壁（图287）正中雕十二臂观音及二弟子，通高1.4米，是佛沟摩崖

图287　方城佛沟摩崖造像南石北壁

龛像中最大的造像。观音头戴高冠,冠前刻化佛,面相方圆。上身袒,结跏趺坐于仰莲须弥座上。除两臂合十于胸前,两臂平置于腹前外,其余八臂分别置于头顶、肩际和腰部,做出各种不同的手印。二弟子恭立于佛座两侧。在靠近东壁的边缘处刻两个方形小龛,雕刻内容与东壁下部龛相同,均为一主尊二胁侍,多剥泐不清。

北石高3.1米,宽3.3米,厚2.5米。南、北、西三壁造像14龛72尊。北石南壁(图288)造像分三部分雕刻,顶部六龛内雕坐佛3尊,头部均残,双手在胸前合十,结跏趺坐于方形台座上,裙裾覆搭座前。其下部雕一佛二弟子二

图288 方城佛沟摩崖造像北石南壁

菩萨，主尊结跏趺坐于束腰须弥座上，左右两个小龛内二弟子双手合十恭立于莲花座上。其外侧两个尖拱龛内左刻普贤菩萨骑象，右刻文殊菩萨骑狮，其下方分别刻狮奴象奴。此龛主题亦应是华严三圣。菩萨头部近年被盗。在该壁面左半部自上而下雕坐佛五排，每排1—4尊不等，共14尊，均有莲瓣形背光，结跏趺坐于莲花座上。应与北石西壁雕刻内容一致。

北石西壁（图289）自上而下雕5层长方形龛，每层龛内雕坐佛7—9尊不等，共39尊，皆有莲瓣形背光，结跏趺坐于仰莲座上。此壁39尊与北石南壁14尊共同组成53佛。北石北壁上端刻供养人像10身，其中男性3身，女性7身，多剥泐不清。

图289 方城佛沟摩崖造像北石西壁

另在摩崖造像的东南角 10 米左右，还有三处利用自然石块雕造的龛像，每石上雕一浅龛，内雕造像不同。其中一"山"形石上雕一佛二弟子，高 1 米，宽 1.08 米。头部均残，衣纹剥泐不清，跣足立于莲座上。另一处为道教造像，在一天然圆石上雕凿圆拱形浅龛，龛高 0.93 米，宽 1.15 米。龛内雕像三身，主尊头部残，着交领道衣，双手袖于衣内，两腿下垂作倚坐状。其左一人头部残，着交领长衣而立；其右形象与左侧不同，头部与身躯上部残损不清，从残迹看应为护法神像。还有一处龛像刻于圆拱形石块上，圆拱形浅龛内雕造像三身，头部均残，主尊上身修长，双手袖于胸前，结跏趺坐。左侧一人头部残泐，侧身而立，右侧一人身躯残泐较甚，从残存的身躯看，应为一护法神。由此可见，此两处造像应是道教造像。

佛沟摩崖造像共刻造像 32 龛，138 身像，其中最大者高 1.4 米，最小者仅 0.2 厘米。造像题材主要有华严三圣、阿弥陀佛、弥勒佛、宝冠佛、五十三佛、十二臂观音、十六罗汉、地藏菩萨、十殿阎君、地狱变、道教造像以及供养人等。龛像组合上多为一佛二弟子二菩萨、一佛二弟子、一菩萨二弟子等五身和三身组合。由此可见，佛沟摩崖造像就其题材而言，从释迦佛到十六罗汉再到弥勒佛，从救济现世的观世音菩萨到救地狱教化六道众生的地藏菩萨再到代表修行果位的五十三佛，谱系明确，造像意图明显。说明该处造像的设计者是通晓佛教教义的，此处造像应为当时寺院高僧所造。而这些造像题材在大足石窟宋代造像中也多有出现。因此，佛沟摩崖造像是一处雕刻于五代至北宋时期的佛教造像，是龙门石窟之外的一处重要的密宗造像遗存，同时也是中原佛教南传过程中的重要见证，反映了豫南地区佛教文化的活跃状况。

第四节 宋代以后的石窟造像

河南宋代以后的石窟造像，主要分布在豫北地区的淇县、鹤壁、林州和安阳等地，豫西地区和豫南地区也有少量的石窟造像，宋代的石窟造像主要有淇县青岩石窟、鹤壁石庙沟石窟、鹤壁张公堰石窟、林州双龙寺摩崖造像、灵宝洞沟梁石窟等；明代的石窟主要有安阳县黄龙洞石窟、唐河县暗坎石窟以及商城县石洞村石窟等。宋代以降，由于受礼学和三教合流的影响，这些石窟造像较前期相比，其造像艺术开始由盛转衰，是石窟造像的衰微期。石窟造像的神圣性和理想主义精神大大减弱，而世俗的现实性成分大大增加。造像题材除佛、菩萨外，更多地出现了观音、大肚弥勒、罗汉、祖师等，这些题材都具有贴近现实生活的特点。在艺术上，它受到了佛教世俗化外力的牵引，完全以世俗的审美情趣、要求来塑造佛像，它的目的是迎合世俗社会，是现实的。因此，宋代佛教造像的写实手法在世俗风气的导引下达到了高峰。明以后的小型石窟，造像多已毁坏不存，因此，这些已无造像的石窟，本书不作收录。

一、灵宝洞沟梁石窟

灵宝洞沟梁石窟，位于灵宝市西45公里洞沟梁东麓。利用一天然石洞修凿而成，高6.4米，宽4.8米，深12.4米。穹窿顶，平面呈不规则椭圆形。窟内造像均为彩塑，正壁塑主像三尊，中间为释迦牟尼像，结跏趺坐于莲座上，身后有舟形背光。两侧为文殊、普贤菩萨，头戴宝冠，胸佩项饰，腕戴臂钏。身着菩萨装，分执经卷、莲蓬，结跏趺坐于青狮、白象背上。释迦前两侧的墙壁上分别彩塑像数十身，其中以南壁造像保存较为完整。南壁塑像自上而下分为四层，第一层以彩塑为主，配以小型塑像，上部塑山石云气，其东侧塑萨埵太子佛传故事。下部东西两端塑城门，内容为"出游四门"佛传故事。正中塑"涅槃变"。其形象自东向西分别为老者、持国天王、观音菩萨、菩萨、侍女、力士、天王、菩萨、天王、菩萨，均立于云气之上。第三层塑9身罗汉像，第四层塑坐像5身，着冠，衣袍束带，似为地藏十王像。前室北壁塑像布局大体与南壁相对称，现残存塑像19身，其中立像10身，分别为菩萨像3身、天王像2身、力士像1身、老者像3身、女像1身、坐像9身。另有小型坐像3身。门外南北两侧分塑文、武二圣像。

关于该窟的年代，史籍无载，杜启明先生根据其塑像内容及服饰特征以及南壁建筑、家具及"妇人掩门"等判断，这些塑像可能是北宋中、晚期的作品。[1]

二、林州双龙寺摩崖造像

林州双龙寺摩崖造像，位于林州市城北5公里万宝山北山坡双龙寺南。造像凿在北山腰，坐北向南，摩崖高约6米，宽约4.5米。由下而上分为十层，每层高约0.3—0.3米。第一、二层为空龛无像，第三层雕有一戴冠的文吏，一执刀的武将。另雕结跏趺坐的佛像4尊，螺髻，圆头光，身着袈裟，双手合十于胸前。龛下刻有造像题记。第四层雕结跏趺坐佛像5尊及二弟子二力士像，佛像或施禅定印，或施无畏印。第五层两龛内雕结跏趺坐佛像，第六层至第九层共凿30个小龛，除5个空龛外，其余龛内各雕坐佛1尊。另在第六层至第八层相平行的东崖凿有二龛，龛内各雕一身结跏趺坐佛像。最上端的第十层雕力士3身和执剑天王、执琵琶天王和戴宝冠的菩萨以及结跏趺坐的佛像各一尊。摩崖刻造像题记数处，因位置较高及剥蚀严重不易看清，但从造像风格特征看，多

---

[1] 杜启明：《河南灵宝洞沟梁石窟彩塑调查》，《文物》1987年第4期，第24页。

为宋至明代雕造，摩崖下部有明嘉靖四十年（1561）金装重修佛像的题记，可知在明代曾对该处造像进行过维修。

双龙寺创始于宋代，金、明、清各代都曾修缮增补。现存建筑有伽蓝殿一间，护国山神庙三间。寺中残存石碑8通，其中金兴定三年（1219）"创修里水山神庙记碑"，记载有红袄军的重要史料。寺前另有金代喇嘛塔两座。

三、鹤壁张公堰石窟

鹤壁张公堰石窟，位于鹤壁市大河涧乡张公堰村西5公里许佛爷沟的半山崖壁上。石窟坐北向南，共开6个窟龛，其中空龛1个，集中凿于一处，主龛位于空龛上部，其余四个小龛，两个分布于主龛左右龛柱中部外侧，两个位于主龛尖楣两边。主龛左侧有"淳化元年岁当庚寅（990年）三月十二日"邑子捐资造窟题记一方。因风化剥蚀严重，字迹多难辨认。该窟上部以主龛为中心凿一人字形分水槽，保护石窟不受山水冲刷。在主龛上部、左右两边残存马蹄形枋洞9个，可知原窟前有木构建筑，毁于何时已不可知。

主龛为尖拱形，高1.19米，宽0.91米，平面呈马蹄形。造像为一佛二弟子二菩萨二力士。主尊为一尊弥勒，善跏趺坐于方台座上。佛头部残缺，胸部丰满，内着僧祇支，外披双领下垂式袈裟，右襟于腹前横绕搭于左肘外下垂。佛右臂自肘下残缺，左手残，似为与愿印。双足自然下垂，跣足踏在圆莲座上，衣裾自方座前下垂全部覆盖台座呈悬裳式。佛身后有桃形背光，直抵龛顶。左胁侍（东侧）弟子跣足站在一方台座上，头部残，身披双领下垂袈裟，双手胸前拱于衣内，右襟上绕搭于左肘外下垂，衣纹稀疏。衣袖于胸前下垂，下身衣裾微向内收。右边衣纹为阶梯式。浅线刻菩萨头戴花冠，颈戴宝珠项链，胸部丰满，裸上体，肚脐外露。下着长裙，跣足立于圆莲座上。帔帛搭于双肩，左侧自胸前搭肘外垂；右侧右手握巾下垂，左手曲肘上举。力士上身裸，肌肉隆

---

[1] 郭太松：《鹤壁发现宋代石窟造像》，《中原文物》1989年第2期，第95页。

起，下穿短裙，腰束带，裙边外翻，双腿从膝下残缺。左手紧握肩前垂下披巾放置腰间，右手下垂紧握从腋下飘来的帔帛，跣足立于圆形莲座上。右胁侍（西侧）弟子头残缺，双手叠压置于胸前，内着僧祇支，身披双领下垂袈裟，右襟上绕搭左肘下垂，右侧衣纹肘下呈阶梯状，跣足立于方台座上。菩萨头部残缺，颈戴项圈，裸上体，胸部丰满。下着长裙，腰系带，裙腰外翻。帔帛自肩前下垂，右手曲肘前伸，手捏一圆形物，左手下垂握帔帛，衣纹稀疏，薄衣透体，呈阶梯状，跣足站在圆莲座上。力士自胸部以上残缺，从残迹看，裸上体，肌肉隆起，下着短裙，两腿前后分开，跣足站在圆莲座上。主龛下部于倚坐佛前浮雕一兽，圆目大口，毛发上卷，正视前方。兽面左右各浮雕一狮子相背蹲坐，前内腿抬起，尾巴上扬，昂首张嘴怒视前方。主龛上部尖拱形龛楣两侧各凿一小尖拱形佛龛，内均雕一禅定坐佛像，因年久风化，面相衣着已难辨认。主龛两侧中部各雕一佛龛，龛内各雕一佛，有桃形背光，头部及胸部残，身着双领下垂袈裟，半跏趺坐于莲蓬上。衣裙垂至莲蓬上沿。

鹤壁张公堰石窟规模不大，但作为宋代石窟，于河南颇属少见，而且其窟龛形制与巩义石窟寺2号窟左壁太平兴国八年（983）补凿的造像龛形制完全一样，其主佛、弟子、菩萨、力士造型，又和陕西中山石窟北宋治平四年（1067）中央佛坛三世佛之二立菩萨力士雕像相近，其雕造手法倾向于写实，造像比例合宜，身躯匀称。衣裙上衣流畅，线条突出。佛像祥和，造型生动，刀法洗练，意态优美，不愧为河南地区一处典型的宋代石窟艺术。

四、淇县青岩石窟

淇县青岩石窟，位于淇县西北20公里贺村之西，太行山东侧山腰石壁上，淇水从山下流过。淇县位于河南省北部，东临浚县，西依太行与林州相连，北与鹤壁市毗邻，南与卫辉市接壤。县境南、北、东三面为淇河、卫河、沧河环绕，西部为连绵起伏的太行山脉，东部为河流纵横的沃土平原，肘山腹水，风景秀丽。

石窟平面近方形，穹隆顶，高2.82米，宽3.4米，深3.6米。正壁雕释迦牟尼佛，肉髻扁平，面相长方，着双领下垂袈裟，结跏趺坐于束腰须弥座上，衣纹折叠整齐垂于座前。右手平置胸前，手指向上，掌心朝外，左手下垂置于膝上。身后有火焰纹背光。其余壁面遍刻千佛，现存630余尊，雕工精细，神态各异。从造像风格看，应为北宋时期所造。1986年公布为第二批河南省文物保护单位。[1]

淇县青岩石窟自开凿以来，历代皆有修复，现存有清嘉庆四年（1799）"重修千佛洞碑记"。窟内有石供桌，为明弘治七年（1494）造。整个石窟保存完好，特别是所有造像均用黑、红、浅蓝、淡绿诸色彩绘，为我国石窟造像中少见。

---

[1] 王景荃：《中原文化大典·文物典·中小型石窟与石刻造像》，中州古籍出版社，2008年，第228页。

第五章

隋唐及宋代以后的单体造像

　　隋唐时期，在佛教造像方面是继北朝后的又一个空前繁荣的时期。隋代的统治虽然只有三十多年，但由于是继佛教盛行的南北朝之后，特别在全国统一、经济发展的条件下，需要把佛教作为统一思想的工具，因此佛教造像仍很盛行。隋文帝开皇元年（581）正值北周武帝毁佛不久，文帝杨坚立即下诏复兴佛法，修复周武时所毁的佛寺、佛像。接着还再三下诏，将散存民间的佛像交付寺院安置和修妆，并严禁毁坏偷盗佛像等行为。至隋仁寿四年（604）的二十余年间，共雕铸各种材质的佛像106000多尊，整修旧像1508940余尊。但由于后来唐武宗、后周世宗两度灭佛，加上兵燹和火灾摧残，毁损甚多，只有小型的铜造像和石雕造像遗存尚多，且颇有可观的精品。在河南现存的石刻造像中，隋代造像在数量上虽然较少，但却很精美。著名的有河南博物院藏隋开皇二年（582）"荀国丑造像"、开皇三年（583）"邢法敬四面造像碑"等。其造像形式继承了北魏莲瓣式三尊像与北齐的四方柱体造像碑的造型，"荀国丑造像"堪称隋代莲瓣式三尊像的代表作品，这种莲瓣式三尊像背光造型与北魏河南北部流行的背屏式三尊像极为相似，但背屏装饰不再有北魏背屏式三尊像繁缛华丽的雕刻，而为两株高大的菩提树，树上分三层雕佛像8尊：上层为交脚弥勒，下两层为禅定七佛。主尊释迦牟尼结跏趺坐于长方形束腰须弥座上，面相丰满而稍长，姿态雍容而自然，高耸的肉髻尚有北魏造像遗风，而那流畅简练的衣褶线纹又恰似唐代佛像的做法，因此，这尊隋代莲瓣式三尊造像，在上承北魏晚期造像风格，下启盛唐造像作风中，无疑是一件过渡时期的重要作品。然而，开皇三年的"邢法敬四面造像碑"却是北齐时期豫北地区流行的四方柱体造像碑的延续。这件造像碑原存滑县大吴村,与"佛时寺四面造像碑"的原存地浚县相邻,两地相距很近,两碑仿木结构的九脊歇山式碑首和雄浑的四方柱体碑身及每面均凿三个佛龛完全一致,具有相同的地域风格。其雕刻内容也基本相同,但其艺术风格和表现手法较北齐更加细腻,人物造型优美,衣饰线条流畅自然,躯体比例正确合度,在脸型及身段上既残留着北朝"秀骨清像"和"服饰容曳"的审美观点,又具有向未来的盛唐丰腴型发展的某些迹象,特别是脸型的偏圆,已不再是北朝末期的传统,而是全国统一后融合了南北文化向更加旺盛的方向发展的一个良好开端。

唐代佛教兴盛,较隋尤甚,造像之风也更盛于隋。从河南龙门石窟奉先寺卢舍那大佛的雕刻,可看出唐代佛教造像的空前规模。在官方开窟造像的同时,民间的单体造像也不甘落后,造出了众多美轮美奂的艺术作品。河南唐代单体造像主要分布在豫北以及嵩洛地区。除部分保存在佛教寺院外,另一部分近年出土的石雕佛像多保存在博物馆和文物管理部门。1976年3月郑州市文物部门在荥阳市东大海寺遗址发掘出一处大型佛教石刻窖藏[1],出土北魏至唐代石雕造像41件,除"道晗造像碑"系北魏孝昌年间外,其余皆为唐代作品。其中菩萨造像18尊,均为圆雕立像,造型高大,尤以十一面观音立像、玄政造天王菩萨立像、高国珍造观音菩萨立像、狮子吼菩萨造像等最为精美。

---

[1] 郑州市博物馆:《河南荥阳大海寺出土的石刻造像》,《文物》1980年第3期,第56-66页。

第一节　隋代单体造像

　　隋代石刻造像，在保留了北齐、北周余韵的同时，也有新的发展，体现出明显的过渡期发展特色。造像形式上以北齐四阿顶方柱体四面造像碑为主，龛形多为尖楣圆拱龛，但注重龛柱和龛楣的装饰效果，龛柱多为八棱体，顶端饰仰莲和宝珠，柱础多饰覆莲，龛梁及龛柱中部饰以束腰仰覆莲。有的柱体雕一奔驰而下的龙。龛楣除部分以菩提树龛茂密的枝叶装饰外，多以供养天人和伎乐天人装饰，有的还饰以华绳，使龛楣雕刻较前期的素面无饰更富装饰性。造像题材在延续北齐造像题材的同时，也有新的题材出现。释迦佛、阿弥陀佛、弥勒佛、无量寿佛、药师佛、定光佛等题材均有雕刻，维摩诘经变、涅槃变等经变故事仍是此期雕刻的对象，但较前期复杂多了。特别是维摩诘经变，将维摩用法力使天人借神座和香板的过程雕刻出来，生动形象地反映了维摩与文殊师利辩法的全过程。造像组合上仍以一佛二弟子二菩萨为主，前期的一铺九尊式组合在此时已不再出现。艺术风格上，造像面相方圆，广额丰满，躯体敦实，脖颈粗长。其中佛像的造型表现尤为突出，菩萨像则显得轻盈一些，躯体扁平，腹部挺起，面容恬淡，别有一番韵味。佛像肉髻扁平，衣着依然为北朝晚期样式。菩萨像戴花冠和发髻冠，但冠式普遍低矮，宝缯依然垂搭在双肩上。上身袒露，下着长裙，颈佩项饰，胸缀交叉穿璧式璎珞，帔帛自两肩齐垂体侧，基本是北朝晚期样式，但风格都趋于繁复，尤其突出的是交叉于胸腹间的璎珞，其造型粗犷，显得有些笨重感。佛座的变化较为明显，由原来单一的狮子方台座发展出束腰多角式莲花座，造型端庄秀丽，已明显脱离了北朝的古朴凝重风气。另外，造像衣饰的表现技法也有较大的发展，在继承北朝直平阶梯式技法基础上，发展出表现衣质薄透贴体的凸起阳线刻法，使人物内在的生机通过肌肉的起伏得以流露和表现出来。总体看来，隋代造像在继承北齐北周造像风格的基础上，已明显向着追求装饰、变化、动感的趋势发展，为唐代造像风格的成熟做出了充分的准备。

一、道俗五百人造像柱

道俗五百人造像柱（图290），隋开皇元年（581），通高3.43米，直径0.38米。原存地不详，郑州市博物馆早年征集，1997年入藏河南博物院。石灰岩雕造，柱之上下两端有榫，可知原来有顶和座，现仅存柱身。柱身雕刻分上下两截，上截为四面柱体，雕刻龛像，下截为16棱圆柱体，刻造像记及邑子题名，从整体造型看，该造像柱是利用魏晋时期的神道柱雕刻而成。

柱之上截造像部分高1.88米，用三道绳纹将其分成上下两部分，柱之四角雕成半圆形。正面中间大龛较其他像龛凸出，应为利用神道柱铭额处雕刻而成。龛形残缺不清，内雕一佛四菩萨，主尊着右袒式袈裟，结跏趺坐于束腰须弥座上，座下刻莲花荷叶。四菩萨戴冠，宝缯垂肩，颈佩项饰，着双层长裙，帔帛绕肩在身前交叉，双手下垂握帛带，跣足立于长茎莲座上。大龛之上刻2方形龛，上部菩提树龛内雕二思惟菩萨。下龛雕菩提树下太子思惟像，其上刻一身飞天。大龛下方形龛内雕一佛，着双领下垂式通肩袈裟，右侧袈裟甩向左肘下垂，内着僧祇支，下着裙，跣足而立。龛外左右小龛内均刻一立像，着交领短襦，下着裙，右手持莲花，跣足立于莲座上，其旁莲座上立一小儿。

右侧面造像以绳纹分成上下两部分，上部分竖向雕2个尖楣圆拱龛，上龛内雕一佛二弟子，主尊着交领袈裟，结跏趺坐于方形束腰须弥座上，束腰处较高。右手施无畏印。下龛内雕释迦多宝二佛并坐于方形壸门床榻上。下部竖向雕2个圆拱形龛，上龛雕一禅定坐佛。下龛雕一菩萨立像，颈戴珠串项饰，斜披络腋，帔帛绕肩在身前横贯，绕肘下垂。下着双层长裙，外缚珠串璎珞。菩萨两侧刻莲花化生。龛下雕二身跽跪供养人。

图 290 道俗五百人造像柱

左侧面龛像排列与右侧面基本相同，上部分竖向雕 2 龛，上端圆拱龛内雕一佛二菩萨，主尊着双领下垂袈裟，内着僧祇支，结跏趺坐于圆形束腰仰覆莲座上，手施与愿印。下端帐形龛内雕一佛二弟子。龛下雕 2 供养人，一人跪跪，一人站立。下部分竖向雕 2 圆拱形小龛，上龛内雕禅定坐佛；下龛内雕一立菩萨；龛下雕二供养人，左边一人着长袖大袍，右边一人上披帔帛，应为夫妻供养。

背面上部刻二龛，上端尖楣圆拱形龛内雕倚坐弥勒和二胁侍菩萨，主尊戴冠，宝缯垂肩，帔帛绕肩在胸前交叉穿环后上扬穿肘外飘，下着长裙，双腿下垂倚坐于方形高座上。二菩萨跣足立于长茎莲座上。龛楣外两侧各刻一飞天。下部帐形龛内雕一佛二菩萨，均跣足立于长茎莲座上。主尊着右袒式袈裟，身前衣纹呈"U"形，衣纹用双线勾勒出凸起的线条。下部二龛，上为尖楣圆拱形龛，下为帐形龛，龛内均雕一佛二菩萨。

造像柱下截为 16 棱体，每面呈弧形内凹，前刻造像铭记 10 行，满行 50 字，后刻邑子题名，均为楷书，书法方正。文中记载："隋开皇元年，白公台旧寺沙门比丘慧□，伤前主宇文尊……然今伪齐邑义道俗五百人等，遂发菩提之心，共相协率，减资竭珍，在白公台形胜之地，敬修旧像卌八堪。尔其地势，东瞻嵩岭，瞩五岳之中台；西眺洛阳，望成公之基阙；南观少室，对万刃之危峰；北临二浊，兼伊洛之合溥。"由此可知，该造像柱的原存地应在偃师境内。

二、荀国丑造像

荀国丑造像（图291），隋开皇二年（582），通高 1.9 米，宽 1 米。原存地不详，新乡博物馆早年征集，1997 年入藏河南博物院。石灰岩雕造，为莲瓣形背屏式三尊造像，保存完好。主尊高肉髻，面相方圆稍长，方颐突出，两唇轻

---

[1] 王景荃：《中原文化大典·文物典·中小型石窟与石刻造像》，中州古籍出版社，2008年，第 393 页。

河南佛教造像史

图 291　荀国丑造像

合，微带笑容。头后的圆形头光与身光相连，头光内刻缠枝莲花和忍冬纹。着双领下垂袈裟，内着僧祇支，右边衣襟甩向左臂绕肘下垂，束腰结带，手施禅定印，结跏趺坐于须弥座上，衣裾覆搭座之上部，衣纹呈对称式分布。须弥座束腰处，两侧各雕一裸上体着长裙的力士，双手上举，承托佛座。座下层刻缠枝葡萄纹。二菩萨头戴宝冠，宝缯沿两肩垂下，面相与主尊相同，戴圆形项饰，上身赤袒，下着长筒裙，外着短裙，帔帛绕肩沿身侧垂下，一条珠串璎珞从左肩斜披而下，一手屈肘于胸前，手握花蕾；一手下垂握璎珞，跣足立于莲座上。佛与菩萨身后的莲瓣形大背光，由两株高大的菩提树组成，在茂密的菩提树枝上，分三层雕佛像8身，上层雕交脚弥勒菩萨，下两层雕七佛禅定而坐。造像原饰有彩绘，现已大部分脱落，尚能看出浅淡的赭红底色。

造像背后素面无饰，下部佛座处刻造像铭记："大隋开皇二年岁次壬寅二月八日，合邑诸人等敬造释迦石像一尊，上为四恩三有，共成佛道。"下为荀国丑等像主、都斋主、斋主、大邑主、都维那、维那、邑子、邑母题名。

由题记可知，该造像主尊为释迦牟尼佛，而题记中"阿弥陀像主家妙姿"所指阿弥陀佛在造像中并没有雕刻，或者是供养者误将此像主尊认为是阿弥陀佛，说明释迦牟尼信仰和阿弥陀佛信仰都是当时重要的信仰对象。题记中出现了"邑母"之称，在北朝造像中不曾见到，这是在北朝邑社组织的基础上的进一步发展。综观整个造像，荀国丑造像在整体造型上继承了北魏造像的形式，但将菩提树作为背屏雕刻的主要题材，代替前期的火焰纹，是对北魏造像的继承和发展。在雕刻技法上，由直平刀法表现细部衣纹，发展为向下凹入的新圆刀法来表现衣纹，衣纹简洁洗练，神态肃穆自然。在上承北朝晚期造像风格，下启盛唐造像特点中，无疑是一件过渡时期的重要作品。

三、邟法敬四面造像碑

邟法敬四面造像碑，隋开皇三年（583），通高2.15米，碑身高1.7米，宽0.63米，厚0.58米。原为安阳市滑县吴村隆教寺之物，宋时因河水泛滥，寺废碑存。元初将军李英夫人施地建弥陀院，置此碑于院中。明清两代曾重修，改名灵觉寺，将碑移至大佛殿。1929年由奸商盗运至天津出售，因分利不均，向法院诉讼，法庭以碑系河南古物，判归河南领回，由建设厅运至开封铁塔寺内，后移至河南古迹保护委员会（开封文庙）保管，1931年又移到河南省博物馆（开封），后归开封市博物馆，1997年入藏河南博物院。石灰岩雕造，为四阿式方柱体四面造像碑。由碑首、碑身组成，无座，碑首为九脊歇山式庑殿顶，正脊两端有鸱吻，正面左侧残缺一角。四面雕造龛像，每面竖列三龛，保存基本完好。[1]

正面（图292）上龛为尖楣圆拱形，龛楣正中浅浮雕一座宝塔，塔两边各雕一降龙，口吐祥云，龙爪拱托塔座。其外侧各雕2身供养天人，头戴宝冠，上身赤袒，下着长裙裹体，天带在身后飘荡，由于雕于龛楣下沿，轻盈的身躯给人以飞翔而降之感。八棱体龛柱上饰覆莲火焰宝珠，柱体雕一降龙，口衔莲花荷叶和长梗莲蓬。龛内雕一佛二弟子二菩萨，主尊肉髻扁平，面相方圆，着双领下垂袈裟，内着僧祇支，右侧衣襟甩向左臂覆搭于身后。左手施与愿印，结跏趺坐于圆形束腰台座上。二弟子两手袖于袈裟内，恭立于长梗莲座上。二菩萨头戴宝冠，宝缯垂肩，颈戴桃形项饰，帔帛绕肩沿身侧下垂，下着长裙，一手握花蕾，一手提善锁，跣足立于长梗莲座上，龛两侧边框上刻榜题。中龛为菩提树龛，粗壮的树干构成龛柱，树根处各雕一龙口衔莲花荷叶和长梗莲蓬，是为弟子菩萨座。枝叶组成的龛楣正中刻一兽首口衔莲花，两朵盛开的莲花上化出二童子托一摩尼宝珠。龛楣上方左右各雕一尖楣圆拱小龛，龛内雕一禅定坐佛。大龛内雕一佛二弟子四菩萨，主尊形象同上龛，着右袒式袈裟，内着僧祇支，结跏趺坐于圆形莲座上，座上饰莲瓣两层。弟子、菩萨形象及装束同上龛。据龛左榜题可知，此龛主尊为药师佛。下龛雕维摩经变。龛左下部的帷帐龛内，维摩诘居士头戴高冠，着褒衣博带式大衣端坐于床榻上，身前置三足几，左手抚几，右手握麈尾。与之相对的右边屋形龛内，文殊师利菩萨结跏趺坐于

---

[1] 王景荃：《邢法敬造像碑研究》，《中原文物》2010年第5期，第74-82页。

第五章　隋唐及宋代以后的单体造像

图 292　邴法敬四面造像碑正面

541

方台座上，一手扶膝，一手抬起，似在与维摩诘辩论佛法。中间雕一门楼，门内雕8个听法弟子、6个听法菩萨、舍利弗、天女和七佛。七佛上方刻一天人手捧香饭在天空飞翔，二神兽背着神橙奔跑。两株高大的菩提树枝叶茂密，二树之间雕一尖楣圆拱形小龛，内雕禅定坐佛。左上角亦雕一小尖楣圆拱龛，内雕一佛禅定而坐。龛下刻一猕猴在树枝上玩耍。右上角刻一熊，手舞足蹈。龛左刻榜题，多剥蚀不清，龛下刻供养者题名，多为吴姓。

背面（图293）上龛为尖楣圆拱形，龛楣正中雕一禅定坐佛，两边各雕2身飞天，身姿呈"U"形。八棱体龛柱中饰束莲瓣，顶端饰火焰宝珠。龛内雕一佛二弟子二菩萨，主尊形象及装束与正面上龛同，两腿下垂倚坐于方台座上。座两侧各雕一龙口衔长梗莲蓬构成弟子菩萨座。二弟子、二菩萨形象及装束与正面相同。据龛左榜题可知，此龛主尊为阿弥陀佛，由广平太守、豫州刺史邟法敬题名。中龛为菩提树龛，粗壮的树干构成龛柱，茂密的枝叶组成龛楣，每片树叶上均有一摩尼宝珠，二树之间雕一兽首，树根处各雕一夜叉。龛内雕释迦多宝二佛并坐，着圆领通肩袈裟，手施禅定印，结跏趺坐于长方形须弥座上。二佛之间雕一弟子袖手恭立。二菩萨形象及装束与上龛相同，跣足立于从佛座两侧伸出的长梗莲座上。龛左榜题有"开皇二年十一月十四日"纪年。下龛为拱形龛，龛楣雕娑罗树枝叶和二身飞天，飞天装束与前述不同，上着宽袖短襦，下着长裙，一腿平伸，一腿曲蹲，天带绕肩在身后形成环状飘荡起伏。八棱体龛柱下雕怪兽，中刻束莲，上饰火焰宝珠。龛内雕涅槃变，释迦身着袈裟侧身安睡在七宝床上，十二弟子或立或坐侍奉两旁，悲痛万分，二菩萨侧身立于两侧的长梗莲蓬上，衣着装束与前述菩萨相同。床榻下方山林间雕一拱形小龛，内雕一禅定坐佛。宝床上方刻两株娑罗树（双林树），反映了释迦双林入灭的情景。右边框刻榜题。

左侧面（图294）上龛为尖楣圆拱形，龛楣中雕一降龙，口衔华绳。两旁各雕2飞天，身姿及装束与正面龛楣飞天相同，帛带绕肩在身后飘荡形成一桃形，双手牵拉华绳。龛内雕倚坐弥勒及二弟子二菩萨，龛外左边刻榜题。中龛为帷帐龛，龛楣饰帷幔，龛柱下部雕降龙，口衔莲花荷叶与长梗莲蓬。龛内主尊为

图 293 邴法敬四面造像碑背面

第五章 隋唐及宋代以后的单体造像

河南佛教造像史

544　图294　邙法敬四面造像碑左侧面

普贤菩萨，结跏趺坐于白象背上。二弟子二菩萨胁侍左右，装束与前述弟子菩萨相同。龛外左边框刻榜题。下龛为娑罗树龛，二龙缠绕树干而下，口衔长梗莲蓬。龛楣中刻2天人手托摩尼宝珠飞翔。龛内造像主尊为二佛并立，着双领下垂袈裟，内着僧祇支，手施无畏与愿印，跣足立于覆莲座上。左边立佛座旁雕二童子，一童子坐在地上玩耍，一童子直立，手捧钵盂上举伸向佛主，表现的是阿育王施土。右边佛根据题榜可知为定光佛。二弟子二菩萨均立于从龙口伸出的长梗莲蓬座上。龛左刻榜题。龛下刻有重修碑记，残存12行，行存3—4字不等，余皆为功德主题名。

右侧面（图295）上龛为尖楣圆拱形，龛楣雕4身飞翔的伎乐天人，手持乐器或吹或弹。龛楣上方的空白处刻饰流云。龛内雕一佛二弟子二菩萨，主尊肉髻扁平，着右袒式袈裟，内着僧祇支，结跏趺坐于须弥座上。佛座两旁雕二护法狮子。弟子、菩萨保存完好，衣饰装束与前述相同，均立于圆莲座上。据榜题可知该龛主尊为无量寿佛。中龛为菩提树龛，龛内造像主尊为半跏思惟菩萨，上身赤袒，下着裙，半跏趺坐于高台座上，衣裾满覆座前。二弟子二菩萨胁侍左右，衣饰装束与前述相同，均立于从山间伸出的长梗莲座上，座下山林起伏，表现出释迦在檀特山修行思惟的情景。龛外左边刻榜题，大部残缺。下龛为尖楣圆拱形，龛梁两端刻龙首，中间刻一兽首口衔龙尾。龛内造像为观世音菩萨二弟子二菩萨，主尊头戴宝冠，冠前刻坐佛，宝缯垂肩，颈戴桃形项饰，上身赤袒，下着长裙，裙腰束带在两腿间下垂，帔帛绕肩在胸前结带交叉后上扬穿肘下垂，跣足立于莲座上。两旁各雕一人身兽面的夜叉，一作跽跪状，一作蹲坐状。二弟子二菩萨侍立左右。

邢法敬四面造像碑的造型及大小，都与北齐佛时寺四面造像碑相似，风格极为接近，明显是受佛时寺四面造像碑的影响。该碑造像内容丰富，四面十二龛，龛像均不相同，根据榜题可知，雕造佛像有释迦佛、香积佛、药师佛、阿弥陀佛、无量寿佛、多宝佛、定光佛等；菩萨像有弥勒菩萨、普贤菩萨、观世音菩萨、思惟菩萨等，以及维摩经变、涅槃经变等经变故事。不难看出，邢法敬四面造像碑在继承北魏以来流行的造像题材的同时有新的发展。

河南佛教造像史

546　图 295　邴法敬四面造像碑右侧面

四、朝阳寺四面千佛造像碑

朝阳寺四面千佛造像碑，隋开皇四年（584）造，通高1.45米，碑身高1.17米，宽0.38米，厚0.37米。原存鹤壁市淇县城西朝阳寺，1997年入藏河南博物院。[1] 石灰岩雕造，现存碑首、碑身，碑座已佚。碑首为五脊四阿式庑殿顶，正脊两端刻鸱吻，四面刻瓦陇。

碑身为四面柱体，碑之四面雕千佛像，姿态相同，皆着通肩袈裟，结跏趺坐。上下约60排，每排4—47尊不等，每面中上部皆雕一尖楣圆拱龛。

正面（图296）龛内雕一佛二弟子二菩萨，主尊肉髻扁平，着右袒式袈裟，手施说法印，结跏趺坐于圆形束腰台座上，衣褶垂于座前。二弟子、二菩萨侍立左右，菩萨头戴宝冠，上身赤袒，帔帛绕肩沿身侧下垂至座，下着短裙，裙带打结下垂两腿间，两手合十于胸前，跣足立于圆台座上。龛下正中雕莲花荷叶装饰的博山炉，两旁各刻一比丘相向跽坐供养，其外侧各刻一护法狮子昂首翘尾相向蹲坐。

背面（图297）龛内雕释迦多宝二佛并坐，两侧阴线刻二胁侍菩萨，形象装束与上龛相同。上部雕坐佛两排，上排6尊，下排21尊，大小与碑身千佛相似。小坐佛两边各线刻一身飞天在空中撒花。龛下雕博山炉、供养比丘和护法狮子。

左侧面（图298）龛内雕一立佛二弟子二菩萨，主尊着右袒式袈裟，右手屈肘于胸侧，左手握经卷，跣足而立。两侧弟子菩萨装束与前述相同。龛下雕博山炉、供养比丘和护法狮子。

右侧面（图299）龛内雕一佛二弟子二菩萨，主尊着右袒式袈裟，施无畏与愿印，结跏趺坐。圆形头光内刻七佛。其外左右雕两排坐佛。二弟子二菩萨衣饰装束与前述相同。龛下雕博山炉、供养比丘和护法狮子。

---

[1] 王景荃：《中原文化大典·文物典·中小型石窟与石刻造像》，中州古籍出版社，2008年，第399页。

图 296　朝阳寺四面千佛造像碑正面

图297 朝阳寺四面千佛造像碑背面

第五章 隋唐及宋代以后的单体造像

河南佛教造像史

550　图 298　朝阳寺四面千佛造像碑左侧面

图 299　朝阳寺四面千佛造像碑右侧面

第五章　隋唐及宋代以后的单体造像

关于该碑雕造年代，其四面上部大龛龛楣、八棱体龛柱以及龛内造像形象特征与衣饰装束，均与隋开皇年间造像相似。又朝阳寺朝阳洞上有隋开皇四年（584）题记，载该洞系荥阳郑元伯所造，并发愿造像八万四千躯，如按该碑造像数计（该碑造像为一万余尊），共需造八件此类大小的千佛碑，方可实现宏愿。今洞内无像，唯存此四面千佛碑和另一件四面千佛碑的残身，风格相同，应为隋开皇四年所造。

第二节　唐代单体造像

唐代的单体造像与前期有很大的变化，不管是造像形式还是雕刻题材，都具独特的时代风格。前期那种一佛二弟子二菩萨的组合形式在此时却较少出现，更多的则是单体的，或坐或立的佛、菩萨等。然而这些单体造像在大唐帝国近三百年间各时期所表现出的艺术风格也不尽相同，初唐时期（618—712）的佛像雄伟瑰丽、劲健有力，在生动真实的刻画中，显得气魄宏伟，富有活力。高肉髻，额上刻三个右旋式涡轮纹，方额圆颐，颈饰三道蚕纹，胸部肌肉大块隆起。佛之着装不仅有双领下垂袈裟和通肩袈裟，而且出现了褊衫式袈裟，身前衣纹呈"U"形排列。菩萨或戴宝冠，或束发髻，颈饰蚕纹，帔帛绕肩在身前横贯两道，有的斜披络腋，有的披挂珠串璎珞，裙褶紧裹两腿。腿部衣纹呈"U"形排列。身姿微向后倾，还没有能像盛唐那样具有动人的魅力。河南在这一时期的石刻单体造像不多，其代表作品有巩义出土的咸亨三年（672）"阳隐造阿弥陀佛造像"，龙门石窟研究院藏"如来坐像""半跏思惟菩萨造像"等，从这些造像中已能看到盛唐前期的兴盛气象。入盛唐（713—765）后，佛像的制作已相当精纯，技法娴熟。人物的个性化和高度的写实性相结合，表现了当时雄健豪放的时代精神，在佛的庄严和威力中充满着青春的活力，达到了前所未有的成熟与完美。如洛阳博物馆藏景云二年（711）"卢昭顺造像龛"和先天元年（712）"赵楚造像龛"、龙门石窟研究院藏"如来立像"，面相饱满丰润，外形柔和。那椭圆形的脸庞，细长的弯眉、挺直的鼻梁和曲线柔美的鼻头，特别是微睁下视的双目和那从微微内收的嘴角流露出来的慈祥而温和的微笑，将整个雕像统一在一种宁静、庄严而温馨的意境中，呈现一副贵族妇女的典型形象。

衣服紧窄，紧贴躯体，有刚从水中出来的韵味。整体造型典雅秀美，雕刻细腻，特别是面部表情的刻画，将佛的慈祥、和善的性格表现得淋漓尽致。并运用写实手法，将佛冠以现实人物的特征，原先那种神秘虚幻的神气已荡然无存，使人更易接近，这是佛教造像完全中国化的重要标志。

中晚唐时期（766—907）由于受"安史之乱"的影响，大唐国势渐衰，此时的佛教造像陷入了因袭成规，呈现柔媚纤丽或萎靡无力的风格。总体上已失去了初盛唐时期积极创造、追求完美的精神，而显示出某种"格式化"的趋势。然而在河南的石刻造像中却有不少雕刻精美的单体造像存世，如1976年在荥阳大海寺遗址出土的雕于长庆元年（821）的大批菩萨造像，头绾高髻，斜披络腋，帛带在身前横贯一道或两道，胸部肌肉呈块状隆起，薄裙蔽体，衣纹呈"U"形排列。姿容美丽，丰腴健美。这种体魄魁伟的菩萨像，虽还具有盛唐时期丰腴绚丽而又洗练的风格，但其站立的姿势较为挺直，只有极个别的造像身躯呈"S"形站姿。面部和其他显露肉体的部位如颈、胸、手等，块面转折也较生硬，不像盛唐时期菩萨造像柔和自然而富于曲线美。然而人体各部位的比例却很适度，并运用高度概括的手法把衣带等绕在躯体上的襞纹表现得疏密匀称，圆润流畅，堪称唐代中晚期菩萨造像的上乘之作。在此值得一提的是，在这批造像中还有一件十一面观音立像，与陕西西安安国寺出土的三面八臂神王等同属于密宗造像，对研究密宗在河南的发展以及盛、中唐佛教造像艺术中不同的艺术风格提供了实物资料。

一、龙门石窟如来坐像

龙门石窟如来坐像（图300），唐代龙朔年间（661—663），高2.05米，宽0.85米。龙门石窟出土，现存龙门石窟研究院。石灰岩雕造，保存完好。造像高肉髻与额上发际呈品字形饰三个右旋涡轮纹，面相方圆丰润，两眼平视前方，尚有北齐造像面部特征。颈饰三道蚕纹，胸大肌呈块状隆起。着双领下垂式袈裟，内着僧祇支，结跏趺坐于八角束腰莲座上，裙裾满覆座之上部。左手

图 300 龙门石窟如来坐像

第五章 隋唐及宋代以后的单体造像

下垂抚于膝上，右手残缺。两腿间的衣纹呈横向纹，座前面饰以同心圆纹样，这是唐代常用的衣纹样式。佛之八角束腰座，是将方座前面的两角磨平而成，这种新的台座形制，在唐代造像中普遍采用。

该像无论是造型，还是装束，特别是腿部的横向纹和八角束腰莲座，都与龙门石窟韩氏洞正壁坐佛像相似。韩氏洞是龙门石窟唐代开凿较早的洞窟之一，位于敬善寺北侧，据题记可知该洞完工于龙朔元年（661）。[1] 由此推测，该像亦应雕造于龙朔年间（661—663）前后。

二、吉孝冲造像碑

吉孝冲造像碑（图 301），唐总章元年（668），通高 0.785 米，宽 0.475 米，厚 0.125 米。原存地不详，现存洛阳古代艺术博物馆。石灰岩雕造，碑首作弧形，首身一体。碑阳刻造像和题记，碑阴及两侧均素面无饰。[2]

造像自上而下分为四层，上龛为主龛，雕一佛二弟子二菩萨二力士，主尊面相饱满丰圆，着右袒式袈裟，褊衫覆搭右臂，内着僧祇支，结跏趺坐于八棱束腰台座上，裙裾覆搭座之上部，右手屈肘于胸前，施说法印，左手下垂平放于膝上。二弟子、二菩萨侍立左右，菩萨颈戴圆形项饰，腕戴双环，斜披络腋，下着长裙，裙带在两腿间垂下。帔帛绕肩沿身侧下垂，一手下垂握帛带，一手屈肘平放胸前，跣足立于圆台座上。身躯后倾，显出"S"形身姿。二力士雕刻粗劣，面部及衣纹不清，帔帛从身后绕出穿臂下垂，一手握帛带，立于圆台座上；第二层雕七佛；第三层刻六个站立的天王，衣饰装束同上述菩萨；第四层中雕博山炉，炉两旁各刻一护法狮子和着胡服踞跪的供养人，外侧各刻一护法力士，头束发髻，上身赤袒，下着战裙，手握帛带侧身而立。碑座正面刻总章

---

[1] 温玉成：《龙门石窟排年》，载龙门文物保管所：《中国石窟·龙门石窟》第二卷，文物出版社、株式会社平凡社，1992 年，第 172-216 页。

[2] 官大中：《洛阳魏唐造像碑撷说》，《文物》1984 年第 5 期，第 44-56 页。

第五章　隋唐及宋代以后的单体造像

图 301　吉孝冲造像碑

元年九月廿八日，佛弟子吉孝冲造像龛记，楷书，19行，满行5字。

三、阳隐造阿弥陀佛像

阳隐造阿弥陀佛像（图302），唐咸亨三年（672），通高1.07米，座高0.3米，巩义市文化馆早年征集，1961年入藏河南省博物馆（今河南博物院）。石灰岩雕造，为背屏式一佛造像，除双手残缺外，保存完好。阿弥陀佛身后的莲瓣形背光饰火焰纹，头光内层刻莲瓣，外层刻七佛。背光外层两边各刻飞天4身。佛高肉髻，肉髻前方及额上呈"品"字形饰三个右旋式涡轮纹，方额圆颐，面相丰润，高鼻细眉，两眼下视，双唇轻合，微露笑容。颈饰三道蚕纹，袈裟从右胁下甩向左肩满覆左臂，右肩覆褊衫。内着僧祇支，腰束带打结，胸部肌肉大块隆起，富有较强的写实感。结跏趺坐于八棱束腰须弥座上，裙裾覆搭座之上部，束腰处刻仰覆莲瓣，座下层饰覆莲瓣一周，座正面刻咸亨三年造像题记。[1]

唐代造像多以造像碑和圆雕的单体造像为主，该像的莲瓣式火焰纹背屏，在唐代造像中较为罕见，它将北魏晚期河南北部背屏式三尊像的造型与唐代盛行的八棱形高台座结合一起，使造型更加优美。座之束腰处饰以仰覆莲瓣，反映出唐代人在讲究实用的同时，更追求华丽的装饰效果。佛之面相方额圆颐，丰润秀丽，五官特征完全是汉族人形象，袒露的胸部特别凸出胸大肌的起伏变化，呈泥条状起伏的衣纹更给人一种真实感。该像保存基本完好，加之有确切的造像纪年，是唐代早期的优秀作品。

---

[1] 王景荃：《中原文化大典·文物典·中小型石窟与石刻造像》，中州古籍出版社，2008年，第406页。

第五章　隋唐及宋代以后的单体造像

图 302　阳隐造阿弥陀佛像

四、阿弥陀佛像

阿弥陀佛像（图 303），唐仪凤二年（677），残高 0.84 米，原存地不详，现存郑州市博物馆。石灰岩雕造，造像头部残缺，颈部残缺面有一圆形榫眼，似为修复头部所用。着通肩袈裟，内着僧祇支，左手自然放置于膝上，右手从肘部残缺，结跏趺坐于长方形束腰须弥座上。两足覆于袈裟内，衣裾覆搭座上部。座下层四面环刻大唐仪凤二年"阿弥陀象赞并序"。

该像虽无佛首，但有确切纪年，特别是袈裟纹饰及雕刻技法，为判断唐代早期造像提供可靠依据。

图 303　阿弥陀佛像

五、奉先寺如来坐像

奉先寺如来坐像（图 304），唐调露年间（679—680），高 1.015 米，宽 0.58 米，厚 0.49 米。1958 年修建西山公路时在龙门奉先寺遗址出土，现存龙门石窟研究院。[1] 石灰岩雕造。颈部断裂，后粘接修复完整，除右手手指残缺外，保存完好。

造像螺发，高肉髻，面相方圆丰腴，双目下视，眼线呈波浪形。颈饰蚕纹，内着褊衫，胸前束带打结，外着双领下垂式袈裟，用圆刀刻出稀疏颈饰和不规则的衣纹，结跏趺坐于圆形束腰仰覆莲座上。左手下垂抚于右足上，右手屈肘施无畏印。由于该像原为奉先寺遗物，据《大卢舍那佛像龛记》载："调露元年乙卯八月十五日，奉□□敕于大像南，置大奉先寺……至二年正月十五日，大帝书额，前后别度僧一十六人，并戒行精勤，住持为务……"可知奉先寺创建于调露元年（679），完工于调露二年（680）。但是，开元十年（722）春，"伊水泛涨，毁城南龙门天竺、奉先寺，坏罗廓东南角。平地水深六尺以上……屋舍树木荡尽"。同年十二月五日，"敕旨：龙华寺宜合作奉先寺"。也就是说，大水毁掉奉先寺的建筑物后，朝廷即下令重修奉先寺，并将附近的龙华寺合并到奉先寺中，取消龙华寺的建制。那么，奉先寺内的造像要么是在奉先寺初创时雕造，要么是在开元十年第一次重修时所造。然而该像与龙门石窟清明寺正壁坐佛像基本相同，而清明寺内最早的小龛是窟门通道北侧雕刻于上元二年（675）三月十五日的"王仁恪造像龛"，由此推测清明寺的完工时间约在咸亨年间（670—674）。[2] 因此，这尊如来坐像的雕刻时间应与清明寺的完工时间接近，也就是奉先寺初创时所造，即调露年间（679—680）。

---

[1] 刘景龙：《龙门石窟研究院文物藏品集》，文物出版社，2013 年，第 32 页。

[2] 温玉成：《龙门石窟排年》，载龙门文物保管所：《中国石窟·龙门石窟》第二卷，文物出版社、株式会社平凡社，1992 年，第 172-216 页。

河南佛教造像史

图304 奉先寺如来坐像

六、半跏思惟菩萨造像 A

半跏思惟菩萨造像 A（图 305），唐调露年间（679—680），高 0.83 米，2000 年在龙门奉先寺遗址出土，现存龙门石窟研究院。[1] 石灰岩雕造。造像出土时已从颈部、腰部断为三截，后经修复粘接完整，左臂及右肘、右足残缺。造像头束高髻，髻前饰宝瓶，面相方圆，丰腴饱满。弯眉细目，双目下视形成波浪式眼线，两唇轻合，嘴角内敛微露笑容，五官刻划饱满和谐。垂发披肩，颈饰蚕纹，佩戴项饰。上身赤袒，宽胸细腰，胸部肌肉呈块状隆起。斜披络腋，珠串璎珞绕肩在身前交叉下垂，然后从座上绕于身后，交叉处饰圆环。帔帛绕肩垂于身前在两腿上交叉绕肘外飘，左端帛带及左臂残缺，右手抚于右膝上。下着长裙，裙腰外翻，半跏坐于圆形束腰座上，裙裾覆搭座上部。座下沿饰覆莲一周。

七、半跏思惟菩萨造像 B

半跏思惟菩萨造像 B（图 306），唐调露年间（679—680），高 0.88 米。2000 年在龙门奉先寺遗址出土，现存龙门石窟研究院。[2] 石灰岩雕造，出土时已从腰部断为两截，后经修复粘接完整，右臂及右足趾残缺。

造像头梳内卷式高发髻，髻前簪花。面相和五官特征以及披挂装束与前述半跏菩萨相同，只是半跏坐姿不同，该像右腿盘起，左腿下垂足踏莲蓬。左手下垂抚于左膝上，右臂残缺。由此可见，该像与前述半跏思惟菩萨像 A 应为一对。

---

[1] 刘景龙：《龙门石窟研究院文物藏品集》，文物出版社，2013 年，第 82 页。
[2] 刘景龙：《龙门石窟研究院文物藏品集》，文物出版社，2013 年，第 85 页。

河南佛教造像史

564　图 305　半跏思惟菩萨造像 A

第五章 隋唐及宋代以后的单体造像

图 306 半跏思惟菩萨像 B

八、力士像

力士像（图307），唐调露年间（679—680），高1.14米，宽0.555米，厚0.28米，1955年在龙门石窟路洞前出土，现存龙门石窟研究院。[1] 石灰岩雕刻，保存完好。力士头束高髻，头部硕大方正，浓眉上挑，双眼圆睁，牙关紧咬，使双腮肌肉隆起，情绪激昂。上身赤裸，下着战裙，帔帛绕肩贴身垂下。一臂屈肘上举，一臂下垂，双手握拳，跣足而立。胸大肌、肩胛肌和肱二头肌等赫然鼓胀，一些平时隐没的肌肉此时亦显露出来，四肢凸筋暴骨，使整个人体充满了欲待喷发的强劲之力。此像为我们展示了盛唐时期雕塑家对人体解剖的深刻理解和为塑造性格、强化主题所做的理想化的努力。其细腻精湛的技巧和健康优美的造型，展现了大唐鼎盛时期单体造像蓬勃向上的时代精神。这尊动人的杰作，虽然是一千三百多年前的作品，但是他生动的形象和深刻的历史内涵仍使我们在欣赏时，心灵为之颤动。这种造型的力士与武则天后期开凿在东山的二莲花洞（第2211窟）及高平郡王洞（第2144窟）力士像接近，为盛唐作品。

九、卢昭顺造像龛

卢昭顺造像龛（图308），唐景云二年（711），高1.2米，宽0.88米，厚0.285米。原存地不详，现存于洛阳博物馆。[2] 石灰岩雕造，龛为圆拱形，保存完好。龛内雕一佛二菩萨造像，主尊为阿弥陀佛，有螺旋纹高肉髻，面相饱满圆润，大耳垂，表情恬静自然，端庄肃穆。颈饰三道蚕纹，着通肩袈裟总覆两臂，在身前形成"U"形衣纹，结跏趺坐于圆形束腰须弥座上，裙裾覆搭座之上部并

---

[1] 刘景龙：《龙门石窟研究院文物藏品集》，文物出版社，2013年，第59页。
[2] 王景荃：《中原文化大典·文物典·中小型石窟与石刻造像》，中州古籍出版社，2008年，第411页。

图 307 力士像

第五章 隋唐及宋代以后的单体造像

河南佛教造像史

图308 卢昭顺造像龛

在座前形成"V"形纹饰,座下饰覆莲瓣。二菩萨头束发髻,面相与主尊相似,颈饰三道蚕纹,佩桃形项饰,珠串璎珞绕颈一圈后下垂至腹部交叉下垂至膝处上扬,交叉处饰圆形物。帔帛绕肩在身前横穿两道,绕肘下垂。上身袒,下着长裙,裙腰外翻,裙褶紧裹两腿,衣纹呈"U"形排列有序,有"曹衣出水"之韵。一手屈肘于胸前,一手下垂身侧,左菩萨左手握净瓶,右菩萨右手握善锁,跣足侧身立于束腰仰覆莲座上,身躯呈"S"形站姿,造型优美。龛下刻"弥陀石像铭并序"32行,满行6字,楷书,书法秀雅。记载唐景云二年(711),汝州司士参军范阳卢昭顺为亡息卢州都督府参军遗恕敬造弥陀石像一龛。

十、赵楚造像龛

赵楚造像龛(图309),唐先天元年(712),高1.2米,宽0.86米,厚0.21米。原存地不详,现存洛阳博物馆。[1] 石灰岩雕造。龛形大小和造像都与"卢昭顺造像龛"相似。龛内造像为一佛二菩萨,主尊阿弥陀佛高肉髻,额上发际与肉髻前方有三个右旋式涡轮纹,这是龙门石窟唐代佛像的明显标志。面部虽有少许剥蚀,仍能看出饱满丰圆的面相。颈饰三道蚕纹,通肩袈裟总覆两臂,胸前衣纹呈"U"形排列有序,右手臂残缺,左手放于膝上,结跏趺坐于八棱束腰须弥座上,裙裾覆搭座之上部,座前纹饰呈"V"形,座下饰覆莲瓣。左侧观世音菩萨上身赤袒,胸部肌肉大块隆起,腹部凸显,有明显的肌肉感。颈戴圆形项饰,珠串璎珞在腹前交叉并在交叉处饰一圆形饰物,帔帛绕肩在身前横穿两道,一条绕右肘下垂,一条绕下垂的左腕后飘。下着长裙裹腿,膝下衣纹呈"U"形排列,有"曹衣出水"之韵。侧身向佛,跣足立于圆形束腰仰覆莲座上。右手持杨柳枝;左手握净瓶。右侧大势至菩萨衣饰装束同左侧菩萨,左手握莲蕾;右手握帛带。龛下刻唐先天元年赵楚造阿弥陀石像铭并序,楷书,37行,

---

[1] 王景荃:《中原文化大典·文物典·中小型石窟与石刻造像》,中州古籍出版社,2008年,第412页。

河南佛教造像史

图309 赵楚造像龛

满行 7 字，剥蚀较甚。

从造像题记可知该造像龛系金州西城县丞赵楚为龙门菩提寺所造阿弥陀佛像龛，与卢昭顺造像龛的形制大小及内容相同，足可说明此二龛均属龙门菩提寺内供奉之物，造像形象及装束与龙门同时期造像相同，显系龙门造像范本。二龛为前后两年时间雕造，即一年雕一龛，从时间上推测，可能为同一工匠所雕。造像主尊均为阿弥陀佛，与当时龙门造像中流行的以阿弥陀佛占主导地位的雕刻内容一致，反映了当时西方净土思想的盛行。该二龛均有确切的纪年，可作为唐代造像的断代标准。

十一、如来立像

如来立像（图 310），唐玄宗年间（712—756），高 1.6 米，肩宽 0.5 米，厚 0.5 米。1982 年在龙门石窟龙门东山擂鼓台南洞 2050 号窟出土，据考证为万佛沟高平郡王洞（2144 号窟）内造像，现存龙门石窟研究院。[1] 石灰岩雕造，除右手残缺外，保存完好。造像螺发，肉髻呈馒头状。面相饱满方圆，额前眉间施毫相，颈饰三道蚕纹，着双领下垂袈裟，内着僧祇支，胸前束带打结。左肩下有喇叭形吊钩装饰，身前衣纹呈"U"形排列。下着长裙，跣足立于圆莲座上。

该像服饰较为特殊，袈裟在身前敷作两层，左肩披挂喇叭形吊钩装饰，在龙门石窟唐代造像中最早见于贞观年间，如宾阳南洞正壁阿弥陀坐像，该像完工于唐贞观十五年（641），为魏王李泰所造。这种佛装新样式的出现，是佛装的重大变革，对此后的佛装僧衣影响极大，可谓是唐宋袈裟新样式的肇始，越往后其喇叭形装饰越大。

---

[1] 刘景龙：《龙门石窟研究院文物藏品集》，文物出版社，2013 年，第 46 页。

图 310 如来立像

十二、释迦立像

释迦立像（图311），唐玄宗年间（712—756），高2.14米，肩宽0.6米，厚0.57米。1982年龙门石窟进行维修工程时在东山擂鼓台南洞（2050号窟）出土，现存龙门石窟研究院。[1] 据考证，该造像与前述"如来立像"均为龙门石窟万佛沟高平郡王洞（2144号）的造像，也是龙门石窟保存最完整的一尊唐代造像。然而这尊雕刻精美的造像在出土后却未逃厄运，于1997年被盗窃分子盗窃，并在运输过程中将其毁为两截，左手断掉被盗窃分子丢弃。虽后经粘合修复完整，但左手却难以找到，无法复原，成为千古遗憾。造像为石灰岩质，头梳波浪纹，馒头状高肉髻，额上发际间呈"品"字形饰三个右旋涡轮纹。面相饱满丰润，外形柔和。弯眉细长，鼻梁挺直，鼻头曲线柔美，使之面部显得高贵典雅。特别是微睁下视的双目和从嘴角流露出的一丝微笑，慈祥而温和，使整个雕像在一种宁静、庄严而温馨的意境中，呈现出一副贵族妇女的典型形象。颈饰蚕纹，着通肩袈裟总覆两臂，衣襞自然下垂，形成流畅的"U"形衣纹，紧贴躯体，具有北齐曹仲达绘画佛像"曹衣出水"的特征。下着长裙，跣足立于圆形仰莲座上。整体造型典雅秀美，雕刻细腻，特别是面部表情的刻画，将佛之慈祥、和善的性格表现得淋漓尽致。并运用写实手法，将佛冠以现实生活中人的特征，原先那种神秘虚幻的神气已荡然无存，使人更易接近，这是佛教造像完全中国化的重要标志。

---

[1] 刘景龙：《龙门石窟研究院文物藏品集》，文物出版社，2013年，第57页。

河南佛教造像史

图311 释迦立像

十三、汉白玉弥勒佛坐像

汉白玉弥勒佛坐像（图312），唐代（618—907），通高1.45米，宽0.72米，厚0.62米。新乡博物馆早年征集，1997年入藏河南博物院。[1] 汉白玉雕造。弥勒头现肉髻，额上发际及肉髻呈品字形刻出三个右旋式涡轮纹。面相方圆饱满，外形柔和，五官特征表现出明显的汉族人特点。颈饰三道蚕纹，外着褊衫式袈裟，内着僧祇支，胸前束带打结。袈裟从右胁下甩向左臂，然后从右肩探出下垂身前，满覆右臂。衣褶垂至足部。这种袈裟样式不同于北朝晚期以来的圆领通肩袈裟和双领下垂式袈裟，是唐代盛行的一种新的佛装样式。袈裟折纹的处理具有很强的写实性，特别是肩、胸及腰部的转折衔接柔和自然。左手下垂自然放于膝上，右手屈肘前伸施说法印。双腿下垂倚坐于方形台座上，足踏两朵莲花。佛座下的方形束腰台座，四角各雕一夜叉扛托，且在每面的中间雕一兽首。

弥勒造像自北魏时就开始盛行，直至隋唐而不衰，从河南的弥勒造像看，其形象发展经过四个阶段：早期的弥勒造像以交脚菩萨的形象出现，反映的是弥勒在兜率天宫说法的形象；北齐时期的弥勒造像多以戴宝冠、着菩萨装的倚坐像出现，反映的是弥勒从兜率天宫下到人间尚未成佛的形象；到了唐代，弥勒开始变成着佛装倚坐像，反映的是弥勒在龙华树下成佛后的形象；而宋代以后的弥勒，由于大肚和尚契此的圆寂偈语，人们认为他是弥勒转世，于是就按他的形象塑造出大肚弥勒佛像，成为人们喜闻乐见的佛像。

该像无明确纪年，其造像风格与表现手法显示出鲜明的唐代特征，额上的三个右旋涡轮纹以及褊衫式袈裟，是龙门石窟唐代造像的显著特征，如龙门奉先寺卢舍那大佛等。在雕刻上改早期的直平刀法，而采用向下凹入的新圆刀法

---

[1] 王景荃：《中原文化大典·文物典·中小型石窟与石刻造像》，中州古籍出版社，2008年，第415页。

河南佛教造像史

图 312　汉白玉弥勒佛坐像

来表现衣纹，使线条更加流畅。同时运用浅浮雕、高浮雕及透雕的表现手法，使造像更具写实效果，故该像应为唐代造像无疑。

十四、北岗弥勒佛坐像

北岗弥勒佛坐像（图313），唐代（618—907），通高1.8米。1964年在郑州市北岗征集，现藏郑州市博物馆。[1]石灰岩雕造，除右手残缺外，保存完好。造像为单体倚坐弥勒佛造像，佛身后的桃形火焰纹头光，内层饰莲瓣，左右各雕一飞天，头束发髻，上身赤袒，下着长裙，天带身后飘荡，一手握帛带，一手握莲梗，飞翔而下。上部雕一佛二弟子。弥勒有波浪纹高肉髻，面相饱满丰圆，眉弯且长，两眉间有白毫相，两眼微睁下视，双唇轻合，微露笑容。颈饰三道蚕纹，着通肩袈裟，右边袈裟甩向左臂绕肘下垂，内着僧祇支，左手自然放于膝上，右手从肘处残缺，两腿下垂倚坐于须弥座上，足踏长梗莲花。衣裾满覆座前，身前的"U"形衣纹表现为凸起的泥条状，而腿部衣纹则用写意手法表现，简洁洗练，质感很强，这种衣纹表现多见于中唐以后的造像，如大海寺出土的唐长庆年间的菩萨造像的衣纹即是这种表现手法，说明该像的雕造时代应为中晚唐时期。

十五、刘愔造阿弥陀佛像

刘愔造阿弥陀佛像（图314），唐显圣二年（762）（按：显圣是唐朝安史之乱时史朝义的年号），残高0.66米，其中座高0.33米。1976年荥阳大海寺出土，现藏郑州市博物馆。[2]石灰岩雕造。头、手残缺，肩部饱满，胸部宽厚，着

---

[1] 王景荃：《中原文化大典·文物典·中小型石窟与石刻造像》，中州古籍出版社，2008年，第416页。

[2] 张巍：《郑州荥阳大海寺石刻造像》，河南美术出版社，2006年，第76页。

河南佛教造像史

图 313　北岗弥勒佛坐像

图 314　刘愔造阿弥陀佛像

第五章　隋唐及宋代以后的单体造像

褊衫式袈裟，内着僧祇支，胸前束带打结，右手从肘部残缺，左手自然下放于腿上，结跏趺坐于六角束腰仰覆莲座上，右脚脚趾从衣裾中露出，裙裾覆搭座前形成悬裳，束腰处饰6个圆苞。座下层刻"显圣二年八月十六日，刘愭等全家发愿敬造阿弥陀佛一躯"造像题记。

十六、大海寺弥勒倚坐像

大海寺弥勒倚坐像（图315），唐代（618—907），残高0.74厘米。1976年荥阳大海寺遗址出土，现存郑州市博物馆。[1] 石灰岩雕造。头、右手及双足残缺，从肩部残存痕迹可看出此像原有头光。颈饰蚕纹，着褊衫式袈裟，内着僧祇支，胸前束带打结，袈裟从右侧甩向左臂绕肘下垂，右手从肘部残缺，左手自然放置于膝，双腿下垂倚坐于须弥座上，裙裾满覆座上部，座前凸出一小方台座，上雕莲瓣，原从莲瓣中伸出的两朵莲花构成的佛足踏已残缺不存。衣纹紧贴躯体，呈"U"形排列有序，有"曹衣出水"之韵。多以圆刀刻就，圆润流畅。该像虽无纪年，但其造型与雕刻技法均与唐代中晚期造像相似，故该像亦应属唐代中晚期作品。

十七、马乾贞造弥勒菩萨立像

马乾贞造弥勒菩萨立像（图316），唐元和十五年（820），通高2.33厘米，座高0.35米。1976年荥阳大海寺遗址出土，现存郑州市博物馆。[2] 石灰岩雕造，出土时头部和身躯从颈部断开，后经修复粘合完整，除双手残缺外，保存完好。菩萨头束发髻，髻前饰宝珠，面相饱满圆润，鼻高且直，两眼微睁下视，双唇轻合，微露笑容。披肩的垂发在颈部因断裂而残缺，颈饰蚕纹，戴珠串项

---

[1] 张巍：《郑州荥阳大海寺石刻造像》，河南美术出版社，2006年，第78页。

[2] 张巍：《郑州荥阳大海寺石刻造像》，河南美术出版社，2006年，第81页。

第五章 隋唐及宋代以后的单体造像

图 315　大海寺弥勒倚坐像

图 316　马乾贞造弥勒菩萨立像

饰，内着僧祇支，胸前束带打结；外披通肩袈裟总覆两臂，右侧袈裟甩向左臂绕肘下垂，衣纹呈泥条状排列有序，下着长裙，跣足立于仰覆莲座上。两手残缺，从残缺处可看出手腕戴镯。座下层刻造像题记，楷书10行，行2—5字不等，记载功德主马乾贞于元和十五年造弥勒菩萨一躯。

十八、玄政造天王菩萨立像

玄政造天王菩萨立像（图317），唐长庆元年（821），通高2.3米，座高0.36米。1976年荥阳市大海寺遗址出土，1997年入藏河南博物院。[1] 石灰岩雕造，除左手残缺外，保存基本完好。菩萨头束发髻，戴火焰宝珠冠，宝缯垂肩，头部和身躯从颈部断裂，后经粘接修复完整。面相方圆饱满，眉细且长，鼻高且直，轮廓明晰，两眼下视，面容慈善安详。衣饰华丽，颈戴悬铃项饰，上身斜披络腋，下着长裙，腰束带，裙带在两腿间结花下垂。帔帛绕肩在腿前横贯两道，两道帛带之间的左腿上刻"天王菩萨"题名。左手残缺，留下两个曾为修补所用的圆孔。右手自然下垂，手指勾住帛带，手腕戴镯，脚着草履立于圆形束腰仰覆莲座上。座前镌刻发愿文一方，楷书7行，满行11字。文中记载比丘玄政于长庆元年五月装成天王菩萨一躯，为国界安宁，皇王万福，过往师僧、父母，神生净土。又愿自身康吉，小师门徒并愿平安，无诸灾障，永为供养。

关于天王菩萨之称，佛经中不见，有可能是天王如来的别称。《佛学大辞典》"天王如来"条曰："提婆达多未来成道时之佛名也。……自在菩萨经下曰：'过去燃灯佛前，威德佛、提沙佛、光明佛前，有佛号天王如来。……是天王佛及诸菩萨不着袈裟，皆着自生净沙天衣。'《智度论》曰：'如天王佛，衣服仪容与白衣无异，不须钵食。'"由此可知，天王如来是不着袈裟而着菩萨装的佛，大海寺出土的天王菩萨的着装和仪容与天王如来相似，将着菩萨装的天王如来说成是天王菩萨也是当然的。

---

[1] 河南博物院编，王景荃主编：《河南佛教石刻造像》，大象出版社，2009年，第463页。

河南佛教造像史

584　图317　玄政造天王菩萨立像

十九、高国珍造观音菩萨立像

高国珍造观音菩萨立像（图 318），唐长庆元年（821），通高 2.3 米。1976 年荥阳市大海寺遗址出土，1997 年入藏河南博物院。[1] 石灰岩质。造像从颈部及两膝下断裂为三截，后经粘合修复完整。除左臂及宝缯残缺外，保存完好。观音头绾高髻，面相方圆略长，高鼻直挺，细眉高挑，眼向下视。双唇轻合，表情温和慈祥。颈戴悬坠项饰，斜披络腋，帔帛绕肩沿身侧穿肘下垂，下着长裙。裙带结花，腿部衣纹呈"U"形排列，有"曹衣出水"之韵。左臂从肘处残缺。右手自然下垂，手提净瓶，跣足立于圆形束腰仰覆莲座上。座前面刻"石观世音菩萨赞文并序"一方，楷书 14 行，满行 25 字，沙门惟明撰，院主僧文锐书。文中记载唐长庆元年，渤海高国珍率全家造观音菩萨的经过和发愿文。

该像体魄魁伟，虽具有盛唐时期丰腴绚丽而又洗练的风格，但已失去初盛唐时积极创造、追求完美的精神，格式化较重。站立姿势较为挺直，面部和其他显露肉体的部位如颈、胸、手等，块面转折也较生硬，不像盛唐时期菩萨造像柔和自然而富于曲线美。但人体各部位的比例很适度，运用高度概括手法把衣带等绕在躯体上的襞纹表现得疏密匀称，圆润流畅。特别是那簇腰彩的花结，令人感到具有锦絮般的柔软而富有质感，从而展示了雕塑家高超的技艺。

二十、苏清造花严菩萨立像

苏清造花严菩萨立像（图 319），唐长庆年间（821—824），通高 1.85 米。1976 年荥阳大海寺遗址出土，现存郑州市博物馆。[2] 石灰岩雕造，出土时头和身躯从颈部断为两截，后经修复得以完整，除左手残缺外，保存完好。菩萨头束双髻，宝缯从耳后沿两肩下垂，颈部宝缯残缺。面相丰圆饱满，两眉呈圆弧形，

---

[1] 河南博物院编，王景荃主编：《河南佛教石刻造像》，大象出版社，2009 年，第 466 页。
[2] 张巍：《郑州荥阳大海寺石刻造像》，河南美术出版社，2006 年，第 81 页。

河南佛教造像史

图 318　高国珍造观音菩萨立像

第五章 隋唐及宋代以后的单体造像

图319 苏清造花严菩萨立像

两眼微眯下视,双唇轻合露出微笑。颈饰蚕纹,戴珠串项饰,斜披络腋,帔帛绕肩在身前横贯两道,下着长裙,束裙的腰带在两腿间结花穿璧下垂。左臂屈肘,手从腕处残缺;右手自然下垂,腕戴双镯,食指和中指轻勾帛带,跣足立于圆形束腰仰覆莲座上。座前刻"石花严菩萨赞文并序",楷书,11行,满行15字,记载唐长庆元年弟子苏清造花严菩萨的经过和对花严菩萨的赞颂。

二十一、僧䜣造光相菩萨立像

僧䜣造光相菩萨立像(图 320),唐长庆元年(821),残高 2.2 米,其中座高 0.35 米。1976 年荥阳大海寺遗址出土,现存郑州市博物馆。[1] 石灰岩雕造,头手残缺。颈戴珠串项饰,上身赤袒,胸部肌肉隆起,乳房凸显,身躯后倾。臂戴臂钏,斜披络腋,帔帛从身后绕臂下垂,下垂的帔带残缺不全。下着长裙,腰束带结花在两腿间下垂,跣足立于圆形仰覆莲座上,右足残缺。座下层刻造像题记,楷书 14 行,满行 8 字。文中记载:"岁次辛丑九月辛巳朔一日辛巳,大海寺上座僧䜣敬造光相菩萨一区,奉为帝主人王,愿国土安宁,万人安乐,法界众生,同沾此福;七世先亡,见存眷属,福乐百年。"后为供养者题名。

二十二、李行邕造辩积菩萨立像

李行邕造辩积菩萨立像(图 321),唐长庆年间(821—824),通高 2.3 米,其中座高 0.43 米。1976 年荥阳大海寺遗址出土,现存郑州市博物馆。[2] 石灰岩雕造,出土时首身分离,后经粘合修复完整。菩萨头束高髻,垂发披肩,面相方圆,两眼微眯下视,双唇轻合。颈戴珠串悬坠项饰,上身袒露,胸部肌肉隆起,乳房凸显。斜披络腋,帛带在身前横贯绕肘外飘。下垂的帛带残缺不全。

---

[1] 张巍:《郑州荥阳大海寺石刻造像》,河南美术出版社,2006 年,第 89 页。
[2] 张巍:《郑州荥阳大海寺石刻造像》,河南美术出版社,2006 年,第 84 页。

图 320　僧晋造光相菩萨立像

第五章　隋唐及宋代以后的单体造像

图 321　李行邕造辩积菩萨立像

戴臂钏、手镯，左手自然下垂，右手从肘处残缺。下着长裙，裙带束腰打结下垂。跣足立于圆形束腰仰覆莲座上，上身左倾，莲座下层刻造像题记，楷书14行，满行4字，文中记载："前兖、海、沂、密等州监军，使朝散大夫、行内□省内寺伯员外、置同正上柱国、赐绯鱼袋李行邕奉为已亡考妣，神登净土，合家善身保吉，造辩积菩萨一躯。"

辩积菩萨，为金刚界曼荼罗外廓北方之尊，密号曰巧辩金刚，大慧金刚。贤劫十六尊之一。由此可知，大海寺菩萨造像应为密宗造像。该像虽无纪年，但其面部特征、衣饰装束以及表现手法均与同时同地出土的长庆年间造像相似，特别是左倾的上身、隆起的乳房、装束等，与长庆元年的光相菩萨造像基本相同，风格一致，故该像也应是长庆年间所造。

二十三、狮子吼菩萨造像

狮子吼菩萨造像（图322），唐长庆年间（821—824），残高1.43米。1976年荥阳大海寺遗址出土，现存郑州市博物馆。[1] 石灰岩雕造，首足均残。菩萨颈饰蚕纹，垂发披肩，上身袒露，颈戴项圈。宽大的帔帛绕肩沿身侧下垂，下垂的帛带残缺不全。腕戴手镯，双手合十于胸前，下着长裙，束裙的腰带打结缠绕。腿部衣纹稀疏，左腿膝上刻有"师子吼"题名。"师子吼"即"狮子吼"，比喻佛在大众中演说佛法，心中毫无怖畏，犹如狮子作吼，《佛学大辞典》"师子吼"条言："佛在大众中为决定之说而无所畏，谓为师子吼。"而此处是指菩萨名。佛教所崇仰的佛菩萨，都是依德立名的，以表示佛菩萨的性格，如弥勒菩萨是"慈"，或者是取象于自然界、人世界，甚至众生界的某类可尊的胜德而立佛菩萨的名字，如取象于众生界的如"香象菩萨""狮子吼菩萨"等。

---

[1] 张巍：《郑州荥阳大海寺石刻造像》，河南美术出版社，2006年，第103页。

图 322 狮子吼菩萨造像

二十四、金髻菩萨造像

金髻菩萨造像（图323），唐长庆年间（821—824），残高1.7厘米。1976年荥阳大海寺遗址出土，现存郑州市博物馆。[1] 石灰岩雕造，膝部以下及右手残缺，现存头与身躯出土时已断开，后经修复粘接完好。菩萨头束宝珠形发髻，上饰云纹装饰，宝缯与披发垂于两肩。面相方圆丰满，眉弯鼻高，两眼微睁，双唇轻合露出微笑。颈饰三道蚕纹，戴珠串项圈，斜披络腋，胸前结带，下着长裙，裙腰外翻，帛带在膝际横贯，右端帛带穿肘下垂，左手下垂握帛带，右臂屈肘前伸，戴臂钏手镯。右腿前部刻"金髻"题名，与狮子吼菩萨、天王菩萨的题名位置相同，字体相似，应为同期雕刻，根据天王菩萨的雕刻纪年，此三尊造像均应雕刻于唐长庆元年（821）。整体造型优美，胸部肌肉饱满丰壮，身姿微倾，静穆娴雅。

关于金髻菩萨名的由来，佛经中有不同的说法，《注维摩诘经》卷第一："金髻菩萨，什曰：金在髻也。"《维摩经略疏》卷第二："金髻者，实相慧明如金，髻者即权智也，以严心首，故云金髻。"可知金髻菩萨实相慧明如金，教化众生，能妙用佛法，权智极为稀有，与狮子吼菩萨、香象菩萨、弥勒菩萨等同为上首菩萨。

二十五、十一面观音立像

十一面观音立像（图324），唐长庆年间，残高1.71米。1976年荥阳市大海寺遗址出土，存郑州市博物馆，1997年入藏河南博物院。[2] 石灰岩雕造，两腿膝下残缺。观音的高发髻上面分三层刻八个小头像，最上面一个是有高肉髻的佛头像，中层两个和下层五个均为梳发髻的菩萨头像。另在左耳后刻有凶相面，

---

[1] 张巍：《郑州荥阳大海寺石刻造像》，河南美术出版社，2006年，第94页。
[2] 王景荃：《河南佛教石刻造像》，大象出版社，2009年，第481页。

河南佛教造像史

图 323 金髻菩萨造像

图 324 十一面观音立像

右耳后刻善相面。正面相丰圆饱满,宝缯垂于肩前,头后的披发在两肩形成波浪形。两眉间刻白毫相,眉弯且细,眼睑呈波浪形。颈饰三道蚕纹,戴珠串项饰,斜披络腋,帔帛绕肩沿身侧垂下,下身着裙,裙带结花。身雕六臂:上两臂屈肘于胸侧,右手施说法印,左手从手腕处残缺;中两臂胸前合掌;另两臂下垂身侧,手握帛带,皆戴双环手镯。

据《成菩提集》"十一面观音"条曰:"十一面观音,密宗称'变异金刚',为六观音之一,三面当前,面作慈悲相,右边三面作威怒相,左边三面利牙出相,后有一面作暴笑容,最上一面作如来相,冠中有化佛。"大海寺十一面观音立像和上述记载基本特征相符,但也稍有出入,十一面集中在正面相上,更显其威风凛凛,不可侵犯的气势,是一件优秀的艺术珍品。早期密宗造像现存不多,此像对研究密宗造像具有重要价值。

二十六、大海寺菩萨立像

大海寺菩萨立像(图325),唐长庆年间(821—824),残高1.8米。1976年荥阳大海寺遗址出土,现存郑州市博物馆。[1] 石灰岩雕刻,身姿微倾,左臂和右手以及双膝以下残缺。头束发髻,发髻造型及装饰与金髻菩萨相似,宝缯与垂发残缺,面相较之金髻菩萨更显丰圆饱满,眉弯如初月,鼻高且直,两眼微睁下视,双唇轻合微露笑容。颈饰三道蚕纹,戴珠串项饰,上身斜披络腋,胸部肌肉呈块状隆起,下身着裙,裙带结花下垂。腿前衣纹呈"U"形排列,有"曹衣出水"之韵。右臂屈肘于胸侧,手指残缺,戴臂钏手镯,残存的帛带穿过右肘下垂,与金髻菩萨和另一佚名菩萨的装束一致,可认为是长庆年间的通行样式。

---

[1] 张巍:《郑州荥阳大海寺石刻造像》,河南美术出版社,2006年,第99页。

第五章 隋唐及宋代以后的单体造像

图 325　大海寺菩萨立像

二十七、大海寺菩萨立像 A（残）

该像残高 1.3 米。（图 326）唐长庆年间（821—824）造，1976 年荥阳大海寺遗址出土，现存郑州市博物馆。[1] 菩萨头部残缺，两臂及膝际以下残，石灰岩雕刻。披发垂肩，颈戴珠串璎珞项饰，上身袒露，胸大肌与腹部呈块状隆起，络腋不是斜披左肩而是在胸前打结束花，这种新的络腋样式，为唐代菩萨着装增添了新的式样。下身着裙，裙腰外翻，衣纹表现与金髻菩萨相似。左臂屈肘，左手残缺，残断面有圆形榫眼，应为修复所为。左臂戴臂钏手镯；右臂残缺，仅剩臂钏。从左臂下垂的帛带看，该菩萨的帛带与前述菩萨帛带相同，均在膝下横贯一道。造像虽然膝下残缺，但其呈"S"形站姿的身躯，丰腴优美，体态婀娜，娇娆而不轻浮，具有很强的感染力。

二十八、大海寺菩萨立像 B（残）

该像残高 1.21 米。（图 327）唐长庆年间，1976 年荥阳大海寺遗址出土，现存郑州市博物馆。菩萨头部残缺，两臂及膝际以下残，石灰岩雕刻。披发垂肩，颈饰蚕纹，有珠串项饰，上身袒露，斜披络腋，胸部肌肉呈块状隆起，健壮丰厚。下着长裙，裙腰外翻，裙带打结下垂，衣纹紧贴两腿，流畅有致，具有极强的质感。残存的帛带在膝际横贯上扬穿肘下垂。左臂残缺，右臂屈肘，戴臂钏手镯，右手从腕处残缺，残断面有圆形榫眼。

二十九、大海寺菩萨立像 C（残）

该像残高 1.35 米。（图 328）唐长庆年间，1976 年荥阳大海寺遗址出土，现存郑州市博物馆。菩萨头部残缺，手指及两足均残，石灰岩雕刻。发缯沿两肩

---

[1] 张巍：《郑州荥阳大海寺石刻造像》，河南美术出版社，2006 年，第 81 页。

图 326　大海寺菩萨立像 A（残）

第五章　隋唐及宋代以后的单体造像

河南佛教造像史

图 327　大海寺菩萨立像 B（残）

图 328　大海寺菩萨立像 C(残)

第五章　隋唐及宋代以后的单体造像

下垂，戴珠串悬铃项饰，斜披络腋，宽大的帔帛绕肩下垂在身前和膝际呈"U"形横贯两道，然后上扬穿肘下垂，下垂的帛苇两端残缺。下着百褶长裙，裙腰外翻，腰束宝带，裙带在两道帛带间结花下垂。两手合十于胸前，腕戴双环手镯，手指残。该菩萨像的帔帛和结花的裙带以及腰束宝带等装束与长庆元年的玄政造天王菩萨立像相似，其直立的身姿也与天王菩萨造像类似，因此，该造像年代亦可定为长庆年间（821—824）。

三十、大海寺菩萨立像 D(残)

该像残高 1.35 米。（图 329）唐长庆年间，1976 年荥阳大海寺遗址出土，现存郑州市博物馆。[1] 菩萨头部残缺，两臂及两足均残，石灰岩雕刻。披发垂肩，颈饰蚕纹，戴圆形悬坠项圈。上身赤袒，胸部肌肉呈块状隆起，斜披络腋。下着长裙，束裙的圆环形腰带与其他菩萨不同，裙腰变外翻而为波浪形，显出其厚度和质感。两腿间的裙褶用阴线刻成"U"形。宽大的帔帛绕肩下垂在身前和膝际横贯两道，下垂的帔带残缺较甚。两臂从肘处残缺。该菩萨造像虽然残缺较甚，但其优美的"S"形身姿，躯体的轮廓线起伏转折，娇娆动人，呈现出蓬勃的生命力和恒久的艺术魅力。

三十一、大海寺菩萨立像 E(残)

该像残高 1.29 米。（图 330）唐长庆年间，1976 年荥阳大海寺遗址出土，现存郑州市博物馆。[2] 菩萨头部残缺，两手及双足均残，石灰岩雕刻。颈饰蚕纹，披发垂肩，戴圆形坠铃项圈，上身赤袒，斜披络腋。胸部肌肉呈块状隆起，腹部微凸。下身着裙，裙腰外翻，有大块残损，裙带在身前束带结花。衣纹呈

[1] 张巍：《郑州荥阳大海寺石刻造像》，河南美术出版社，2006 年，第 81 页。
[2] 张巍：《郑州荥阳大海寺石刻造像》，河南美术出版社，2006 年，第 103 页。

第五章　隋唐及宋代以后的单体造像

图 329　大海寺菩萨立像 D（残）

603

河南佛教造像史

图 330　大海寺菩萨立像 E（残）

"U"形排列紧贴两腿，臂戴钏环，左臂从臂钏处残断，右臂从肘处残缺，断面有圆形榫眼。一条帛带在膝际横贯一道，然后上扬穿肘下垂，下垂的帛带残缺。造像身姿微向左倾，衣纹曼妙华美，雕凿细腻精湛，刀法圆润流畅，具有强烈的艺术感染力。

第三节 宋以后的单体造像

河南宋代的单体造像，与同时期的石窟造像一样，由于受礼学和三教合流的影响，佛像艺术带着浓重的世俗审美特征告别了唐代的辉煌而迈上了世俗化发展的新旅程。从河南现存的宋代单体造像看，虽不如唐代那么繁盛，但在风格上却有其独特的艺术特征，那就是佛教造像的写实性。宋代的写实手法与唐代不同，唐代的写实手法是适度地表现造像入世的一面，而不破坏造像出世的一面，它的目的是为理想化造像模式服务的，是超现实的；宋代的写实手法则不然，它受到了佛教世俗化外力的牵引，完全以世俗的审美情趣、要求来塑造佛像，它的目的是迎合世俗社会，是现实的。因此，宋代的写实手法在世俗风气的牵引下达到了顶峰。

写实手法的广泛使用，塑造了宋代单体造像鲜明的时代特征。造像的面相或方圆，或长圆，不尽一致。其中罗汉、祖师面相尤其复杂多变，但不管何种面相，其神情皆清新、明朗、活灵活现。造像躯体肥胖，肌肉均显松弛，不如唐代康健有力。佛像多为螺髻，肉髻明显降低，形同小山丘在头顶微微凸起，肉髻正面习惯嵌一髻珠。菩萨的宝冠既高大又繁复，极富装饰性。佛像衣着在继承前代基础上出现了内着"V"字形衣领僧衣，外斜披袈裟的新样式，同于当时僧人衣着。菩萨像衣饰基本为唐代样式，但前期流行的穿璧式璎珞悄然消失，代替的是更为繁复的网状形联珠装饰，富丽绚烂，世俗气极浓。衣褶皆宽大流畅，写实逼真，是宋代写实技法和雕刻水平的重要体现。总的看来，宋代造像的风格和手法已完全脱离了外来模式，呈现出鲜明的民族特性和浓郁的世俗审美情趣。

明清时期的佛教造像艺术体现出明显的世俗化发展趋向，造像面相宽平，体态丰腴，姿势呆板，装饰繁琐，结构细腻，完全是一副世俗社会崇尚的富态和福相形貌。在外在形式上它固然能产生华丽逼真、端庄慈祥的艺术效果，但不免流于浅显和轻浮，失去内在的精神力量。同时造像的姿势、坐骑、手印、装饰乃至面相又都严格遵循佛像量度的规定和世俗审美的要求，完全趋向概念化和模式化，缺少应有的变化。尽管各种造像手印不同，轮廓各异而体现出身份和职能的差异，但是唐宋时期那种有着个性的形象不复存在了，即使是五百罗汉济济一堂，也不过是几种模式的翻版，未免大同小异，生气无存，可看作是佛教造像的尾声。

一、郭崇造释迦立像

郭崇造释迦立像（图331），北宋元丰四年（1081），高2.5米，1976年荥阳大海寺遗址出土，1997年入藏河南博物院。[1] 石灰岩雕造，头部螺纹高肉髻，嵌髻珠，额前眉间饰白毫相。面相椭圆，面部较平。着通肩袈裟，内着"V"形领僧衣。造型生硬，不成比例。下半身及两耳都有斧凿改刻的痕迹，下有束腰仰覆莲座，座上题记为："荥阳镇郭下，清信弟子郭崇，为上资考妣与妻魏氏、女十三娘、男福永、孙女耐惊，共发诚愿。随命奇工求翠琰，恭造行化释迦牟尼佛一尊，奉安于大海寺玉像院。众僧传法堂，惟佛示菩提，相蕴慈悲，愿作人天师，救众生苦俾。二六时内，观者有归依，心听者有信重意然。愿自身清吉，家道荣昌，灾祸消除，福寿延永。时大宋元丰四年岁次辛酉六月丙辰朔十五日庚午记。讲经论赐紫普照大师慧芊住持诗经，沙门慧升，书字□□□周进贤，石匠人弘农杨德成。"[2] 由此可知，这是一尊安放于大海寺玉像院的释迦

---

[1] 王景荃：《中原文化大典·文物典·中小型石窟与石刻造像》，中州古籍出版社，2008年，第429页。

[2] 张巍：《郑州荥阳大海寺石刻造像》，河南美术出版社，2006年，第99页。

图331 郭崇造释迦立像头部

游化像，不知何时何因将其下半身及两耳凿毁。然而从此尊造像的体量大小看，与大海寺唐代菩萨造像相似，底座造型也与之相同，抑或是郭崇利用唐代未完成的造像改刻而成。

二、十殿阎君造像

十殿阎君造像（图332），原藏巩义石窟寺，1997年入藏河南博物院。高1.75米，宽0.49米，厚0.19米。石灰岩雕造，分两石竖列10龛。龛楣饰帷幔，龛内均雕一主尊四胁侍。主尊戴道冠，着双领下垂式道袍，端坐于方形台案前，下半身隐于案后。四胁侍分立左右，除一人手擎障扇外，其余三人或持经卷，或持账簿，或低头翻看，或弓腰侧首，作出不同的姿势，生动地反映了十殿阎王在地府审案的场景。龛旁均刻有榜题，第一至第四剥蚀不清，第五阎罗王、第六变成王、第七太山王、第八平正王、第九都市王、第十五道转轮王。据大圣慈寺沙门藏川所撰《十王经》载："冥土十王分别是：一秦广王、二初江王、三宋帝王、四五官王、五阎罗王、六变成王、七泰山府君、八平等王、九都市王、十转轮王。"与十殿阎君造像碑上的十王题名基本相同，可见此十殿阎君像是根据《十王经》所刻。[1]

---

[1] 王景荃：《中原文化大典·文物典·中小型石窟与石刻造像》，中州古籍出版社，2008年，第431页。

图 332 十殿阎君造像

三、开元寺力士像

开元寺力士像（图333），北宋（960—1127），一高0.85米，宽0.46米；一高0.75米，宽0.44米。1974年郑州开元寺遗址出土，现存郑州市博物馆。[1] 此两件力士像为高浮雕造像，力士头束发髻，宝缯上扬。横眉凸目，张嘴怒吼。上身赤袒，胸腹部肌肉呈块状隆起，颈戴项圈，帔帛在身前横贯绕肩沿体侧下垂。一力士璎珞绕肩在腹前交叉，交叉处饰圆形饰物。戴手镯、臂钏、脚环。左手抱杵，右臂抬起，右手残缺。下着短裙，赤足而立。造型生动，特别是起伏凸显的块状肌肉，显示出劲健强壮的身躯，张扬着一种不可一世的力量。

图333 开元寺力士像

---

[1] 王景荃：《中原文化大典·文物典·中小型石窟与石刻造像》，中州古籍出版社，2008年，第432页。

四、开元寺天王像

开元寺天王像（图 334），北宋（960—1127），一高 0.76 米，宽 0.44 米；一高 0.80 米，宽 0.465 米。1974 年郑州开元寺遗址出土，现存郑州市博物馆。[1] 二天王像均为高浮雕刻成，头束发髻冠，宝缯后扬，面相方圆，横眉凸目，形象与力士相似。上着铠甲，腰系战裙，脚着战靴。一人右手持剑，一人执金刚杵，身躯后仰呈"S"形站立。帔帛绕肩沿身侧飘动飞舞，富于动感。突显出天王的刚健威猛，气宇轩昂。

图 334 开元寺天王像

---

[1] 王景荃：《中原文化大典·文物典·中小型石窟与石刻造像》，中州古籍出版社，2008 年，第 433 页。

五、罗汉造像

罗汉造像（图 335），北宋（960—1127），高 1.03 米，原存地不详，现藏郑州市博物馆。[1] 为圆雕单体造像，石灰岩质，保存完好。面相长圆饱满，双目微闭，神态安然自若，恬淡闲适。身着双领下垂袈裟，内着"V"形交领僧衣，下着长裙，双手持念珠于腹前，立于圆形束腰莲座上，束腰处饰莲苞。造像比例适度，线条简洁流畅，是一件不可多得的雕刻精美的宋代罗汉造像。

图 335　罗汉造像

[1] 王景荃：《中原文化大典·文物典·中小型石窟与石刻造像》，中州古籍出版社，2008 年，第 434 页。

六、泗州大圣造像

泗州大圣造像（图 336），北宋（960—1127），高 1 米，原存地不详，现藏洛阳博物馆。[1] 为圆雕单体造像，石灰岩质。头戴风帽，面相方圆，丰满圆润。着双领下垂袈裟，内着"V"形交领僧衣两层，结跏趺坐于圆形束腰仰覆莲座上，手施禅定印。泗州是历史上的名城，初唐时有西域和尚僧伽定居于此，因

图 336　泗州大圣造像

[1] 王景荃：《中原文化大典·文物典·中小型石窟与石刻造像》，中州古籍出版社，2008 年，第 435 页。

名泗州和尚。宋赞宁《宋高僧传》卷十八《唐泗州普光王寺僧伽传》记载，释僧伽为葱岭北何国人，少而出家，誓志游方，始至西凉，次历江淮。唐龙朔初年，至临淮，始露灵异，择地建寺，得香积寺古碑及金像，像衣上刻"普照王佛"字，乃因旧寺基建普照王寺。中宗景龙二年（708），皇帝遣使诏赴内道场，赐寺名普光王寺。四年卒于长安，还葬泗州普照王寺。乾符中，谥赐证圣大师。中宗乾元后，燕蓟将僧伽写貌带回，辗转传写其像。五代末周世宗取泗州后，天下凡造精舍，必立僧伽真像，榜曰"大圣僧伽和尚"。由此可见，僧伽在初盛唐时期，是一位颇具影响的和尚。僧伽像初为皇帝所供，继而传遍燕蓟之地，至后周为全国所崇奉。北宋雍熙元年（984）加谥"大圣"。僧伽造像在敦煌壁画和大足石刻中多有雕刻，而在河南的佛教造像中并不多见，因此，这尊保存完好的泗州大圣造像，是一尊极为罕见的宋代祖师造像。

七、贾绍清造罗汉像

贾绍清造罗汉像（图337），北宋淳化三年（992），高0.68米，宽0.29米，原存地不详，现存焦作市博物馆。[1] 为单体圆雕造像，汉白玉质。罗汉头戴风帽，面相方圆，双眉呈"S"形横于额前，眉间折纹突显。方面大耳，颈饰三道蚕纹。外着袈裟，内着"V"形交领僧衣，双手拢至腹前，结跏趺坐于方形束腰须弥座上，裙裾覆搭座前，束腰处两侧有串珠柱饰。座底正面刻造像记16行，满行3字，记载淳化三年二月，怀州武德县大义乡王褚作弟子贾绍清合家造五百罗汉二百第三尊。由此可知，此尊罗汉像应为五百罗汉像中的第二百零三尊，即"三昧声尊者"。

---

[1] 郭建设、索全星：《山阳石刻艺术》，河南美术出版社，2004年，第31页。

图 337 贾绍清造罗汉像

八、千佛堂造像碑

千佛堂造像碑（图338），明万历十三年（1585）刻，通高2.75米，宽0.72米，厚0.22米。原存新乡市延津县小店镇小店南街村，1997年入藏河南博物院。[1]石灰岩质，为螭首扁体造像碑，由碑首、碑身、碑座组成。碑首六螭盘绕，碑额雕观音菩萨游戏坐于云朵之上，旁有一天人双手合十呈跪姿飞翔。

碑身自上而下分四层雕刻，上层中间圆拱形浅龛内雕一佛结跏趺坐于盛开的莲花上，二弟子侍立左右。其上方刻一大鹏金翅鸟展翅飞翔，旁刻二供养天人。龛上方刻起伏的山林，猛兽在其间穿行，反映的是释迦太子在檀特山修行的场景。龛左刻一座四阿式建筑，一比丘从半掩的门扉探出半身，屋旁宝塔耸立，小桥流水，应为一座寺院。旁有一人戴冠，着宽袖长袍作行走状，一猴面人肩挑经卷跟随。龛右分两层刻，上层刻一人袒上身着短裤持棒而立，下龛刻一猴面人肩扛一棒，单腿而立。旁边大树下刻一马驮经，反映的是唐僧取经的故事。中层刻三尊菩萨像，分别骑坐在狮子、猪和象背上，或游戏而坐，或结跏趺坐。应为文殊、大势至和普贤三菩萨。左右两端各刻一身护法天王。第三层中间圆拱龛内雕大肚弥勒。第四层中间圆拱龛内雕地藏菩萨，左手持宝珠，右手持如意，结跏趺坐于仰莲座上，座前刻一卧虎。二弟子侍立左右，左边弟子手持锡杖，右边弟子双手合十，立于仰莲座上。其下刻地藏属下十殿阎王像，手持笏板，着交领广袖长袍立于仰莲座上，左右各有一戴冠官人。在层与层之间满刻罗汉像。碑阴碑额处雕一佛二弟子，主尊螺髻，着右袒式袈裟，结跏趺坐于仰莲座上，二弟子侍立左右。碑身顶部刻七佛，其下及左右侧面满刻罗汉像24排。有的站立，有的端坐，有的跳跃，有的仰卧，或喜或怒，或笑或嗔，姿态各异。碑阴下部刻有"皇帝万岁万万岁"题记一行。

碑座正面分三层雕刻，上层和下层均为比丘禅定像，中间雕大肚弥勒和6

---

[1]王景荃：《中原文化大典·文物典·中小型石窟与石刻造像》，中州古籍出版社，2008年，第437页。

图 338 千佛堂造像碑

个姿态各异的罗汉。背面亦分三层雕刻，上两层雕罗汉像，下层造像剥蚀不清。右侧面上部刻4个罗汉，下部刻一寺院，一比丘倚门而立，寺院右上角榜题"竹林寺"。左侧面刻嘉靖十三年"河南卫辉府胙城县小店集造观音记"，可知此碑系竹林寺僧劝募邻境十方善男信女张某连同室人范氏装修石佛一千尊。然而从造像看，并非千佛，实为罗汉造像。

该碑造像内容丰富，将观音、文殊、普贤、大势至、地藏等菩萨以及大肚弥勒汇集一碑，尤其是将唐僧西行取经的故事作为主要雕刻题材，充分反映了明代民间信仰的广泛性。唐僧西行取经的故事，唐代已经流传，南宋刊印的《大唐三藏取经诗话》，最早叙述了唐三藏在孙行者的护送下去西天取经的故事，成为小说《西游记》的前身。唐僧取经的故事在石窟中多有反映，如杭州飞来峰龙泓洞和甘肃安西榆林窟都刻有宋和西夏时期的唐僧取经图，而在河南的石窟造像中却不曾见到，此碑是河南目前发现的唯一一件刻有唐僧取经故事的造像碑，从中可看出河南明代佛教造像的发展与演变。

参考文献

历史文献

释慧皎.高僧传［M］.汤用彤,校注.北京:中华书局,1992.

杨衒之.洛阳伽蓝记［M］.周祖谟,校释.上海:上海书店出版社,2000.

魏收.魏书［M］.北京:中华书局,1974.

李延寿.北史［M］.北京:中华书局,1974.

魏徵等.隋书［M］.北京:中华书局,1973.

张彦远.历代名画记［M］.俞剑华,注释.上海:上海人民美术出版社,1964.

道宣.续高僧传［M］.郭绍林,点校.北京:中华书局,2014.

司马光.资治通鉴［M］.北京:中华书局,1956.

赵明诚.金石录校证［M］.金文明,校证.上海:上海书画出版社,1985.

欧阳修,宋祁.旧唐书・则天皇后本纪［M］.北京:中华书局,1975.

王昶.金石萃编［M］.北京:北京市中国书店,1985.

刘昫.旧唐书:五行志［M］.北京:中华书局,1975.

专著及图录

路朝霖.洛阳龙门志［M］.日本:松野家藏本,1887.

赵万里,中国科学院考古研究所.汉魏南北朝墓志集释［M］.北京:科学出版社,1953.

大村西崖.支那美术史雕塑编［M］.东京:国书刊行会,1972.

山本明.龙门石窟［M］.日本:太和园刊,1937.

关野贞,常盘大定.支那文化史迹［M］.东京:佛教史迹研究会,1925–1927.

水野清一,长广敏雄.龙门石窟之研究［M］.东京:国书刊行会,1941.

冢本善隆.支那佛教史研究［M］.东京:清水弘文堂刊,1942.

长广敏雄.云冈和龙门［M］.东京:中央公论美术社,1964.

大村西崖.支那佛教美术史雕塑篇［M］.吴芝瑛,署检.东京:图书刊行会,1972.

中天勇次郎.龙门造像记二十品五十品［M］.东京:中央公论美术社,1974.

宫大中.龙门石窟艺术［M］.上海:上海人民出版社,1981.

吴式芬.捃古录金文［M］.北京:北京市中国书店,1982.

阎文儒.麦积山石窟［M］.兰州:甘肃人民出版社,1984.

上海市戏剧学校中国服装史研究组.中国历代服饰［M］.上海:学林出版社,1984.

任继愈.中国佛教史:第1-3卷［M］.北京:中国社会科学出版社,1985–1988.

陈寅恪.陈寅恪魏晋南北朝史讲演录［M］.万绳楠,整理.合肥:黄山书社,1987.

温玉成.中国美术全集:雕塑编11 龙门石窟雕刻［M］.上海:上海人民美术出版社,1988.

贾志宏,任邦定.龙门石窟药方［M］.郑州:河南科学技术出版社,1989.

河南省文物研究所.中国石窟:巩县石窟寺［M］.北京:文物出版社,东京:株式会社平凡社,1989.

中国美术全集编辑委员会.中国美术全集:雕塑编13 巩县、天龙山、响堂山、安阳石窟雕刻［M］.北京:文物出版社,1989.

龙门文物保管所,北京大学考古系.中国石窟:龙门石窟第一卷［M］.北京:文物出版社,东京:株式会社平凡社,1991.

龙门文物保管所,北京大学考古系编.中国石窟:龙门石窟第二卷［M］.北京:文物出版社,东京:株式会社平凡社,1992.

河南省古代建筑保护研究所．宝山灵泉寺［M］．郑州：河南人民出版社，1991．

龙门石窟研究所．龙门流散雕像集［M］．上海：上海美术出版社，1993．

温玉成．中国石窟与文化艺术［M］．上海：上海人民美术出版社，1993．

龙门石窟研究所．龙门石窟研究论文选［M］．上海：上海人民美术出版社，1993．

李文生．龙门石窟与洛阳历史文化［M］．上海：上海人民美术出版社，1993．

刘景龙．龙门石窟保护［M］．北京：中国科学技术出版社，1993．

龙门石窟研究所，中央美术学院美术史系．龙门石窟窟龛编号图册［M］．北京：人民美术出版社，1994．

金申．中国历代纪年佛像图典［M］．北京：文物出版社，1994．

阎文儒，常青．龙门石窟研究［M］．北京：书目文献出版社，1995．

松原三郎．中国佛教雕刻史论［M］．东京：吉川弘文馆，1995．

龙门石窟研究所．龙门石窟一千五百周年国际学术讨论会论文集［M］．北京：文物出版社，1996．

宿白．中国石窟寺研究［M］．北京：文物出版社，1996．

汤用彤．汉魏两晋南北朝佛教史［M］．北京：北京大学出版社，1997．

龙门石窟研究所，刘景龙，李玉昆．龙门石窟碑刻题记汇录［M］．北京：中国的百科全书出版社，1998．

刘景龙，杨超杰．龙门石窟总录［M］．北京：中国大百科全书出版社，1999．

巫鸿．汉唐之间的宗教艺术与考古［M］．北京：文物出版社，2000．

杨泓．汉唐美术考古和佛教艺术［M］．北京：科学出版社，2000．

马世长．中国佛教石窟考古文集［M］．新竹：觉风佛教艺术文化基金会，2001．

王青．魏晋南北朝佛教信仰与神话［M］．北京：中国社会科学出版社，2001．

王景荃．天国的灵光——佛像［M］．上海：上海文艺出版社，2001．

少林文化研究所．少林文化研究论文集［M］．北京：宗教文化出版社，2001．

《宿白先生八秩华诞纪念文集》编辑委员会.宿白先生八秩华诞纪念文集[M].北京：文物出版社,2002.

宫大中.龙门石窟艺术[M].北京：人民美术出版社,2002.

杨超杰,严辉.龙门石窟雕刻粹编：佛塔[M].北京：中国大百科全书出版社,2002.

梁银景.隋代佛教窟龛研究[M].北京：文物出版社,2004.

郭建设、索全星.山阳石刻艺术[M].郑州：河南美术出版社,2004.

王振国.龙门石窟与洛阳佛教文化[M].郑州：中州古籍出版社,2006.

刘景龙,赵会军.偃师水泉石窟[M].北京：文物出版社,2006.

河南省古代建筑保护研究所.鸿庆寺石窟[M].郑州：中州古籍出版社,2008.

河南博物院,王景荃.中原文化大典：文物典·中小型石窟与石刻造像[M].郑州：中州古籍出版社,2008.

王景荃.河南佛教石刻造像[M].郑州：大象出版社,2009.

杨超杰.洛阳周围小石窟全录[M].北京：外文出版社,2010.

宿白.魏晋南北朝唐宋考古文稿辑丛[M].北京：文物出版社,2011.

石松日奈子.北魏佛教造像史研究[M].筱原典生,译.北京：文物出版社,2012.

陈悦新.5～8世纪汉地佛像着衣法式[M].北京：社会科学文献出版社,2014.

伴游中国丛书编纂委员会.伴游中国石窟之洛阳龙门[M].郑州：中州古籍出版社,2019.

研究论文及调查简报

关百益.伊阙石刻图表[J].河南博物馆馆刊,1935（1）.

贺泳.洛阳龙门考察报告[J].文物参考资料,1951（12）73-81.

阎文儒.关于石窟寺艺术和它在中国艺术史上的地位[J].现代佛学,1954(9)43-45.

王去非.关于龙门石窟的几种新发现及其有关问题[J].文物参考资料,1955(2)120-127.

王去非.参观三处石窟笔记[J].文物参考资料,1956(10)52-55.

刘慧达.北魏石窟中的三佛[J].考古学报,1958(4)91-101.

金维诺.宾阳中洞的维摩诘[J].现代佛学,1959(3).

刘汝醴.关于龙门三窟[J].文物,1959(12)17-18.

傅天仇.访古代雕塑——晋祠、平遥、龙门[J].文物,1961(12)24-30.

杨宝顺.河南省几处石窟简介[J].文物,1961(2)31-34.

常任侠.中国佛教石窟艺术[N].光明日报,1962-7-7.

付新民,洪宝聚.龙门敬善寺的新发现[J].文物,1963(7)51.

曹桂岑.郑州发现东魏造像碑[J].文物,1963(7)51-53.

周到.河南襄城县出土的三块北齐造像碑[J].文物,1963(10)13-17.

曹桂岑,耿青岩.淇县石佛寺田迈造像[J].河南文博通讯,1979(4)13-15.

杨泓.试论南北朝前期佛像服饰的主要变化[J].考古,1963(6)330-337.

周到,吕品.河南浚县造象碑调查记[J].文物,1965(3)31-38.

孟昭东.新郑县出土北齐造像碑[J].文物,1965(9)63-64.

服部克彦.北魏洛阳的佛教建筑[J].印度与佛学研究,1966(15).

吉村怜.关于龙门北魏窟天人诞生的表现[J].美术史,1968.

宿白.云冈石窟分期试论[J].考古学报,1978(1)25-26.

刘慧达.北魏石窟与禅[J].考古学报,1978(3)337-352.

周到.刘根造像[J].河南文博通讯,1978(3)41-43.

宫大中.北魏汉化新窟——宾阳洞[J].河南文博通讯,1978(4)38-42.

丁明夷.龙门石窟唐代造像的分期与类型[J].考古学报,1979(4)519-546.

宿白.石窟寺考古的回顾[J].文物,1979(10)7-10.

李文生.龙门石窟的新发现及其它[J].文物,1980(1)1-5.

宫大中.龙门石窟艺术试探[J].文物,1980(1)6-18.

张若愚.伊阙佛龛之碑和潜溪寺、宾阳洞[J].文物,1980(1)19-24.

郑州市博物馆.河南荥阳大海寺出土的石刻造像[J].文物,1980(3)56-66.

宫大中.龙门东山的几处密宗造像[J].河南文博通讯,1980(1)45-46.

宫大中.龙门二十品的名称和排列位置[J].书法,1980(1)23.

史岩.龙门石窟考察报告[J].新美术,1980(2)33-42.

杜彤华.从出土的东魏造像碑看历史上获嘉县的地理位置[J].中原文物,1980(4)28-31.

李文生.龙门石窟药方洞考[J].中原文物,1981(3)59-61.

刘铭恕.龙门石窟三题[J].郑州大学学报哲学与社会科学版,1981(4)19.

何养明.洛阳龙门北魏石窟艺术的特点[J].史学月刊,1981(5)32-34.

于晓兴.郑州市发现两批北朝石刻造像[J].中原文物,1981(2)16-19.

新乡市博物馆.新乡北朝、隋、唐石造像及造像碑[J].文物参考资料1981(5)124-131.

李文生.龙门石窟的音乐史资料[J].中原文物,1982(3)46-50.

张乃翥.龙门石窟维摩变造像及其意义[J].中原文物,1982(3)40-44.

王克芬.龙门唐窟中的舞姿[J].舞蹈论丛,1982(3).

侯鸿钧,李德方.洛阳新发现的石刻造像[J].中原文物,1982(3)61-62.

温玉成.龙门所见中外交通史料初探[J].西北史地,1983(1)66-67.

赵从仁.香山寺及白居易墓遗址考[J].中州学刊,1983(2)111-114.

温玉成.龙门十寺考辨(上、下)[J].中州今古,1983(2)30-32,1983(3)50-53.

温玉成.禅宗北宗初探[J].世界宗教研究,1983(2)23-36.

张乃翥.龙门石窟始平公像龛造像年代管窥[J].中原文物,1983(3)91-93.

李玉昆．龙门石窟研究举误［J］．中原文物，1983（4）15．

张增午．林县（峡）谷千佛洞造像调查记［J］．中原文物，1983（4）19-21．

孙贯文．龙门造像题记简介［J］．考古与文物，1983（6）17-31．

李玉昆．龙门续考［J］．文物，1983（6）31-33．

温玉成．华严宗三祖法藏身世的新资料——兼述龙门石窟中的外国人造像［J］．法音，1984（2）35-36．

李玉昆．从龙门造像题记看北朝佛教［J］．世界宗教研究，1984（2）．

温玉成．略谈龙门奉先寺的几个问题［J］．中原文物，1984（2）53-57．

张乃翥．元魏畿下的洛水两岸绎述［J］．中州学刊，1984（6）100-103．

陆庆夫．论王玄策对中印交通的贡献［J］．敦煌学辑刊，1984（1）100-109．

宫大中．洛阳魏唐造像碑摭说［J］．文物，1984（5）44-56．

温玉成．唐高宗立大卢舍那像龛［J］．中国史研究，1985（2）155-156．

温玉成．龙门石窟的创建年代［J］．文博，1985（2）8．

李玉昆．从龙门造像铭记看唐代佛教［J］．世界宗教研究，1985（3）34-39．

温玉成．关于善导禅师卒年问题［J］．文物，1985（3）4．

张秀清．郑州市出土一批北朝铜造像［J］．中原文物，1985（1）14-18．

李文生．我国石窟中的优填王造像——龙门石窟优填王造像之早之多为全国石窟之最［J］．中原文物，1985（4）102-106．

温玉成．龙门古阳洞研究［J］．中原文物，1985（特）114-147．

阎文儒．龙门奉先寺三造像碑铭考释［J］．中原文物，1985（特）154-157．

董玉祥．龙门石窟北魏型造像风格的形成与发展［J］．中原文物，1985（特）158-164．

丁明夷．中国早期佛教造像的特点［J］．中原文物，1985（特）148-153．

步连生．龙门北魏窟造像艺术探源［J］．中原文物，1985（特）164-172．

李文生．我国石窟艺术中的中原风格及其有关问题［J］．中原文物，1985（特）190-201．

李献奇．北魏正光四年翟兴祖等人造像碑［J］．中原文物，1985（2）21-26．

李献奇.北齐洛阳平等寺造像碑［J］.中原文物,1985（4）89-97.

周到.试论巩县石窟艺术的特点［J］.中原文物,1985（特）202-205.

田青.佛教音乐的华化［J］.中原文物,1985（特）216-237.

张乃翥.略论龙门北魏石窟的特点［M］//河东两京历史考察队.晋秦豫访古.太原:山西人民出版社,1968.

温玉成.河南新安县西沃石窟［J］.考古,1986（2）132-134.

刘东亚、李国灿.近几年来河南征集一批有纪年的铜佛像［J］.中原文物,1986（1）29-34.

薛文灿.新郑北齐石造像［J］.中原文物,1986（2）32.

阎文儒.龙门药方洞石刻考［J］.辽海文物学刊,1987（2）1-20.

陈平.鸿庆寺石窟［J］.中原文物,1987（4）21-28.

杜启明.河南灵宝洞沟梁石窟彩塑调查［J］.文物,1987（4）24.

张英群.试论北齐佛教造像艺术［J］.中原文物,1987（2）152-158.

温玉成.试论武则天与龙门石窟［J］.敦煌学辑刊,1989（1）119-127.

张乃翥.龙门《石道记》碑与宋释赞宁［J］.文物,1988（4）27-29.

温玉成.洛阳龙门双窟［J］.考古学报,1988（1）101-131.

温玉成.龙门石窟造像的新发现.文物,1988（4）21-26.

杨宝顺.河南安阳灵泉寺石窟及小南海石窟［J］.文物,1988（4）1-20.

丁明夷.北朝佛教史的重要补正——析安阳三处石窟的造像题材［J］.文物,1988（4）15-20.

张新斌,冯广滨.河南新乡县所见两尊造像［J］.文博,1988（6）27-29.

周铮.新郑小乔北齐造像考［J］.中原文物,1988（3）62-65.

丁明夷.巩县天龙响堂安阳数处石窟寺［M］//中国美术全集编辑委员会.中国美术全集:雕塑编13巩县、天龙山、响堂山、安阳石窟雕刻.北京,文物出版社,1989:26-51.

宫大中.伊阙摩崖碑林［J］.洛阳师专学报,1989（1）.

杨焕成.鹤壁五岩寺石窟［J］.中原文物,1989（2）75-81,96.

张乃翥.从龙门石窟造像遗迹看北魏民族关系中的几个问题［J］.民族研究,1989（2）32-40.

任思义.谈谈浚县大石佛的创凿年代［J］.中原文物,1989（2）66-70.

陈明达.北朝晚期的重要石窟艺术［M］// 中国美术全集编辑委员会.中国美术全集：雕塑编13 巩县、天龙山、响堂山、安阳石窟雕刻.北京,文物出版社,1989:1-25.

温玉成.新中国发现的密教遗存与密教史上的若干问题［J］.世界宗教研究,1990（4）76-85.

段鹏琦.洛阳平等寺碑与平等寺［J］.考古,1990（7）632-637.

宿白.洛阳专区北朝石窟的初步考察［M］// 龙门石窟研究所,北京大学考古系.中国石窟：龙门石窟第一卷.北京：文物出版社,东京：株式会社平凡社,1991:225-239.

李文生.龙门石窟北朝主要洞窟总叙［M］// 龙门石窟研究所,北京大学考古系.中国石窟：龙门石窟第一卷.北京：文物出版社,东京：株式会社平凡社,1991:265-280.

马世长.龙门皇甫公窟［M］// 龙门石窟研究所,北京大学考古系.中国石窟：龙门石窟第一卷.北京文物出版社,东京：株式会社平凡社,1991:240-253.

刘东光.有关安阳两处石窟的几个问题及补充［J］.文物,1991（8）74-78.

周到,郭太松.也谈河南浚县大石佛的年代问题［J］.中原文物,1991（1）102-106.

顾颜芳,李文生.龙门石窟主要唐窟总叙［M］// 龙门石窟研究所,北京大学考古系.中国石窟：龙门石窟第二卷.北京：文物出版社,东京：株式会社平凡社,1992:254-274.

温玉成.龙门石窟排年［M］.龙门石窟研究所,北京大学考古系.中国石窟：龙门石窟第二卷.北京：文物出版社,东京：株式会社平凡社,1992:172-216.

陈平,杭侃,田凯,刘家任,王东.浚县千佛洞石窟调查［J］.文物,1992（1）31-39.

杨宝顺.河南安阳宝山灵泉寺塔林[J].文物,1992(1)26-30.

乔志敏.新郑发现南北朝造像碑[J].中原文物,1992(8)103、104、107.

石松日奈子,冈田健.中国南北朝时代的如来像着衣之研究上、下[J]美术研究,1993(356)1-23.

刘建洲.密县超化寺北齐造像碑[J].中原文物,1994(1)109-112.

冯吾现.四件北朝造像碑介绍[J].中原文物,1994(2)17-21、72.

宿白.洛阳地区北朝石窟的初步考察[M]//宿白.中国石窟寺研究.北京:文物出版社,1996:153-175.

李静杰.佛教造像碑尊像雕刻[J].敦煌学辑刊,1996(2)46-55.

温玉成.豫北佛教文物丛考[M]//河南省文物考古学会.河南文物考古论集.郑州:河南人民出版社,1996:502-511.

李静杰.佛教造像碑分期与分区[J].佛学研究,1997:34-51.

李静杰.佛教造像碑[J].敦煌学辑刊,1998(1)81-86.

罗火金,索全星.焦作圆觉寺旧址出土的北齐石佛像[J].中原文物,1998(2)82-83.

杜彤华,傅山泉.原新乡市博物馆馆藏及市区散存石刻综述[J].平原大学学报,1998(1)73-78.

李玉珉.宝山大住圣窟初探[J].故宫学术季刊,1998,16(2)1-52.

颜娟英.北齐禅观窟的图像考——从小南海石窟到响堂山石窟[J].东方学报,1998(70)375-440.

石松日奈子.北魏河南石雕三尊像[J].刘永增,译.中原文物,2000(4)48-60.

谭淑琴.河南博物院收藏的四件造像碑[J].中原文物,2000(1)59-66.

王景荃.试论北朝佛教造像碑[J].中原文物,2000(6)36-45.

王景荃.豫北地区景明年间佛教石刻造像初探[J].中原文物,2002(5)66-72.

顾彦芳.关于龙门魏字洞的几点思考[J].中原文物,2002(5)73-78.

李福顺.河南发现北魏摩崖石刻［J］.中华文化画报,2002（5）5-9.

金申.谈半跏思惟像［J］.中国历史文物,2002（2）78-81.

李文生,李小虎.嵩县铺沟石窟——龙门的星窟之一［J］.中国历史文物,2003（4）78-92.

王振国.关于河南省林州市洪谷寺千佛洞的造像与刻经［J］.敦煌研究,2003（5）26-30.

王景荃.河南佛教石刻造像概说［M］//河南省博物馆学会.河南博物馆学论丛.郑州:中州古籍出版社,2003:332-344.

王景荃.淇县石佛寺北朝造像研究［J］.中原文物,2004（6）66-74.

温玉成.浚县大弥勒佛及相关问题研究［M］//浚县文物旅游局,班朝忠.大伾文化:第一卷.北京:文物出版社,2004:78-97.

郭建设.焦作市博物馆藏两件北齐造像碑［J］.华夏考古,2006（3）98-102.

李静杰.北朝隋时期主流佛教图像反映的信仰情况［M］.李振刚.2004年龙门石窟国际学术研讨会文集.郑州:河南人民出版社,2006:566-583.

王景荃.北魏景明年间河南石窟石刻造像试探［M］//李振刚.2004年龙门石窟国际学术研讨会文集.郑州:河南人民出版社,2006:25-37.

王景荃.刘碑寺造像碑研究［J］.中原文物,2006（2）78-87.

王景荃.孔惠超造像及其年代考［J］.中原文物,2007（6）58-65.

王景荃.博爱青天河北魏摩崖观音经像研究——兼与李福顺教授商榷［M］//河南博物院.河南博物院建院80周年论文集.郑州:大象出版社,2007:195-202.

王景荃.方城佛沟摩崖造像调查与研究［J］.中原文物,2009（1）66-72.

陈悦新.云冈、龙门、巩县、响堂山石窟的佛衣类型［J］.考古,2009（4）64-75.

傅山泉.河南新乡石刻综述［J］.华夏考古,2009（3）69-76.

余晓川.卫辉香泉寺［M］//河南省古代建筑保护研究院.文物建筑:第3辑.北京:科学出版社,2009:208-212.

罗炤.宝山大住圣窟刻经中的北方礼忏系统［M］//中国古迹遗址保护协会石窟专业委员会,龙门石窟研究院.石窟寺研究:第一辑.北京:文物出版社,2010:161-179.

王景荃.邢法敬造像碑研究［J］.中原文物,2010（5）74-82.

李裕群.灵泉寺北齐娄睿《华严经碑》研究［J］.考古学报,2012（1）63-82.

王景荃.豫鲁地区背屏式造像研究——以豫北地区和青州地区的背屏式造像为例［M］//山东博物馆.齐鲁文物:第1辑.北京:科学出版社,2012:94-108.

陈悦新.河南浚县大佛的年代［J］.文物,2013（9）83-88.

王景荃,杨杨.大海寺道晗造像碑及相关问题研究［J］.中原文物,2013（2）71-76.

崔松林,王景荃.北周僧渊造像碑研究［J］.中原文物,2014（5）87-91.

王景荃,刘勇伟.鄢陵北齐道弼造像碑研究［J］.中原文物,2015（6）87-91.

王景荃.嵩阳寺造像碑研究［J］.中原文物,2016（6）88-97.

黄文智.河南北部北魏晚期至东魏石刻佛像造型［M］//中国古迹遗址保护协会石窟专业委员会,龙门石窟研究院.石窟寺研究:第六辑.北京:科学出版社,2016:182-201.

孙晓岗.安阳灵泉寺石窟与丝绸之路关系研究［J］.艺术探索,2016,30（1）58-64.

熊丽萍,刘战.新郑小乔乡刘氏家族造像与北齐民间佛教信仰［J］.中原文物,2017（3）84-87.

罗炤.小南海及香泉寺石窟刻经与僧稠学行［M］//中国古迹遗址保护协会石窟专业委员会,龙门石窟研究院.石窟寺研究:第八辑.北京:科学出版社,2018:106-129.

后 记

经过6年的辛劳，终于将《河南佛教造像史》完成，在即将付梓之际，我觉得应该写一个后记，记录一下本人二十多年来对河南佛教造像艺术的学习研究心路历程。

该书是2017年河南省"四个一批"人才资助项目"河南佛教造像史研究"的结项成果，而这个项目的基础是我在2003年至2008年期间编写《中原文化大典·文物典·中小型石窟与石刻造像》和《河南佛教石刻造像》时的调查材料，这两部书先后于2008年和2009年出版，尤其是《河南佛教石刻造像》得到了读者的广泛好评，并获得河南省社会科学优秀成果一等奖。河南是佛教最早传入之地，自北魏迁都洛阳后，雕佛造像之风开始盛行，石窟寺和单体造像遍布全省，除龙门石窟外，还有巩义石窟寺、义马鸿庆寺等中小型石窟40余处，另有民间单体造像数百件，上自北魏，下至明清，历代皆备，反映了佛教艺术在河南的发展状况以及佛教造像中国化、世俗化的过程。因此，编写一部《河南佛教造像史》便成为我日思夜想的愿望。根据本人的田野调查和文献资料掌握情况，于2017年申报河南省"四个一批"人才资助项目——"河南佛教造像史研究"，并获得批准。经过近5年的田野调查和资料整理，该项目已于2021年结项，2022年经河南博物院学术委员会研究列入出版计划。

该书的编写始终在河南博物院党委和院领导的亲切关怀和院学术委员会的直接领导下进行。院党委书记万捷、院长马萧林经常过问编写进度，并协调有关工作，为该项目的顺利进行提供有力保障。张得水副院长、武玮主任、向祎副主任为该书的编辑出版付出了艰辛劳动；龙门石窟研究院杨超杰研究员、河南博物院阎新法先生、牛爱红老师以及河南博物院文物保护中心王璐博士，为该书提供了大量照片和文献资料搜集，众多领导和师友的鼎力相助，为该书增辉添色不少。

在此需要说明的是，该书所收石窟造像仅限于北魏至宋代，元明清时期的石窟多为以自然山洞为窟，内置造像大多无存或仅存少数，且可移动，无法还原洞窟原状，不宜收录。所收单体造像仅限于北魏至唐代保存较好的造像，宋以后的仅选少量具有代表性的造像及造像碑收录。对那些剥蚀较甚保存不好的造像未作收录，同时，难免还有个别比较好的造像因其他原因亦未能收录，不能不说是一种遗憾。书中参考的文献资料均已注明来源，如有遗漏，敬请谅解。书中对石窟及造像的研究仅限于本人当前的水平，因此，对某些石窟及造像的研读难免有不周之处，敬请方家指正。

该项目的顺利进行，得到了河南省文物局、河南博物院的大力支持。在田野调查期间，还得到了郑州市博物馆、龙门石窟研究院、洛阳博物馆、偃师商城博物馆、开封市博物馆、焦作市博物馆、登封市文物局、辉县市博物馆、巩义市文物局、巩义石窟寺、淇县博物馆、沁阳市博物馆、千唐志斋博物馆、新乡县博物馆以及嵩山少林寺等单位的协助和支持。

参加该项目的人员及分工：

田野调查：王景荃、杨超杰。

书稿编写：王景荃、杨超杰、王璐。

照片提供：杨超杰、阎新法、牛爱红、陈巍。

该书得以付梓，还有赖于中州古籍出版社的领导和编辑们的精心策划和编辑，在此对所有帮助支持该项目的单位及领导、专家、同行表示最诚挚的谢意。由于时间仓促和水平有限，对资料的收集和深入研究尚感不足，错误和纰漏在所难免，祈盼读者批评指正。

王景荃

2023年9月仲秋于郑州